BAADEN
Die Heissen
Strasse
Platz
Am Josephsplatz
Freyungs-Gasse
Sauerhof
Alland

Neubad

2 3 4 5 6 W. Klafter.

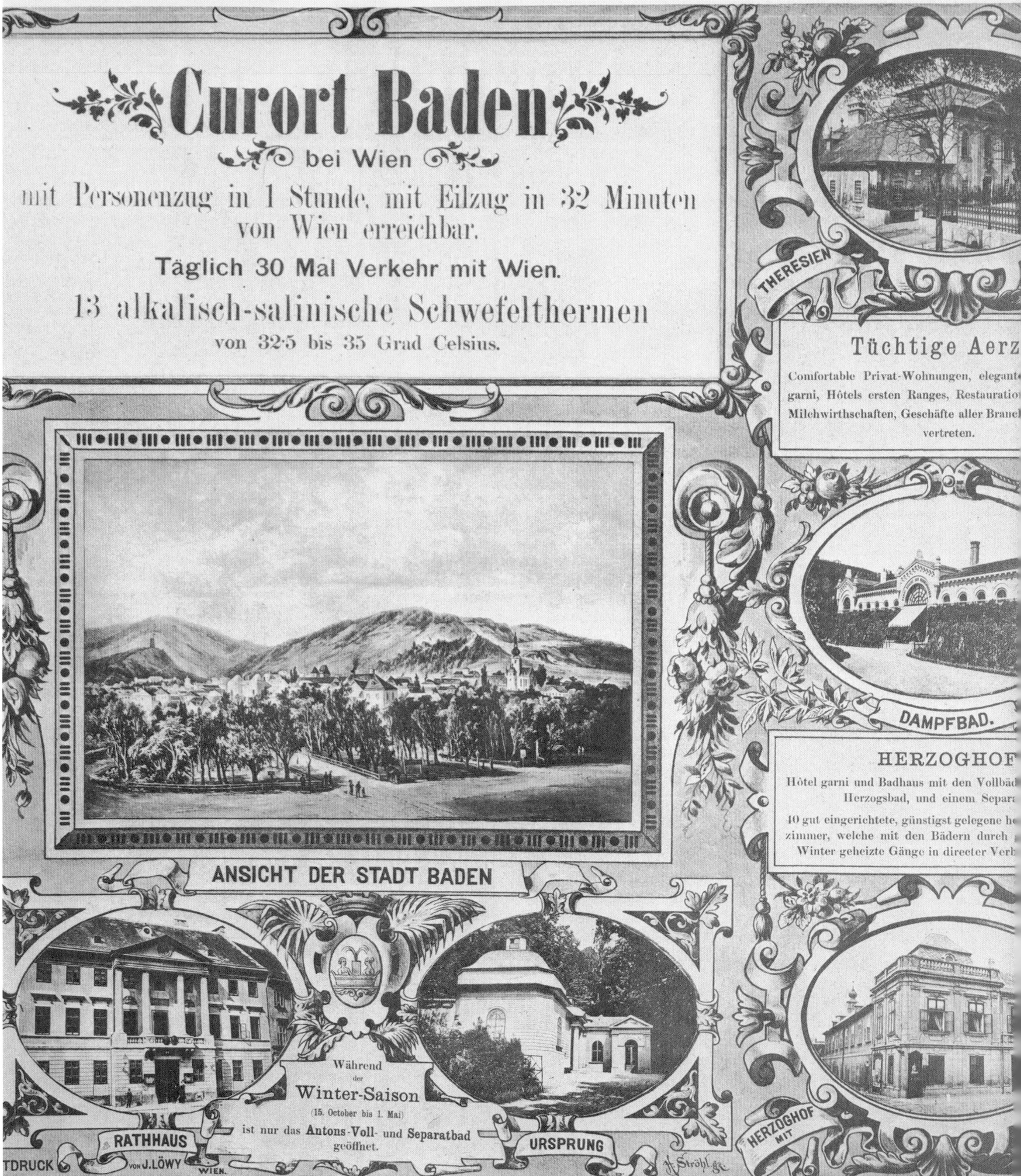
Curort Baden
bei Wien
mit Personenzug in 1 Stunde, mit Eilzug in 32 Minuten von Wien erreichbar.
Täglich 30 Mal Verkehr mit Wien.
13 alkalisch-salinische Schwefelthermen
von 32·5 bis 35 Grad Celsius.
THERESIEN
Tüchtige Aerz
Comfortable Privat-Wohnungen, elegant
garni, Hôtels ersten Ranges, Restauratio
Milchwirthschaften, Geschäfte aller Branc
vertreten.
DAMPFBAD.
HERZOGHOF
Hôtel garni und Badhaus mit den Vollbä
Herzogsbad, und einem Separ
40 gut eingerichtete, günstigst gelegene h
zimmer, welche mit den Bädern durch
Winter geheizte Gänge in directer Verb
ANSICHT DER STADT BADEN
RATHHAUS
Während der Winter-Saison (15. October bis 1. Mai) ist nur das Antons-Voll- und Separatbad geöffnet.
URSPRUNG
HERZOGHOF MIT
TDRUCK VON J. LÖWY WIEN.
J. Ströhl gz.

ARNULF
RAINER
MUSEUM

200 Jahre Frauenbad

Baukultur und Kunstbetrieb in der Kurstadt Baden bei Wien

200 Years of the Frauenbad
Building Culture and the Art Industry in the Spa Town
of Baden near Vienna

Deutscher
Kunstverlag

Cover: Joseph Tabaczynski, „Le bain de Charlotte" (Frauenbad), um 1830, Federzeichnung, koloriert, Detail
© & Foto: Rollettmuseum

S. 1, Carl Graf Vasquez, Stadtplan mit Ansichten von Sehenswürdigkeiten in Baden, ca. 1830/35, Detail
© Stadtarchiv Baden; Foto:
Arnulf Rainer Museum / Nadja Buechler

S. 2, Die Frauenkirche vor 1811 nach einer naiven Darstellung auf einer alten Schützenscheibe, links das Gebäude des Neubades an der Südseite der Kirche, Detail
© Rollettmuseum; Foto: Arnulf Rainer Museum / Robert Zahornicky

S. 3, Das Frauenbad nach der Eröffnung, Stich aus der Beschreibung von M. J. Mayer, Südfassade, 1821, Detail
© Rollettmuseum; Foto: Arnulf Rainer Museum / Robert Zahornicky

S. 4, Curort Baden, vermutlich 1880er Jahre, Druck, Detail
© Stadtarchiv Baden; Foto: Arnulf Rainer Museum / Nadja Buechler

S. 5, „Die gew. Augustiner Kirche u. Carolinenbad" (Frauenbad), Lithografie, koloriert, Detail
© & Foto: Rollettmuseum

S. 6–7, N. Bittner, Frauenbad bei Nacht, 1822–1876, Druckgrafik
© & Foto: Rollettmuseum

S. 8, „Das Josephs- u. Carolinenbad", Druckgrafik, koloriert, nach einer Vorlage in der Illustrierten Zeitung, 24. April 1852, S. 268, Detail
© & Foto: Rollettmuseum

Inhaltsverzeichnis Table of contents

Vorwort

Am 12. Juni 1821 wurde das neu errichtete Gebäude des Frauen- und Carolinenbades in der aufstrebenden Kurstadt Baden bei Wien eröffnet. Anlässlich des 200. Jahrestages dieses sowohl kultur- als auch wirtschafts- und architekturhistorisch bedeutsamen Ereignisses in der Entwicklung Niederösterreichs dokumentiert das vorliegende Buch die Planungs- und Baugeschichte des Hauses sowie die kulturelle und kunsthistorische Stellung des Projekts unter der Patronage von Kaiser Franz II./I., der das Frauenbad bei seinen nahezu alljährlichen Kuraufenthalten zwischen 1796 und 1834 selbst nutzte. Gemeinsam mit sieben weiteren neuen Badehäusern, die in seiner Regierungszeit in der Parklandschaft der entstehenden Kurstadt als Idealbild einer heilenden Umgebung in einer geordneten Welt errichtet wurden, bildet das Frauenbad ein exemplarisches Ensemble klassizistischer Architektur. Dieses Buch vermittelt neue Forschungsergebnisse zur Baukunst jener europäischen Schlüsselperiode zwischen Aufklärung, Revolution und Reaktion, zwischen dem postrevolutionären Frankreich mit Napoleon und dem konservativen Österreich unter der Führung von Staatskanzler Metternich. Der französische Architekt des Frauenbades, Charles de Moreau, vereinigt diese Pole in seiner faszinierenden Biografie und seinem vielgestaltigen Werk in Österreich, das hier auf der Basis neuester Erkenntnisse dargestellt wird. Auch die übrige anspruchsvolle Architektur der Kurstadt Baden, die in der ersten Hälfte des 19. Jahrhunderts entstand, wird auf den folgenden Seiten dokumentiert. Dass all das nicht tote, für das heutige Leben belanglose Geschichte ist, beweist der Umstand, dass das stets wertgeschätzte Frauenbad bis heute in intensiver öffentlicher Verwendung steht. Seit der Einstellung des Badebetriebs 1973 und der Umwidmung in ein Ausstellungshaus folgten weitere gestalterisch anspruchsvolle Etappen der Bau- und Nutzungsgeschichte, die 2009 in der Eröffnung des Arnulf Rainer Museums kulminierten.

Am 24. Juli 2021 wurde die Stadt Baden als Teil der „Great Spa Towns of Europe“ – elf Kurstädte in sieben europäischen Staaten – in die UNESCO-Welterbeliste aufgenommen.

Der Herausgeber und die Autorinnen und Autoren danken allen, die das Erscheinen dieses Buches ermöglicht haben: dem Land Niederösterreich, der Stadtgemeinde Baden bei Wien mit Stadtarchiv, Rollettmuseum und Baubehörde sowie den vielen Institutionen, Interessierten, Zeitzeuginnen und Zeitzeugen, Künstlerinnen und Künstlern, die im Zuge der Forschungen Material und Informationen beigetragen haben.

Foreword

On 12 June 1821, the newly constructed building of the Frauenbad and the Carolinenbad was opened in the aspiring spa town of Baden near Vienna. On the occasion of the 200th anniversary of this significant event in the development of Lower Austria in terms of culture, economics and architecture, this book documents the planning and construction history of the building as well as the cultural and art-historical status of the project under the patronage of Emperor Franz II/I, who himself used the Frauenbad during his virtually annual spa visits between 1796 and 1834. Together with seven other new bathhouses built during his reign within the park landscape of the emerging spa town as an ideal image of a therapeutic environment in an orderly world, the Frauenbad constitutes an exemplary ensemble of neoclassical architecture. This book offers new research findings on the architecture of that key European period between Enlightenment, Revolution and Reaction, between post-revolutionary France with Napoleon on the one side and conservative Austria under the leadership of Chancellor of State Metternich on the other. The French architect of the Frauenbad, Charles de Moreau, brings these poles together in his fascinating life story and his multifaceted work in Austria, which are presented here on the basis of the latest findings. Other features of the sophisticated architecture of the spa town of Baden, created in the first half of the 19th century, are also documented on the following pages. That all this is not merely dead history, with no bearing on life today, is borne out by the fact that this building, which has always been held in high esteem, is still in intensive public use today. Since the discontinuation of bathing operations in 1973 and its conversion into an exhibition centre, further sophisticated stages in the history of its construction and use have followed, culminating in the opening of the Arnulf Rainer Museum in 2009. On 24 July 2021, the town of Baden was added to the UNESCO World Heritage List as part of the “Great Spa Towns of Europe” – comprising eleven spa towns in seven European countries.

The publisher and the authors would like to thank all those who made the publication of this book possible: the Province of Lower Austria, the Municipality of Baden bei Wien with its Stadtarchiv (Municipal Archives), Rollettmuseum and Baubehörde (Building Authority), as well as the many other institutions, interested parties, contemporary witnesses and artists who provided further material and information in the course of the research.

Das Frauenbad in Baden

Ein Baudenkmal des Klassizismus im typologisch-historischen Kontext

Matthias Boeckl

Der Kurbetrieb um die gut ein Dutzend Thermalquellen von Baden bei Wien erbrachte in der Zeitenwende um 1800 neben vielen sozioökonomischen Effekten auch ein bedeutendes Baudenkmal. Als 1 : 1-Modell einer idealen Kleinstadt repräsentieren die Badehäuser und Nebengebäude die defensiv-pragmatische, aber auch poetische, mitunter fast naive Baugesinnung eines Monarchen zwischen spätem Absolutismus, Aufklärung und bürgerlicher Emanzipation. So entstand unter Kaiser Franz II./I. binnen dreier Jahrzehnte, zwischen 1796 und 1827, eine rund 22 Hektar große Parklandschaft mit acht Badehäusern als abgestimmtes Ensemble im speziellen puristisch-klassizistischen Baustil des österreichischen Biedermeier.[1] Dieses komplexe Baudenkmal ist in seinem Typus um 1800 europaweit einzigartig, aber in der internationalen Fachliteratur dennoch kaum bekannt.[2]

Das Ensemble aus acht um 1800 neu gebauten Badehäusern steht auch für die seit Kaiser Joseph II. tradierte Idee eines Wohlfahrtswesens unter monarchischer Führung als Gegenentwurf zu den frühen Demokratie- und Nationalbewegungen im Gefolge der Französischen Revolution von 1789. Darüber hinaus dokumentiert es die Baugesinnung von Franz nicht nur in funktionaler Hinsicht, sondern auch städtebaulich: Vor der Wiener Hofburg hatte er mit dem Volksgarten einen typologisch mit Baden vergleichbaren öffentlichen Park mit belehrenden und unterhaltenden Pavillons gleichsam als patriotisch-soziale Heilung der von Napoleon dort geschlagenen Wunden errichtet.[3] Die Idee einer Gartenlandschaft mit didaktisch-therapeutischen Wirkungen geht unter anderem auf Christian Hirschfelds 1785 erschienene „Theorie der Gartenkunst" zurück.[4]

Die Baugelegenheit der Badekultur entsprach der Persönlichkeit von Kaiser Franz besser als großvolumige urbane Bauaufgaben in Infrastruktur und Sozialwesen. Denn es handelte sich – im Gegensatz zur entstehenden, dem Regime durchaus suspekten Großstadt – um überblickbare Strukturen. Hier konnten medizinische Therapien auf innovativer wissenschaftlicher Basis in einem allseits kontrollierten Ambiente zum Wohle des Einzelnen, aber innerhalb einer feststehenden Gesellschaftsordnung durchgeführt werden. Kaiser Franz, der in alle neuen Badehausprojekte in Baden persönlich oder indirekt involviert war, legte dabei großen Wert auf die Vermeidung jedweder Monumentalität, wie sie etwa für den revolutionären und napoleonischen französischen Klassizismus jener Zeit typisch war.

Badehäuser: Die kulturhistorischen Wurzeln

Die uralten Trink- und Badebräuche lassen sich funktionell in rituelle, hygienische, therapeutische, unterhaltende und sportliche unterscheiden. Für jede dieser Traditionen der inneren und äußeren Reinigung des menschlichen Körpers, der religiösen oder therapeutischen Immersion im Wasser oder der sportlichen Bewegung darin gibt es auch spezialisierte Gebäude und eine entsprechende Bautradition. Die Aufgabe dieser Thermen, Baptisterien, Natatorien und Brunnhäuser ist es, der jeweiligen Trink- oder Badeweise die nötige Sicherheit, Wetterunabhängigkeit, Diskretion und Repräsentativität zu sichern.

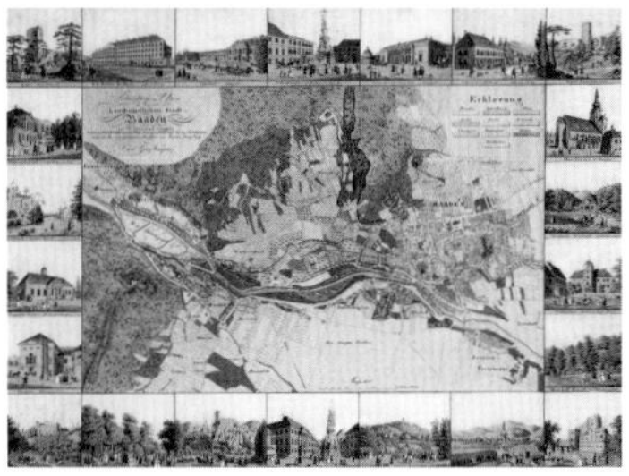

Carl Graf Vasquez, Stadtplan mit Ansichten von Sehenswürdigkeiten in Baden, ca. 1830/35
© Stadtarchiv Baden; Foto: Arnulf Rainer Museum / Nadja Buechler

Rudas-Bad, Budapest, 16. Jahrhundert, Aufnahme aus dem Jahr 1940
© Wiki Commons, Fortepan, Somlai Tibor

S. 17, Carl Graf Vasquez, Stadtplan mit Ansichten von Sehenswürdigkeiten in Baden, ca. 1830/35
© Stadtarchiv Baden; Foto: Arnulf Rainer Museum / Nadja Buechler

Weil das Baden ein Elementarbedürfnis ist, trat diese Bauaufgabe bereits in der Urgeschichte auf, sobald frühe Kulturen sie technisch und wirtschaftlich bewältigen konnten.[5] Ihre konkrete architektonische Lösung stimulierte die gesamte Baukultur, da einige wichtige Bauelemente und -techniken erstmals in diesem Quell- und Badekontext auftraten. Die Kuppel etwa, die schon in frühester Zeit für Naturquellen-Überbauungen, Sakralbauten und Grabmäler verwendet wurde, fand danach rasch auch in anderen Bautypen Verwendung.[6]

Das Baden in ausschließlich diesem Zweck dienenden (monofunktionalen) Häusern kann auch als profanisierte Version der Taufe durch Immersion gedeutet werden. Das christliche Initiationsritual wurde jahrhundertelang in einem Bautyp ausgeführt, der letztlich auf die altgriechische Tholos (sakraler Rundbau mit und ohne Säulenumgang) zurückgeht und mit den Oktogonen der römischen Badekultur kombiniert wurde: Sakralität und Immersion im Wasser fanden so im frühmittelalterlichen Bautyp des Baptisteriums zusammen. In der islamischen Kultur auf dem Boden des ehemaligen Römischen Reichs wurden dessen alltägliche Badekultur und ihre Bautypen mit typisch oktogonalen Badebecken hingegen ohne spirituelle Aufladung fortgeführt. Die beiden Traditionsstränge trafen sich auf dem Boden des Habsburgerreichs in Ungarn, wo im 16. Jahrhundert zahlreiche türkische Badehäuser errichtet wurden, von denen viele weitgehend unverändert bis heute genutzt werden.[7]

Bei den europäischen Badehäusern ist zwischen Alltagsbädern und besonderen Heilbädern zu unterscheiden. Im urbanen antiken Alltag hatten die römischen Thermen meist lokal verfügbares, für das Bad erwärmtes Trinkwasser genutzt und neben dem ausgedehnten Baderitual durch Becken mit verschiedenen Wassertemperaturen auch zahlreiche Unterhaltungsfunktionen geboten. Diese Badekultur wurde in Europa bis in die frühe Neuzeit durch hauseigene und öffentliche Badstuben ohne besondere architektonische Ansprüche fortgesetzt.[8] Die Alltagsbäder in Bürgerhäusern oder Fürstenresidenzen waren im öffentlichen Raum kaum wahrnehmbar, da sie als Pavillons in Privatgärten, durch Integration in größere Gebäude oder als Badehütten in Hinterhöfen errichtet wurden.

Der Kurort – ein neuer Typ Stadt

Von diesem alltäglichen Bad abzugrenzen ist das geografisch oftmals abgelegene Heilbad (seit dem Mittelalter Wildbad genannt) mit natürlichen eisen-, kohlenstoff- oder schwefelhaltigen Thermalquellen, das oft in weiten Reisen gezielt zur Pflege und Therapie aufgesucht wurde. So entfaltete es eine selbstständige Bautypologie bis hin zur Kurstadt. Seit der Renaissance[9] und verstärkt seit der Aufklärung wurden Chemie und therapeutische Funktionen der natürlichen Heilquellen wissenschaftlich untersucht. Der nunmehr organisierte Massenbadebetrieb bedurfte neuer Bautypen, deren Gestalt stark von den Eigentumsverhältnissen abhing. Standen die Quellen in Herrscher-, Kirchen- oder Gemeindebesitz, so blieben sie in der Regel auch öffentlich fürs Baden zugänglich. Ergänzend dazu entstanden dann private Beherbergungs- und Unterhaltungseinrichtungen in eigenen Gebäuden. In Baden bei Wien war die Gästeunterbringung zudem stets ein bürgerliches Privileg.[10] Waren die Quellen jedoch „privatisiert", dann verschwanden sie alsbald in großen Gasthäusern, die neben Verköstigung, Festveranstaltungen und der Nächtigung eben auch das Baden als eine von mehreren Annehmlichkeiten anboten. Die Spannweite der architektonisch-städtebaulichen Folgen der Besitzverhältnisse ist etwa am Kontrast zwischen Baden bei Wien und dem hessischen Wiesbaden klar ablesbar. In Baden standen die meisten Quellen im Besitz des Landesfürsten, der Kirche oder der Gemeinde, die sie dem Publikum in monofunktionalen Badehäusern gegen geringe Gebühr ohne weiteren Konsumzwang zugänglich machten. Wiesbaden hingegen kannte keine öffentlich zugänglichen, frei stehenden Badehäuser im Herrscher- oder öffentlichen Besitz, sondern erschloss die Heilquellen in privaten Hotels, womit sie aus dem

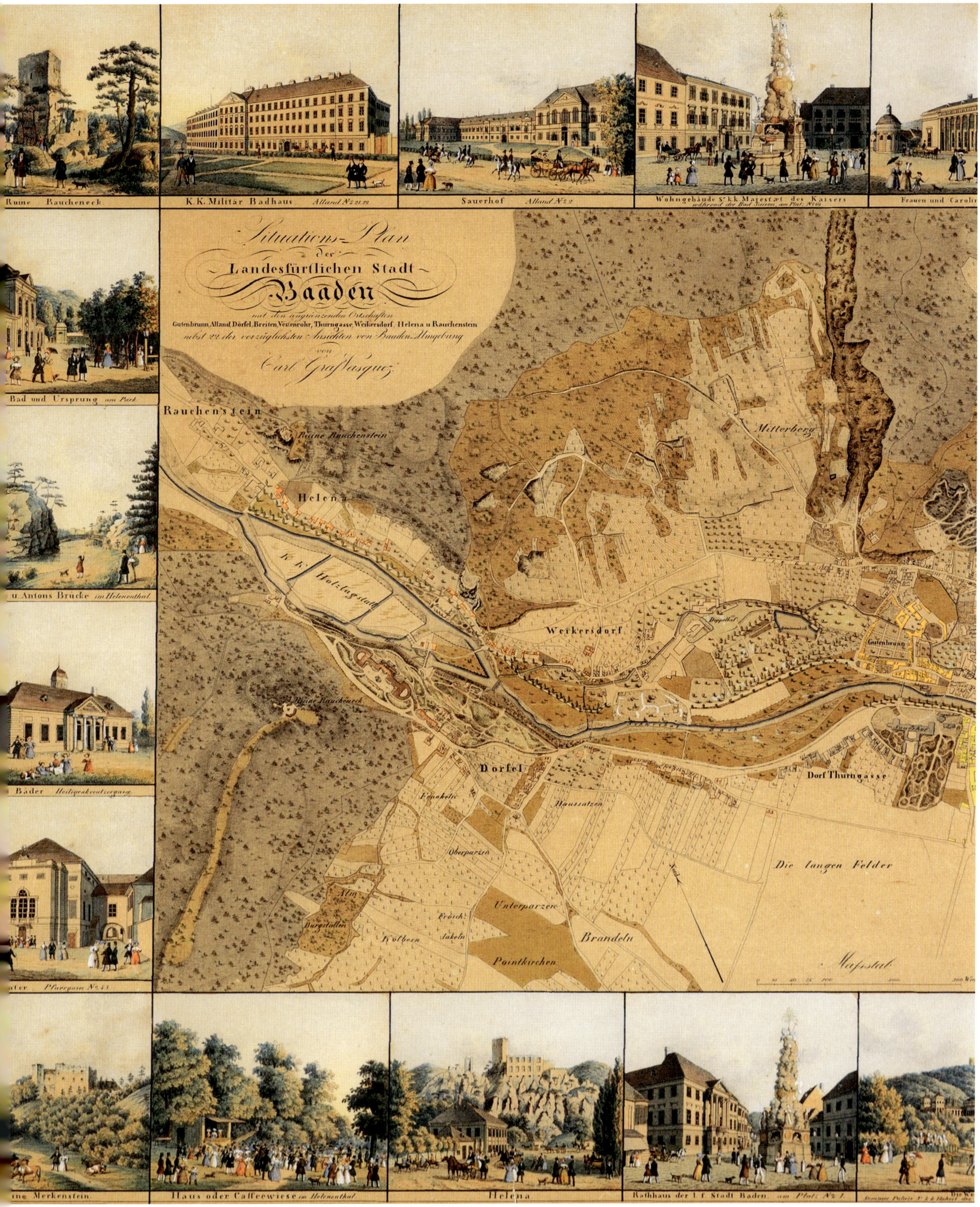
Situations-Plan
der
Landesfürstlichen Stadt
Baaden
mit den angränzenden Ortschaften
Gutenbrunn, Alland, Dörfel, Breiten, Vestenrohr, Thurngasse, Weikersdorf, Helena u Rauchenstein
nebst 22 der vorzüglichsten Ansichten von Baaden-Umgebung
von
Carl Graf Vasquez
Ruine Raucheneck
K. K. Militär Badhaus Alland No. 21.22
Sauerhof
Bad und Ursprung am Park
Rauchenstein
Ruine Rauchenstein
Helena
Mitterberg
Weikersdorf
Gutenbrunn
Dörfel
Dorf Thurngasse
Die langen Felder
Unterparzen
Brandeln
Pointkirchen
Oberparzen
Haussatzen
Maßstab
Helena
Haus oder Caffeewiese im Helenenthal
Rathhaus der l. f. Stadt Baden am Platz No. 1.

Carlsbad, Souvenirblatt
von Payne, 1850
© Archiv MB

S. 19, Montecatini Terme, Stich von Cosimo
Zocchi nach A. Tereni, vor 1800
© Wiki Commons, Wellcome Science
Museum Group

Stadtbild praktisch verschwanden und keine eigenständige Architektur ausbilden konnten.

Die wichtigsten, teils schon seit dem Mittelalter nachweisbaren Bautypen der Kurorte sind die Badehäuser, die Trinkhallen und die Beherbergungsbetriebe (Hotels). Später kamen Spitäler und Sanatorien, Kur- und Kongresshäuser, Wandelgänge und Kolonnaden, Parkgestaltungen sowie Spielcasinos dazu. Mit der zunehmenden Massenmobilität im 19. Jahrhundert gewann die gesellschaftliche Funktion eines unterhaltsamen „Kuraufenthalts" samt Glücksspiel und Festveranstaltungen aller Art an Bedeutung für die in der Industrialisierung neu aufgestiegenen Schichten, aber auch für einfache Bürger.[11] Diese speziellen Bauten prägten das Stadtbild der Kurstädte nachhaltig und ließen abseits der großen urbanen Zentren einen neuartigen Typ Stadt entstehen. Dazu kam als kurortspezifische Infrastruktur der bestens ausgebaute Post- und Telegrafendienst, der für die ununterbrochene Kommunikation der oft von weit her angereisten einflussreichen Klientel unverzichtbar war und sich auch für Konferenzen eignete.

Aufgrund dieser anderswo nicht vorhandenen oder verfügbaren Bau- und Infrastrukturen gewannen Kurstädte oft auch politische Bedeutung: In Karlsbad etwa bewogen sie Clemens Fürst Metternich, Staatskanzler von Kaiser Franz I., 1819 eine geheime Konferenz zu veranstalten: Von den Repräsentanten des Deutschen Bundes wurden hier die Karlsbader Beschlüsse gegen nationale und revolutionäre Umtriebe gefasst, die im Gefolge des Sieges über Napoleon in den deutschen Monarchien eine scharfe Zensur- und Überwachungspolitik gegenüber Universitäten, Presse und Vereinen implementierten. Kurorte waren aber auch militärisch relevant: Im Ersten Weltkrieg requirierte die Heeresführung des Deutschen Reichs die Hotels und Veranstaltungssäle der belgischen Kurstadt Spa als perfekt geeignetes Hauptquartier nahe der Westfront. Wohl in symbolischer Absicht wählte man 1920 nach der deutschen Niederlage den gleichen Kurort für den umgekehrten Zweck einer Konferenz über Reparationszahlungen an die Siegermächte. Auch der Kurort Vichy in Zentralfrankreich war mit seinen vielen Hotels und eleganten Sommersitzen, Konferenzmöglichkeiten und Kommunikationsverbindungen zwischen 1940 und 1944 bestens geeignet für die Zwecke der Militärverwaltung und der Regierung des nicht besetzten Teils Frankreichs unter Marschall Pétain. Nach 1945 dienten in Deutschland die Kurstädte Bad Oeynhausen, Wiesbaden und Baden-Baden als Hauptquartiere der Besatzungsmächte England, USA und Frankreich.[12]

Kur- und Garnisonsstadt Baden – ein spezieller Fall

Waren im Kurort neben den Hotels, Konferenzsälen und Telekommunikationsverbindungen auch militärische Einrichtungen vorhanden, dann bot sich die Stadt im Kriegsfall noch nachdrücklicher als Standort für Oberkommanden an: so etwa in Baden bei Wien, das seit den napoleonischen Kriegen sowohl Kurort als auch Garnisonsstadt war. 1796 hatte Kaiser Franz I. hier den Kur- und Hotelbetrieb des Petersbades angekauft und dort von 1818 bis 1821 das unten beschriebene Veteranenspital samt kleinem Badehaus direkt über der Petersquelle errichten lassen. Durch Zukauf des nahen Sauerhofes und des Engelsbades wurde es 1863 zum Garnisonsspital Nr. 27 ausgebaut, einem der größten der Monarchie.[13]

Beim Ausbruch des Ersten Weltkrieges 1914 übertrug Kaiser Franz Joseph I. das Militäroberkommando an Erzherzog Friedrich, einen Cousin zweiten Grades. Friedrich stationierte es auf seinen Besitztümern im schlesischen Teschen (Cieszyn, Polen) nahe der Ostfront. Nach dem Tod Franz Josephs 1916 übernahm dessen Nachfolger Karl I. das Oberkommando wieder selbst und richtete es in Baden ein, wo er mit dem seit Franz I. im Familienbesitz befindlichen Kaiserhaus am Hauptplatz und mit der nahen Weilburg über Wohnsitze verfügte. Auch während und nach dem Zweiten Weltkrieg spielte Baden eine

DER LEIDENDEN MENSCHHEIT
GEWIDMETE WOHLTHAT
DER NATUR

wichtige militärische Rolle: Von 1938 bis 1941 wurden die ausgedehnten, 42 Hektar umfassenden Anlagen der seit 1963 so benannten Martinek-Kaserne mit zuletzt 57 Gebäuden nach Planung von Leo Splett errichtet. 1945 wurde sie von der Roten Armee übernommen und bis 1955 diente sie als Sitz der sowjetischen Militärverwaltung des besetzten Österreichs.[14]

Badens Kurbetrieb konnte sich – trotz der Krisen der österreichischen Niederlage gegen Napoleon 1809 und des darauf folgenden Staatsbankrotts 1811 – dank intensiver Herrscherprotektion auf einem neuen künstlerischen und wissenschaftlichen Niveau entfalten.[15] Diese Pionierfunktion von Baden ist aufs Engste mit der Person von Kaiser Franz II./I. verbunden, der mehr als drei Jahrzehnte lang fast jedes Jahr einen Kuraufenthalt in Baden verbrachte und den umfassenden Ausbau der Modellkleinstadt zu einem Kurort nach eigener Vorstellung forcierte.[16] Schon seit dem großen Ausbau der Kurstadt von Montecatini Terme ab 1772 durch Franz' Vater, den toskanischen Großherzog (Peter) Leopold, und dessen Sohn und Nachfolger Ferdinand III. hatte es in seiner Familie bedeutendes Fachwissen zur modernen Balneologie gegeben. Erstmals wandte Franz dieses Wissen 1793 bei der Gründung von Franzensbad in Böhmen an.

Die Fortschrittlichkeit des Badebetriebs um 1800 vor den Toren Wiens liegt in der modernen medizinischen Nutzung des natürlichen Thermalwassers und der Planung der dafür erforderlichen Spezialgebäude in einem strengen Purismus, der sowohl moderne französische als auch alte orientalische Vorbilder verarbeitet. Bis dahin war in der Wassertherapie fast überall das Trinken gegenüber dem Baden im Thermalwasser bevorzugt worden. Die lokale Tradition von Baden bei Wien, die Franz I. mit seinem großen Ausbau fortsetzte, war hingegen schon seit der Antike die Immersion im Heilwasser-Bad.[17] Und da der Bau eines Badehauses direkt über der zu fassenden Quelle mit einem oder mehreren Wasserbecken sowie Nebenräumen für Umkleiden, Badeaufsicht, Sanitärräume und andere Funktionen wesentlich aufwendiger ist und zu größeren Bauvolumen führt als die simple Fassung einer Trinkquelle, die schon als einfacher Brunnen gelöst werden kann, ergab sich für Baden ein gänzlich anderes Bauprogramm als für andere Kurstädte. Ermöglicht von der günstigen Ausgangslage von gut zwölf natürlichen Schwefelwasserquellen[18] und den oben beschriebenen Besitzverhältnissen, entstand daher im Biedermeier zu Baden höchstwertige Badehausarchitektur, welche die alte Bauaufgabe in technischem, hygienischem und sozialem Sinne neu interpretierte sowie dem sachlichen Zeitgeist entsprechend elegant, klar und sparsam löste. Neben den neopalladianischen Bauten rund um das alte römische Wasserbecken von Bath in England und den Bädern von Montecatini Terme entstand so in Baden bei Wien das größte und besterhaltene Badehausensemble des europäischen Klassizismus.

Zeitgenössischer Kontext: (Bäder-)Architektur der großen Kurorte um 1800

Thermalquellen, die schon in Antike und Mittelalter frequentiert und seit der Aufklärung systematisch als öffentlich zugängliche Gesundheitseinrichtungen ausgebaut wurden, gab es um 1800 in ganz Europa. Dazu zählen Bath in England, Vichy in Frankreich, Spa in Belgien, Baden-Baden, Bad Wildbad und Wiesbaden in Deutschland, Montecatini Terme in Italien sowie Baden im Schweizer Kanton Aargau. Innerhalb der Landesgrenzen der österreichisch-ungarischen Monarchie ist das Westböhmische Bäderdreieck zwischen Karlsbad, Marienbad und Franzensbad zu nennen, aber auch das nahe Teplitz-Schönau/Teplice-Šanov sowie Pistan/Piešťany und Trentschin-Teplitz/Trenčianske Teplice in der Slowakei und Bad Ischl im Salzkammergut. Viele dieser Kurstädte haben sich 2014 zur internationalen Initiative Great Spas Towns of Europe zusammengeschlossen, die 2021 von der UNESCO den Weltkulturerbe-Status erhielt.[19] Allen diesen Kurorten ist gemeinsam, dass ihre sehr speziellen

Johann Ziegler, Lorenz Janscha, Ansicht des Carroselles im k.k. Schloss-Park zu Laxenburg, 1800
© & Foto: ÖNB/Wien, FKB-Vues Österreich-Ungarn, Niederösterreich H-La, Laxenburg

Vinzenz Reim, „Die Ursprungsbäder in Baden", o. D., Radierung, koloriert
© & Foto: Rollettmuseum

Johann Stephan Decker: Kaiser Franz II./I. am Schreibtisch seines Arbeitszimmers in der Wiener Hofburg, 1826
© Wien Museum, Inv.Nr. U 3212, Foto: Wien Museum, Fotostudio Otto

Bauaufgaben der Badehäuser, Trinkhallen und später auch Kurhäuser sowie deren urbanistische Vernetzung mit Hotels und später auch Bahnstationen durch anspruchsvoll gestaltete Parks, Promenaden und Spazierwege zur Entstehung bedeutender architektonischer und städtebaulicher Werke führten.

Wirtschaftlich wurde dies vor allem von der adeligen und später auch bürgerlich-industriellen Klientel der Kurorte ermöglicht. Sie stellte ausreichend Kapital für den Ausbau zur Verfügung oder konnte es für lokale Unternehmer mobilisieren. Zugleich waren ihre ästhetischen, funktionalen und Komfortansprüche an die entstehende Hotellerie und die eigentlichen Heilstätten sehr hoch. Außerdem schuf die meist naturnahe Lage abseits der Großstädte und die heitere, nicht alltägliche, mitunter gar libertäre Grundstimmung dieser Resorts – durchaus vergleichbar den Landschaftsparks der Aufklärung als Ausdruck politischer Freiheitsbestrebungen – sehr günstige Bedingungen für künstlerische Experimente bis hin zu pittoresken Formen und Bau-Capricci, die im urbanen Alltag nicht verbreitet waren.[20] Kunst und umliegende Natur sollten sich im Kurort in einer Parklandschaft spielerisch zu einem ästhetischen Gesamterlebnis verbinden. In den Kurorten wirkten so meist auch die bedeutendsten Architekten ihrer Zeit – in Badens Biedermeier waren das Louis Montoyer, Charles de Moreau und Joseph Kornhäusel.[21] Das Ideal der Naturnähe und die neue künstlerische Wahlfreiheit als Ausdruck von Individualität sind ebenso wie die medizinische Wissenschaft eindeutig Produkte der Aufklärung.

Das zeigt sich in der Gruppe alter Immersionskurorte, die um 1800 nach neuen Erkenntnissen groß ausgebaut wurden. Einer der ältesten seit der Römerzeit frequentierten war Bath in England, wo das römische Badebecken als King's Bath auch heute noch erhalten ist. Der Kurbetrieb war seit der Keltenzeit nur im Frühmittelalter unterbrochen und entwickelte sich um drei natürliche Heilquellen mit hoher Soda-, Kalk-, Chlorid- und Sulfid-Ionen-Konzentration und 45 Grad Celsius Austrittstemperatur. Königin Elisabeth I. besuchte Bath im Jahr 1574, was zu einem anhaltenden Aufschwung mit zunächst fünf Bädern führte. So entstanden in diesem Kurort nahe der großen Hafenstadt Bristol und knapp 200 Kilometer westlich von London bedeutende Werke des Neopalladianismus des 18. Jahrhunderts: Der ältere John Wood baute von 1754 bis 1768 den berühmten Circus (eine elegante urbane dreigeschoßige Reihenhausanlage in Kreisform), 1769 errichtete John Wood der Jüngere mit den Bath Assembly Rooms ein gesellschaftliches Zentrum mit Festsälen. Von beiden Woods stammen die Umbauten des alten römischen Badebeckens, des King's Bath, und des unmittelbar daneben liegenden kleineren Queen's Bath.[22] Mit dem benachbarten Grand Pump Room von Thomas Baldwin und John Palmer wurde 1789/99 ein Kurhaus im klassizistischen Stil errichtet, in dem das Heilwasser aus einem Brunnen getrunken und der Gastronomie gefrönt werden konnte. Im Jahr 1800 bezeugen zwei Gusseisenbrücken in den Sydney Gardens über den Kennet-and-Avon-Kanal die hoch entwickelte Industrie und traditionelle Ingenieurskunst Englands.

Im oben erwähnten Montecatini Terme sind die drei Salzwasser-Heilbäder Bagno della Regina, Bagno dei Merli und Bagno Nuovo (Tettucciobad) seit dem 14. Jahrhundert dokumentiert. Aber erst durch intensives Engagement der von 1737 bis 1859 über die Toskana herrschenden Habsburger wurde Montecatini zur modernen Kurstadt. Unter Großherzog Peter Leopold, Vater des späteren Kaisers Franz I., und seinem Sohn, Großherzog Ferdinand III., wurde der alte Bäderkomplex von 1772 bis 1817 in klassizistischem Stil neu gebaut und danach der Gemeinde übergeben. Die wichtigsten neuen Badehäuser waren die Terme Leopoldine (1795), das Tettucciobad (1779–1781, beide geplant von Hofarchitekt Gaspare Maria Paoletti) und die Terme Rinfresco (Giuseppe Manetti, 1795). Dieses Ensemble, das der 1768 in Florenz geborene spätere Kaiser Franz seit seiner Jugend kannte, ist als unmittelbarer Vorgänger und auch als typologisches Vorbild des biedermeierlichen Ausbaus von Baden zur modernen Kurstadt zu bezeichnen.

Bath, England, Die römischen Bäder (King's Bath and Queen's Bath), Stich aus 1675
© British Museum

Montecatini Terme, Stich von Cosimo Zocchi nach A. Tereni, vor 1800
© Wiki Commons, Wellcome Science Museum Group

S. 23, Unbekannte Planer, Das Neubad, um 1802
© Stadtarchiv Baden; Foto: Arnulf Rainer Museum / Robert Zahornicky

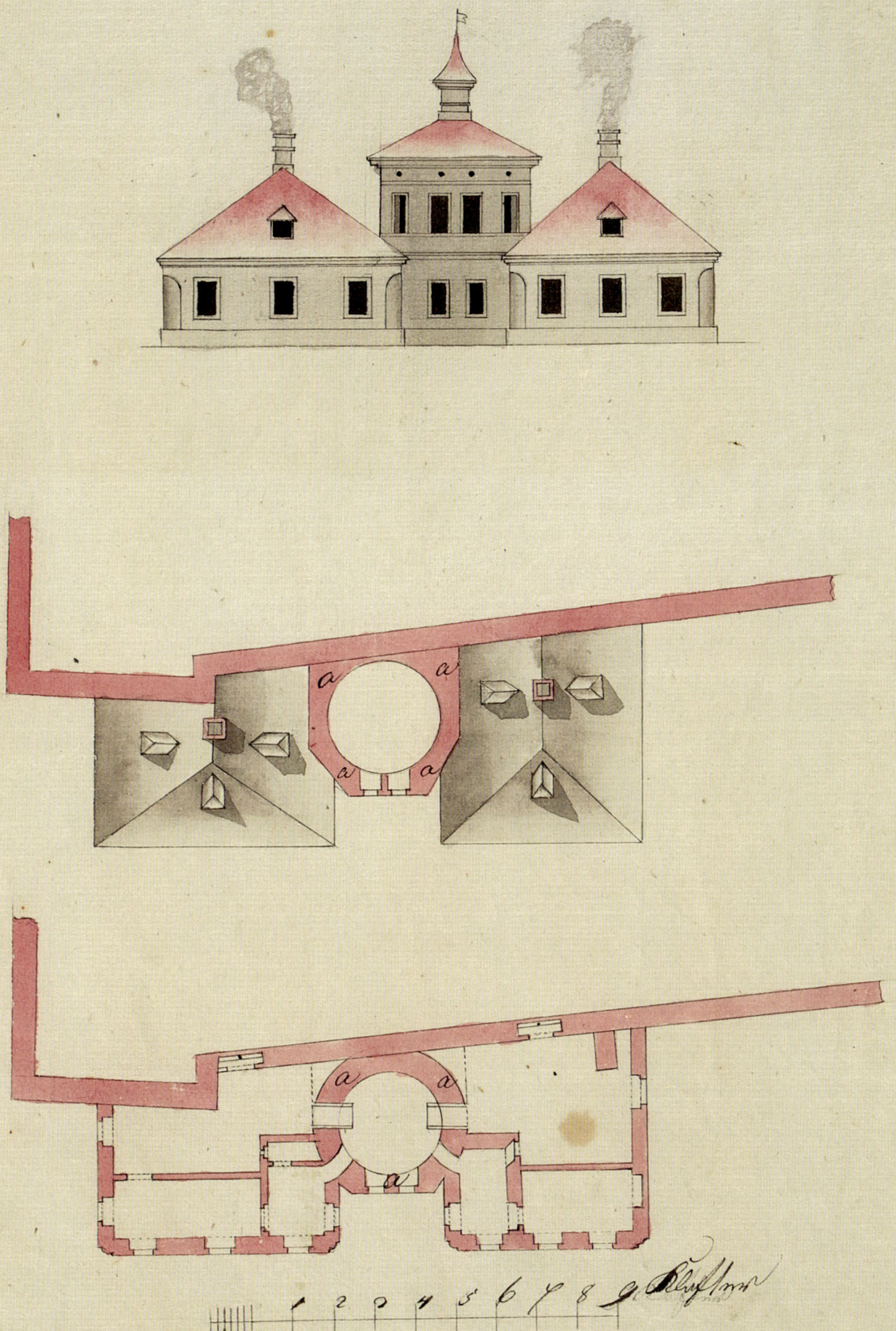
a
1 2 3 4 5 6 7 8 9

Im württembergischen Bad Wildbad sind Badehäuser seit 1521 nachgewiesen. Von 1837 bis 1847 wurde das Graf-Eberhard-Bad nach Plänen des früheren herzoglichen Hofbaumeisters und Kunstschulleiters Nikolaus Friedrich von Thouret errichtet. Nach dem Stadtbrand von 1742 ließ König Wilhelm I. von Württemberg 1824 eine erste Gebäudehülle um drei Thermalquellen errichten, bevor Thouret mit dem Abriss und einem Neubau begann. Sein umfangreiches Bauprogramm umfasste direkt in den Fels gehauene Badebecken am Ursprungsort der Quellen, nämlich ein Fürstenbad, je drei Herren- und Frauengemeinschaftsbäder sowie Einzel- und Wannenbäder mit zugeordneten Ankleidezimmern. Das nur wenige Jahre zuvor errichtete neue Badener Frauenbad könnte dabei durchaus als modernes Referenzbeispiel für einen zeitgenössischen Thermalbadbau direkt über mehreren Quellen gedient haben. Von 1896 bis 1901 wurde das Graf-Eberhard-Bad durch eine modische „Maurisierung" stark verändert und von 1986 bis 1995 wurde es als Palais Thermal erneut umfassend saniert.

Den einheitlich von Fürsten ausgebauten und öffentlich zugänglichen Thermal-Immersionsbädern stehen Kurorte gegenüber, in denen die Quellen vorwiegend in privaten Hotels genutzt wurden, etwa Baden im Aargau nahe Zürich sowie Wiesbaden und Baden-Baden in Deutschland. Kurorte, die um 1800 vorwiegend auf Trinkkuren setzten, waren hingegen die traditionellen Destinationen von Spa in Belgien und Vichy in Frankreich sowie das Westböhmische Bäderdreieck mit Karlsbad, Franzensbad und Marienbad.

Architektur der Badehäuser in Baden von 1793 bis 1834

In Europa gab es um 1800 nur wenige Kurorte, deren Bauprogramm mit jenem Badens direkt vergleichbar gewesen wäre. Die lokale Tradition kannte hier vor 1800 noch keine zentrale Regulierung der Überbauung der Thermalquellen in situ oder der Gestaltung der von ihnen gespeisten übrigen Badehäuser. Davon zeugt die Verschiedenartigkeit der drei von der Baukampagne während der Kuraufenthalte von Franz in Baden nicht erfassten frei stehenden Bäder: das Theresienbad, das Peregrinibad und das Gutenbrunner Bad (um 1800 auch Baron Wetzlars Bad genannt[23]). Das Theresienbad wurde von der Ursprungsquelle gespeist und war 1758 als kleines rechteckiges Barockgebäude mit überhöhtem Mittelrisalit nach unbekanntem Entwurf errichtet worden. Unter Franz wurde 1795 lediglich eine Heizung eingebaut, sonst blieb es bis zum Abriss 1884 für das neue Kurhaus von Eugen Faßbender und Maximilian Katscher unverändert bestehen. Das Peregrinibad über der gleichnamigen Quelle war 1770 von der Gemeinde als Fußbad errichtet und 1795, ein Jahr vor Beginn der jährlichen Séjouren des Kaisers in Baden, zu einem Vollbad ausgebaut worden – allerdings noch ohne jede architektonische Ambition, wovon das bescheidene Häuschen zeugt, das heute als Büro der Badener Wasserwerke genutzt wird. Das Gutenbrunner Bad schließlich war als Besitz des ehemals jüdischen, auf Druck von Kaiser Joseph II. konvertierten Bankiers Karl Abraham Wetzlar (1715–1799), ab 1777 Freiherr von Plankenstern, ein Sonderfall: 1781 erwarb Wetzlar die alte Herrschaft Gutenbrunn mit Schloss und Heilquelle im Schlosspark und baute sie sogleich grundlegend um. Das Badehaus stand frei im Park, allerdings wissen wir wenig von seinem Aussehen – im Kolbe-Plan von 1795 und im Geistinger-Plan von 1805 ist es mit hakenförmigem Grundriss eingezeichnet, während es im Franziszeischen Kataster von 1819 und im Stadtplan von 1822 bereits als schmaler, lang gestreckter Bau mit einer kleinen integrierten Kuppelhalle erscheint. 1896/97 wurden Schloss, Park und Badehaus unter dem neuen Eigentümer Dr. Gustav Lantin von Architekt Hayböck komplett zu einem Sanatorium umgebaut.

Die Badener Baukampagne unter Kaiser Franz startete 1793 mit der Einsetzung einer „k. k. Untersuchungs und Verschönerungs Commission" und nahm mit seinem ersten Kuraufenthalt 1796 Fahrt auf. 1834 sollte sie mit großzügigen neuen Alleen abgeschlossen werden.[24] Aus der nun wesentlich erhöhten Frequen-

Emil Hütter nach Joseph Fischer, Das Josefsbad und das Neubad auf der Ansicht des Badener Stadtbrandes vom 26. 7. 1812, Aquarell
© Rollettmuseum; Foto: Arnulf Rainer Museum / Robert Zahornicky

Louis de Montoyer, Josefsbad, 1804
© Stadtarchiv Baden; Foto: Arnulf Rainer Museum / Robert Zahornicky

Bad Wildbad, Kurplatz mit Eberhardsbad
© Wiki Commons, Stefan Karl

Johann Ziegler, Lorenz Janscha, Ansicht des Carroselles im k.k. Schloss-Park zu Laxenburg, 1800
© & Foto: ÖNB/Wien, FKB-Vues Österreich-Ungarn, Niederösterreich H-La, Laxenburg

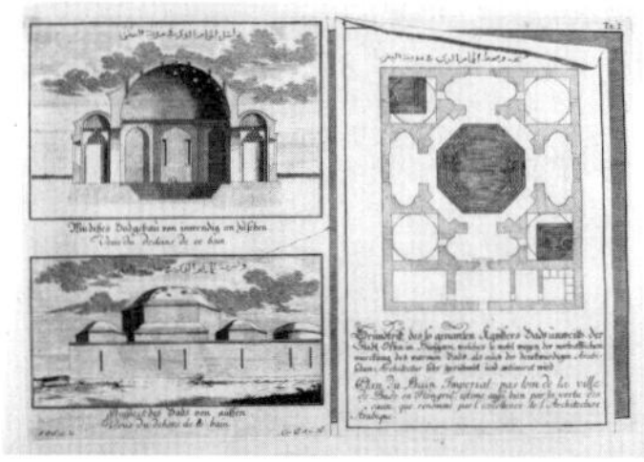

Johann Bernhard Fischer von Erlach, Entwurff einer historischen Architectur, 1721, Grundriß des so genannten Kayßers Bads
© Universitätsbibliothek Heidelberg

Das 1802 errichtete Neubad, Stich um 1810
© Rollettmuseum; Foto: Arnulf Rainer Museum / Robert Zahornicky

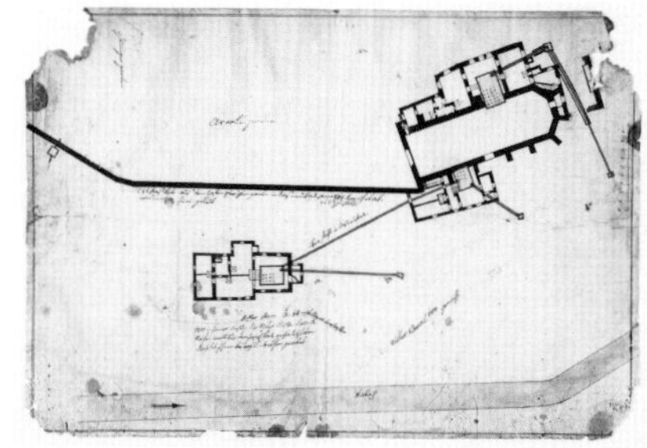

Lageplan von Josefsquelle, Neubadquelle und Frauenquelle, um 1802
© Stadtarchiv Baden; Foto: Arnulf Rainer Museum / Nadja Buechler

tation der Bäder durch den allsommerlich anwesenden Hofstaat und seine Entourage und aus der plötzlich erforderlichen Repräsentativität des Stadtbildes ergab sich das Bauprogramm: Die Quellen sollten bequemer und hygienischer erschlossen, die darüber errichteten Badehäuser repräsentativer und in einer Architektursprache gestaltet werden, die vor allem den persönlichen Vorstellungen von Kaiser Franz zu entsprechen hatte. Sie entwickelten sich nach einem tastend-spielerischen Beginn zu einer kompakten Gruppe klassizistischer Sonderbauten, die europaweit kaum Parallelen aufweist und Anregungen des französischen Revolutionsklassizismus mit der für Franz typischen Miniaturisierung kombinierte: Die monumentalen elementargeometrischen Visionen eines Boullée und Ledoux wurden gleichsam domestiziert und verkleinert sowie symbolisch über den antikisierenden Bautyp mit der langen Geschichte des Reichs und der Habsburgerherrschaft verbunden – eine Strategie der subtilen Verknüpfung alter und neuer Bausymbole, die schon Kaiser Karl VI. in größerem Maßstab mit der Wiener Karlskirche präsentiert hatte. Das Spiel mit miniaturisierten historischen und fantastischen Baumodellen wiederum praktizierte Franz schon seit seinem Herrschaftsantritt 1792 im Schlosspark der nahen Sommerresidenz Laxenburg.

Das erste Projekt betraf den ältesten Badeplatz, der wohl schon zur Römerzeit überbaut war, aber Ende des 18. Jahrhunderts nur mehr bescheidene Hütten bot. Vielleicht unter dem Einfluss von Franz' Generaladjutant Camillo Graf von Lamberti entwarf die k. k. niederösterreichische Oberbaudirektion 1796 für die obere und die untere Ursprungsquelle zwei oktogonale Pavillons unter Kuppeln, die mit einem gemeinsamen Eingang und Umkleideräumen verbunden waren (Abb. S. 20). Ausgeführt wurde der Bau vom marktbeherrschenden lokalen Baumeister Anton Hantl, der später auch das Frauenbad errichten sollte. An den Fassaden zeigten die Ursprungsbäder orientalisierende Bänderornamente. Wie oben erwähnt, geht der Bautyp eines überkuppelten Badebeckens in einem Oktogon oder Rundbau letztlich auf die römischen Bäder zurück, vor allem jene von Baiae bei Neapel. Die römische Bade- und Bäderbautradition wurde über das Byzantinische Reich bruchlos von seinem Nachfolger, dem Osmanischen Reich, fortgesetzt. So entstanden seit der türkischen Besetzung Ungarns im 16. Jahrhundert zahlreiche osmanische Bäder in dem von den Habsburgern zwischen 1683 und 1688 zurückeroberten Land. Der große Barockarchitekt Johann Bernhard Fischer von Erlach dokumentierte 1721 in seinem berühmten Stichwerk „Entwurff einer historischen Architectur", das er Kaiser Karl VI. (Franz' Urgroßvater) widmete, das Budapester Kaiserbad (Veli Bej) mit seinem oktogonalen Badebecken unter einer großen Kuppel sowie vier kreuzförmig rundum angeordneten Nebenkuppeln präzise in Ansicht, Schnitt und Grundriss.[25] Kaiser Franz kannte diese Darstellung zweifellos aus den Widmungsexemplaren in der Wiener Hofbibliothek. Wohl aus eigener Anschauung war ihm auch das 1566 unter der Herrschaft des Sokollu Mustafa Pascha in Budapest erbaute und ebenfalls bis heute in Betrieb befindliche Rudas-Bad mit seinem oktogonalen, überkuppelten Thermalbadebecken bekannt.[26]

Neben dem Habsburg-spezifischen Verhältnis zur osmanisch-byzantinischen Kultur und den neuen medizinisch-balneologischen Erkenntnissen steht der Bau der Badener Ursprungsbäder aber auch im Kontext der zeitgenössischen Bau-Capricci der Aufklärung in den Parks der Fürsten und des neuen Kleinadels. Die oben erwähnten um 1800 errichteten Lustgartengebäude von Kaiser Franz in dem bereits von seinem Onkel Joseph II. begonnenen Landschaftspark der Sommerresidenz Laxenburg umfassten unter anderem einen oktogonalen türkischen Pavillon, einen chinesischen Pavillon, einen Dianatempel und das berühmte „Haus der Laune" von Hofarchitekt Johann Ferdinand Hetzendorf von Hohenberg als Ausdruck einer neuen Gestaltungsfreiheit, die vorerst nur dem Hochadel zustand (Abb. S. 20).

Kaiser Franz selbst bevorzugte bei seinen jährlichen Kuraufenthalten seit 1796 das Frauenbad. Für die benachbarte Neubadquelle (später Carolinenquelle) ließ er 1802 das unansehnliche spätmittelalterliche Badehaus direkt über dem Austritt der

Quelle aus dem Boden durch einen Neubau ersetzen. Die Neubadquelle war ebenso wie die unmittelbar daneben liegende Frauenbadquelle seit einer Schenkung von Kaiser Ferdinand I. 1532 im Besitz der landesfürstlichen Stadtgemeinde Baden. Zwischen den beiden Quellen war im 13. Jahrhundert die Frauenkirche platziert worden. Der Zugang zu den Badebecken im Boden erfolgte durch zwei direkt über den Quellen errichtete Badehäuser, die unmittelbar an die Nordwand der Kirche (Frauenbad) und an ihre Südwand (Neubad, später Carolinenbad) angebaut waren.[27] Der möglicherweise vom Hofbaurat oder erneut von der k. k. niederösterreichischen Oberbaudirektion ausgearbeitete, bislang anonyme Entwurf für den Neubau des Carolinenbades[28] zeigt bereits eine Weiterentwicklung des „osmanisch-byzantinischen" Typus der Ursprungsbäder. Das runde Badebecken liegt zwar erneut in einem oktogonalen Zentralbau, der jedoch keinerlei exotischen Esprit mehr versprüht, sondern ausgesprochen nüchtern wirkt. Gedeckt war der 1802 ausgeführte Bau von einem Zeltdach mit Türmchen für Entlüftungsöffnungen statt von fantasievollen Helmformen wie das Ursprungsbad. Links und rechts wurde er dicht von einfachen eingeschoßigen Baukörpern unter landesüblichen Walmdächern eingefasst, in denen die Umkleiden lagen (Abb. S. 23).

1804 wurde das „Badener Projekt" von Kaiser Franz mit dem Umbau des Josefsbades fortgesetzt, das bis dahin in einem kleinen Häuschen mit Satteldach und Entlüftungstürmchen aus dem Jahr 1700 untergebracht war. Das Bauprogramm gibt Hinweise auf die Baugesinnung des Kaisers, dessen persönliche Involvierung hier durch die unmittelbare Nachbarschaft des von ihm genutzten und zwei Jahre vorher sanierten Neubades (Carolinenbades) und durch die Beauftragung des Hofarchitekten Louis Montoyer mit der Planung gesichert erscheint. Die eng benachbarten Positionen der Josefsquelle, der Frauenquelle und der Neubadquelle definieren ein Dreieck, dessen längste Seite rund 65 Meter misst. So wäre es durchaus möglich gewesen, alle drei Quellen unter einem einzigen Dach auf einem unregelmäßigen Grundriss von rund 1000 bis 1500 Quadratmetern baulich zu fassen, wie das beispielsweise auch in dem von 1837 bis 1847 errichteten Graf-Eberhard-Bad von Nikolaus Friedrich von Thouret in Bad Wildbad der Fall war: Hier entstand eine Überbauung mehrerer Quellen in einem großen Bau mit gut 40 Meter Seitenlänge auf fast 1600 Quadratmeter Baufläche.

Das Graf-Eberhard-Bad wurde als kompakter, rechteckiger Baukörper ausgeführt, was übertragen auf die kleinteiligen Baustrukturen von Baden dort die Gefahr einer disproportionalen Monumentalität hätte bergen können. Dies war jedoch unvereinbar mit den ästhetischen Vorstellungen von Kaiser Franz, dem eine lose Ansammlung kleiner Prototypen vorschwebte. Allerdings waren auch im unmittelbaren Umfeld des Kaisers große Bauvolumen, die durch subtile Gliederung nicht übermäßig monumental wirkten, durchaus möglich: Der nahe, von Kaiser Franz selbst beauftragte Peterhof ist ein (weitgehend dekorloses) Großvolumen – das zugehörige Badehaus jedoch ist wieder ein kleiner Pavillon. Joseph Kornhäusel bewies 1820 mit dem Sauerhof, den er für einen privaten Bauherrn nur rund 250 Meter vom Josefsplatz entfernt baute, dass in Baden sogar eine multifunktionale, mehrflügelige Anlage mit Quellenüberbauung, Hotel und Restaurants auf der Fläche von rund 6000 Quadratmetern auf elegante und repräsentative Weise möglich war. Selbst bezüglich des Bautyps eines monofunktionalen großen Badehauses war die Dimension von mehreren Tausend Quadratmetern überbauter Fläche prinzipiell vorstellbar, wie es Claude-Nicolas Ledoux' monumentaler Entwurf für Bains publics in seiner Idealstadt Chaux just aus dem Jahr 1804 zeigt, in dem Louis Montoyer seinen kleinen Tholos-Typ als intime Überbauung der Josefsquelle errichtete (Abb. S. 24).

Nach Vollendung des Josefsbades bot sich am sonst offenen Josefsplatz unmittelbar vor der Badener Stadtmauer jedenfalls noch kein befriedigendes oder gar repräsentatives Bild: Von Süden her gesehen stand nun links die Josefsbad-Tholos, angefügt an das zu Umkleiden umgebaute alte Haus, und unmittelbar rechts davon, keine 40 Meter entfernt, der 1802 errichtete Neubad-(Carolinenbad-)Zubau zur Frauenkirche mit

Das Badehaus im Innenhof des Peterhofes, um 1900, Ansichtskarte, Sammlung Rosegger
© & Foto: Stadtarchiv Baden

Claude-Nicolas Ledoux, Bains Publics de la ville de Chaux, 1804
© Bibliothèque nationale, Paris

Das Leopoldsbad, 1812, Detail aus dem Stadtplan von Vasquez, ca. 1830/35
© Stadtarchiv Baden; Foto: Arnulf Rainer Museum / Nadja Buechler

Matthias Steidlin, Die Frauenkirche mit dem alten Frauenbad-Gebäude (rechts) und das Augustinerkloster in Baden, um 1740, Kupferstich © Rollettmuseum; Foto: Arnulf Rainer Museum / Robert Zahornicky

Das Peregrinibad beim Mariazellerhof auf einer Ansicht um 1818 (Vordergrund) © & Foto: Rollettmuseum

Josef Kornhäusel, Sauerhof, 1820, zeitgenössische Ansicht © & Foto: Rollettmuseum

Josef Kornhäusel, Engelsbad, 1832, zeitgenössische Ansicht von L. C. Hoffmeister © & Foto: Rollettmuseum

seiner polygonalen Pseudotholos.[29] Die Kirche selbst war 1811 bereits stark verfallen und hatte möglicherweise schon vor dem Stadtbrand kein Dach mehr. Bis zur Errichtung des Neubaus durch Charles de Moreau sollten nun weitere zehn Jahre vergehen, in denen Kaiser Franz mit diesem wenig inspirierenden Stadtbild vorliebnahm.

Die nächste Etappe der Sanierung der alten Badener Badehäuser und des Badener Stadtbildes folgte 1812 mit dem Neubau des Leopoldsbades durch einen Bürgerverein anstelle des alten Heiligenkreuzerbades. Dieses teilte sich die Nutzung der Leopoldiquelle mit dem benachbarten Badehaus des Schlosses Gutenbrunn. Der Neubau ist ein „eingeschossiger, neunachsiger Baukörper unter Walmdach mit genuteten Kanten und dreiachsigem Portikus aus ionischen Säulen unter Dreiecksgiebel von großen Rundbogenöffnungen“[30]. Bisher konnte er noch keinem Entwerfer eindeutig zugeschrieben werden, er fügt sich aber in seiner Einfachheit durchaus in die Pavillonlandschaft aus kleinen Bauten in Elementarformen, die Kaiser Franz als Idealbild seiner Kurstadt vorgeschwebt haben dürfte. Heute wird das Leopoldsbad für eine Tourismus-Informationsstelle genutzt.

Über das benachbarte Badehaus des Schlosses Gutenbrunn herrscht noch Unklarheit. Die Herrschaft war, wie oben erwähnt, 1781 vom Bankier Karl Abraham Wetzlar von Plankenstern erworben und mit einem kleinen Gebäude über der Quelle im Park ausgestattet worden.[31] Der äußere Umriss dieses Badehauses variiert auf den Stadtplänen zwischen 1795 und 1822, weshalb ein Umbau in dieser Zeit angenommen werden kann, der sich durchaus in die beschriebene Pavillonpark-Ästhetik fügte. Allerdings wurde das Bad im Zuge des Umbaus des Schlosses in ein Sanatorium in den 1890er-Jahren abgerissen.

Ins Jahr 1818 fällt der Beginn zweier sozialmedizinischer Projekte, die Kaiser Franz direkt in Auftrag gab. Bereits 1796 hatte er für das Militär das private Badehotel Peterhof über der Petersquelle erworben, das am Südufer der Schwechat rund 250 Meter entfernt vom Frauenbad lag. Wie oben erwähnt, wurde 1818 der Bestand abgerissen und als Garnisonsspital nach Plänen eines unbekannten Entwerfers als große U-förmige Anlage für über 200 Kurgäste beziehungsweise Patienten neu errichtet. Im Innenhof des viergeschoßigen und 37-achsigen nüchternen Gebäudes mit Mittelrisalit und Bandrustika im Sockel lag das frei stehende Badehaus – abermals ein kleiner eingeschoßiger Bau mit Walmdächern und einem höhen- und tiefenmäßig vortretenden Mittelrisalit mit Entlüftungslaterne über dem Badebecken.

Dieser Typologie des frei stehenden kleinen Badehauses neben seiner größeren „Mutteranlage“ folgten nicht nur das Gutenbrunner und das Petersbad, sondern auch das ebenfalls 1818 begonnene Mariazellerbad, das von der gleichnamigen eigenen Quelle unweit der Ursprungsbäder gespeist wurde. Nach der Auflösung des Klosters Klein-Mariazell 1782 durch Kaiser Joseph II. kam der dazugehörige Badener Hof 1805 an die k. k. Wohltätigkeits-Hofkommission.[32] Diese Stiftung beauftragte 1825 den Baumeister Anton Hantl mit dem heute noch erhaltenen Neubau des Traktes an der Marchetstraße.[33] Nicht erhalten ist hingegen das frei stehende kleine Badehaus auf der Mariazellerwiese neben dem Haupthaus, das auf den Stadtplänen um 1800 durchgehend mit kleinem rechteckigem Grundriss ohne Risalite abgebildet ist. Seit den 1940er-Jahren ist die Quelle in den Gebäudekomplex des Mariazellerhofes integriert.

1820 betrat schließlich der große klassizistische Architekt Joseph Kornhäusel (1782–1860) die Bühne des Bäderbaus. Beauftragt von Karl Freiherr von Doblhoff, der den baufälligen, teils mittelalterlichen Bestand des Sauerhofes erworben hatte, baute Kornhäusel diesen zu einer lang gestreckten Anlage parallel zum Ufer der Schwechat um, an deren Enden zwei kompakte Baukörper vortreten. Im östlichen dieser Ecktrakte mit Mittelrisaliten lag das Sauerbad als oktogonales Badebecken in einem tonnenüberwölbten dreischiffigen Innenraum mit acht Säulen sowie Oberlicht über dem Wasser. An die Rückseite des lang gezogenen Traktes schloss ein hufeisenförmiger Innenhof an, dahinter lagen die Stallungen. Nur wenige Meter

Conventus Badensis Ord.
Erem. S. Augustini in
Austria.

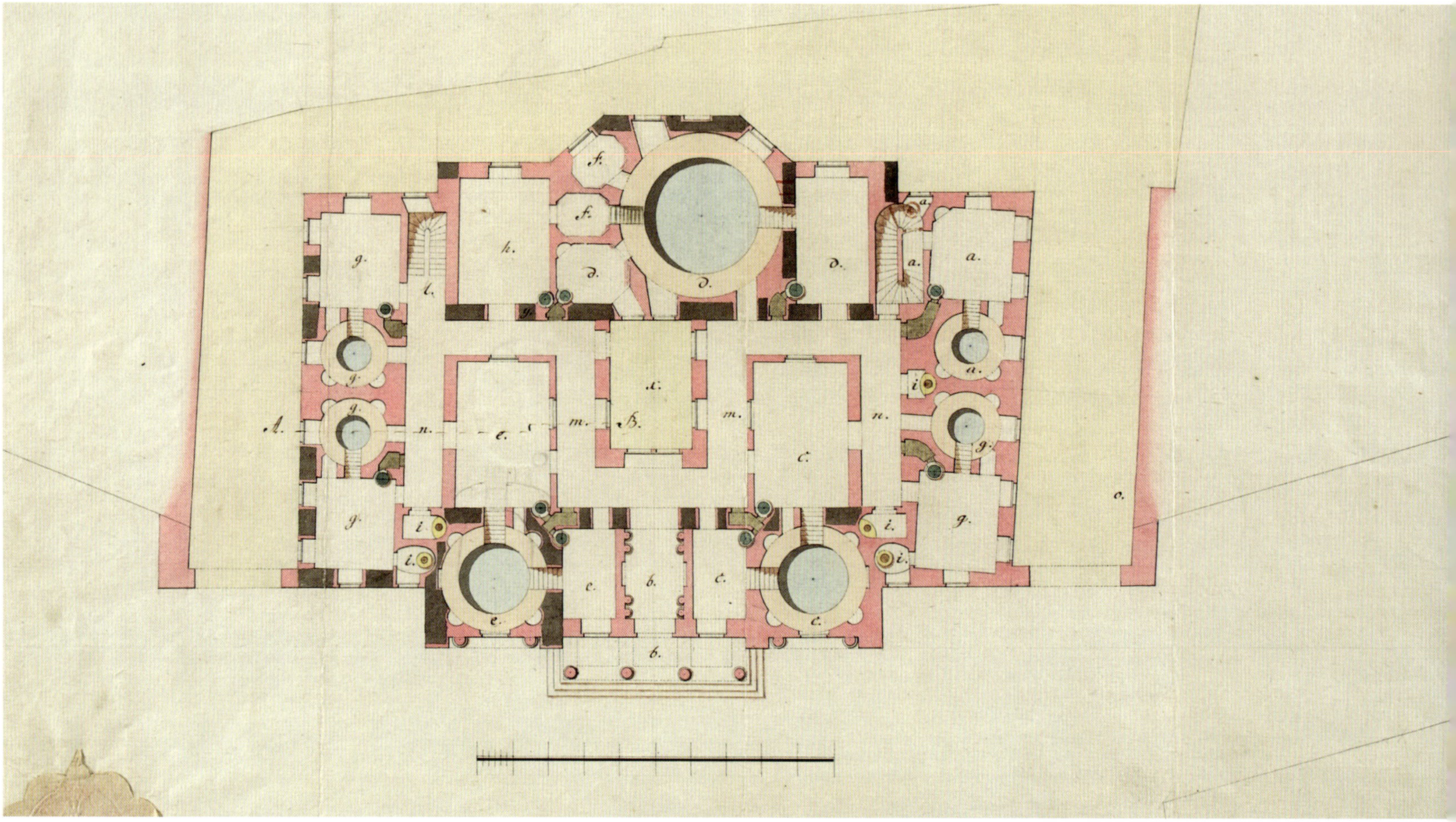

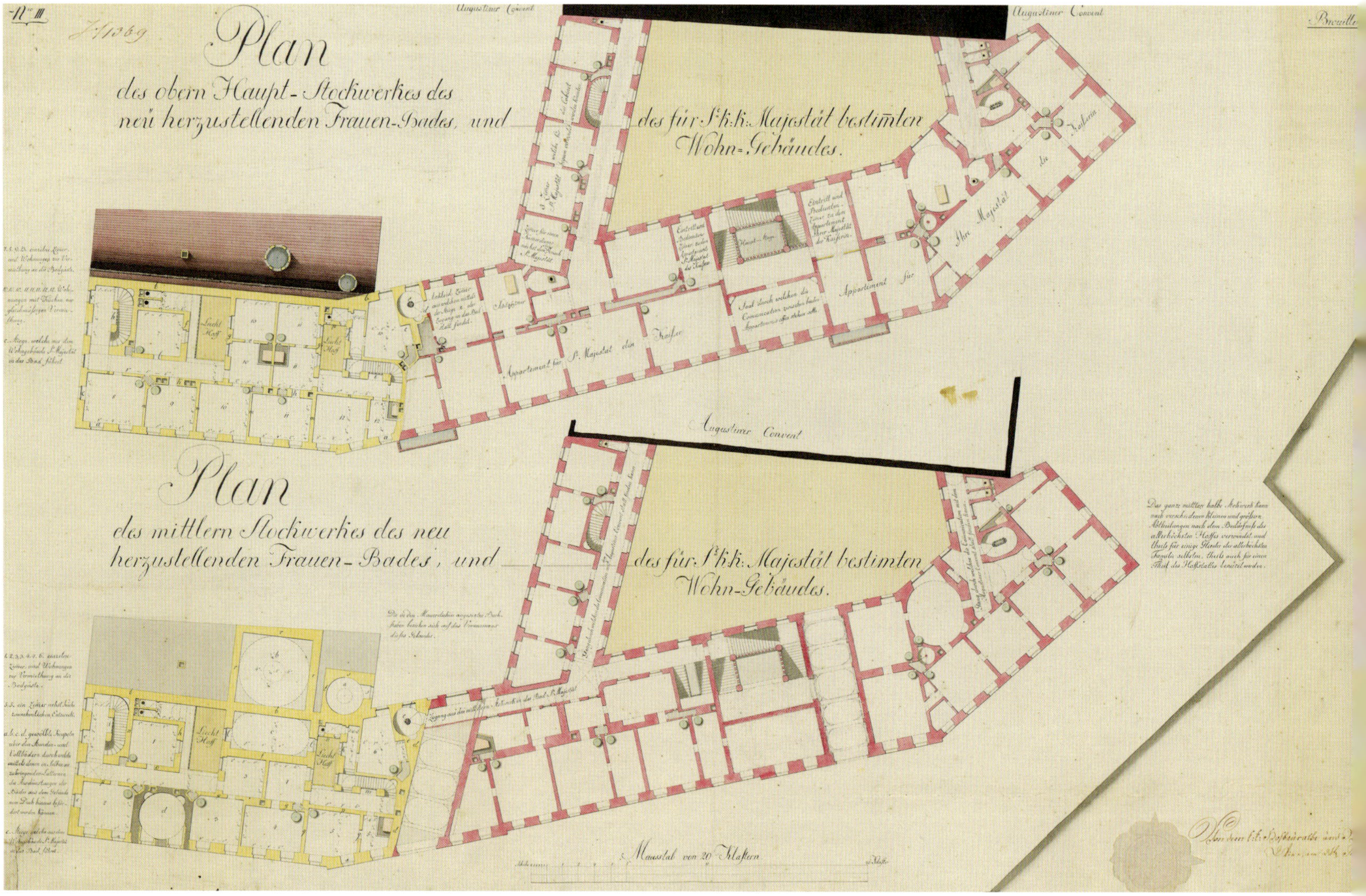
Augustiner Convent
Plan
des obern Haupt-Stockwerkes des neu herzustellenden Frauen-Bades, und des für S.k.k. Majestät bestimten Wohn-Gebäudes.
Augustiner Convent
Plan
des mittlern Stockwerkes des neu herzustellenden Frauen-Bades, und des für S.k.k. Majestät bestimten Wohn-Gebäudes.
Masstab von 20 Klaftern

daneben baute Kornhäusel das Engelsbad als subtilen Gegenentwurf zu den von Kaiser Franz direkt angeregten Bauten: Anders als beim Neubau des Neubades (Carolinenbades) an der Frauenkirche von 1802, beim Josefsbad von 1804 und auch bei dem erst 1827 als letztes franziszeisches Badehaus entstandenen Franzensbad[34] war nun der zentrale Baderaum nicht mehr tholosartig als oktogonaler oder (halb)zylindrischer Raum unter einer (Halb-)Kuppel geformt, sondern als nahezu würfelförmiger Kubus, an den seitlich die niedrigeren Trakte für Damen- und Herrenumkleiden andockten.

Bereits 1766 waren durch einen kleinen Neubau die unansehnlichen Badehütten beseitigt worden, die sich auf den Schotterbänken der Schwechat über der Johannis- und der Ferdinandsquelle in Sichtweite des Frauenbades befanden.[35] 1847 wurde er wiederum durch einen Neubau ersetzt, der vor allem von Minderbemittelten genutzt wurde, sodass das Haus auch Armenbad oder Bettlerbad genannt wurde. So weist es auf die für Baden immer schon typische soziologische Differenzierung der Badehäuser hin: Waren die Ursprungsbäder dem allgemeinen Publikum zugänglich, so wurde auch der Neubau des Johannes- und Ferdinandsbades in Fortsetzung der Tradition explizit den Armen gewidmet. Adel und Hochadel bevorzugten das Antons- und Frauenbad, wobei Ersteres im privaten Gebäudekomplex des Herzogsbades mit Hotel lag, der innen um 1800 ebenfalls klassizistisch neu gestaltet wurde.

Das Frauen- und Neubad (Carolinenbad): Planungsetappen

Aufgrund der komplizierten topografischen Situation mit zwei Quellaustritten nur wenige Meter nebeneinander und den teilintegrierten Bestandsbauten der Stadtmauer und der Frauenkirche, aber auch wegen der napoleonischen Kriege von 1809 bis 1813, des Staatsbankrotts 1811, des Stadtbrandes 1812 und wechselnder Bauherrschaften sowie Raum- und Funktionsprogramme zog sich der etappenweise Neubau des Frauenbades über zwei Jahrzehnte hin – obwohl Kaiser Franz selbst hier seit 1796 regelmäßig während seiner Kuraufenthalte badete. Diese Komplikationen hatten durchaus Tradition: Schon um 1800 konnten die Nutzung der Quelle und ihr bauliches Umfeld auf eine lange und wechselvolle Geschichte zurückblicken, die in der Literatur bereits gründlich dargestellt worden ist.[36] Daher werden im Folgenden nur die wichtigsten Etappen dieser Geschichte wiedergegeben.

Zwischen den Austrittsstellen der Frauenquelle und der Neuquelle (Carolinenquelle) lagen (heute verlorene) kolossale Steinquaderfundamente für einen unbekannten spätantiken oder mittelalterlichen Bau. Über ihnen wurde eine Kapelle errichtet, die um 1260 erstmals erwähnt wird. 1297 übergab man die Kapelle den Augustinern. Auch die umliegenden Gründe und Bauten wurden von ihren Eigentümern, den Pottendorfern, an den Orden verkauft, während die beiden Quellen selbst bis zur Schenkung 1532 an die Stadt Baden zunächst noch landesfürstlicher Besitz blieben. Das Augustinerkloster war 1285 in Baden gegründet worden und errichtete in der Folge einen ausgedehnten Baukomplex zwischen der in Nord-Süd-Richtung verlaufenden Frauengasse und der Wassergasse, bestehend aus der Klosterkirche (die ebenfalls der Gottesmutter geweiht war), dem südlich angrenzenden, nahezu quadratischen Klausurhof und dem noch weiter südlich liegenden niedrigen, länglichen Wirtschaftsgebäude. Die Lage des benachbarten Frauenbadkomplexes mit Kirche und Badehäusern am Südrand der Stadt nahe dem Ufer der Schwechat bedingte, dass er teilweise in die Stadtmauer einbezogen werden musste. 1683 wurden die vorhandenen Bauten von den Türken zerstört. Bereits 1688 waren aber neue, massive Bauten des Frauenbades und des Neubades neben der Kirche in Betrieb und wurden von Erzherzogin Maria Antonia benützt.

Einem Plan aus der Zeit um 1800, der die Abflusskanäle des Frauen-, des Neu- und des Josefsbades zeigt, und einer undatierten Zeichnung im Stadtarchiv Baden kann man die Gestalt

Johann Aman, Projekt für den Neubau des Frauenbades, 1810–11, Federzeichnung, koloriert
© Stadtarchiv Baden; Foto: Arnulf Rainer Museum / Robert Zahornicky

Unbekannter Planer des Hofbaurats, Projekt 3 für den Neubau des Frauenbades samt Quartier für die kaiserliche Familie, 1812, Grundrisse, Federzeichnung, Bleistift auf Papier
© & Foto: Albertina, AZ 7250

Franzensbad, um 1960, Fotografie
© & Foto: Stadtarchiv Baden

Matthias Steidlin, Die Frauenkirche mit dem alten Frauenbad-Gebäude (rechts) und das Augustinerkloster in Baden, um 1740, Kupferstich
© Rollettmuseum; Foto: Arnulf Rainer Museum / Robert Zahornicky

Das Ferdinandsbad, um 1847, Ansichtskarte (um 1900), Sammlung Rosegger
© & Foto: Stadtarchiv Baden

S. 33, Das Frauenbad nach der Eröffnung, Stich aus der Beschreibung von M. J. Mayer, Südfassade, 1821
© Rollettmuseum; Foto: Arnulf Rainer Museum / Robert Zahornicky

S. 33, Anton Hantl nach Charles de Moreau (?), Neubau des Frauenbades, Variante mit vier Einzelbädern, 1817–20
© Stadtarchiv Baden; Foto: Arnulf Rainer Museum / Robert Zahornicky

S. 34, Charles de Moreau (zugeschrieben), Projekt für den Neubau des Frauenbades, 1817–20, Schnitt, Federzeichnung, Detail
© Stadtarchiv Baden; Foto: Arnulf Rainer Museum / Robert Zahornicky

dieser an die Außenmauern der Frauenkirche geschmiegten alten Badehäuser entnehmen.[37] Beide Quellen – jene des Frauenbades und jene des Neubades – waren in rechteckig ausgegrabenen Vertiefungen des Bodens gefasst, deren Seitenwände in Holz ausgeführt waren. Das Wasser entsprang dem Erdboden auf dem Grund dieser Kästen und füllte sie, womit ein Badebecken für mehrere Personen entstand. Nach einiger Zeit des Gebrauchs wurde das Wasser abgeleitet. Bei kompletter Entleerung des Beckens dauerte die Neufüllung aus der natürlichen Quelle nur wenige Stunden. Jeder der beiden hölzernen Badebehälter lag in einem Raum von jeweils ungefähr 50 Quadratmetern, links und rechts davon schlossen sich bei beiden Bädern zwei Umkleideräume ähnlicher, jedoch variierender Größe an. Die Mauern dieser bescheidenen Bauten waren wohl Ziegelkonstruktionen.

Nachdem das alte Neubad unter seinem Walmdach zunehmend baufällig geworden war, errichtete die Gemeinde 1802 das bereits oben beschriebene neue Gebäude für diese Quelle: In der Mitte befand sich ein hohes Oktogon von ungefähr vier Meter Durchmesser mit dem Badebecken, links und rechts davon schlossen sich in eingeschoßigen, gegenüber dem Oktogon vorspringenden Seitenrisaliten unter Walmdächern je ein Vorraum und zwei Umkleideräume an. Der gesamte symmetrische Bau war gut 25 Meter breit und zehn Meter tief, sein Planer ist unbekannt (Abb. S. 23).[38]

Auf diese Teilsanierung des Frauenbadkomplexes folgte ein Neubauprojekt für den Rest der Liegenschaft, das auch eine Verbindung zu benachbarten Flächen des Augustinerklosters geschaffen hätte: Dort sollte nun ein Wohnhaus für die kaiserliche Familie errichtet werden. Am 1. Februar 1807 besichtigte Hofarchitekt Louis Montoyer den Bauplatz. Exakt ein Jahr später befand die k. k. niederösterreichische Provinzial-Staatsbuchhaltung, dass die von Montoyer vorgelegten (bis heute unbekannten) Pläne zur Berechnung der Baukosten untauglich seien, da sämtliche Details fehlten. Am 17. November 1808 stellte die k. k. niederösterreichische Oberbaudirektion fest, dass nunmehr bereits zwei Bauprojekte für das Frauenbad vorlägen – eines vom Hofarchitekten Montoyer und eines vom Stadtbaumeister Anton Hantl, „beide in der Hauptsache wenig voneinander unterschieden“. Der von Hantl signierte, aber leider undatierte Plan im Stadtarchiv hätte das 1802 erbaute Haus der Neubadquelle erhalten und schlug rückseitig anstelle der alten Frauenkirche und des alten Frauenbades einen zweigeschoßigen Neubau vor, der zwar zwischen die Südwand der erhaltenen Kirche und die Nachbarbauten eingezwängt gewesen wäre, aber eine erstaunliche Vielzahl von engen Räumen und drei Badebecken geboten hätte.[39] Zwei kleine Innenhöfe hätten die unregelmäßige Struktur belichtet.

Die Vermietung des Obergeschoßes wurde von der k. k. niederösterreichischen Oberbaudirektion jedoch als unrealistisch angesehen. Daher sollte nun der Neubau nur eingeschoßig ausgeführt, aber mit einem Übergang zum geplanten benachbarten Wohnhaus des Kaisers versehen werden. „Nach diesem Plan wird das Baadegebäude selbst in drey Abtheilungen bestehen, woran eines für Se. Majestät mit zwey Zimmern und einer eigenen Stiege von Seinem Wohngebäude herunter zu kommen, das andere allgemein für Frauen und Männer mit 4 Ankleidezimmern, und das Dritte für eine einzelne Person mit einem Nebenzimmer bestimmt ist. Zugleich sind auch eine Küche, und ein Zimmer für den Baadwaschl, und eine große Holzlage, so wie die erforderlichen Abtritte, und Kanäle angebracht.“[40] – Im Frühjahr 1809 folgte ein Eigenprojekt der Landesbaudirektion.[41] Darin schließt der Neubau eingeschoßig an die Rückwand des erhaltenen Neubades an und bietet einen Raum für das Becken des Frauenbades samt links und rechts davon angeordneten Serviceräumen. Von diesen ist einer explizit „Seiner Majestät“ gewidmet. Angrenzend ist eine Wendeltreppe positioniert, die in einen Gang über der Tordurchfahrt anstelle des Frauentors hinaufführt. Dieser Gang mündet in die geplanten Wohngebäude auf den ehemaligen Augustinergründen.

Im Sommer 1809 wurde die Frauenkirche im Zuge der napoleonischen Kriege als Fouragemagazin für die französische Armee

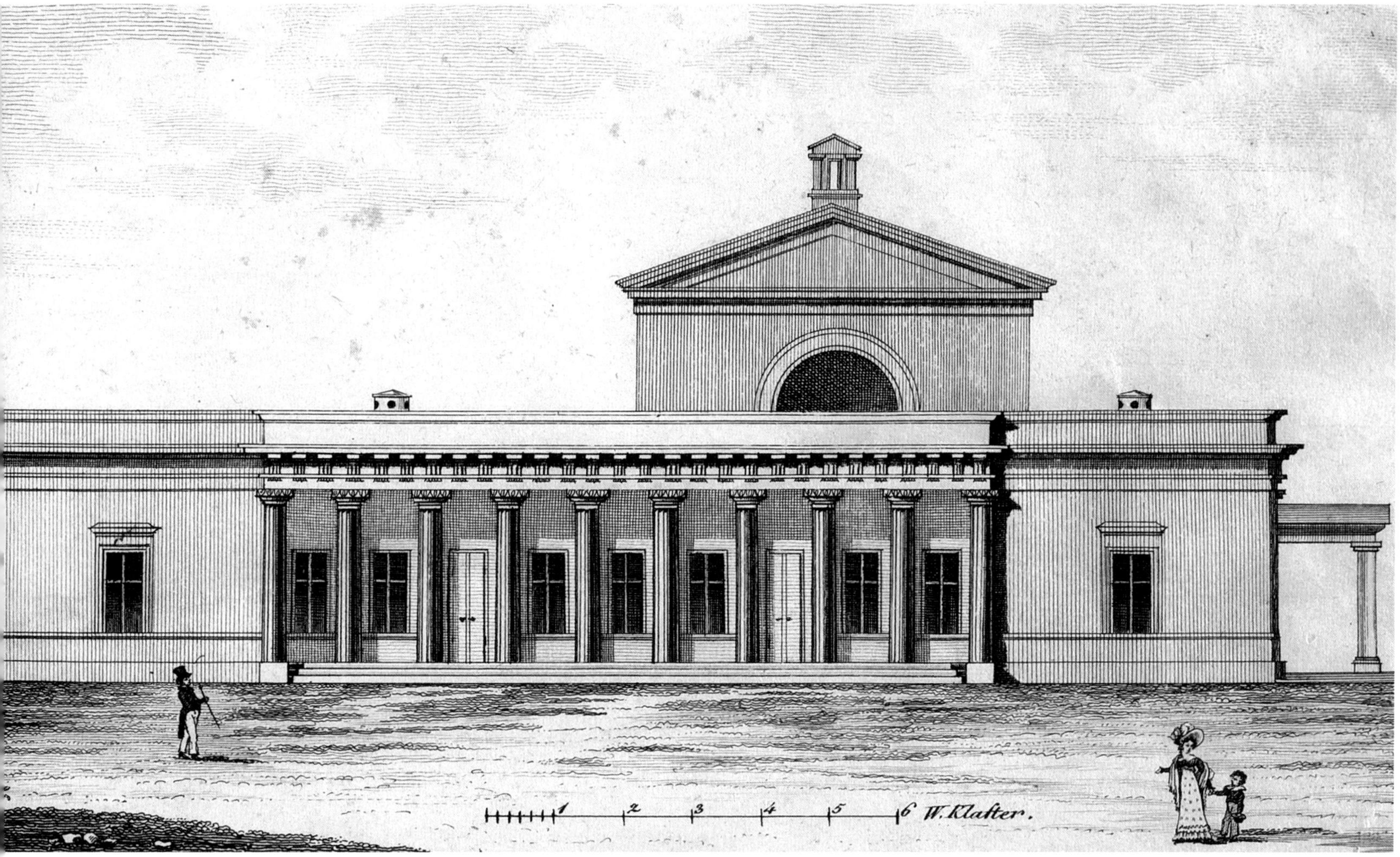
1 2 3 4 5 6 W. Klafter.

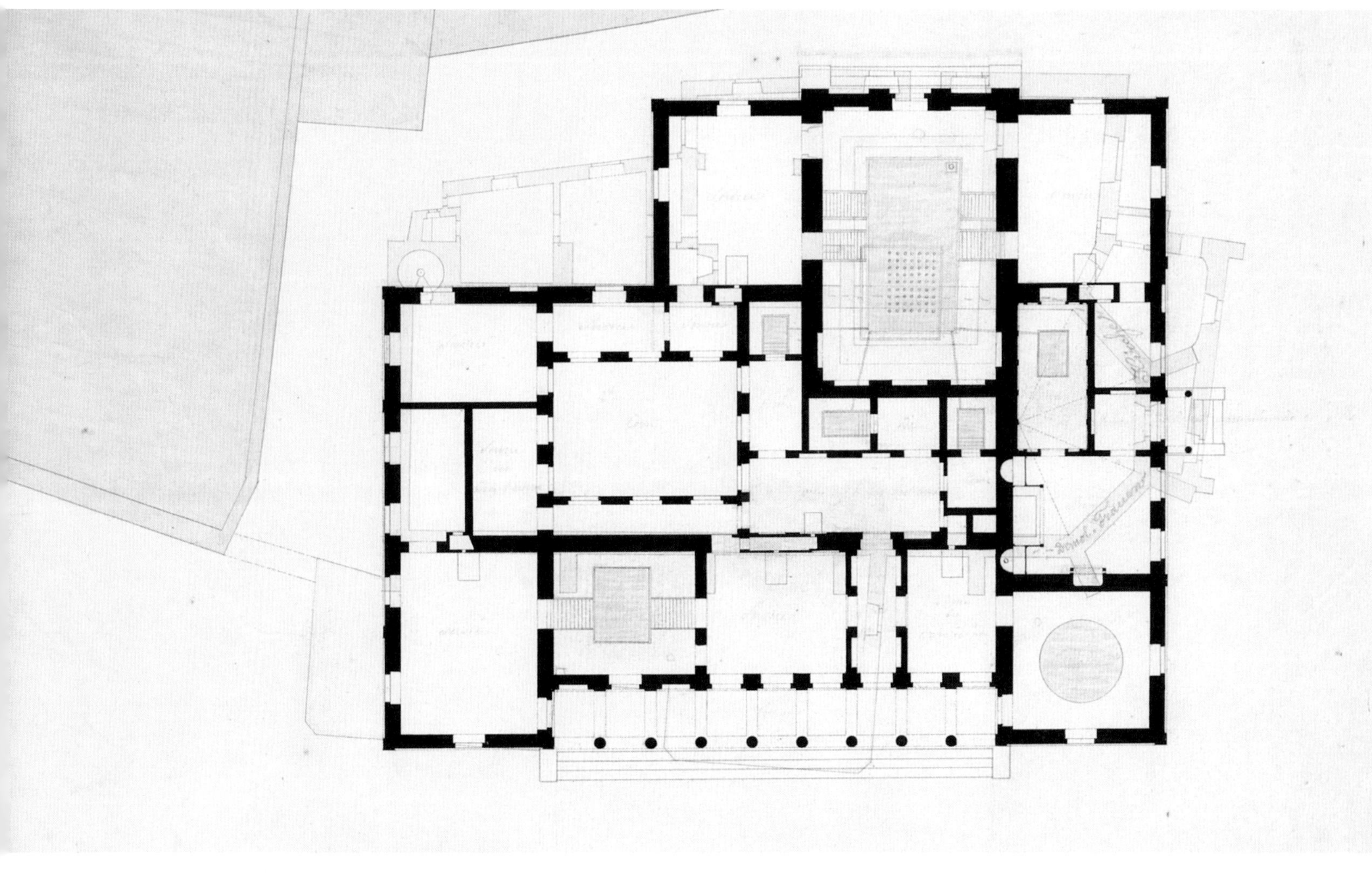

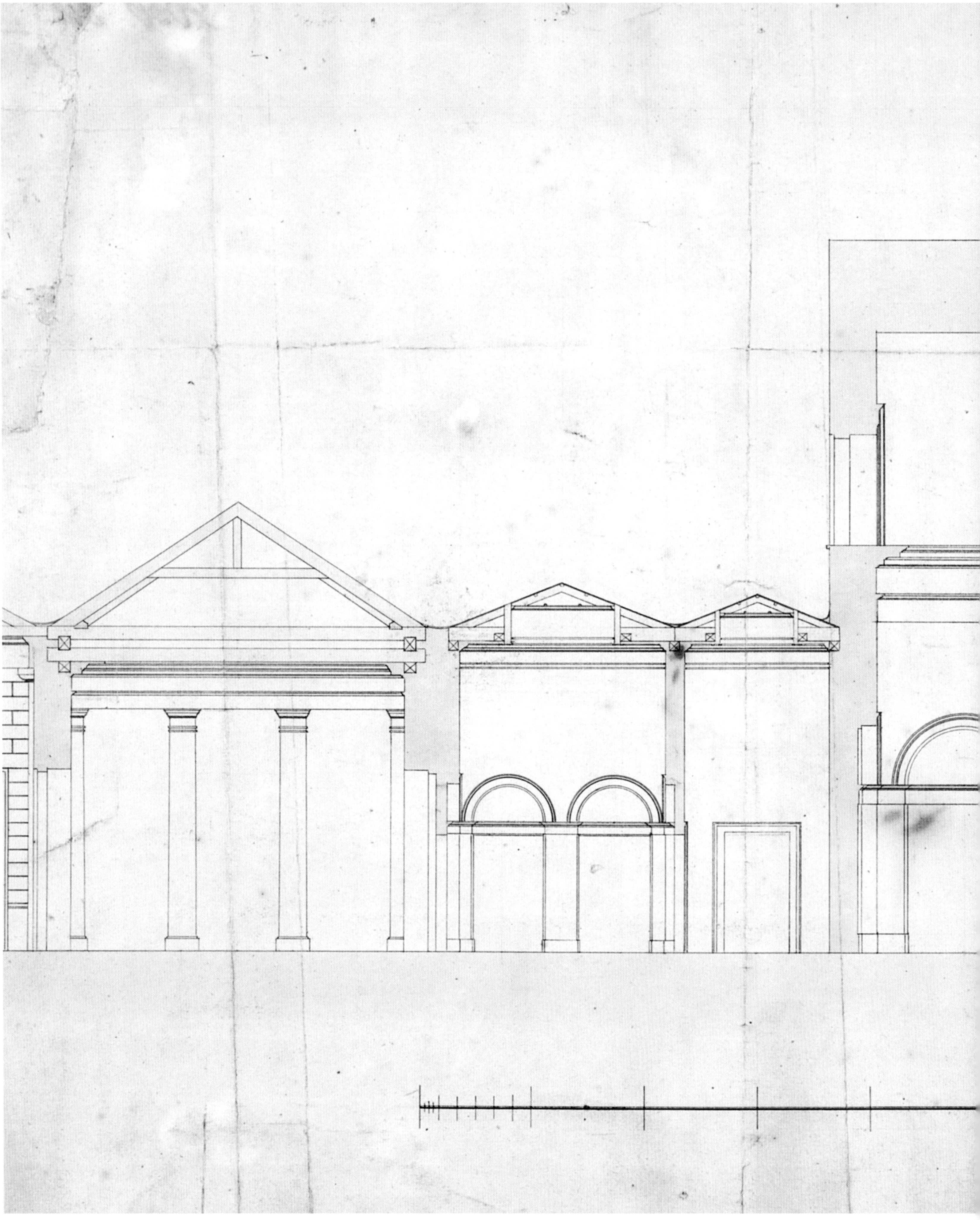

verwendet. 1810 legte der ehrgeizige „Hofbauraths-Unterarchitekt“ Johann Aman, der sich bald auch bei der Planung des Wiener Burgtors engagieren sollte, ein viertes, bereits kostenmäßig durchkalkuliertes Projekt vor. 1811 wurde laut Bürgermeister M. J. Mayer die alte Frauenkirche abgebrochen, sodass das alte Frauenbadhaus und das 1802 neu erbaute Neubadhaus frei standen und einander den Rücken zuwandten. Am 20. Februar 1811 erklärte Österreich den Staatsbankrott.

Bereits 1812 entstand jedoch die Idee zu einer großen Lösung mit einem kaiserlichen Wohnhaus unter Abriss des erst zehn Jahre alten Neubads. In der Wiener Albertina haben sich acht Pläne vom 24. März 1812 in drei Varianten erhalten, die wohl diesem Vorhaben zuzuordnen sind (Abb. S. 30 unten).[42] Alle drei Projekte bestehen aus zwei Bauteilen (Badehaus und kaiserliches Wohnhaus) und zeigen im Erdgeschoß Privaträume für den Hof, zwei Voll- und mehrere kleine Stundenbäder (kleine Privatbadebecken) sowie eine Tordurchfahrt, die das Frauentor ersetzt. Auf der Ostseite des ehemaligen Stadttors – dort, wo einst das Wirtschaftsgebäude des Klosters lag – wird südlich an den ehemaligen Klausurbau ein unregelmäßiger vier- beziehungsweise fünfeckiger Hof als Wohnhaus der kaiserlichen Familie angefügt. Das Obergeschoß der beiden Bauteile, die durch eine lange gemeinsame Fassade verbunden sind, birgt über der Tordurchfahrt den Übergang vom Wohngebäude in das Badgebäude. – Ein weiteres Projekt im Stadtarchiv Baden[43] folgt ebenfalls diesem großen Programm, allerdings wird hier das Neubadgebäude von 1802 erhalten und über eine kleine Kolonnade mit dem Neubau verbunden.

Der ausgeführte Bau: Charles de Moreau und Anton Hantl

Nach der Entscheidung des Kaisers 1813, ein Wohnhaus des Fürsten Esterházy am Hauptplatz zu erwerben, statt auf den Augustinergründen neben dem Frauenbad einen Neubau für sich und seine Familie errichten zu lassen, entschloss sich die Stadt Baden als Eigentümerin, einen gemeinsamen Neubau für beide Quellen in Eigeninitiative zu realisieren und unter Beteiligung der Kurgäste zu finanzieren. Der Bau sollte nun eingeschoßig freigestellt und ohne Verbindung zum ehemaligen Augustinerkloster geplant werden. Als Planer wurde der aus Frankreich stammende Architekt Charles de Moreau eingeladen, dessen Leben und Werk in diesem Buch von Markus Kristan beschrieben werden. Für die Stadt Baden war wohl relevant, dass Moreau durch den Dienst beim Fürsten Esterházy ab 1803 (unter anderem Umbau des späteren Kaiserhauses in Baden) und die Planung des Palais Pálffy in der Wiener Wallnerstraße von 1809 bis 1813 Erfahrung mit repräsentativen Bauprojekten besaß, vor allem aber auch, dass er durch die Errichtung des Dianabades in Wien von 1808 bis 1810 über große Expertise im Badbau verfügte.[44] Mit Baden stand er über den Kurarzt Sanitätsrat Carl Schenk in Verbindung, der später die Entstehung des Frauenbades in einem Handbuch über die Schwefelquellen von Baden dokumentierte.[45] Bürgermeister Mayer beschreibt das gemeinsame Eingreifen Schenks und Moreaus, das wohl zwischen 1813 und 1817 stattfand: Nun „legte der Herr Sanitätsrath dem Magistrate einen von dem berühmten Architecten und akademischen Rath Herrn Ritter v. Moreau gezeichneten Entwurf samt Grundriß und Facade, zu diesem vorhabenden Baue vor. [...] Man ließ daher von Seiten des Magistrats [...] diesen Plan durch den hiesigen Baumeister Anton Hantl ins Reine bringen, und hier und da den Local-Verhältnissen mehr anpassen, um solchen den vorgesetzten hohen Behörden zur Begnehmigung [sic] vorlegen zu können.“[46]

Drei für Moreaus Entwurf infrage kommende Pläne im Stadtarchiv, die dem ausgeführten Bau in fast allen Details gleichen,[47] zeigen zwar keinen Grundriss (wie von Mayer erwähnt), sondern nur einen Schnitt und zwei Fassaden. Doch auch aufgrund ihrer feinen Eigenart, die sich gänzlich von allen anderen Planstilen der bekannten Bestände unterscheidet, können sie durchaus einem außerhalb Österreichs sozialisierten Planer zugeschrieben werden. Im Schnitt des Entwurfs und in der

Charles de Moreau (zugeschrieben), Projekt für den Neubau des Frauenbades, 1817–20, Ostfassade, Federzeichnung © Stadtarchiv Baden; Foto: Arnulf Rainer Museum / Robert Zahornicky

Charles de Moreau (zugeschrieben), Projekt für den Neubau des Frauenbades, 1817–20, Nordfassade, Federzeichnung © Stadtarchiv Baden; Foto: Arnulf Rainer Museum / Robert Zahornicky

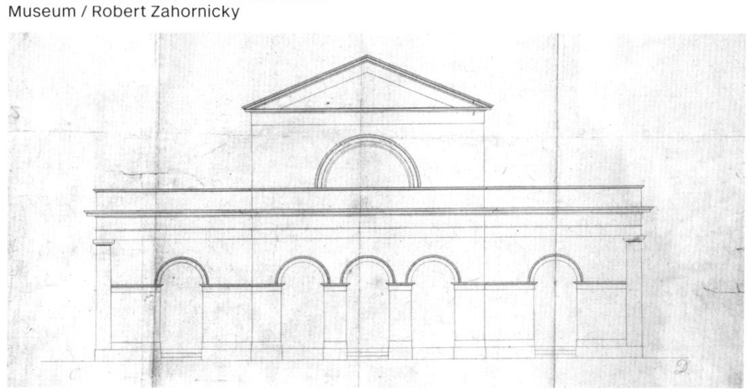

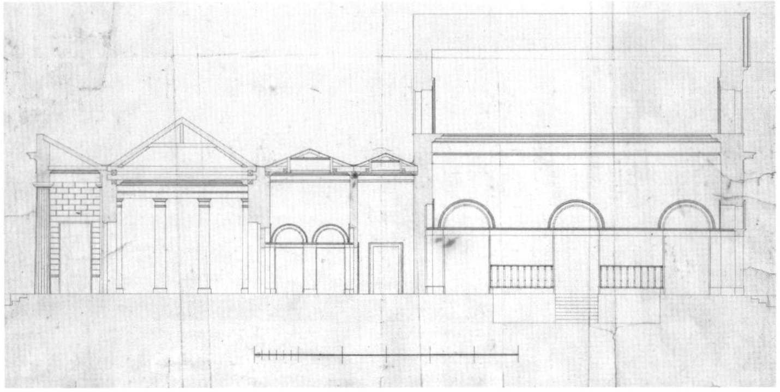

Charles de Moreau (zugeschrieben), Projekt für den Neubau des Frauenbades, 1817–20, Schnitt, Federzeichnung
© Stadtarchiv Baden; Foto: Arnulf Rainer Museum / Robert Zahornicky

Ausführung liegen von links nach rechts hintereinander eine dorische Säulenvorhalle, eine Empfangshalle, Nebenräume und schließlich der überhöhte Raum über dem Becken des Frauenbades, dessen Laterne im Fassadenplan in der gleichen Form erscheint (mit Rundbogenfenster und Dreiecksgiebel) wie im ausgeführten Bau. Außerdem weisen auch die typischen Rundbögen, die jenen an Moreaus Wiener Nationalbankgebäude gleichen, auf diesen hin. Schließlich entsprechen Lage und Anzahl der Öffnungen (und Blendöffnungen) sowie der kleine Portikus an der langen Ostfassade einigermaßen der ausgeführten Version. In dieser liegt das Badebecken der Carolinenquelle wie bisher in der westlichen Hälfte des regelmäßig erscheinenden Baus über einem unregelmäßigen, in den Erschließungen eher kleinteiligen Grundriss, was von 1876 bis 1878 zum Einbau einer größeren Empfangshalle mit Deckenlicht führte. Zusätzlich gab es laut einem Inventar von 1828 im Stadtarchiv[48] vier Einzel-(Stunden-)Bäder, von denen eines dem Kaiser gewidmet war.

Dieses Vorhaben der Stadt Baden scheint alsbald die Zustimmung des Hofes gefunden zu haben. Am 28. Mai und 25. Juli 1818 ergingen Hofkanzlei-Dekrete „mit der besonderen Weisung [...], diesen Bau zu beschleunigen, und bald möglichst zu beenden“. 1819 folgte die ungewöhnliche Idee für die Finanzierung des Baus: Von der Stadt Baden sollten 120 Aktien zu je 250 Gulden ausgegeben und mit sechs Prozent verzinst werden. Als Sicherstellung dienten sämtliche städtischen Immobilien, die Rückzahlung erfolgte aus den Erträgen des Badebetriebs und sollten binnen zehn Jahren abgeschlossen sein. Am 15. April 1819 lud die Stadt schließlich zur Zeichnung der Aktien ein.[49] Am 20. September begann der Abbruch der alten Badgebäude. Beim Graben der Abwasserkanäle stieß man auf die oben erwähnten frühmittelalterlichen Fundamente eines unbekannten Gebäudes und entfernte sie. Bis Ende Dezember 1820 stand bereits der Rohbau des neuen Hauses ohne Dach, am 7. April 1821 erfolgte die offizielle Grundsteinlegung durch Erzherzog Anton Viktor und am 12. Juni 1821 wurde das neu errichtete Frauenbad feierlich eröffnet.

Innerhalb der Architektur des Klassizismus in Baden, Österreich und Europa steht Moreaus Bau für eine beeindruckende Klarheit: Er verstand es, ein relativ komplexes Raum- und Funktionsprogramm (mit der Überbauung von zwei Quellen und zahlreichen Nebenräumen unterschied es sich grundlegend von den anderen Badehäusern Badens) in einem einfachen, symmetrisch wirkenden Quader[50] samt klassischer Würdeformel einer neunachsigen Kolonnade zusammenzufassen. Der bis auf Gesimse und Giebel weitgehend dekorlose Elementarismus der französischen Revolutionsarchitektur – also die bevorzugte Gestaltung allein aus Kombinationen geometrischer Grundkörper wie Würfel und Quader, Zylinder und Halbkugel – ist hier auf erstaunlich subtile Weise den lokalen Gegebenheiten angepasst. Moreau kannte zweifellos Claude-Nicolas Ledoux' Prototyp von Bains publics aus dem Jahr 1804, der hier einen feinen Nachhall in verkleinertem Maßstab findet. Das Frauenbad steht damit auch für eine Abwendung von der persönlichen Baugesinnung des Kaisers Franz, eine Serie frei stehender Rundbautypen mit flankierenden kleinen Kuben, eingebettet in eine poetische Parklandschaft, als Modell einer idealen Kleinstadt zu errichten: Denn einerseits hatte sich dieses Idealbild an manchen Stellen durch die natürlichen Gegebenheiten (zwei Quellen unmittelbar nebeneinander legen größere gemeinsame Badehäuser nahe) als nicht realisierbar erwiesen. Und andererseits zeugen die Übernahme der Planungsinitiative durch die Stadt Baden, die Finanzierung des Baus durch private Investoren und die Beauftragung eines Nichthofarchitekten durchaus auch von einer bürgerlichen Emanzipation inmitten eines ursprünglich herrschaftlichen Bauprogramms

1 Unter Franz wurden das Ursprungsbad, das Franzensbad, das Leopoldibad, das Engelsbad, das Josefsbad (Zubau Vestatempel), das Frauenbad, das Sauerhofbad und das Petersbad neu errichtet, eingebettet in einen grünen Korridor, bestehend aus dem Kurpark, der Mariazellerwiese, dem Gutenbrunner Park und dem Sauerhofpark.

2 Vgl. Ulrika Kiby: Bäder und Badekultur in Orient und Okzident. Antike bis Spätbarock, Köln 1995. – Hans W. Hubert/Anja Grebe/Antonio Russo (Hg.): Das Bad als Mußeraum, Tübingen 2020. – In diesen Darstellungen wird Baden nicht berücksichtigt. Auch auf der Liste relevanter Kurorte unter dem Schlagwort „spa town" (Kurort) in der englischen Wikipedia fehlte im April 2021 Österreich unter den Einträgen zu 33 Ländern.

3 Nach der Sprengung von vier Basteien der Stadtbefestigung vor der Hofburg durch napoleonische Truppen bei ihrem Abzug 1809 entstanden an ihrer Stelle ab 1815 der Burggarten, das neue Burgtor und der Volksgarten mit Theseustempel, Cortischem Kaffeehaus (alle von Peter Nobile) und weiteren Pavillons nach einem Gesamtplan von Ludwig von Rémy.

4 Vgl. dazu die Analyse von Richard Kurdiovsky: Das Äußere Burgtor. Planungs-, Bau- und Nutzungsgeschichte 1817–1916, in: Heidemarie Uhl/Richard Hufschmied/Dieter A. Binder (Hg.): Gedächtnisort der Republik. Das Österreichische Heldendenkmal im Äußeren Burgtor der Wiener Hofburg, Wien/Köln/Weimar 2021, S. 15–71, hier S. 42.

5 Eine bronzezeitliche Heilquellenfassung im schweizerischen St. Moritz diente wohl der Therapie, während die über das gesamte römische Imperium verbreiteten urbanen Großthermen vorwiegend als Entertainment-Anstalten fungierten.

6 Ulrich Coenen: Kurbäder und Kurarchitektur im 19. Jahrhundert, in: Hubert/Grebe/Russo 2020, wie Anm. 2, S. 201–218, hier S. 213: „Die Kuppel ist eine Gewölbeform, die ursprünglich aus dem römischen Thermenbau stammt." Als ältestes Beispiel dafür gilt der sog. Merkurtempel in der Thermalbadanlage von Baiae bei Neapel, 1. Jahrhundert v. Chr.

7 Vgl. Iris Meder: Badefreuden. Eine Reise zu den außergewöhnlichsten Bädern in Mitteleuropa, Wien 2011, S. 154–173.

8 „Die Badekultur war [bis ins Spätmittelalter, Anm. M. B.] in Deutschland, ähnlich wie in Frankreich, ein so fester Bestandteil des Lebens, daß man sich hier – ganz anders als in Italien – nicht veranlaßt sah, Bäder all' antica zu schaffen, oder daß man sich darum bemühte, Vitruvs Bäderbeschreibung zu interpretieren und in die Tat umzusetzen" (Kiby 1995, wie Anm. 2, S. 226). – Vgl. auch Francesco G. P. Bracciolinis ausführlich-anschauliche Beschreibung des öffentlichen Badebetriebs von Baden im Aargau von 1417, ebd., S. 31–34.

9 Vgl. Theophrastus Bombastus von Hohenheim, genannt Paracelsus (1493/94–1541): Vonn dem Bad Pfeffers in Oberschwytz gelegen, Tugenden, Krefften unnd Würckung, Ursprung unnd Herkommen, Regiment und Ordinantz, 1535.

10 Dank für den Hinweis an Stadtrat Hans Hornyik, Baden.

11 Im westdeutschen Kurort Baden-Baden etwa dominierte bis zum Verbot des Glücksspiels 1872 der Casinobetrieb bei Weitem über den Badebetrieb. Erst nach Bismarcks Interdikt besann man sich wieder der ursprünglichen Qualität des Kurorts und errichtete das monumentale Wilhelmsbad.

12 Dank für den Hinweis an Stadtrat Hans Hornyik, Baden.

13 Vgl. Rudolf Maurer: Vom Rauberturm zum Sauerhof. 700 Jahre „Turm" und „Thurngasse"/Sauerhofstraße (Katalogblätter des Rollettmuseums Baden 91), Baden 2014, S. 57.

14 Vgl. Die Geschichte der Garnison Baden sowie ihrer Verbände und Dienststellen, Baden 2006, S. 20–37. – Die seit 2013 ungenutzte Martinek-Kaserne soll 2021 endgültig verkauft werden.

15 Physik, Chemie und medizinische Bedeutung der Quellen wurden schon früh eingehend untersucht. Allein zwischen 1791 und 1804 erschienen darüber in rascher Folge vier wissenschaftliche Werke: Carl Scheminzky: Abhandlung von den Bädern der Landesfürstlichen Stadt Baaden in Niederoesterreich. Nebst zweyjärigen Beobachtungen ueber die Badgäste, Wien 1791. – Carl Schenk: Kurze Beschreibung der warmen Quellen und Baeder der landesfürstlichen Stadt Baaden in Niederösterreich. Samt der Anleitung zu deren gehoerigem Gebrauch, Wien 1794. – Ders.: Abhandlung ueber die warmen Quellen und Baeder der landesfürstlichen Stadt Baaden, Niederösterreich, Wien 1799. – Ders.: Medicinisch-chirurgisch-praktisches Archiv von Baden in Niederösterreich für Aerzte und Wundärzte, Wien 1804.

16 Kaiser Franz II./I. suchte Baden von 1796 bis 1834 fast alljährlich (außer in den Kriegsjahren 1809/10) zu Kuraufenthalten auf und nutzte dabei stets die Frauenbadquelle, sowohl vor als auch nach Errichtung des Neubaus von Charles de Moreau.

17 Erst lange nach den Badehäusern wurde in Baden 1845/46 eine Trinkhalle im Kurpark nahe der Ursprungsquelle errichtet, die im vorliegenden Buch von Katharina Schoeller beschrieben wird.

18 Die ergiebigen Badener Schwefelwasserquellen schütteten um 1800 durchschnittlich rund 20 Liter pro Sekunde. Die 14. Quelle (Marienquelle) wurde erst im 20. Jahrhundert entdeckt und genutzt.

19 Vgl. Hans Hornyik: Baden bei Wien: historische Entwicklung als Kur- und Badestadt und Teil des geplanten UNESCO-Welt-

kulturerbes „Great Spas of Europe“, in: Bade- und Kuranstalten (Denkmalpflege in Niederösterreich 56), St. Pölten 2017, S. 17–21.

20 Auch im Badener Kurpark wurden „Vergnügungsbauten“ errichtet, etwa der Äskulaptempel (1798) und der Türkische Chiosk von Louis Montoyer (1800). Vgl. Katharina Schoeller: Architektur des Klassizismus in Baden, in: Matthias Boeckl (Hg.): Das Frauenbad in Baden. Architektur des Klassizismus in Österreich, Baden 2009, S. 48-65, hier S. 52.

21 Vgl. Johann Kräftner: Das Bad im Klassizismus und Biedermeier. Bäderarchitektur in Wien und Baden in der ersten Hälfte des 19. Jahrhunderts, in: Das Bad. Körperkultur und Hygiene im 19. und 20. Jahrhundert (Ausst.-Kat. Historisches Museum der Stadt Wien, 23. 3. 1991–8. 3. 1992), Wien 1991, S. 110–125.

22 Bereits im 12. Jahrhundert war das alte römische Badebecken zum King's Bath umgebaut worden, im 17. Jahrhundert entstand daneben das Queen's Bath.

23 Geistinger-Stadtplan von 1805, Stadtarchiv Baden, TSB Pl 18.

24 Dank für den Hinweis an Stadtrat Hans Hornyik, Baden.

25 „Grundriß des so genannten Kayßers Bads unweith der Stadt Offen in Hungarn, welches so wohl wegen der vortrefflichen würckung des warmen Bads, als auch der denckwürdigen Arabischen Architectur sehr gerühmbt und aestimiret wird.“

26 Vgl. Meder 2011, wie Anm. 7.

27 Siehe den Rekonstruktionsgrundriss dieser ursprünglichen Situation in: Das Frauen- und Karolinenbad zu Baden bei Wien nach der Neuherstellung 1876–1878. Festschrift, mit Benützung der Urkunden des Stadtarchivs, Baden bei Wien 1878, Vorsatzblatt.

28 Stadtarchiv Baden, TSB Pl 381.

29 Dieser Bauzustand ist auf der bekannten Darstellung des Stadtbrandes vom 26. 7. 1812 festgehalten, Stadtarchiv Baden, TSB 377.

30 Dehio-Handbuch. Die Kunstdenkmäler Österreichs. Niederösterreich südlich der Donau, Teil 1: A–L, Wien/Horn 2003, S. 177.

31 Vgl. Susanna Reichert-Freude: An der Quelle sitzen ...! Badens Schwefel und seine Bäder, Berndorf 2019, S. 85.

32 Vgl. ebd., S. 99.

33 Vgl. Dehio-Handbuch, wie Anm. 30, S. 174. – Clemens Andreasch: Das Wohltätigkeitshaus Baden. Die Geschichte des heutigen Badener Hofs 1805–1918 (Katalogblätter des Rollettmuseums Baden 105), Baden 2018.

34 Laut Dehio-Handbuch, wie Anm. 30, S. 176, von einem unbekannten Entwerfer.

35 Dargestellt auf dem Georg-Matthäus-Vischer-Stich von Baden aus dem Jahr 1672; Dank für den Hinweis auf die Bauten von 1766 und 1847 an Stadtrat Hans Hornyik, Baden.

36 M. J. Mayer: Das neuerbaute Frauen- und Carolinenbad in Baden in Niederösterreich, Wien 1821. – Das Frauen- und Karolinenbad, wie Anm. 27. – Karin Wiederer: Das Frauen- und Carolinenbad in Baden bei Wien, Dipl.-Arb. Universität Salzburg, 1991. – Matthias Boeckl: Zur Baugeschichte des Frauenbades in Baden, in: Boeckl 2009, wie Anm. 20, S. 10-47.

37 Stadtarchiv Baden, TSB Pl 378 (Lageplan) und TSB 1439 (Ansicht Neubadhaus).

38 Grundriss und Ansicht im Stadtarchiv Baden, TSB Pl 380 und TSB Pl 381. Beide Pläne dürften nicht in allen Details der Ausführung entsprochen haben, da auf dem ersten Grundriss die Front bündig ohne Rücksprünge erscheint und auf dem zweiten das Badebecken kreisrund.

39 Stadtarchiv Baden, TSB Pl 461.

40 Zit. nach Wiederer 1991, wie Anm. 36, S. 33–34.

41 Stadtarchiv Baden, TSB Pl 385.

42 Albertina, Wien, Inv.-Nr. AZ 7246–7253.

43 Stadtarchiv Baden, TSB Pl 382, TSB Pl 383 und TSB Pl 384.

44 Zum Dianabad vgl. Kräftner 1991, wie Anm. 21, S. 111–118.

45 Carl Schenk: Die Schwefelquellen von Baden in Niederösterreich, Wien 1825, S. 212.

46 Mayer 1821, wie Anm. 36, S. 10–11.

47 Stadtarchiv Baden, TSB Pl 460, TSB Pl 2644 und TSB Pl 2649.

48 Stadtarchiv Baden, GB 421; Dank für den Hinweis an Ulrike Scholda vom Stadtarchiv.

49 Vgl. Mayer 1821, wie Anm. 36, S. 12–17.

50 De facto war nur die aus einiger Distanz zur Gänze wahrnehmbare Süd- und Ostfassade symmetrisch gegliedert. Die beiden anderen Seiten zeigen durch den unregelmäßigen Grundriss Rücksprünge, sind aber durch ihre Lage in einer engen Gasse nie zur Gänze mit einem Blick wahrnehmbar. Die längeren, nicht zurückspringenden, an die Ecken zu Süd- und Ostseite anschließenden Fassadenabschnitte im Norden und Westen sind in sich symmetrisch gestaltet, wodurch der allseitig symmetrische Eindruck entsteht.

The Frauenbad in Baden

A neoclassical architectural monument in its typological and historical context

Matthias Boeckl

The spa resort which had grown up around the dozen or so thermal springs at Baden near Vienna brought about many socio-economic effects at the turn of the century around 1800, as well as a complex and internationally unique collection of historical buildings. As a full-scale model of an ideal small town, the bathhouses and adjoining buildings represent the defensively pragmatic, but also poetic, at times almost naïve building concept of a monarch caught between late absolutism, enlightenment and bourgeois emancipation. Thus, within the space of three decades, between 1796 and 1827, Emperor Franz II/I created a landscaped park of around 22 hectares with eight bathhouses as a coordinated ensemble in the specific purist-classicist architectural style of the Austrian Biedermeier period.[1] This complex architectural ensemble is of its type unique in Europe around 1800, but is nevertheless barely known in the international specialist literature.[2]

The ensemble consisting of eight newly built bathhouses from around 1800 also represents the idea of a welfare system under monarchical leadership that had been passed down since Emperor Joseph II as a response to the early movements towards democracy and nationalism in the wake of the French Revolution of 1789. Moreover, it documents Franz's building concept not only in functional terms, but also as an example for urban planning: he had built the Volksgarten in front of the Vienna Hofburg, a public park comparable in form to Baden, with pavilions for instruction and entertainment, as it were, as a patriotic-social remedy for the wounds inflicted there by Napoleon.[3] The idea of a garden landscape with didactic as well as therapeutic effects can be traced back, among other things, to Christian Hirschfeld's "Theorie der Gartenkunst" (Theory of Garden Design) published in 1785.[4]

The opportunity for building afforded by the spa culture reflected Emperor Franz's personality better than large-volume urban building projects in infrastructure and social services. For – in contrast to the emerging capital city, which the regime did not fully trust – the buildings here were of a more manageable size. This was the place where medicinal therapies could be carried out on an innovative scientific basis in a controlled ambience for the benefit of the individual, but within a fixed social order. Emperor Franz, who was personally or indirectly involved in all the new bathhouse projects in Baden, attached great importance to avoiding any form of monumentality, such as had been typical of the Revolutionary and Napoleonic French Classicism of the time.

Bathhouses: the cultural and historical roots

Ancient drinking and bathing customs can, according to their function, be divided into ritual, hygienic, therapeutic, entertainment and sporting practices. For each of these traditions of internal and external cleansing of the human body, whether religious or therapeutic immersion in water or recreational exercise in it, there are also specialised buildings and a corresponding building tradition. The task of these thermal baths, baptisteries, natatoriums and well houses is to ensure the necessary safety, protection from the weather, discretion and prestige for the respective manner of drinking or bathing. Because bathing is an elementary necessity, the need for such buildings had already arisen in prehistory as soon as early cultures were able to manage this task technically and economically.[5] The specific architectural solutions stimulated the entire building culture, as some important building elements and techniques appeared for the first time in the context of springs and bathing. The dome, for example, which was already in use in the earliest times for natural spring enclosures, sacred buildings and tombs, was then quickly used for other types of buildings as well.[6]

Bathing in buildings dedicated exclusively to this purpose (single function edifices) can also be interpreted as a secularised version of baptism by immersion. For centuries, the Christian initiation ritual was carried out in a type of building that ultimately goes back to the ancient Greek 'tholos' (a sacred rotunda with or without a portico) and was combined with the octagonal buildings of Roman bathing culture: in this way, sacred space and immersion in water came together in the early medieval building type of the baptistery. In Islamic culture established on the territory of the former Roman Empire, on the other hand, the earlier everyday bathing culture and building types with typical octagonal bathing pools were continued without any spiritual charge. The two strands of this tradition met on the lands of the Habsburg Empire in Hungary, where numerous Turkish bathhouses were built in the 16th century, many of which are still in use today, largely unchanged.[7]

In European bathhouses, a distinction must be made between everyday baths and special therapeutic baths. In urban everyday life in antiquity, Roman baths had mostly used locally available drinking water specially heated for bathing and, in addition to the extended bathing ritual, had also offered numerous entertainment functions by using pools with different water temperatures. This bathing culture was continued in Europe until the early modern period through private and public bathing rooms not featuring any special architectural features.[8] The everyday baths in private houses or princely residences were hardly noticed by the public at large, as they were built as pavilions in private gardens, by integrating them into larger buildings or as bathing huts in rear courtyards.

The spa town – a new type of city

We need to distinguish the typical everyday baths from the geographically often remote therapeutic spring (known as a 'Wildbad' in German since the Middle Ages) with its natural thermal waters containing iron, carbon or sulphur, and which was often sought out, notwithstanding long journeys undertaken specifically for treatment and therapy. These spa resorts evolved their own independent building typology until they became proper spa towns. Since the Renaissance[9] and increasingly since the Enlightenment, the chemistry and the therapeutic functions of natural healing springs have been scientifically studied. The now organised mass bathing required new types of buildings, the design of which depended strongly on the structure of ownership. If the springs were owned by rulers, churches or municipalities, they usually remained open to the public for bathing. This was then supplemented by private accommodation and recreational facilities in separate buildings. In Baden near Vienna, the accommodation of guests was always a privilege of the local citizens.[10] If however the springs were "privatised", then they were soon only to be found inside large inns, which, in addition to providing food, festive events and overnight accommodation also offered bathing as one of a number of amenities. The range of architectural and town-planning consequences of ownership can be clearly seen in the contrast between Baden near Vienna and Wiesbaden in Hesse. In Baden, most of the springs were owned by the sovereign, the church or the municipality, which made them accessible to the public in single-purpose bathhouses for a small fee without any further obligation to spend money. Wiesbaden, on the other hand, did not have any publicly accessible, free-standing bathhouses owned by the ruler or the public, but instead exploited the healing springs within private hotels, which meant that they practically disappeared from the cityscape and were unable to develop their own independent architectural style.

The most important types of spa buildings, some of which can be traced back to the Middle Ages, are bathhouses, pump rooms and hostelries (hotels). Later, these were joined by hospitals and sanatoriums, spa and congressional buildings, promenades and colonnades, ornamental parks and casinos. With increasing mass mobility in the 19th century, the social function of an entertaining "spa vacation", including gambling and festive events of all kinds, gained in importance for the newly emerging more affluent classes resulting from industrialisation, but also for ordinary citizens.[11] These special buildings had a lasting impact on the townscape of the spa towns and gave rise to a new type of town away from the large urban centres. In addition, there was the excellently developed postal and telegraph service as a resort-specific infrastructure, which was indispensable for the uninterrupted communications made by the influential clientele who had often travelled from far away, and which, in addition, made these resorts eminently suitable for conferences.

As a result of these architectural and infrastructural facilities, which were not available elsewhere, spa towns often also gained in political significance: in Carlsbad, for example, they motivated Prince Clemens Metternich, State Chancellor of Emperor Franz I, to organise a secret conference in 1819. The representatives of the German Confederation passed the Carlsbad Decrees against national and revolutionary activities here, which, in the wake of the victory over Napoleon, implemented a strict censorship and surveillance policy against universities, the press and societies in the German Monarchies. However, spa towns were also of military relevance: during the First World War, the army command of the German Reich requisitioned the hotels and conference rooms of Spa in Belgium as an ideal headquarters near the Western Front. Probably with symbolic intent, the same town was chosen in 1920 after the German defeat for the opposite purpose of a conference on the payment of reparations to the victorious powers. The spa town of Vichy in central France, with its many hotels and elegant summer residences, conference facilities and communication links, was also clearly suited to the purposes of the military administration and the government of the non-occupied part of France under Maréchal Pétain between 1940 and 1944. After 1945, the spa towns of Bad Oeynhausen, Wiesbaden and Baden-Baden in Germany served as headquarters for the occupying powers of Britain, the USA and France.[12]

Spa and garrison town Baden – a special case

If military facilities were also available in the spa town in addition to hotels, conference rooms and telecommunications links, then the town would be seen even more emphatically so as a location for high command in the event of war: this was the case, for example, in Baden near Vienna, which had been both a spa town and a garrison town since the Napoleonic Wars. In 1796 Emperor Franz I had purchased the spa and hotel business of the Petersbad (Peter's Bath) here and had the Veterans' Hospital, described below, built there between 1818 and 1821, together with a small bathhouse directly above the Petersquelle (spring). Through the purchase of the nearby Sauerhof and Engelsbad, it was expanded in 1863 into Garrison Hospital No. 27, one of the largest in the Monarchy.[13]

At the outbreak of the First World War in 1914, Emperor Franz Joseph I transferred the military command to Archduke Friedrich, a second cousin of his. Friedrich established his command on his estates in Teschen in Silesia (now Cieszyn, Poland), near the Eastern Front. After the death of Franz Joseph in 1916, his successor Karl I took over the supreme command again himself and established it in Baden, where he had a small residence, the Kaiserhaus on the main square, which had been in the family's possession since the time of Franz I. Baden also played an important military role during and after the Second World War: from 1938 to 1941, the extensive 42-hectare facilities of the Martinek Barracks, so named since 1963, with a final total of 57 buildings, were constructed according to plans by Leo Splett. In 1945, they were taken over by the Red Army and served as the headquarters of the Soviet military administration of occupied Austria until 1955.[14]

Baden's spa business was able to develop to new artistic and scientific heights – despite the crises of the Austrian defeat by Napoleon in 1809 and the subsequent state bankruptcy in 1811 – thanks to intensive protection by the monarch.[15] This pioneering function of Baden is closely linked to the person of Emperor Franz II/I, who in the space of more than three decades spent some time almost every year in Baden and pressed ahead with comprehensively developing the model small town into a spa town according to his own vision.[16] There had already been significant expertise in modern balneology in his family since the major expansion of the spa town of Montecatini Terme from 1772 by Franz's father, the Grand Duke of Tuscany (Peter) Leopold, and his son and successor Ferdinand III. Franz applied this knowledge for the first time in 1793 when he founded Franzensbad in Bohemia.

The progressive development of the spa business around 1800 outside the gates of Vienna lies in the modern medicinal use of the natural thermal water and the planning of the special buildings required for this according to a strict purism that incorporates both modern French as well as ancient oriental models. Until then, the preference in terms of water therapy had almost everywhere been limited to drinking the thermal water rather than bathing in it. Since antiquity, however, the local tradition at Baden near Vienna, which Franz I continued with his grand plans for expansion, had been in favour of immersion in the therapeutic waters.[17] And since the construction of a bathhouse directly above the spring to be captured, complete with one or more water basins as well as ancillary rooms for changing, bathing supervision, sanitary facilities and other functions, is considerably more complex and leads to larger building volumes than the simple capture of a water source, which can be readily solved by turning it into a simple drinking fountain, and thus, a completely different building programme resulted for Baden than for other spa towns. Thanks to the favourable location of some twelve natural sulphur springs[18] and the conditions of ownership described above, it was possible to create bathhouse architecture of the highest quality in Baden during the Biedermeier period, reinterpreting the old building task in a technical, hygienic and social sense and solving it elegantly, simply and economically in accordance with the spirit of the time which favoured objectivity. Thus, along with the neo-Palladian buildings around the old Roman baths at Bath in England and the baths of Montecatini Terme, the largest and best-preserved bathhouse ensemble of European neoclassicism came to be built in Baden near Vienna.

Contemporary context: the architecture of the major spa resorts around 1800

Thermal springs, already much frequented in antiquity and in the Middle Ages and systematically developed as publicly accessible health facilities since the Enlightenment, existed all over Europe around 1800. These include Bath in England, Vichy in France, Spa in Belgium, Baden-Baden, Bad Wildbad and Wiesbaden in Germany, Montecatini Terme in Italy and Baden in the Swiss canton of Aargau. Within the national borders of the Austro-Hungarian Monarchy, the West Bohemian spa triangle between Carlsbad (Karlovy Vary), Marienbad (Mariánské Lázně) and Franzensbad (Františkovy Lázně) should be mentioned, as well as nearby Teplitz-Schönau/Teplice-Šanov and Pistan/Piešťany and Trentschin-Teplitz/Trenčianske Teplice in Slovakia and Bad Ischl in the Salzkammergut. Many of these spa towns joined forces in 2014 to form the international Great Spas of Europe initiative, which sought World Heritage status from UNESCO.[19] What all these spa towns have in common is that their very special building requirements for bathhouses, pump rooms and later also sanatoriums, as well as their municipal interlinking with hotels and later also with railway stations through ambitiously designed parks, promenades and pathways, led to the creation of significant achievements in architectural and urban planning.

Economically, this was made possible above all by the aristocratic and later also the industrial clientele of the spas. They provided sufficient capital for their expansion or were able to raise it for local entrepreneurs. At the same time, their demands in terms of aesthetics, functionality and luxury on the emerging hotel industry and on the sanatoriums themselves were very high. In addition, the mostly rural locations away from the big cities and the relaxed, informal, sometimes even libertarian atmosphere of these resorts – comparable to the country parks of the Enlightenment as an expression of political aspirations for freedom – created very favourable conditions for artistic experiments and even picturesque forms and building capriccios, which were only rarely found in everyday urban life.[20] Art and the surrounding nature were to be playfully combined within a park landscape in the spa to create a complete aesthetic experience. The most important architects of their time – in Baden's Biedermeier period, these were Louis Montoyer, Charles de Moreau and Joseph Kornhäusel – were usually working in the spa towns.[21] The ideal of closeness to nature and the new artistic freedom of choice as an expression of individuality are as much products of the Enlightenment as is medical science.

This is evident in the group of old immersion spas that were greatly expanded in the 1800s in accordance with new findings. One of the oldest, frequented since Roman times, was Bath, where the Roman bathing pool is still preserved today as the King's Bath. There had been a spa here in almost continuous use since Celtic times, with one interruption in the early Middle Ages, which developed around three natural healing springs with sodium, calcium, chloride and sulphate ions in high concentrations, and an outlet temperature of 45 degrees Celsius. Queen Elizabeth I visited Bath in 1574, and this led to a steady increase in interest with initially five baths. As a result, important examples of 18th-century neo-Palladian architecture were built in this spa town near the large city port of Bristol, nearly 200 kilometres west of London: John Wood the Elder built the famous Circus (an elegant urban three-storey terraced townhouse complex in circular form) from 1754 to 1768, and in 1769 John Wood the Younger built the Bath Assembly Rooms, a centre for fashionable society with banqueting halls. Both Woods were responsible for the rebuilding of the old Roman baths, the King's Bath, and the smaller Queen's Bath immediately adjacent to it.[22] The construction in 1789/99 of the neighbouring Grand Pump Room by Thomas Baldwin and John Palmer in the neoclassical style led to the completion of the spa rooms where visitors could take the healing waters at a fountain as well as indulge in fine dining. In 1800, two cast iron bridges built in Sydney Gardens over the Kennet and Avon Canal testify to England's traditional engineering skills and its highly developed industry.

In the aforementioned Montecatini Terme, the three saltwater healing baths Bagno della Regina, Bagno dei Merli and Bagno Nuovo (Tettuccio bath) have been documented since the 14th century. But it was not until the Habsburgs, who ruled Tuscany from 1737 to 1859, became intensively involved that Montecatini became a modern spa town. Under Grand Duke Peter Leopold, father of the later Emperor Franz I, and his son, Grand Duke Ferdinand III, the old spa complex was rebuilt between 1772 and 1817 in the neoclassical style and then handed over to the municipality. The most important new bathhouses were the Terme Leopoldine (1795), the Tettuccio Baths (1779–1781, both planned by court architect Gaspare Maria Paoletti) and the Terme Rinfresco (Giuseppe Manetti, 1795). This ensemble, which the later Emperor Franz, born in Florence in 1768, had known since his youth, can be described as a direct predecessor as well as a prototype of the Biedermeier development of Baden into a modern spa town.

Bathhouses have been documented in Bad Wildbad in Württemberg since 1521. From 1837 to 1847, the Graf-Eberhard-Bad was built according to plans by the former ducal court architect and director of the School of Art, Nikolaus Friedrich von Thouret. After the town fire of 1742, King Wilhelm I of Württemberg had a first building shell erected around three thermal springs in 1824, before Thouret tore it down in order to begin again with the erection of a new building. His extensive building programme included bathing pools hewn directly into the rock at the source of the springs, specifically a Fürstenbad (Prince's Bath), three men's and three women's communal baths, as well as individual baths and bathtubs with associated dressing rooms. The new Baden Frauenbad (often called "Ladies' Bath" in English, but strictly speaking "Lady Bath", as it was named after the nearby Frauenkirche or Church of Our Lady, and the Frauenquelle, the spring dedicated to Our Lady – translator's note), built only a few years earlier, could well have served as a modern reference example for a contemporary thermal bath constructed directly above several springs. From 1896 to 1901, the Graf-Eberhard-Bad was extensively remodelled with fashionable "orientalisation" and from 1986 to 1995 it underwent complete renovation once more as the Palais Thermal.

Thermal immersion spas, which were almost invariably developed by princes and open to the public, are in stark contrast to health resorts where the springs were mainly exploited by private hotels, such as Baden im Aargau near Zurich, along with Wiesbaden and Baden-Baden in Germany. On the other hand, spa towns around 1800 that relied mainly on drinking cures included the traditional destinations of Spa in Belgium and Vichy in France, as well as the West Bohemian spa triangle with Carlsbad, Franzensbad and Marienbad.

Architecture of the bathhouses in Baden from 1793 to 1834

In Europe around 1800, there were only a few spas whose building programme was directly comparable to that of Baden. Before 1800, there was no local tradition here of having central regulations which governed building in situ above the thermal springs or the design of any other bathhouses fed by these springs. This is evidenced by the diversity of the three free-standing baths not encompassed by the building programme undertaken during Franz's stays in his health resort at Baden: the Theresienbad, the Peregrinibad and the Gutenbrunner Bad (also called Baron Wetzlar's Bad around 1800[23]). The Theresienbad was fed from the Ursprung spring and was constructed in 1758 as a small rectangular Baroque building with an elevated central avant-corps to a design of unknown origin. The only alteration carried out under Franz was the installation of a heating system in 1795, otherwise it remained unchanged until it was demolished in 1884 to make way for the new Kurhaus, built by Eugen Fassbender and Maximilian Katscher. The Peregrinibad above the spring of the same name had been built in 1770 by the municipality as a foot bath and in 1795, a year before the beginning of the Emperor's annual sojourns in Baden, it was expanded into a full-sized bath – though still without any architectural ambition, as evidenced by the modest little house that is used today as the office of the Baden Municipal Waterworks. Finally, the Gutenbrunner Bad was a special case as it was the property of the formerly Jewish banker Karl Abraham Wetzlar (1715–1799), from 1777 Baron von Plankenstern, who converted under pressure from Emperor Joseph II. In 1781, Wetzlar acquired the old Gutenbrunn estate with its palace and healing spring in the palace park and immediately rebuilt it from the ground up. The bathhouse was a free-standing structure in the park, but we know little of its appearance – in the Kolbe plan of 1795 and the Geistinger plan of 1805 it is drawn with a hook-shaped floor plan, while in the Franziszeische Kataster (land registry) of 1819 and the city plan of 1822 it already appears as a narrow, elongated building with a small integrated domed hall. In 1896/97, the castle, park and bathhouse were completely remodelled as a sanatorium by the architect Haybäck under its new owner Dr Gustav Lantin.

The Baden building programme under Emperor Franz began in 1793 with the appointment of a "k. k. Untersuchungs- und Verschönerungs-Commission" (Imperial and Royal Commission of Investigation and Embellishment) and gained momentum following his first stay at the spa in 1796. The whole venture was to be completed in 1834 with spacious new avenues.[24] The building programme was a result of the now considerably increased number of visits to the baths by the court and its entourage, who were present every summer, and from the now urgent need for a prestigious townscape: the springs were to be made more convenient and hygienic, and the bathhouses built over them were to be more impressive and designed in an architectural language that was above all to correspond to Emperor Franz's personal tastes. After a tentative and experimental beginning, they developed into a compact group of extraordinary neoclassical buildings with hardly any parallel throughout Europe, combining ideas from French revolutionary classicism with the miniaturisation typical of Franz: the monumental elementary geometric visions of Boullée and Ledoux were, as it were, domesticated and reduced in size, while symbolically linked to the long history of the empire and Habsburg rule via the classical building style – a strategy of subtly combining old and new symbols of architecture that Emperor Karl VI had already presented on a larger scale with Vienna's Karlskirche. Franz, for his part, had been trying out miniaturised historical and fantasy building designs since his accession to power in 1792 in the palace park of the nearby summer residence of Laxenburg.

The first project concerned the oldest bathing place, which had probably already been built over in Roman times, though by the end of the 18th century, it offered only modest huts. In 1796, perhaps under the influence of Franz's adjutant-general Graf Camillo von Lamberti, the "k. k. niederösterreichische Oberbaudirektion" (Imperial and Royal Lower Austrian Directorate of Building) designed two octagonal pavilions with domes for the upper and lower Ursprung springs, connected by a common entrance and changing rooms. The construction was carried out by the preeminent local master builder Anton Hantl, who was later also to be responsible for the Frauenbad. The façades of the original baths displayed a ribbon ornamentation in an oriental-style. As mentioned above, this type of construction of a domed bathing pool in an octagonal or circular building ultimately goes back to Roman baths, especially those of Baiae near Naples. The Roman bath and spa building tradition was continued seamlessly through the Byzantine Empire by its successor, the Ottoman Empire. Since the Turkish occupation of Hungary in the 16th century, numerous Ottoman baths had been built in the land later reconquered by the Habsburgs between 1683 and 1688. In 1721, the great Baroque architect Johann Bernhard Fischer von Erlach meticulously recorded the elevation, section and ground plan of the Budapest Imperial Baths (Veli Bej) with its octagonal bathing pool under a large dome and surrounded by four side domes in a cruciform arrangement in his famous engraving work "Entwurff einer historischen Architectur"(Design of a historical piece of architecture), which he dedicated to Emperor Charles VI (Franz's great-grandfather).[25] Emperor Franz undoubtedly knew of this depiction from the presentation copies in the Vienna Court Library. He was probably also familiar with the Rudas Bath with its octagonal, domed thermal pool, built in 1566 under the reign of Sokollu Mustafa Pasha in Budapest and still in use today.[26]

Apart from the Habsburg-specific relationship with Ottoman-Byzantine culture and the new medical and balneological findings, however, the construction of the original baths in Baden can also be placed within the context of the contemporary building capriccios of the Enlightenment in the parks of sovereigns and the new minor nobility. The above-mentioned pleasure garden buildings completed by Emperor Franz around 1800 in the landscaped park of the Laxenburg Summer Residence already begun by his uncle Joseph II included, among others, an octagonal Turkish pavilion, a Chinese pavilion, a Diana temple and the famous "Haus der Laune" (House of Fancy) by court architect Johann Ferdinand Hetzendorf von Hohenberg which introduces a new freedom of design that was initially only available for the higher nobility.

Emperor Franz himself favoured the Frauenbad during his annual spa visits from 1796 onwards. For the neighbouring Neubadquelle (later Carolinenquelle), he had got rid of the unsightly late-medieval bathhouse directly above where the spring emerged from the ground, replacing it with a new building in 1802. The Neubadquelle, like the Frauenbadquelle directly next to it, had been owned by the sovereign municipality of Baden since being gifted by Emperor Ferdinand I in 1532. The Frauenkirche (Church of Our Lady) had been located between the two springs in the 13th century. Access to the underground bathing pools was provided by two bathhouses, built just above the springs, which were attached directly to the north wall of the church (Frauenbad) and to its south wall (Neubad, later Carolinenbad).[27] The design for the new building of the Carolinenbad,[28] to date anonymous but which was possibly drafted by the Hofbaurat (Court Architect) or once again by the Imperial and Royal Lower Austrian Directorate of Building, already shows a further development of the "Ottoman-Byzantine" style of the original baths. The round bathing pool is once again located in an octagonal central building, which now, however, no longer exudes any exotic esprit, but instead a decidedly sober impression. The building, completed in 1802, was covered with a pavilion roof with a turret for ventilation openings instead of the imaginative helmet shapes of the Ursprung baths. To the left and right it was tightly enclosed by simple single-storey structures under conventional hipped roofs, where the changing rooms were located.

In 1804, Emperor Franz continued his "Baden Project" with the renovation of the Josefsbad (Joseph's Bath), which was housed in a small building with a gable roof and a ventilation turret dating from the 1700s. The building programme provides an insight into the building concept of the Emperor, whose personal involvement here can be assumed by the immediate vicinity of the Neubad (Carolinenbad) renovated two years earlier, and by the fact that the court architect Louis Montoyer was commissioned to do the planning. The closely neighbouring locations of the three springs, the Josefsquelle, the Frauenquelle and the Neubadquelle, define a triangle, the longest side of which extends to a mere 65 metres. Thus, it would have been quite possible for a structural enclosure to have encompassed all three springs under a single roof on an irregular ground plan of around 1,000 to 1,500 square metres, as would be the case, for example, in the Graf-Eberhard-Bad by Nikolaus Friedrich von Thouret in Bad Wildbad, which was built between 1837 and 1847. In this instance, a building covering several springs was created in a large structure with a side length of some 40 metres on a site of almost 1,600 square metres. The Graf-Eberhard-Bad was designed as a compact, rectangular structure, which, when transferred to the small-scale building structures of Baden, could have carried with it the danger of disproportionate monumentality. However, this was incompatible with the aesthetic ideas of Emperor Franz, who had in mind an informal collection of small prototypes. However, large-scale buildings that did not appear excessively monumental due to subtle structuring were also quite possible in the immediate vicinity of the emperor: the nearby Peterhof, commissioned by Emperor Franz himself, is a (largely undecorated) large-scale structure – the associated bathhouse, however, is once more only a small pavilion. In 1820, Joseph Kornhäusel proved with the Sauerhof, which he built for a private client a mere 250 metres from the Josefsplatz, that an elegant and prestigious multi-functional complex built over a spring and including a hotel and restaurants was feasible even in Baden on an area of around 6,000 square metres. Even when it came to building a single-function large bathhouse, it was in principle possible to conceive of a built-over area of several thousand square metres, as exemplified by Claude-Nicolas Ledoux's monumental design for 'bains publics' in his ideal city of Chaux dating from as recently as 1804, whilst Louis Montoyer decided on a small tholos-type building as an intimate structure over the Josefsquelle.

After the completion of the Josefsbad, the otherwise open Josefsplatz directly in front of the Baden town walls still did not leave a satisfactory or even prestigious impression: seen from the south, the Josefsbad-tholos now stood to the left, attached to the old building that had been converted into changing rooms, and immediately to the right of it, less than 40 metres away, the Neubad (Carolinenbad) annex to the Frauenkirche with its polygonal "pseudo-tholos", built in 1802.[29] The church itself was already badly dilapidated by 1811 and had no roof possibly even before the city fire. It was to be another ten years before Charles de Moreau erected the new building, during which time Emperor Franz had to put up with this uninspiring townscape.

The next stage in the renovation of Baden's old bathhouses and townscape followed in 1812 with the construction of the new Leopoldsbad by a citizens' association in place of the old Heiligenkreuzerbad. This shared the use of the Leopoldiquelle with the neighbouring bathhouse of Gutenbrunn Palace. The new building was a "single-storey, nine-axis structure under a hipped roof with notched edges and a three-axis portico of Ionic columns under a triangular pediment with large round-arched openings."[30] So far it has not been possible to attribute it completely to any designer, but in its simplicity it certainly fits into the pavilion landscape of small buildings in basic forms that Emperor Franz must have had in mind as the ideal image of his spa town. Today, the Leopoldsbad is used as a tourist information centre.

There is still uncertainty about the neighbouring bathhouse of Gutenbrunn Palace. As mentioned above, the manor had been acquired by the banker Karl Abraham Wetzlar von Plankenstern in 1781 and equipped with a small building over the spring in the park.[31] The outer perimeter of this bathhouse varies on the city plans between 1795 and 1822, so it can be assumed that it was rebuilt during this period, which would certainly fit into the pavilion park aesthetic described above. However, the baths were demolished in the course of the castle's conversion into a sanatorium in the 1890s.

The year 1818 marks the beginning of two socio-medical projects directly commissioned by Emperor Franz. As early as 1796, he had acquired for the military the private spa hotel Peterhof which had been constructed near the Petersquelle, and which was located on the south bank of the river Schwechat at a distance of some 250 metres from the Frauenbad. As mentioned before, the existing building was demolished in 1818 and rebuilt as a garrison hospital according to plans by an unknown designer as a large U-shaped complex for over 200 spa guests or patients. In the inner courtyard of this sober four-storey, 37-axis building with a central avant-corps and banded rustication in the base was the free-standing bathhouse – again a small single-storey building with hipped roofs and a central avant-corps projecting in height and depth with a ventilation lantern above the bathing pool.

The Gutenbrunner Bad and the Petersbad also followed this typology of the free-standing small bathhouse next to its larger "mother facility", as did the Mariazellerbad, also begun in 1818, which was fed by its own spring of the same name not far from the original baths. After the dissolution of the Klein-Mariazell cloister in 1782 by Emperor Joseph II, its facilities in Baden came into the possession of the k. k. Wohltätigkeits-Hofkommission (Imperial and Royal Charity Court Commission) in 1805.[32] In 1825, this foundation commissioned the master builder Anton Hantl with the construction of the new wing on Marchetstrasse, which still exists today.[33] Not preserved, however, is the detached small bathhouse on the Mariazellerwiese (Mariazell Meadow) next to the main house, which is shown on the city plans around 1800 with a small rectangular ground plan without avant-corps. Since the 1940s, the spring has been integrated into the building complex of the Mariazellerhof.

In 1820, the great classicist architect Joseph Kornhäusel (1782–1860) finally stepped onto the stage of spa construction in Baden. Commissioned by Karl Freiherr von Doblhoff, who had acquired the dilapidated, partly medieval Sauerhof, Kornhäusel converted it into an elongated complex parallel to the banks of the Schwechat, with two compact structures protruding from its extremities. The Sauerbad was located in the eastern of these corner wings with central avant-corps and took the form of an octagonal bathing pool in a barrel-vaulted three-aisled interior with eight columns and a skylight above the pool. A horseshoe-shaped inner courtyard adjoined the back of the long wing, with the stables behind. Only a few metres further on, Kornhäusel built the Engelsbad as a subtle counter-design to the buildings suggested by Emperor Franz personally. Unlike the new design of the Neubad (Carolinenbad) next to the Frauenkirche in 1802, the Josefsbad in 1804 and the Franzensbad,[34] which was not built until 1827 as the last bathhouse under the reign of Emperor Franz, the central bathing room was no longer shaped like a tholos with an octagonal or cylindrical (sometimes semi-cylindrical) space under a dome or semi-dome, but like a tall cube, adjoined on either side by the lower wings which were used as the ladies' and men's changing rooms.

As early as 1766, a small new building had replaced the unsightly bathing huts that had been located on the gravel banks of the Schwechat above the Johannis and Ferdinand springs within sight of the Frauenbad.[35] In 1847 this was again replaced by a new building, which was mainly used by the less well-off, so that the house was also called Armenbad (Poor People's Bath) or Bettlerbad (Beggars' Bath). This indicates the sociological differentiation of the bathhouses that has always been typical of Baden: while the Ursprung baths were open to the general public, the new Johannesbad and Ferdinandsbad were explicitly dedicated to the poor, continuing this tradition. The nobility and high aristocracy preferred the Antonsbad and Frauenbad, whereby the former was located in the private building complex of the Herzogsbad. complete with hotel, whose interior was also redesigned in the neoclassical style around 1800.

The Frauenbad and Neubad (Carolinenbad): planning stages

Due to its complicated topographical situation with two spring outlets only a few metres apart from each other and the partially integrated existing buildings of the city wall and the Frauenkirche, but also because of the Napoleonic wars from 1809 to 1813, the state bankruptcy in 1811, the city fire in 1812 and the changing ownership of the buildings as well as ever-changing spatial and functional agendas, the new construction of the Frauenbad dragged on in stages for two decades – although Emperor Franz himself had been bathing here regularly during his stays at the spa since 1796. These complications had a long tradition: by 1800 it had already been possible to look back on a long and eventful history of the use of these springs and their architectural surroundings, developments which have already been extensively described in the literature,[36] which is why only the most important stages will be outlined below.

Between the outlets of the Frauenquelle and the Neuquelle (Carolinenquelle) there lay colossal stone ashlar foundations, now lost, for an unknown late antiquity or medieval building. A chapel was built over them, which is first mentioned around 1260. In 1297, the chapel was given to the Augustinians. The surrounding land and buildings were also sold to the religious order by their owners, the Pottendorfers, while the two springs themselves initially remained the property of the sovereign until they were donated to the city of Baden in 1532. The Augustinian monastery had been founded in Baden in 1285 and subsequently an extensive building complex was erected between the Frauengasse (which runs in a north-south direction) and the Wassergasse, consisting of the monastery church, also dedicated to the Mother of God, the almost square cloister courtyard adjoining it to the south and the low, elongated domestic buildings even further south. The location of the neighbouring Frauenbad complex with church and bathhouses on the southern edge of the town near the banks of the Schwechat meant that it had to be partially incorporated into the town wall. In 1683, the existing buildings were destroyed by the Turks. As early as 1688, however, new and substantial buildings of the Frauenbad and the Neubad next to the church were in service and were used by Archduchess Maria Antonia.

It is possible to see the shape of these old bathhouses nestled against the outer walls of the Frauenkirche in a plan from around 1800 showing the drainage channels of the Frauenbad, the Neubad and the Josefsbad, and in an undated drawing in the Baden municipal archives.[37] Both springs – that of the Frauenbad and that of the Neubad – were set in rectangular depressions in the ground, with wooden side walls. The water came out of the ground at the bottom of these basins and filled them, creating a bathing pool for several people. After a period of use, the water was drained off. When the basin was completely empty, it took only a few hours to refill it from the natural spring. Each of the two wooden bathing pools was located in a room of about 50 square metres, to the left and right of which two changing rooms of similar but varying size adjoined both baths. The walls of these modest buildings were probably made of brick.

In 1802, after the old Neubad with its hipped roof had become increasingly dilapidated, the municipality erected the new building previously described for this spring. In its centre was a high octagon about four metres in diameter with the bathing pool, attached on the left and the right to single-storey side avant-corps projecting from the octagon under hipped roofs, each side containing a vestibule and two changing rooms. The entire symmetrical building was a good 25 metres wide and ten metres deep; its designer is unknown.[38]

This partial renovation of the Frauenbad complex was followed by a new building scheme for the rest of the property, which would have also created a link to neighbouring areas of the Augustinian monastery: the idea was to build a residence for the imperial family there. On 1 February 1807, court architect Louis Montoyer inspected the building site. Exactly one year later, the Imperial and Royal Provincial State Accounts Office of Lower Austria found that the plans submitted by Montoyer (which remain unknown to this day) were unsuitable for calculating the building costs, as they lacked significant detail. On 17 November 1808, the Imperial and Royal Lower Austrian Directorate of Building noted that there were now already two building projects for the Frauenbad – one by the court architect Montoyer and one by the local master builder Anton Hantl, "both differing little from each other in the main." The plan in the city archives, signed by Hantl but unfortunately undated, would have preserved the Neubadquelle building, constructed in 1802, and proposed a new two-storey building at the rear instead of the old Frauenkirche and the old Frauenbad, and which would have been squeezed between the south wall of the preserved church and the neighbouring buildings, but would have afforded an astonishing number of narrow rooms and three bathing pools.[39] Two small inner courtyards would have provided light for the irregular structure.

However, renting out the upper storey was considered unrealistic by the Imperial and Royal Lower Austrian Directorate of Building. Therefore, the new building was to be only one storey high, but with a connecting passage to the planned neighbouring residential building for the emperor. "According to this plan, the building itself will consist of three sections, one of which will be for His Majesty with two rooms and its own staircase to descend from His residence, the other for common use for women and men with four dressing rooms, and the third for a single person with an adjoining room. At the same time a kitchen, and a room for the bath attendant, and a large wood store, as well as the necessary privies and sewers, are also attached."[40] – In the spring of 1809, the Landesbaudirektion (Provincial Directorate of Building) drew up its own design.[41] In this plan the new building would adjoin the rear wall of the preserved Neubad in a single-storey structure and provide a room for the pool of the Frauenbad together with service rooms to the left and right of it. One of these is explicitly dedicated to "His Majesty". Adjacent to this is a spiral staircase leading up to a corridor above the gateway instead of the Frauentor (Lady Gate). This corridor leads into the planned residential buildings on the grounds of the former Augustinian monastery.

In the summer of 1809, the Frauenkirche was used as a forage store for the French army in the course of the Napoleonic Wars. In 1810, the ambitious "Hofbauraths-Unterarchitekt" (Deputy Architect) Johann Aman, who was soon to become involved in the planning of the Vienna Burgtor, submitted a fourth project that had already been thoroughly costed. In 1811, according to Bürgermeister (mayor) M. J. Mayer, the old Frauenkirche was demolished, so that the old Frauenbad building and the newly-built Neubad building, dating from 1802, were now left free-standing with their backs turned on each other. And then on 20 February 1811, Austria declared state bankruptcy.

But as early as 1812, the idea had already emerged for a large-scale solution with an imperial residence and the demolition of the Neubad, which was only ten years old. Eight plans from 24 March 1812 have been preserved in the Albertina in Vienna in three versions that can probably be attributed to this project.[42] All three designs consist of two building elements (bathhouse and imperial residence) and depict private rooms for the court on the ground floor, two full baths and several small "Stundenbäder" ("hour baths", small private baths) as well as a gateway replacing the Frauentor. On the eastern side of the former town gate – where the monastery's domestic buildings once stood – an irregular quadrangular or pentagonal courtyard was to be added to the south of the former cloisters as a residence for the imperial family. The upper storey of the two buildings, which are connected by a long common façade, contains the passage from the residential building to the bath building above the gateway. – Another project in the Baden town archive[43] also follows this grand programme, but here the Neubad building from 1802 would be preserved and connected to the new building via a small colonnade.

The building that was actually built: Charles de Moreau and Anton Hantl

After the emperor's decision in 1813 to purchase a residential building belonging to Prince Esterházy on the main square instead of having a new building erected for himself and his family on the site of the Augustinian monastery next to the Frauenbad, the town of Baden, as proprietor of the two springs, decided to realise a joint new building on its own initiative for both springs, and to finance it with the participation of the spa visitors. The building was now to be a one-storey detached structure and planned without any connecting link to the former Augustinian monastery. The French architect Charles de Moreau, whose life and work are described by Markus Kristan in this book, was invited as designer. For the town of Baden, it was probably relevant that Moreau had experience with prestigious building projects as a result of his services from 1803 for Prince Esterházy, including the reconstruction of what was to become the Kaiserhaus (Imperial House) in Baden, and the planning of the Palais Pálffy in Vienna's Wallnerstrasse between 1809 and 1813, but – and more importantly – he had great expertise in bath construction as a result of the building of the Dianabad in Vienna between 1808 and 1810.[44] He was in contact with Baden through the spa physician Sanitätsrat (Medical Councillor) Carl Schenk, who later documented the creation of the Frauenbad in a manual on the sulphur springs of Baden.[45] Bürgermeister Mayer describes the joint involvement of Schenk and Moreau, which probably took place between 1813 and 1817: "now the Herr Sanitätsrath submitted to the magistrate a design drawn by the famous architect and academic councillor Herr Ritter v. Moreau, together with a ground plan and façade, for this proposed building. [...] Consequently the magistrate [...] had this plan checked out by the local master builder Anton Hantl, and adapted here and there to the local conditions, in order to be able to present it to the higher authorities for approval."[46]

Three plans in the town archive that could be used for Moreau's design,[47] which resemble the finished building in almost all details, do not show a floor plan (as mentioned by Mayer), but only a section and two elevations. However, due to their exquisite individuality, which is completely different from all other planning styles in known collections, they can certainly be attributed to a planner who was born and raised outside Austria. In the cross-section of the design and in its implementation, there are, following one after the other from left to right, a Doric columned vestibule, a reception hall, ancillary rooms and finally the elevated space above the pool of the Frauenbad, whose lantern appears in the elevation plan in the same form (with round arches and triangular pediment) as later on, in the building as executed. In addition, the typical blind arches, which resemble those on Moreau's National Bank building in Vienna, are a further indication that he was responsible for this building. Finally, the position and number of openings (and blind openings) as well as the small portico on the long east façade correspond to some extent to the version that was actually built. In this version, the bathing pool of the Carolinenquelle is located, as before, in the western half of the building which has the appearance of being regular but is in fact built on an irregular floor plan that is rather limited in its exploitation of the site, so that it led between 1876 and 1878 to the installation of a larger reception hall with ceiling light. In addition, according to an inventory from 1828 in the town archive,[48] there were four individual baths (Stundenbäder), one of which was for the sole use of the emperor.

This undertaking by the town of Baden seems to have met with the court's approval. On 28 May and 25 July 1818, decrees were issued by the Hofkanzlei (Court Chancellery) "with the special instruction [...] to expedite this construction and to complete it as soon as possible." In 1819, an unusual idea for financing the construction followed: 120 shares of 250 Gulden each were to be issued by the town of Baden, with an interest rate of six percent. All municipal properties served as collateral, the repayment was to be made from the proceeds of the baths and was to be completed within ten years. On 15 April 1819, the town finally invited people to subscribe to the shares.[49] On 20 September, demolition of the old bath buildings began. While digging the drainage channels, the above-mentioned early medieval foundations of an unknown building were unearthed and removed. By the end of December 1820, the shell of the new building was already standing, though without a roof. On 7 April 1821 the official laying of the foundation stone was carried out by Archduke Anton Viktor and on 12 June 1821 the newly built Frauenbad was ceremoniously opened.

Within the architecture of neoclassicism in Baden, in Austria and in Europe, Moreau's building exemplifies impressive clarity: he knew how to combine a relatively complex spatial and functional agenda (with the structure built over two springs and with numerous adjoining rooms, it differed fundamentally from the other bathhouses in Baden) in a simple, symmetrical-looking cuboid[50] together with the dignified classical formula of a nine-axis colonnade. With the exception of cornices and gables, the largely undecorated reduction to elementary forms of French revolutionary architecture – i.e. the preferred design using only combinations of basic geometric bodies such as cubes and cuboids, cylinders and hemispheres – is here adapted to the local conditions in an astonishingly subtle way. Moreau undoubtedly knew Claude-Nicolas Ledoux's prototype for 'bains publics' from 1804, which is delicately echoed here on a reduced scale. The Frauenbad thus also represents a departure from Emperor Franz's personal building concept which was to erect a series of free-standing circular buildings accompanied by flanking small cubes, embedded in a poetic park landscape, as a model of an ideal small town. For on the one hand, this ideal image had proved impossible to realise in some places due to natural conditions (two springs right next to each other would suggest larger common bathhouses). And on the other hand, the adoption of the planning initiative by the town of Baden, the financing of the construction by private investors and the commissioning of an architect from outside the court certainly also testify to a bourgeois emancipation within what had originally been an aristocratic building programme.

1 Under Franz, the Ursprungsbad, the Franzensbad, the Leopoldibad, the Engelsbad, the Josefsbad (Vestatempel Annex), the Frauenbad, the Sauerhofbad and the Petersbad were newly built, all embedded in a green corridor consisting of the Kurpark, the Mariazellerwiese, the Gutenbrunner Park and the Sauerhofpark.

2 Cf. Ulrika Kiby: Bäder und Badekultur in Orient und Okzident. Antike bis Spätbarock, Cologne 1995 – Hans W. Hubert/Anja Grebe/Antonio Russo (eds.): Das Bad als Mußeraum, Tübingen 2020 – Baden is not included in these descriptions. Austria was also missing from the list of relevant spa towns under the keyword "spa town" in the English Wikipedia in April 2021 among the entries for 33 countries.

3 After the four bastions of the town fortifications in front of the Hofburg were blown up by Napoleonic troops during their withdrawal in 1809, the Burggarten, the new Burgtor and the Volksgarten with the Theseus Tempel, Cortisches Kaffeehaus (all by Peter Nobile) and other pavilions were built in their place from 1815 onwards according to a general plan by Ludwig von Rémy.

4 Cf. the analysis by Richard Kurdiovsky: Das Äußere Burgtor. Planung-, Bau- und Nutzungsgeschichte 1817–1916, in: Heidemarie Uhl/Richard Hufschmied/Dieter A. Binder (eds.): Gedächtnisort der Republik. Das Österreichische Heldendenkmal im Äußeren Burgtor der Wiener Hofburg, Vienna/Cologne/Weimar 2021, pp. 15–71, here p. 42.

5 A Bronze Age healing spring in St. Moritz, Switzerland, was probably used for therapy, while the large urban thermal baths that were spread throughout the Roman Empire functioned primarily as entertainment venues.

6 Ulrich Coenen: Kurbäder und Kurarchitektur im 19. Jahrhundert, in: Hubert/Grebe/Russo 2020, op. cit. 2, pp. 201–218, here p. 213: "The dome is a vaulted form originally from Roman thermal bath construction." The oldest example of this is the so-called Temple of Mercury in the thermal baths of Baiae near Naples, 1st century BC.

7 Cf. Iris Meder: Badefreuden. Eine Reise zu den außergewöhnlichsten Bädern in Mitteleuropa, Vienna 2011, pp. 154–173.

8 "Bathing culture was [until the late Middle Ages, author's note] such an integral part of life in Germany, similar to France, that here – quite unlike in Italy – no one felt compelled to create baths all' antica, or to make any effort to interpret Vitruvius' description of baths and put it into practice" (Kiby 1995, op. cit. 2, p. 226). – Cf. also Francesco G. P. Bracciolini's detailed illustrative description of the public baths of Baden im Aargau from 1417, ibid, pp. 31–34.

9 Cf. Theophrastus Bombastus von Hohenheim, known as Paracelsus (1493/94–1541): Vonn dem Bad Pfeffers in Oberschwytz gelegen, Tugenden, Krefften unnd Würckung, Ursprung unnd Herkommen, Regiment und Ordinantz, 1535.

10 Thanks to Councillor Hans Hornyik, Baden, for this reference.

11 In the western German spa town of Baden-Baden, for example, the casino business dominated by far over the bathing business until gambling was banned in 1872. It was only after Bismarck's interdict that the original quality of the spa was once again remembered and the monumental Wilhelmsbad was built.

12 Thanks to Councillor Hans Hornyik, Baden, for this reference.

13 Cf. Rudolf Maurer: Vom Rauberturm zum Sauerhof. 700 Jahre "Turm" und "Thurngasse"/Sauerhofstraße (Katalogblätter des Rollettmuseums Baden 91), Baden 2014, p. 57.

14 Cf. Die Geschichte der Garnison Baden sowie ihrer Verbände und Dienststellen, Baden 2006, pp. 20–37. – The Martinek barracks, which have been unused since 2013, are finally scheduled to be sold in 2021.

15 The physical, chemical and medical significance of the springs were studied in detail early on. Between 1791 and 1804 alone, four scientific works were publisshed in rapid succession: Carl Scheminzky: Abhandlung von den Bädern der Landesfürstlichen Stadt Baaden in Niederoesterreich. Carl Schenk: Kurze Beschreibung der warmen Quellen und Baeder der landesfürstlichen Stadt Baaden in Niederösterreich. – Schenk: Abhandlung ueber die warmen Quellen und Baeder der landesfürstlichen Stadt Baaden, Niederösterreich, Wien 1799. – Schenk: Medicinisch-chirurgisch-praktisches Archiv von Baden in Niederösterreich für Aerzte und Wundärzte, Wien 1804.

16 Emperor Franz II/I visited Baden almost every year from 1796 to 1834 (except during the war years 1809/10) for spa treatments and always used the Frauenbadquelle, both before and after the construction of the new building by Charles de Moreau.

17 It was not until long after the bathhouses that a pump room was built in Baden in 1845/46 in the spa gardens near the original spring, which is described in this book by Katharina Schoeller.

18 The prolific Baden sulphur water springs discharged an average of around 20 litres per second around 1800. The 14th spring (Marienquelle) was only discovered and used in the 20th century.

19 Cf. Hans Hornyik: Baden bei Wien: historische Entwicklung als Kur- und Badestadt und Teil des geplanten UNESCO-Weltkulturerbes "Great Spas of Europe", in: Bade- und Kuranstalten (Denkmalpflege in Niederösterreich 56), St. Pölten 2017, pp. 17–21.

20 Baden's Kurpark also saw the construction of "pleasure buildings", such as the Äskulaptempel (Temple of Asclepius) (1798) and the Türkische Chiosk (Turkish Kiosk) by Louis Montoyer (1800). Cf. Katharina Schoeller: Architektur des Klassizismus in Baden, in: Matthias Boeckl (ed.): Das Frauenbad in Baden. Architektur des Klassizismus in Österreich, Baden 2009, pp. 48–65, here p. 52.

21 Cf. Johann Kräftner: Das Bad im Klassizismus und Biedermeier. Bädearchitektur in Wien und Baden in der ersten Hälfte des 19. Jahrhunderts, in: Das Bad. Körperkultur und Hygiene im 19. und 20. Jahrhundert (Exhibition catalogue, Historical Museum of the City of Vienna, 23. 3. 1991–8. 3. 1992), Vienna 1991, pp. 110–125.

22 As early as the 12th century, the old Roman bathing pool had been converted into the King's Bath, and in the 17th century the Queen's Bath was built next to it.

23 Geistinger Stadtplan von 1805, Stadtarchiv Baden, TSB Pl 18.

24 Thanks to Councillor Hans Hornyik, Baden, for this reference.

25 "Grundriß des so genannten Kayßers Bads unweith der Stadt Offen in Hungarn, welches so wohl wegen der vortrefflichen würckung des warmen Bads, als auch der denckwürdigen Arabischen Architectur sehr gerühmbt und aestimiret wird." (Ground plan of the so-called Emperor's Bath not far from the city of Offen in Hungary, which is highly praised and admired both for the excellent hot bath and the memorable Arabic architecture.)

26 Cf. Meder 2011, op. cit. 7.

27 See the reconstructed ground plan of this original situation in: Das Frauen- und Karolinenbad zu Baden bei Wien nach der Neuuherstellung 1876–1878. Commemorative publication, with use of the documents of the Stadtarchiv, Baden bei Wien 1878, endpaper.

28 Stadtarchiv Baden, TSB Pl 381

29 This structural condition is recorded on the famous depiction of the town fire of 26. 7. 1812, Stadtarchiv Baden, TSB 377.

30 Dehio-Handbuch. Die Kunstdenkmäler Österreichs. Niederösterreich südlich der Donau, Part 1: A–L, Vienna/Horn 2003, p. 177.

31 Cf. Susanna Reichert-Freude: An der Quelle sitzen …! Badens Schwefel und seine Bäder, Berndorf 2019, p. 85.

32 Cf. ibid., p. 99.

33 Cf. Dehio-Handbuch, op. cit. 30, p. 174. – Clemens Andreasch: Das Wohltätigkeitshaus Baden. Die Geschichte des heutigen Badener Hofs 1805–1918 (Katalogblätter des Rollettmuseums Baden 105), Baden 2018.

34 According to the Dehio-Handbuch, op. cit. 30, p. 176, by an unknown designer.

35 Depicted on the Georg-Matthäus-Vischer engraving of Baden from 1672; thanks for the reference to the buildings of 1766 and 1847 to Councillor Hans Hornyik, Baden.

36 M. J. Mayer: Das neuerbaute Frauen- und Carolinenbad in Baden in Niederösterreich, Vienna 1821. – Das Frauen- und Karolinenbad, op. cit. 27. – Karin Wiederer: Das Frauen- und Carolinenbad in Baden bei Wien, graduate thesis University of Salzburg, 1991. – Matthias Boeckl: Zur Baugeschichte des Frauenbades in Baden, in: Boeckl 2009, op. cit. 20, pp. 10-47.

37 Stadtarchiv Baden, TSB Pl 378 (site plan) and TSB 1439 (view of the Neubadhaus).

38 Floor plan and elevation in the Stadtarchiv Baden, TSB Pl 380 and TSB Pl 381. Both plans may not have corresponded to the execution in all details, since on the first floor plan the face appears flush without recesses and on the second the bathing pool is circular.

39 Stadtarchiv Baden, TSB Pl 461.

40 Quoted from Wiederer 1991, op. cit. 36, pp. 33–34.

41 Stadtarchiv Baden, TSB Pl 385.

42 Albertina, Vienna, inv. no. AZ 7246–7253.

43 Stadtarchiv Baden, TSB Pl 382, TSB Pl 383 and TSB Pl 384.

44 On the Dianabad, cf. Kräftner 1991, op. cit. 21, pp. 111–118.

45 Carl Schenk: Die Schwefelquellen von Baden in Niederösterreich (The sulphur springs of Baden in Lower Austria), Vienna 1825, p. 212.

46 Mayer 1821, op. cit. 36, pp. 10–11.

47 Stadtarchiv Baden, TSB Pl 460, TSB Pl 2644 and TSB Pl 2649.

48 Stadtarchiv Baden, GB 421; thanks for the reference to Ulrike Scholda of the Stadtarchiv.

49 Cf. Mayer 1821, op. cit. 36, pp. 12–17.

50 In fact, only the south and east façades, which could be seen in their entirety from a distance, were symmetrically structured. The other two sides show recesses due to the irregular ground plan, but because of their location in a narrow alley they can never be seen in their entirety. The longer, non-recessed façade sections to the north and west, adjoining the corners on the south and east sides, are symmetrical in themselves, creating the impression of symmetry on all sides.

Zeittafel zu Leben und Werk von Charles de Moreau, Architekt des Frauenbades

Markus Kristan

Vorbemerkungen

Leben und Werk des überwiegend in Wien und Westungarn tätigen, aus Frankreich stammenden Architekten und Malers Jean-Charles-Alexandre Moreau sind nur lückenhaft erforscht.[1] Eine tiefergreifende Darstellung seiner Person und seiner Arbeiten würde den räumlich begrenzten Rahmen dieser Arbeit bei Weitem sprengen, sodass mehr oder weniger nur eine knappe Zusammenfassung all dessen übrig bleibt.[2] Wichtige ältere Literatur, die erst jetzt entdeckt werden konnte, oder neuere Literatur, die nach den grundlegenden Arbeiten von Kastner, Kalamár, Klementová oder Körner veröffentlicht wurde, kann aus Platzmangel nicht oder nur in Auswahl in den Fußnoten genannt werden.[3]

Unbestritten ist Moreaus Bedeutung als Architekt. Seine Bauten stellen maßgebende Vorbilder für die österreichische Architektur des Vormärz dar. Sie bilden eine Verbindung zwischen den radikalen Bauten des französischen Klassizismus und der bürgerlichen Biedermeierarchitektur in Österreich.

Gemeinsam mit Jean Nicolas Jadot (1710–1761), Isidore Canevale (eigentlich Ganneval, 1730–1786) und Louis Montoyer (um 1749–1811) zählt Moreau zu jener Gruppe französischsprachiger Architekten, die zwischen 1770 und 1840 in Österreich, Tschechien und Ungarn exemplarische Bauten schufen.

Moreau hatte eine Reihe von Mitarbeitern, die er wiederholt beschäftigte und die gelegentlich auch als seine „Schüler" bezeichnet werden. Es sind dies – soweit beim heutigen Forschungsstand bekannt ist – die Architekten und Baumeister Joseph Franz Engel, Joseph Esch, József Hild[4], Paul Sprenger und Raphael Rigel. In ihren eigenständigen Werken, die sie zum Teil auch noch zu Lebzeiten Moreaus schufen, führten sie den Einfluss der französischen klassizistischen Architektur, wie sie ihn durch Moreau erfahren hatten, weiter.[5]

In seinen architektonischen Werken suchte Moreau stets den Ausgleich zwischen Repräsentation und Rationalität. Darüber hinaus gilt er als einer der wichtigsten Vermittler französischer Bauideen nach Österreich und Ungarn, womit er das Architekturgeschehen des österreichischen Kaiserreiches maßgeblich beeinflusste.

Moreau, der es meisterhaft verstand, die stilistischen Gestaltungsmittel seiner Bauten je nach Bauaufgabe und Ort anzupassen, schuf sowohl zum Teil auf dem Papier gebliebene Projekte als auch realisierte Gebäude ganz im Sinn des sogenannten französischen Revolutionsklassizismus, wie er vor allem von Étienne-Louis Boullée (1728–1799) und Claude-Nicolas Ledoux (1736–1806) propagiert wurde, die für damalige Begriffe radikal modern waren. Nach und nach aber wandte er sich einem intimeren und bürgerlicheren Klassizismus zu, der auch nicht frei von Anleihen bei der italienischen Renaissance war. Diese hatte er – wie die römische Antike – während seines vierjährigen Romaufenthalts studieren können, womit er zu einem der bedeutendsten Wegbereiter der österreichischen Biedermeierarchitektur wurde.

Wandlungsfähigkeit, Vielseitigkeit und Flexibilität machten ihn zu einem bedeutsamen Vermittler des französischen Klassizismus und der Architektur des Wiener Vormärz. Virtuos beherrschte er monumentale Studienprojekte, Schlossbauten, adelige Landhäuser, englische Landschaftsgärten, adelige Stadtpalais, Innenraumgestaltungen, Festdekorationen, Bäder, Bürogebäude und Sakralbauten für Mitglieder der katholischen und der jüdischen Konfession. Darüber hinaus war er ein grandioser Maler monumentaler Ölbilder und technischer Konstrukteur. In seiner Zeit galt er als hervorragender, universal gebildeter Kunstkenner.

Ferdinand Georg Waldmüller, Porträt des Architekten Charles de Moreau, 1822, Öl auf Leinwand
© & Foto: LIECHTENSTEIN. The Princely Collections, Vaduz-Vienna, Inv.-Nr. GE1597

Chronology of the life and work of Charles de Moreau, architect of the Frauenbad

Markus Kristan

Preliminary remarks

The life and work of the French architect and painter Jean-Charles-Alexandre Moreau, who was mainly active in Vienna and Western Hungary, have not been fully researched.[1] A more in-depth account of his life and achievements would go far beyond the limited scope of this volume, so what remains is more or less a brief summary.[2] Important older literature that has just come to light, or more recent publications after the ground-breaking works of Kastner, Kalamár, Klementová or Körner, cannot be mentioned in the footnotes for lack of space, or only in selection.[3]

Moreau's importance as an architect is undisputed. His buildings are considered to represent significant models for Austrian architecture of the "Vormärz" (pre-March), the period leading up to the 1848 March Revolution in Germany. They constitute a link between the radical buildings of French classicism (Empire Style) and bourgeois Biedermeier architecture in Austria.

Together with Jean Nicolas Jadot (1710–1761), Isidore Canevale (actually Ganneval, 1730–1786) and Louis Montoyer (c. 1749–1811), Moreau belongs to that group of French-speaking architects who created landmark buildings in Austria, Bohemia and Hungary between 1770 and 1840.

Moreau had a number of assistants whom he frequently employed and who are occasionally also referred to as his "pupils". These are - as far as is known from today's research - the architects and master builders Joseph Franz Engel, Joseph Esch, József Hild,[4] Paul Sprenger and Raphael Rigel. In their own independent works, some of which they executed during Moreau's lifetime, they continued the influence of French classicist architecture as they had come to know it through Moreau.[5]

In his architectural works, Moreau always strove for a careful balance between representation and rationality. In addition, he is considered one of the most important exponents of French architectural ideas in Austria and Hungary, thus significantly influencing the architectural scene of the Austrian Empire.

Moreau, who was a master at adapting the stylistic elements of his buildings according to the building task and its location, and he designed projects, some of which remained on paper and others which were fully realised, entirely in the spirit of so-called French Revolutionary Classicism, as propagated above all by Étienne-Louis Boullée (1728–1799) and Claude-Nicolas Ledoux (1736–1806), who were radically modern by the standards of the time. Gradually, however, he turned to a more intimate and more bourgeois classicism, for which he also borrowed elements from the Italian Renaissance. He had been able to study the latter – along with Roman antiquity - during his four-year stay in Rome, which made him one of the most important pioneers of Austrian Biedermeier architecture.

Adaptability, versatility and flexibility made him a significant exponent of French classicism and the architecture of the Viennese Vormärz. Like a virtuoso he mastered monumental assignments, palace buildings, aristocratic country houses, English landscape gardens, aristocratic city palaces, interior designs, festive decorations for special celebrations, spas, office buildings and religious buildings for members of both the Catholic and Jewish faiths. In addition, he was a grandiose painter of monumental pictures in oil as well as a technical designer. In his time, he was considered an outstandingly erudite and all-round connoisseur of art.

Zeittafel

Charles de Moreau, Monumentale Grabstätte für die Herrscher eines großen Reiches, Schnitt, 1785, Tusche, laviert und aquarelliert, auf Papier
© Beaux-arts de Paris, l'école nationale supérieur, Inv.-Nr. PRA106-02;
Foto: bpk / RMN - Grand Palais / image Beaux-arts de Paris

Charles de Moreau, Lazarett auf einer Insel mitten im Meer, Grundriss, 1784, Tusche, aquarelliert, auf Papier
© Beaux-arts de Paris, l'école nationale supérieur, Inv.-Nr. PRA105-01;
Foto: bpk / RMN - Grand Palais / image Beaux-arts de Paris

1760 - 8. November: Geburt in Rimaucourt bei Chaumont, Vater Louis, als gelernter Schlosser Administrator der dortigen Eisenhütte, Mutter Elisabeth Laforest, Schwester Josepha, später mit Herrn Millot verheiratet, bis 1840 in Wien nachweisbar.

1781 - Ankunft in Paris, Besuch der Lehrveranstaltungen der Académie royale d'architecture.

1782 - Aufnahme an der Académie, Schüler von Louis-François Trouard (1729–1804), dessen Schüler rund zehn Jahre zuvor Claude Nicolas Ledoux (1736–1806) gewesen ist.

1782–1783 - Wettbewerbsprojekte für ein Wasserschloss[6], ein Eingangstor zu einem Zeughaus und einen Triumphbogen[7].

1783 - Qualifikation für den Grand Prix (Rompreis) mit dem Studienprojekt „une ménagerie renfermée dans le parc d'un souverain" („eine Menagerie, die sich im Park eines Herrschers befindet").

1783–1785 - Moreaus Projekt für den Rompreis, ein „lazaret dans une île au milieu de la mer" („Lazarett auf einer Insel mitten im Meer") erhält im Februar 1784 den zweiten Preis. Im nachfolgenden Studienjahr, 1784/85: Siegreiches Wettbewerbsprojekt für den Grand Prix mit der Bezeichnung „un monument sépucral pour les souverains d'un grand empire, placé dans une enceinte dans laquelle on disposera des sépulcres particuliers pour les grands hommes de la nation" („eine monumentale Grabstätte für die Herrscher eines großen Reiches, die in einer Anlage untergebracht ist, in der besondere Grabstätten für die großen Männer des Volkes vorgesehen sind").[8]

1785–1788 - Offizieller Studienaufenthalt in Rom.

1788–1790 - Verlängerung des Aufenthalts in Rom auf eigene Kosten.

1790 - Rückkehr nach Paris. Mitarbeit bei Jacques-Louis David (1748–1825) an der Académie royale de peinture et de sculpture, um auf dessen Skizze „Schwur im Ballhaus" die architektonische Perspektive zu zeichnen. Schüler von David.

1790–1800 - Entwürfe für den Pariser Feinschmied Jean-Baptiste-Claude Odiot (1763–1850), der aus einer Dynastie von Gold- und Silberschmieden stammt. Im Musée des Arts Décoratifs in Paris werden Entwurfszeichnungen für ein prunkvolles silbernes Tafelgeschirr (Kandelaber, Terrine, Entremetsschale, Kasserolle, Wärmeglocke, Gläserkühler und dergleichen mehr), das „Vermeil-Service", aufbewahrt,[9] die Moreau zugeschrieben werden.[10] Diesen Entwürfen liegt Moreaus Beschäftigung mit den römischen Bauornamenten zugrunde, die er 1800 veröffentlicht.[11]

1791 - Ölgemälde mit einem Thema aus der „Ilias" des Homer: „Hector arrachant Pâris d'auprés d'Helene pour le mener au combat" („Hektor zwingt Paris, sich von Helena zu trennen und in die Schlacht zurückzukehren").

1792 - Zweiter Preis beim „Concours des figures peintes et modelées" („Wettbewerb für gemalte und modellierte Figuren") mit dem Thema „Éléazar, qui préfère la mort à désobéir à la Loi" („Eleasar, der den Tod dem Verlangen nach dem Gesetz vorzieht").

1793–1796
- Wettbewerbsteilnahmen für Denkmäler für die Helden der Revolution, Volksarenen für diverse Feierlichkeiten, Tempel zu Ehren der neuen Ideale „Liberté, Égalité, Fraternité".
- Beteiligung an der Neugestaltung eines Sitzungssaales in der Salle des Machines, dem Theatersaal des Tuilerienpalastes.
- Teilnahme an Vorbereitungen zu verschiedenen Festveranstaltungen in Paris, zum Beispiel Triumphzug anlässlich der Rückeroberung Toulons von den Engländern im Jahr 1793 und Fête de l'Être suprême im Jahr 1794.

1794
- Mitglied der Kommission zur Verschönerung von Paris.[12]

1796
- Davids ehemaliger Élève Étienne-Jean Delécluze (1781–1863) wird Schüler Moreaus.
- Beginn der Arbeiten am Gemälde „Lucius Virginius zeigt dem Decemvir Appius Claudius das Messer, mit dem er seine Tochter Virginia erstochen hat, um ihre Freiheit zu retten".[13] Moreau siedelt die dramatische Szene auf dem Forum Romanum an, das er ja durch seinen vierjährigen Romaufenthalt und die dort vorgenommenen Studien und Vermessungsarbeiten bestens kennt. Das Drama spielt sich offenbar vor dem Titusbogen ab, der im Hintergrund zu sehen ist. Rechts davon erkennt man den Palatin mit dem Tempel des Elagabal. Ganz im Hintergrund ist noch das Tabularium vor dem Kapitol zu sehen.[14] Die antike blutige Szene gilt Moreau als Metapher für seine Zeit: Der Tod ist weniger furchtbar als der Verlust der Freiheit.
- Gemeinsam mit David: Mobiliar für die Einrichtung eines Ateliers.[15]

1797–1799
- Arbeit an der Neugestaltung des Théâtre Français de la République, der heutigen Comédie-Française (Salle Richelieu), im Palais Royal in der Rue de Richelieu.

1800
- Festanstellung bei den „Travaux publics" (Bauingenieurabteilung) des Staates.
- Im März Wettbewerbsprojekt für die Colonne nationale als Denkmal für die gefallenen Soldaten der napoleonischen Kriege auf dem Place de la Concorde.
- Veröffentlichung Moreaus: „Fragmens et ornemens d'architecture, dessinés a Rome, d'après l'Antique" („Fragmente und Ornamente der Architektur, in Rom nach der Antike gezeichnet") als Fortsetzung des 1682 erschienenen Bandes „Les Édifices antiques de Rome, dessinés et mesurés très exactement" („Die antiken Gebäude Roms, genau gezeichnet und vermessen") von Antoine Desgodetz (1653–1728).
- Auftrag für die Neugestaltung bis dahin ungenutzter Räumlichkeiten an der Sorbonne für Wohnungen und Ateliers von Malern und Bildhauern. Heirat mit Adèle Johanna Susanne de Chendret (auch Adelheid oder Adelaide Chendres), die am 20. Dezember 1778 geboren wurde und daher um 18 Jahre jünger ist als er.[16]

1801
- 21. Februar: Geburt des Sohnes Julius in Paris.

1802
- Moreaus Projekt für die Colonne nationale wird als Modell aus Holz, Gips und Leinwand im Maßstab 1 : 1 auf dem Place de la Concorde aufgestellt, jedoch wenige Monate später nach heftiger Kritik der Öffentlichkeit wieder entfernt.

1803
- Nikolaus II. Fürst Esterházy (1765–1833) besucht Paris, lernt Moreau kennen und bietet ihm die Stellung als Hofarchitekt an, um das Schloss und den Garten Esterházy in Eisenstadt (ungarisch Kismarton) neu zu gestalten. Moreau reist nach Wien.

Albert Christoph Dies, Projekt der Gartenfassade des Schlosses Esterházy in Eisenstadt, 1812, Öl auf Leinwand © Esterhazy Privatstiftung, Schloss Eisenstadt, Inv.-Nr. B 14; Foto: Gerhard Wasserbauer

1804

- Beginn der Neugestaltung des Schlossparks in Eisenstadt (zuerst Gestaltung des neu hinzugekommenen „Föhrenwalds“ nördlich des Schlosses auf den Hängen des Leithagebirges).[17]
- Beginn der Arbeiten am „Marientempel“ („Gloriette“, „Aussichtstempel“, „Der Tempel am Laytha Berg“) im Schlosspark von Eisenstadt (1805 beendet).[18]
- Errichtung des Maschinenhauses für die englische Dampfmaschine, die Wasser in die höher gelegenen Teile des Schlossparks pumpen soll.
- Im Oktober Beginn der Bauarbeiten am Haus in der Jägerzeile (heute Wien II, Praterstraße 60) für Henriette Zielinska (eine Mätresse des Fürsten Esterházy).
- Geburt der Tochter Marie.

Albert Christoph Dies, Projekt der Gartenfassade des Schlosses Esterházy in Eisenstadt, 1812, Öl auf Leinwand © Esterhazy Privatstiftung, Schloss Eisenstadt, Inv.-Nr. B 14; Foto: Gerhard Wasserbauer

1805

- Beginn des Umbaus des fürstlichen Schlosses in Eisenstadt. Zunächst gartenseitig Errichtung des Unterbaus mit Auffahrt, anschließend der mächtigen zweireihigen Kolonnade (Fertigstellung 1807). Die geplanten seitlichen Flügel, die die Bildergalerie und das Theater hätten aufnehmen sollen, werden aus finanziellen Gründen nicht ausgeführt.
- Eventuell auch Entwürfe für die Einrichtung von Schloss Esterházy in Eisenstadt.[19]
- 26. August: Geburt des Sohnes Nikolaus.

1806

- Errichtung des Palais Lubomirski in Wien auf der Mölker Bastei (heute im Bereich Wien I, Oppolzergasse).
- Erweiterung des Maschinenhauses in Eisenstadt für ein luxuriöses Badezimmer.
- Neugestaltung des Schlossparks Pottendorf, Umbau Schloss Pottendorf
- Reise nach Paris.
- Rahmen für das Gemälde der Prinzessin Leopoldine Esterházy von René-Théodore Berthon (1776–1859), heute im Besitz der Esterházy Privatstiftung, Schloss Eisenstadt.

Unbekannter Zeichner, Ansicht des Tanzhains in den Apollosälen, 1808, Stich © & Foto: Wien Museum, Inv.-Nr. 57.632-1

1807

- Errichtung der Gewächshäuser außerhalb des Schlossparks Pottendorf.
- Errichtung des Badhauses in Großhöflein für Fürst Esterházy.[20]
- Einrichtung des Apollosaales in Wien VII, Zieglergasse 15, für den Mechaniker Sigmund Wolffsohn (auch irrtümlich Wolfssohn, 1767–1852).
- Eventuell Aufstockung des im Besitz des Fürsten Esterházy befindlichen Posthauses in Laxenburg.
- Im Oktober Beginn des Neubaus der Stallungen und Remisen im Haus des Fürsten Esterházy in Baden gegenüber dem Rathaus nach Plänen Moreaus (1813 Verkauf des Hauses an Kaiser Franz II./I.).
- 29. Dezember: Geburt des Sohnes Paul.

Johann Ziegler, Ansicht vom Dianabad in der Leopoldstadt, 1820, altkolorierte Umrissradierung © Wien Museum, Inv.-Nr. 15061; Foto: Peter und Birgit Kainz, Wien Museum

1808

- Beginn der Planungen für das Dianabad in Wien (gemeinsames Unternehmen mit dem aus Frankreich stammenden Maler Carl Hummel [1769–1840], Fertigstellung 1810).
- 6. und 7. Februar: Dekoration für „Tableaux mouvants“ (Nachstellung berühmter Bilder durch anwesende Personen) in einem Wiener Salon.
- Haus beim Arme-Seelen-Taferl („Schöner Jäger“) am Fölligberg in der Landegger Au bei Pottendorf.
- Umbau des Jagdschlosses Stinkenbrunn/Steinbrunn.

Charles de Moreau, Blick in den belebten Innenhof des Dianabades in Wien-Leopoldstadt, 1821, Aquatinta © & Foto: Archiv M. K., Wien

1808–1818

- Einziger christlicher Kirchenbau Moreaus in der ungarischen Stadt Nagy-Ganna (heute Stadtteil von Ganna) im Komitat Veszprém, Mausoleum der Grafen Esterházy nach dem Vorbild des Pantheons in Rom und Pfarrkirche.

Erwin Pendl, Palais Pálffy in Wien I., Wallnerstraße 6, um 1898, Fotografie
© & Foto: ÖNB/Wien, EP 1564 C POR MAG

Moriz Nähr, Vestibül im Palais Esterházy-Erdödy in Wien I., Krugerstraße 10, 1910, Fotografie
© & Foto: ÖNB/Wien, 94758E POR MAG

S. 57, Johann Ziegler, Ansicht vom Dianabad in der Leopoldstadt, 1820, altkolorierte Umrissradierung
© Wien Museum, Inv.-Nr. 15061; Foto: Peter und Birgit Kainz, Wien Museum

1809
- Errichtung des Palais Pálffy in Wien I, Wallnerstraße 6, gemeinsam mit Raphael Rigel (1785–nach 1848).[21]
- Errichtung des Palais Esterházy in Wien I, Walfischgasse 8/Krugerstraße 10, für Fürst Esterházy. Später im Besitz der Familie Erdődy, 1955 demoliert.
- Wohnhaus für das Personal des Fürsten Esterházy in Eisenstadt am Oberberg (Neugebäude, heute Esterházystraße 37).
- Entwürfe für neue Stadttore, eine Reithalle, eine Menagerie (im Osten des Eisenstädter Gartens) und den Neubau der Gardekommandantur am Schlossplatz in Eisenstadt (unausgeführte Projekte).

1810
- Entwürfe für den Luster des großen Saales in Schloss Eisenstadt (Zuschreibung).

Vor 1812
- Vermutlich Errichtung einer künstlichen Ruine in Tata für Franz Graf Esterházy (1746–1811).

1812
- Ernennung zum Mitglied der Akademie in Wien.
- Ernennung zum Leiter der Sammlungen des Fürsten Esterházy.
- Fertigstellung des Gartensaales in Schloss Eisenstadt.

1813
- Ernennung zum ordentlichen Beisitzer und Kunstrat der Akademie in Wien.[22]

1814
- 16. Juni: Festdekoration des Palais Fries (später Pallavicini) am Josefsplatz in Wien anlässlich der Rückkehr von Kaiser Franz II./I. aus Paris.[23]

1814–1815
- Gemeinsam mit dem französischen Maler Jean-Baptiste Isabey (1767–1855) Umsetzung der szenischen Ideen der Kaiserin Maria Ludovica (1787–1816) in ihren Appartements in der Hofburg.[24]
- 14. Oktober 1814: Jahrestag der Völkerschlacht bei Leipzig. Festdekoration mit Festhalle (hölzerner Hallenbau) für den abendlichen Ball im Sommerpalais am Rennweg von Clemens Wenzel Lothar Fürst Metternich (1773–1859).[25] Weitere Festveranstaltungen in dieser von Moreau geschaffenen Festdekoration finden am 18. Oktober und am 9. November statt.
- Festdekoration im Landhaus von Ferdinand Graf Pálffy-Erdőd (1774–1840) in Wien-Hernals[26].

1814–1818
- Neugestaltung des Appartements für Fürst Metternich im Gebäude der Geheimen Hof- und Staatskanzlei (heute Bundeskanzleramt, Wien I, Ballhausplatz 2).

1815
- 21. Jänner: Festdekoration des Stephansdoms in Wien für den Gedenkgottesdienst zur Erinnerung an die Hinrichtung von Ludwig XVI. Als Anerkennung für seine künstlerische Tätigkeit wird Moreau wenig später das Ritterkreuz der französischen Ehrenlegion übersandt.
- In der Fastenzeit ein Zelt und zwei Theater nach Entwürfen Moreaus für eine Veranstaltung im Rahmen des Wiener Kongresses im Großen Redoutensaal in der Wiener Hofburg.
- Herzog Ernst I. von Sachsen-Coburg-Saalfeld (1784–1844) aus Sachsen-Thüringen beauftragt Moreau, Pläne für einen Schlossumbau in Coburg anzufertigen.[27]
- Entwurf für den „Corps de Garde“ auf dem Eisenstädter Schlossplatz.

1815–1818
- Beratende Tätigkeit und Mitarbeit an der Planung und Errichtung des Haupttraktes des Polytechnischen Instituts in Wien am Karlsplatz (heute Technische Universität; Zuschreibung).

1816
- Umbaupläne für das Majoratshaus des Fürsten Esterházy in der Wiener Wallnerstraße mit einem Neubau in der Naglergasse (Haarhof), die aber erst 1819/20 realisiert werden.

DIANA-BAD

- Bewerbung um die Leitung der Architekturschule an der Akademie in Wien (Pietro Nobile erhält die Stelle).[28]
- János Graf Esterházy (1775–1856) beauftragt Moreau, sein Schloss in Csákvár (deutsch Tschakwar) in der Nähe der ungarischen Stadt Tatabánya (deutsch Totiserkolonie) umzubauen (Fertigstellung 1823).
- 5. November: Dekoration anlässlich der Abreise von Caroline Auguste von Bayern (1792–1873) in München,[29] die in Wien Kaiser Franz II./I. heiratet.

1816–1817 - Florastöckl in Baden, Ecke Frauengasse – Breyerstraße, Sommerwohnung von Kaiserin Marie Luise, der Gattin Napoleons (Zuschreibung).

1817 - 13. Mai: Festdekoration des Augartens anlässlich der Vermählung von Erzherzogin Leopoldine (1797–1826), einer der fünf Töchter von Kaiser Franz II./I., mit Dom Pedro de Alcântara (1798–1834), dem Kronprinzen von Portugal und Brasilien.[30]

1817–1818 - Neugebäude am Majoratspalais Esterházy in Buda (Budapest).

1817–1821 - Neuerrichtung des Frauen- und Carolinenbades in Baden.

1818 - Museum für Skulpturen am Hauptgebäude des Mariahilfer Palais des Fürsten Esterházy in Wien VI, Amerlingstraße 6 (ausgeführt von Baumeister Carl Ehmann nach Plänen Moreaus).

1818–1819 - Errichtung des Leopoldinentempels im Schlosspark von Eisenstadt.

Joseph und Eduard Gurk, Die k. k. privilegierte Nationalbank in Wien I., Herrengasse 17, um 1825, Kolorierter Kupferstich
© & Foto: Wien Museum, Inv.-Nr. 59509

Unbekannter Fotograf, Gentz-Schlössel in Wien XVIII., Währinger Straße 169–171, 1917, Fotografie
© & Foto: ÖNB/Wien, L 27.054B POR MAG

1819 - Beginn der Bauarbeiten für die Österreichische Nationalbank in Wien I, Herrengasse.[31] Maßgeblicher Bau für nachfolgende Verwaltungsbauten in Österreich, Mitarbeit von Wilhelm Paul Eduard Sprenger (1798–1854).[32] (Fertigstellung 1823.)
- Entwurf für ein Gärtnerwohnhaus an den Treibereien des Eisenstädter Schlossgartens (Zuschreibung).
- Umgestaltung eines alten Hauses zu einem Landsitz („Gentzschlössel") für Friedrich von Gentz (1764–1832) in Wien-Weinhaus (Demolierung 1926).[33]
- Gemeinsam mit Raphael Rigel Neugestaltung der Porzellan-Manufaktur in der Rossau, Wien IX, Porzellangasse 51.[34]
- Zusammenarbeit mit der Papier- und Tapeten-Fabrik der Herren Spoerlin und Rahn in Wien.[35]

1820 - Grabstein für Joseph Haydn unter der Musikempore der Eisenstädter Bergkirche mit einem Text des Dichters Georg von Gaál (1783–1855).[36]

1820–1821 - Neugestaltung und Erweiterung des Palais Sternberg für den wohlhabenden Primararzt des Wiener Allgemeinen Krankenhauses Dr. Johann Christian (Christoph) Schiffner (1779–1857) in Wien III, Ungargasse 43 (heute Italienisches Kulturinstitut).

1820–1822 - Neugestaltung und Erweiterung der „Brunswick mansion" in Alsókorompa (damals Ungarn, heute Slowakische Republik, deutsch Unterkrupa, slowakisch Dolná Krupá) für József Brunswick (1750–1827).[37]

1821 - Entwürfe für eine reich dekorierte Holzschatulle und ein silbernes Monstranzkreuz als Geschenk von Kaiser Franz II./I. für Papst Pius VII. (1742–1823) für die Verwendung im Petersdom in Rom.[38]
- Neubau eines adeligen Landhauses für Karl Graf Erdődy mit einem das Schloss umgebenden Landschaftsgarten in Somlóvár (auch Somlói vár oder Somló vára, slowenisch Doba).[39]

1822 - Porträt Charles de Moreaus von Ferdinand Georg Waldmüller (1793–1865), heute im Besitz der Sammlungen des Fürsten Liechtenstein.

Charles de Moreau, Tod der Virginia, 1808, Öl auf Leinwand
© & Foto: CHIMEI Museum, Taiwan

Bruno Reiffenstein, Jüdische Synagoge in der Unterberggasse in Eisenstadt, um 1910, Fotografie
© & Foto: Austrian Archives / Imagno / picturedesk.com

Nikolaus Moreau, Blick aus einem Fenster des Dianabades, 1830, Öl auf Leinwand
© Wien Museum, Inv.-Nr. 95.189; Foto: Peter und Birgit Kainz, Wien Museum

- Errichtung des Theresienbades im Park des Meidlinger Schlosses für Joseph Michael Freiherr von Ehrenfels (1767–1843), Wien XII, Hufelandgasse 3 (Zuschreibung).

1826 – Ausstellung des Gemäldes „Tod der Virginia“ in der Akademie in Wien.

1827 – Ausstellung des Gemäldes „Tod der Virginia“ im Salon im Pariser Louvre.[40]
27. Februar: Tod von Moreaus Tochter Noémie Ludovica durch „Lungenschwindsucht“ (Beisetzung auf dem Währinger Ortsfriedhof).

1829 – Im Mai Inspektionsreise Moreaus zu den Besitzungen des Fürsten Esterházy auf der Insel Mainau im Bodensee.

1830 – Letzte Reise Moreaus nach Paris.
– Ausstellung des Gemäldes „Ödipus verflucht, ungeachtet der Bitten seiner Tochter, seinen Sohn Polinices, der gekommen war, um vom Vater Verzeihung zu erflehen“ in der Akademie.[41]

1831 – Errichtung des Synagogenkomplexes in Eisenstadt.[42]

1832 – Im August neuerliche Inspektionsreise Moreaus zu den Besitzungen des Fürsten Esterházy auf der Bodenseeinsel Mainau.

1833 – Grabmal für Nikolaus II. Esterházy in der Familiengruft der Eisenstädter Franziskanerkirche (Zuschreibung).

1834 – 25. Februar: Tod von Moreaus Sohn Nikolaus, einem vielversprechenden Maler.

1835 – Ausstellung zweier Ölgemälde in der Akademie, „Ödipus flucht seinem Sohne Polynices, seine Töchter suchen seinen Zorn zu besänftigen“ und „Atala auf dem Totenbette und Schaitas vom Schmerze gebeugt, der Vater Aubri segnet die Leiche mit Weihwasser“.

1840 – Im Juni Kuraufenthalt im Sauerhof in Baden.[43]
17. August: Entwurf zu einer Schwimmhalle für das Dianabad (Zuschreibung).
– 3. November: Tod Charles de Moreaus im Dianabad, Beisetzung im Familiengrab auf dem Währinger Ortsfriedhof.[44] Da der Friedhof 1873 geschlossen, 1912 von der Gemeinde Wien angekauft und 1925 in den Schubertpark umgestaltet wurde und nur wenige bedeutende Grabsteine in einem Hain erhalten geblieben sind, ist das Grab der Familie Moreau heute nicht mehr auffindbar.

S·P· Q·R

S. 60, Charles de Moreau, Tod der Virginia, 1808, Öl auf Leinwand, Detail © & Foto: CHIMEI Museum, Taiwan

1 Vgl. Richard H. Kastner: Das Werk des Architekten Karl Moreau. Die Konstruktionsgebundenheit als Wesensmerkmal der Baukunst, in: Alte und moderne Kunst, Nr. 92, 1967, S. 8–15. – Ders.: Der Architekt Karl (Charles) Moreau, in: Wiener Geschichtsblätter, Nr. 4, 2014, S. 277–304. – Stefan Kalamár: Daten zu Leben und Werk des Pariser Architekten Charles Moreau zwischen 1760 und 1803, in: Österreichische Zeitschrift für Kunst und Denkmalpflege, Nr. 4, 2001, S. 459–535. – Ders.: Daten zu Leben und Werk des Pariser Architekten Charles Moreau zwischen 1803 und 1813, in: Acta historiae artium, Nr. 1–4, 2004, S. 109–169. – Silvie Klementová: Charles Moreau a tradice revoluční architektury ve střední Evropě, Dipl.-Arb. Universität Brünn, 2006. – Stefan Körner: Nikolaus II. Esterházy und die Kunst. Biografie eines manischen Sammlers, Wien/Köln/Weimar 2013.

2 Eine größere und ausführlichere Veröffentlichung über das gesamte Leben und Werk von Moreau ist geplant.

3 An dieser Stelle möchte ich Herrn Prof. Basile C. Baudez von der Princeton University im US-Bundesstaat New Jersey sehr herzlich für die Hinweise zum Bestand der Zeichnungen Moreaus an der École des beaux-arts de Paris danken.

4 József Hild (1789–1867), ungarischer Baumeister, wird als „Schüler" von Moreau bezeichnet und arbeitete mit ihm eventuell in Wien und in Eisenstadt zusammen.

5 Vgl. Pavel Zatloukal: Die Wranauer Gruft und drei „revolutionäre" Architekten – Moreau, Engel, Esch, in: Institut für Kunstgeschichte der Universität Salzburg (Hg.): Das Wesen Österreichs ist nicht Zentrum, sondern Peripherie. Gedenkschrift für Hugo Rokyta (1912–1999), Furth im Wald/Prag 2002, S. 328–343. – Ders.: Was verbindet den Temple de l'Amour mit der Pyramide? (Architekten Moreau – Esch – Engel), in: Oldřich Král/Blanka Svadbová/Pavel Vašak (Hg.): Die Quellen der modernen tschechischen Kultur I–II, Prag 1988, S. 79–90, 91 (Resümee).

6 Projet de château d'eau marqué I, École nationale supérieure des beaux-arts de Paris, 1782/11, Grundriss und Schnitt, Inv.-Nr. PRA 35.

7 Arc de triomphe, École nationale supérieure des beaux-arts de Paris, 1783/03, Ansicht und Grundriss, Inv.-Nr. Pj 28.

8 Vgl. Basile Baudez: Autonomie du dessin d'architecture. „Un langage sensible qui parle aux yeux", dessins d'architecture au Siècle des Lumières, in: Emmanuelle Brugerolles (Hg.): De l'alcôve aux barricades, dessiner au XVIIIe siècle, Paris 2016, S. 318–371 (Monument sépulcral S. 354–355). Ein aquarellierter Grundriss und ein aquarellierter Schnitt Moreaus für dieses Projekt werden heute in der Bibliothèque de l'école nationale supérieure des beaux-arts, Paris, Inv.-Nr. PRA 106, aufbewahrt. Die Fassadenansicht von Moreaus Projekt wurde von seinem Architektenvorgänger in Eisenstadt, Jean-François Thomas de Thomon (1760–1813), gestohlen und 1798 in Sankt Petersburg als eigenes Projekt präsentiert, als er sich dort um eine neue Beschäftigung bewarb. Das Blatt befindet sich heute vermutlich in einem Museum oder Archiv in Sankt Petersburg (siehe die Abbildung in: Starye gody, Jg. 1912).

9 2009 erwarb das Musée des Arts Décoratifs 176 Originalzeichnungen aus dem Archiv der Firma Odiot, die von der beratenden Kommission für nationale Schätze des französischen Kulturministeriums als bedeutende Werke des Kulturerbes eingestuft wurden. Vom 8. 3. bis 7. 5. 2017 wurden die Zeichnungen im Museum in der Ausstellung „Dessiner l'or et l'argent. Odiot (1763–1850), Orfèvre" gezeigt.

10 Vgl. Hans Ottomeyer/Lorenz Seelig: Das Silber- und Vermeil-Service König Jerômes von Westfalen in der Münchner Residenz, in: Münchner Jahrbuch der bildenden Kunst, Nr. 34, 1983, S. 117–164 (Moreau S. 126–128).

11 Charles Moreau: Fragmens et ornemens d'architecture, dessinés a Rome, d'après l'Antique, Paris o. J. (1800, Subskription bis „frimaire an VIII.", d. h. November/Dezember 1799).

12 Vgl. Ulrike Schuster: Stadtutopien und Idealstadtkonzepte des 18. und 19. Jahrhunderts am Beispiel der Großstadt Paris, Weimar 2003, S. 122, Fn. 33.

13 Vgl. Étienne-Jean Delécluze: Louis David: Son École Et Son Temps, Paris 1855, S. 24–28.

14 Ich danke Claudia Lang-Auinger sehr herzlich für diese Hinweise.

15 Vgl. Delécluze 1855, wie Anm. 13, S. 14–15, 20–21 und 123.

16 Adèle Moreau verstarb 1847 als Witwe in Wien. Vgl. Verstorbene zu Wien. Den 9. März, in: Wiener Zeitung, 14. 3. 1847, S. 4, Sp. 3 („Frau Adelaide Moreau, Fürst Esterhazy'schen Architektens-Witwe, alt 69 J., in der Leopoldstadt Nr. 9, am Lungenblutschlag").

17 Zur komplexen Geschichte des Schlossparks von Eisenstadt siehe Cornelia Ehmke: Der Schlosspark von Eisenstadt/Kismarton. Ein Landschaftsgarten des Fürsten Nikolaus II. Esterházy, in: Burgenländische Heimatblätter, Nr. 2, 2001, S. 43–95. – Franz Prost: „Der Natur und Kunst gewidmet". Der Esterházysche Schlosspark in Eisenstadt, Wien/Köln/Weimar 2001. – Stefan Kalamár: Der Eisenstädter Schlosspark: neue Forschungsergebnisse zur Geschichte im ersten Jahrzehnt des 19. Jahrhunderts, in: Die Gartenkunst, Nr. 1, 2004, S. 49–72.

18 Vgl. Stefan Kalamár: Zur Rolle des „Temple de la Gloire" von Orsay als Vorbild für den Eisenstädter „Marientempel", in: Burgenländische Heimatblätter, Nr. 1, 2008, S. 1–15.

19 Vgl. Hedvig Szabolcsi: Meubles français en Hongrie, Budapest 1964, S. 42 („French furniture in Hungary", „Französische Möbel in Ungarn").

20 Vgl. Stefan Franz Kalamár: Das Badehaus und der Edelhof von Großhöflein – Baugeschichte im ersten Jahrzehnt des 19. Jahrhunderts, Einordnung in die Bäderarchitektur der Zeit, Einbindung in einen Entwurf zur Revitalisierung des Ortskerns, Dipl.-Arb. TU Wien, 2010.

21 Der Architekt Raphael Rigel wurde 1785 (nicht 1787, wie es gelegentlich irrtümlich heißt) in Rom (und nicht in Wien) geboren. Sein Bruder Pius Antonius, der gleichfalls Architekt war, wurde 1787 auch in Rom geboren. Vater der beiden war Franz Rigel, Professor für Historienmalerei. 1820 heiratete Raphael Dominica Augustin. Als Träger des päpstlichen Ordens Gregorius' des Großen nannte sich Raphael später auch Raphael Ritter von Rigel. 1823 wurde ihm ein Sohn geboren, der den Namen Carl Borromäus erhielt. Zwischen 1843 und 1847 erschien in mehreren Bänden seine „Encyclopädie der neuesten Architectur". Am 8. Oktober 1829 verstarb seine Gattin Dominica in Wien-Leopoldstadt. Das Todesdatum Rigels ist unbekannt. Ich danke Lilli Dutz sehr herzlich für die biografischen Informationen.

22 Vgl. Walter Wagner: Die Geschichte der Akademie der bildenden Künste in Wien, Wien 1967, S. 420.

23 Ich danke Herrn Hans Miedler herzlich für seine Hilfe und Unterstützung. Vgl. Joseph Rossi (Hg.): Denkbuch für Fürst und Vaterland, Wien 1814, Taf. 19. – Thomas Pulle: Untersuchungen zum Palais Fries am Josefsplatz, Aufnahmearbeit am Kunsthistorischen Institut der Universität Wien, WS 1987/88, S. 30–46.

24 Vgl. Franz Joseph Adolph Schneidawind: Prinz Wilhelm von Preußen in den Kriegen seiner Zeit, Berlin 1856, S. 197.

25 Vgl. Über öffentliche Vergnügungen und Feste während des Congresses zu Wien. (Fragment aus einem Briefe.), in: Journal des Luxus und der Moden, Dez. 1814, S. 781–782. – Gernot Mayer: Der ephemere Kongress. Fest- und Erinnerungskultur nach dem Ende Napoleons zwischen Siegestaumel und Harmoniesucht, in: Elisabeth Hilscher/Werner Telesko/Eva Maria Werner (Hg.): Der Wiener Kongress 1814/15, Bd. II: Politische Kultur, Wien 2019, S. 227–238.

26 Wien XVII, Hernalser Hauptstraße 21–25.

27 Vgl. Lorenz Seelig: Wiener Biedermeier in Coburg, in: Alte und moderne Kunst, Nr. 178/179, 1981, S. 2–4.

28 Vgl. Eduard Josch: Peter Nobiles Ernennung zum Direktor der Architekturschule der Akademie der bildenden Künste und Joseph Kornhäusels Bewerbung um diese Stelle, in: Mitteilungen der Gesellschaft für vergleichende Kunstforschung in Wien, Nr. 1, 1950, S. 69–70. – Wagner 1967, wie Anm. 22, S. 82.

29 Vgl. Ausländische Nachrichten. Teutschland, in: Der Wanderer, 10. 11. 1816, S. 1273, Sp. 1–2.

30 Vgl. Österreichischer Beobachter, 29. 6. 1817, S. 5, Sp. 1–2. – Tagesbegebenheiten, in: Abend-Zeitung, 1. 7. 1817, S. 4, Sp. 2. – Gerhard Robert Walter von Coeckelberghe-Dützele (Pseudonym Realis): Curiositäten- und Memorabilien-Lexicon von Wien, Bd. I, Wien 1846, S. 108–109. – A. H.: Eine Gartengeschichte, in: Neues Wiener Tagblatt, 1. 5. 1875, S. 2, Sp. 2. – Johann Kräftner: Eine Hassliebe. Französische Architekten in Wien, in: Eva Dewes/Sandra Duhem: Kulturelles Gedächtnis und interkulturelle Rezeption im europäischen Kontext, Berlin 2008, S. 495.

31 Vgl. Wiener Zeitung, 11. 8. 1821, S. 1, Sp. 1–2. – Österreichischer Beobachter, 12. 8. 1821, S. 5. – Franz Heinrich Böckh: Wiens lebende Schriftsteller, Künstler, und Dilettanten im Kunstfache, Wien 1821, S. 463. – Die österreichische National-Zettelbank, in: Johann Pezzl's Beschreibung von Wien. Siebente Ausgabe, verbessert und vermehrt von Franz Ziska, Wien 1826, S. 585–590 (S. 589–590 Beschreibung des Gebäudes). – Mario Schwarz: Die Bedeutung des Gebäudes der Nationalbank für die Architektur des Wiener Klassizismus, in: Bericht über die Revitalisierung des Bankgebäudes in der Herrengasse, Wien 1992, S. 9–28, hier S. 14. – Judith Eiblmayr: Das erste repräsentative Gebäude, Herrengasse 17, erbaut 1819–32, in: Österreichische Nationalbank (Hg.): Architektur des Geldes, Wien 1999, S. 21–27. – Dies.: Die Österreichische Nationalbank und ihre Architekten, Diss. TU Wien, 2010.

32 Vgl. Ludwig von Köchel: Wilhelm Paul Eduard Sprenger, in: Notizblatt der Allgemeinen Bauzeitung, Nr. 12, 1855, S. 217–225.

33 Vgl. Alois Ulreich: Die Gentz-Villa wird demoliert! Das Ende einer Idylle, in: Neues Wiener Journal, 16. 5. 1926, S. 8, Sp. 1–2.

34 Vgl. Wiener Zeitung, 12. 2. 1819, S. 1, Sp. 1–2. – Geschichte und Darstellung des gegenwärtigen Zustandes der k. k. Porcellan-Manufactur in Wien [I.], in: Vaterländische Blätter, 24. 2. 1819, S. 1, Sp. 1–2, S. 4, Sp. 1–2. – Geschichte und Darstellung des gegenwärtigen Zustandes der k. k. Porcellan-Manufactur in Wien [II.], in: Vaterländische Blätter, 27. 2. 1819, S. 1, Sp. 1–2, S. 4, Sp. 1–2. – Geschichte und Darstellung des gegenwärtigen Zustandes der k. k. Porcellan-Manufactur in Wien [III.], in: Vaterländische Blätter, 6. 3. 1819, S. 1, Sp. 1–2, S. 4, Sp. 1–2.

35 Vgl. Papier-Tapeten-Fabriks-Ankündigung, in: K. K. priv. Prager Zeitung, 15. 4. 1819, S. 6, Sp. 1–2.

36 Vgl. Dr. A. Kronfeld: Das unvollständige Grab Josef Haydns. Eine anatomisch-musikalische Betrachtung, in: Neues Wiener Journal, 26. 6. 1927, S. 16, Sp. 3, S. 4, Sp. 1. – Denkmalpflege und Denkmalforschung. Berichte der zentralen Abteilungen des Bundesdenkmalamtes, in: Österreichische Zeitschrift für Kunst und Denkmalpflege, Nr. 1/2, 2006, S. 297–298. – Stefan Kalamár: Zur Baugeschichte des 1821 errichteten Denkmals für Joseph Haydn in der Eisenstädter Bergkirche, in: Burgenländische Heimatblätter, Nr. 1, 2009, S. 32–43.

37 Der Architekt Anton Pius Rigel (um 1786–1868), der Bruder von Raphael Rigel, verwendete die Pläne Moreaus als Grundlage für seine Detailentwürfe und führte die Umbauarbeiten aus. Vgl. József Sisa: Az alsókorompai Brunswick-kastély és Charles Moreau, in: Áron Toth (Hg.): „És az oszlopok tetején liliomok formáltattak vala" – Tanulmányok Bibó István 70. születésnapjára, Budapest 2011, S. 175–182. – Ders.: Motherland and Progress. Hungarian Architecture and Design 1800–1900, Basel 2017, S. 137.

38 Vgl. Wiener Zeitung, 28. 8. 1821, S. 1, Sp. 1.

39 Vgl. Ferenc Erdődy: Adatok a somlóvári kastély építésének történeté (Angaben zur Baugeschichte des Schlosses von Somlóvár), in: Levéltári Szemle, Budapest 1979, S. 569–577.

40 Das Gemälde ist mit „1808" datiert – offenbar das Jahr, in dem Moreau das Bild in Wien fertigstellte. Er stellte es 1827 im Salon in Paris aus. Danach verliert sich seine Spur für viele Jahrzehnte. 2011 wurde es vom Auktionshaus Christie's in Paris versteigert, wobei angemerkt wurde, dass es sich in Privatbesitz in Südwestfrankreich befunden habe. Das Bild wurde um 109.000 Euro ersteigert und befindet sich heute im Chimei Museum in Taiwan.

41 Vgl. Kunstwerke, öffentlich ausgestellt im Gebäude der österreichisch-kaiserlichen Akademie der bildenden Künste bey St. Anna, Wien 1830, S. 26, Nr. 225.

42 Vier Tage vor der Grundsteinlegung für die Synagoge in Eisenstadt, am 2. 8. 1832, brach Moreau von Wien zu einer Reise nach Mainau auf. Vgl. Abgereiset: Den 2. August, in: Wiener Zeitung, 6. 8. 1832, S. 3, Sp. 2. – Thomas Petters: Virtuelle Rekonstruktion der Synagoge in Eisenstadt, Dipl.-Arb. TU Wien, 2016.

43 Vgl. Cur- und Fremden-Liste des Curortes Baden bei Wien, Nr. 14, 1840, S. 2.

44 Das immer wieder genannte Alter Moreaus bei seinem Tod von 82 Jahren beruht auf der Angabe auf Moreaus Totenschein, ist aber mit allergrößter Wahrscheinlichkeit nicht richtig, da die Eintragung im Taufbuch in Moreaus Heimatort von 1760 sicherlich eine wesentlich zuverlässigere Quelle für das Alter des Architekten darstellt.

Chronology

1760 – 8 November: birth of Moreau in Rimaucourt near Chaumont, father Louis, a qualified locksmith and administrator of the local ironworks, mother Elisabeth Laforest, sister Josepha, later married to a M. Millot, documented in Vienna until 1840.

1781 – Arrival in Paris, attended lectures at the Académie royale d'architecture.

1782 – Admitted to the Académie, pupil of Louis-François Trouard (1729–1804). Claude Nicolas Ledoux (1736–1806) had also been a pupil of Trouard some ten years earlier.

1782–1783 – Competitive projects for a moated castle,[6] an entrance gate to an armoury and a triumphal arch.[7]

1783 – Qualified for the Grand Prix (Prix de Rome) with the assignment "une ménagerie renfermée dans le parc d'un souverain" (a menagerie enclosed within the park of a sovereign).

1783–1785 – Moreau's project for the Grand Prix, a "lazaret dans une île au milieu de la mer" (hospital on an island in the middle of the sea) receives the second prize in February 1784. The following academic year, 1784/85: successful entry for the competition project for the Grand Prix with the description "un monument sépulcral pour les souverains d'un grand empire, placé dans une enceinte dans laquelle on disposera des sépulcres particuliers pour les grands hommes de la nation" (a funerary monument for the rulers of a great empire, placed in an enclosure in which special funeraries for the great men of the nation will be located).[8]

1785–1788 – Official study visit to Rome.

1788–1790 – Extension of stay in Rome at own expense.

1790 – Return to Paris. Collaborates with Jacques-Louis David (1748–1825) at the Académie royale de peinture et de sculpture to provide the architectural perspective by drawing on David's sketch "Serment du Jeu de Paume" (Tennis Court Oath).
– Pupil of David.

1790–1800 – Designs for the Parisian silversmith Jean-Baptiste-Claude Odiot (1763–1850), who hails from a dynasty of gold and silversmiths. The Musée des Arts Décoratifs in Paris is the guardian of design drawings for a magnificent silver table service (candelabra, tureen, entremets bowl, casserole, domed cover, glass cooler and more), the "Vermeil Service"[9] which is attributed to Moreau.[10] These designs are based on Moreau's study of Roman architectural ornamentation, which he published in 1800.[11]

1791 – Oil painting on a theme from Homer's "Iliad": "Hector arrachant Pâris d'auprés d'Helene pour le mener au combat" (Hector dragging Paris away from the arms of Helen to lead him into battle).

1792 – Second prize in the "Concours des figures peintes et modelées" (Competition for Painted and Modelled Figures) on the theme "Éléazar, qui préfère la mort à désobéir à la Loi" (Eleazar, who prefers death to disobeying the law).

1793–1796 – Participation in competitions for monuments to commemorate the heroes of the revolution, public arenas for diverse celebrations, temples in honour of the new ideals of "Liberté, Égalité, Fraternité".
– Involvement in the redesign of an assembly room in the Salle des Machines, the auditorium of the Tuileries Palace.
– Participation in preparations for various festive events in Paris, for example the triumphal procession on the occasion of the recapture of Toulon from the English in 1793 and the Fête de l'Être suprême in 1794.

1794 – Member of the Commission for the Embellishment of Paris.[12]

1796 – David's former pupil Étienne-Jean Delécluze (1781–1863) becomes Moreau's pupil.
– Work begins on the painting "Lucius Virginius shows the Decemvir Appius Claudius the knife with which he killed his daughter Virginia to save her freedom."[13] Moreau sets the dramatic scene on the Roman Forum, which he knows very well from his four-year stay in Rome and the studies and surveying activities he undertook there. The drama evidently takes place in front of the Arch of Titus, which can be seen in the background. To the right of it, you can see the Palatine with the Elagabalium, the temple built by emperor Elagabalius. The Tabularium in front of the Capitoline can still be seen in the far background.[14] Moreau takes the ancient bloody scene as a metaphor for his time: the loss of freedom is more terrible than death itself.
– In collaboration with David: furnishings for equipping a studio.[15]

1797–1799 – Work on the redesign of the Théâtre Français de la République, today's Comédie-Française (Salle Richelieu), in the Palais Royal in the Rue de Richelieu.

1800 – Salaried position with the state "Travaux publics" (Public Works).
– In March, competition project for the "Colonne nationale" as a monument to the fallen soldiers of the Napoleonic wars on the Place de la Concorde.
– Publication of Moreau's "Fragmens et ornemens d'architecture, dessinés a Rome, d'après l'Antique" (Fragments and Ornaments of Architecture, Drawn in Rome According to Antiquity) as a sequel to the volume "Les Édifices antiques de Rome, dessinés et mesurés très exactement" (The Ancient Buildings of Rome, Accurately Drawn and Measured) by Antoine Desgodetz (1653–1728), published in 1682.
– Contract for the redevelopment of previously unused premises at the Sorbonne for accommodation and studios for painters and sculptors.
– Marriage to Adèle Johanna Susanne de Chendret (also known as Adelheid or Adelaide Chendres), who was born on 20 December 1778 and is therefore 18 years his junior.[16]

1801 – 21 February: birth of his son Julius in Paris.

1802 – Moreau's project for the Colonne nationale is erected as a full-scale wood, plaster and canvas model on the Place de la Concorde, but is removed a few months later after fierce public criticism.

1803 – Nicholas II Prince Esterházy (1765–1833) visits Paris, meets Moreau and offers him the position of court architect to redesign the Esterházy palace and gardens in Eisenstadt (Hungarian Kismarton). Moreau travels to Vienna.

1804 - Remodelling of the Schlosspark (palace park) in Eisenstadt commences, beginning with design for the newly acquired "Föhrenwald" (pine forest) north of the palace, on the slopes of the Leitha Mountains.[17]
- Work begins on the "Marientempel" (subsequently known as "Gloriette", "Aussichtstempel" (Temple with a view), and "Der Tempel am Laytha Berg") in the palace gardens of Eisenstadt (completed in 1805).[18]
- Construction of the power house for the English steam-powered machine that was to pump water to the higher parts of the palace park.
- In October, construction work starts on the house in Jägerzeile (today Vienna II Praterstrasse 60) for Henriette Zielinska (one of Prince Esterházy's mistresses). Birth of his daughter Marie.

1805 - Start of the reconstruction of the princely palace in Eisenstadt. First the substructure with access ramp is constructed on the garden side, then the mighty double-row colonnade (completed in 1807). The planned construction of the side wings, which would have housed the picture gallery and the theatre, is not undertaken for financial reasons.
- The designs for the interior décor of Esterházy Palace in Eisenstadt may also have been drawn up at this point.[19]
- 26 August: birth of his son Nikolaus.

1806 - Construction of the Palais Lubomirski in Vienna on the Mölker Bastei (today in Vienna I, Oppolzergasse).
- Extension of the power house in Eisenstadt for a luxurious bathroom.
- Redesign of Schlosspark Pottendorf, reconstruction of Schloss Pottendorf.
- Journey to Paris.
- Picture frame for the portrait of Princess Leopoldine Esterházy by René-Théodore Berthon (1776–1859), today owned by the Esterházy Private Foundation, Schloss Eisenstadt.

1807 - Construction of the glasshouses outside Schlosspark Pottendorf.
- Construction of the bathhouse in Grosshöflein for Prince Esterházy.[20]
- Interior decoration of the Apollo Hall in Vienna VII, Zieglergasse 15, for the engineer Sigmund Wolffsohn (also erroneously Wolfssohn, 1767–1852).
- A further storey to the post office building in Laxenburg, owned by Prince Esterházy, was possibly added at this time.
- October: work begins on the construction of new stables and outbuildings at the house of Prince Esterházy in Baden, opposite the town hall, using plans drawn up by Moreau (the house was then sold to Emperor Franz II/I in 1813).
- 29 December: birth of son Paul.

1808 - Planning begins for the Dianabad in Vienna (joint venture with Carl Hummel, a painter who originally came from France [1769–1840], and completed in 1810).
- 6 and 7 February: set decoration for "Tableaux mouvants" (re-enactments of famous paintings by moving people) in a Viennese salon.
- House at the Arme-Seelen-Taferl ("Schöner Jäger" – Handsome Hunter) on the Fölligberg in Landegger Au near Pottendorf.
- Reconstruction of the Stinkenbrunn/Steinbrunn hunting lodge.

1808–1818 - Moreau's only Christian church building in the Hungarian town of Nagy-Ganna (today a district of Ganna) in Veszprém Komitat, mausoleum of the Counts Esterházy modelled on the Pantheon in Rome and a parish church.

1809 - Construction of the Palais Pálffy in Vienna I, Wallnerstrasse 6, together with Raphael Rigel (1785–after 1848).[21]
- Construction of the Esterházy Palace in Vienna I, Walfischgasse 8 / Krugerstraße 10, for Prince Esterházy. Later owned by the Erdődy family, demolished in 1955.
- Dwelling for the staff of Prince Esterházy in Eisenstadt on Oberberg (Neugebäude, today Esterházystraße 37).
- Designs for new city gates, an indoor riding arena, a menagerie (in the east of the Eisenstadt Garden) and the construction of the new Guard Commandant's Office on Schlossplatz in Eisenstadt (all of them unrealised projects).

1810 - Designs for the chandelier in the grand hall in Eisenstadt Palace (attribution).

Before 1812 - Probable construction of an artificial ruin in Tata for Franz Count Esterházy (1746–1811).

1812 - Appointed member of the Academy in Vienna.
- Appointed head of the collections of Prince Esterházy.
- Completion of the Garden Room in Schloss Eisenstadt.

1813 - Appointment as a Regular Assessor and Councillor for the Arts of the Academy in Vienna.[22]

1814 - 16 June: festive decoration of the Palais Fries (later Pallavicini) on Josefsplatz in Vienna on the occasion of the return of Emperor Franz II/I from Paris.[23]

1814–1815 - Together with the French painter Jean-Baptiste Isabey (1767–1855), execution of the scenic ideas of Empress Maria Ludovica (1787–1816) in her apartments at the Hofburg.[24]
- 14 October 1814: Anniversary of the Battle of the Nations near Leipzig. Festive decoration with festival hall (wooden construction) for the evening ball in the Sommerpalais am Rennweg by Clemens Wenzel Lothar Prince Metternich (1773–1859).[25] Further celebratory events using this same festive decoration created by Moreau took place on 18 October and 9 November. Festive decoration in the country house of Ferdinand Count Pálffy-Erdőd (1774–1840) in Vienna-Hernals.[26]

1814–1818 - Redesign of the apartment for Prince Metternich in the building of the Privy Court and State Chancellery (today the Federal Chancellery, Vienna I, Ballhausplatz 2).

1815 - 21 January: festive decoration of the Stephansdom (St Stephen's Cathedral) in Vienna for the memorial service to commemorate the execution of Louis XVI. In recognition of his artistic work, Moreau receives the Knight's Cross of the French Legion of Honour shortly afterwards.
- During Lent, a marquee and two theatres based on designs by Moreau for an event held during the Congress of Vienna in the Grosser Redoutensaal in the Vienna Hofburg.
- Duke Ernst I of Saxe-Coburg-Saalfeld (1784–1844) of Saxe-Thuringia commissions Moreau to draw up plans for a palace conversion in Coburg.[27]

- Design for the "Corps de Garde" on the Schlossplatz in Eisenstadt.

1815–1818 – Advisory work and collaboration on the planning and construction of the main section of the Polytechnic Institute on the Karlsplatz in Vienna (today Technical University; attribution).

1816 – Plans for the conversion of Prince Esterházy's Majoratshaus in Vienna's Wallnerstrasse with a new building in Naglergasse (Haarhof), which are not built until 1819/20.
- Application for the directorship of the School of Architecture at the Academy in Vienna (Pietro Nobile is appointed).[28]
- János Count Esterházy (1775–1856) commissions Moreau to remodel his palace in Csákvár (German Tschakwar) near the Hungarian town of Tatabánya (German Totiserkolonie) (completion in 1823).
- 5 November: decorations in Munich on the occasion of the departure of Caroline Auguste of Bavaria (1792–1873),[29] who was to marry Emperor Franz II/I in Vienna.

1816–1817 – Florastöckl in Baden, situated on the corner Frauengasse and Breyerstrasse, summer residence of Empress Marie Luise, wife of Napoleon (attribution).

1817 – 13 May: festive decoration of the Augarten on the occasion of the marriage of Archduchess Leopoldine (1797–1826), one of the five daughters of Emperor Franz II/I, to Dom Pedro de Alcântara (1798–1834), Crown Prince of Portugal and Brazil.[30]

1817–1818 – New Building at the Majoratspalais Esterházy in Buda (Budapest).

1817–1821 – Reconstruction of the Frauenbad and the Carolinenbad in Baden.

1818 – Museum of Sculpture in the main building of the Mariahilf Palais of Prince Esterházy in Vienna VI, Amerlingstrasse 6 (carried out by master builder Carl Ehmann using Moreau's plans).

1818–1819 – Construction of the Leopoldinentempel in the Schlosspark, Eisenstadt.

1819 – Construction work begins on the Austrian National Bank in Vienna I, Herrengasse.[31] A significant building for the design of subsequent administrative buildings in Austria, the work of Wilhelm Paul Eduard Sprenger (1798–1854).[32] (Completion in 1823.)
- Design for a gardener's house on the planting-out beds of the Eisenstadt palace garden (attribution). Conversion of an old house into a country residence ("Gentzschlössel") for Friedrich von Gentz (1764–1832) in Vienna-Weinhaus (demolition 1926).[33]
- Together with Raphael Rigel, redesign of the porcelain manufactory in Rossau, Vienna IX, Porzellangasse 51.[34]
- Collaboration with the paper and wallpaper factory of Messrs Spoerlin and Rahn in Vienna.[35]

1820 – Gravestone for Joseph Haydn under the music gallery of the Eisenstadt Bergkirche with an inscription by the poet Georg von Gaál (1783–1855).[36]

1820–1821 – Redesign and extension of Palais Sternberg for the wealthy Chief Physician of the Vienna General Hospital Dr. Johann Christian (Christoph) Schiffner (1779–1857) in Vienna III, Ungargasse 43 (today the Italian Cultural Institute).

1820–1822 – Redesign and extension of the "Brunswick Mansion" in Alsókorompa (then Hungary, now Slovakia, German Unterkrupa, Slovak Dolná Krupá) for József Brunswick (1750–1827).[37]

1821 – Designs for a richly decorated wooden casket and a silver monstrance cross as a gift from Emperor Franz II/I for Pope Pius VII (1742–1823) to use in St. Peter's Basilica in Rome.[38]
- Construction of a new aristocratic country house for Count Karl Erdődy in Somlóvár (also Somlói vár or Somló vára, Slovenian Doba), with a landscaped garden surrounding the residence.[39]

1822 – Portrait of Charles de Moreau by Ferdinand Georg Waldmüller (1793–1865), today in the possession of the Liechtenstein Princely Collections.
- Construction of the Theresienbad in the park of the Meidlinger Schloss for Joseph Michael Freiherr von Ehrenfels (1767–1843), Vienna XII, Hufelandgasse 3 (attribution).

1826 – Exhibition of the painting "Death of Virginia" in the Academy in Vienna.

1827 – Exhibition of the painting "Death of Virginia" in the Salon at the Louvre in Paris.[40]
- 27 February: death of Moreau's daughter Noémie Ludovica from "pulmonary consumption" (burial in the Währing municipal cemetery).

1829 – Tour of inspection in May by Moreau to the estates of Prince Esterházy on the island of Mainau in Lake Constance.

1830 – Exhibition at the Academy of the painting "Oedipus curses, despite his daughter's pleas, his son Polinices, who had come to beg his father's forgiveness."[41]

1831 – Construction of the synagogue complex in Eisenstadt.[42]

1832 – In August, Moreau makes another tour of inspection to the estates of Prince Esterházy on the island of Mainau in Lake Constance.

1833 – Tomb for Nikolaus II, Prince Esterházy in the family crypt of the Franciscan Church in Eisenstadt (attribution).

1834 – 25 February: death of Moreau's son Nikolaus, a promising painter.

1835 – Exhibition of two oil paintings at the Academy, "Oedipus curses his son Polynices, his daughters seek to assuage his anger" and "Atala on her deathbed and Chactas overcome with grief, Father Aubry blesses the corpse with holy water."

1840 – In June, stay at the Sauerhof spa in Baden.[43] 17 August: design for an indoor swimming pool for the Dianabad (attribution).
- 3 November: death of Charles de Moreau at the Dianabad, burial in the family grave at the Währing municipal cemetery.[44] As the cemetery was closed in 1873, purchased by the municipality of Vienna in 1912 and transformed into Schubert Park in 1925, and only a few significant gravestones remain in a grove, the Moreau family grave can no longer be located today.

1 Cf. Richard H. Kastner: Das Werk des Architekten Karl Moreau. Die Konstruktionsgebundenheit als Wesensmerkmal der Baukunst, in: Alte und moderne Kunst, no. 92, 1967, pp. 8–15. – Kastner: Der Architekt Karl (Charles) Moreau, in: Wiener Geschichtsblätter, no. 4, 2014, pp. 277–304. – Stefan Kalamár: Daten zu Leben und Werk des Pariser Architekten Charles Moreau zwischen 1760 und 1803, in: Österreichische Zeitschrift für Kunst und Denkmalpflege, no. 4, 2001, pp. 459–535. – Kalamár: Daten zu Leben und Werk des Pariser Architekten Charles Moreau zwischen 1803 und 1813, in: Acta historiae artium, no. 1–4, 2004, pp. 109–169. – Silvie Klementová: Charles Moreau a tradice revoluční architektury ve střední Evropě, Dipl.-Arb. (dissertation) Brno University, 2006. – Stefan Körner: Nikolaus II. Esterházy und die Kunst. Biografie eines manischen Sammlers, Vienna/Cologne/Weimar 2013.

2 A larger and more detailed publication on the entire life and work of Moreau is planned.

3 At this point I would like to thank Prof. Basile C. Baudez of Princeton University in the US state of New Jersey very much for the information on Moreau's drawings at the École des Beaux-Arts de Paris.

4 József Hild (1789–1867), Hungarian master builder, is described as a "pupil" of Moreau and possibly worked with him in Vienna and in Eisenstadt.

5 Cf. Pavel Zatloukal: Die Wranauer Gruft und drei "revolutionäre" Architekten – Moreau, Engel, Esch, in: Institut für Kunstgeschichte der Universität Salzburg (ed.): Das Wesen Österreichs ist nicht Zentrum, sondern Peripherie. Gedenkschrift für Hugo Rokyta (1912–1999), Furth im Wald/Prague 2002, pp. 328–343. – Zatloukal: Was verbindet den Temple de l'Amour mit der Pyramide? (Architekten Moreau – Esch – Engel), in: Oldřich Král/Blanka Svadbová/Pavel Vašak (eds.): Die Quellen der modernen tschechischen Kultur I–II, Prague 1988, pp. 79–90, 91 (résumé).

6 Projet de château d'eau marqué I, École nationale supérieure des beaux-arts de Paris, 1782/11, ground plan and section, inv. no. PRA 35.

7 Arc de triomphe, École nationale supérieure des beaux-arts de Paris, 1783/03, elevation and ground plan, inv. no. Pj 28.

8 Cf. Basile Baudez: Autonomie du dessin d'architecture. "Un langage sensible qui parle aux yeux", dessins d'architecture au Siècle des Lumières, in: Emmanuelle Brugerolles (ed.): De l'alcôve aux barricades, dessiner au XVIIIe siècle, Paris 2016, pp. 318–371 (Monument sépulcral pp. 354–355). A watercolour ground plan and a watercolour section of Moreau's for this project are now kept in the Bibliothèque de l'école nationale supérieure des beaux-arts, Paris, inv. no. PRA 106. The façade view of Moreau's project was stolen by his architect predecessor in Eisenstadt, Jean-François Thomas de Thomon (1760–1813), and presented as his own project in St Petersburg in 1798 when he applied for new employment there. Today, the sheet is presumably in a museum or archive in Saint Petersburg (see the illustration in: Starye gody, 1912).

9 In 2009, the Musée des Arts Décoratifs acquired 176 original drawings from the archives of the Odiot company, which were classified as significant works of cultural heritage by the Advisory Commission for National Treasures of the French Ministry of Culture. From 8 March to 7 May 2017, the drawings were on display at the museum in the exhibition "Dessiner l'or et l'argent. Odiot (1763–1850), Orfèvre".

10 Cf. Hans Ottomeyer/Lorenz Seelig: Das Silber- und Vermeil-Service König Jerômes von Westfalen in der Münchner Residenz, in: Münchner Jahrbuch der bildenden Kunst, no. 34, 1983, pp. 117–164 (Moreau pp. 126–128).

11 Charles Moreau: Fragmens et ornemens d'architecture, dessinés a Rome, d'après l'Antique, Paris o. J. (1800, subscription up to "frimaire an VIII." i.e. November/December 1799).

12 Cf. Ulrike Schuster: Stadtutopien und Idealstadtkonzepte des 18. und 19. Jahrhunderts am Beispiel der Großstadt Paris, Weimar 2003, p. 122, f.n. 33.

13 Cf. Étienne-Jean Delécluze: Louis David: Son École Et Son Temps, Paris 1855, pp. 24–28.

14 I would like to warmly thank Claudia Lang-Auinger for these references.

15 Cf. Delécluze 1855, op. cit. 13, pp. 14–15, 20–21 and 123.

16 Adèle Moreau died a widow in Vienna in 1847. Cf. Verstorbene zu Wien. Den 9. März, in: Wiener Zeitung, 14. 3. 1847, p. 4, col. 3 ("Frau Adelaide Moreau, Fürst Esterhazy'schen Architektens-Witwe, alt 69 J., in der Leopoldstadt Nr. 9, am Lungenblutschlag") (Frau Adelaide Moreau, widow of Prince Esterhazy's Architect, aged 69, in Leopoldstadt No. 9, of pulmonary haemorrhage).

17 On the complex history of the Eisenstadt Schlosspark, see Cornelia Ehmke: Der Schlosspark von Eisenstadt/Kismarton. Ein Landschaftsgarten des Fürsten Nikolaus II. Esterházy, in: Burgenländische Heimatblätter, No. 2, 2001, pp. 43–95. – Franz Prost: "Der Natur und Kunst gewidmet". Der Esterházysche Schlosspark in Eisenstadt, Vienna/Cologne/Weimar 2001. – Stefan Kalamár: Der Eisenstädter Schlosspark: neue Forschungsergebnisse zur Geschichte im ersten Jahrzehnt des 19. Jahrhunderts, in: Die Gartenkunst, No. 1, 2004, pp. 49–72.

18 Cf. Stefan Kalamár: Zur Rolle des "Temple de la Gloire" von Orsay als Vorbild für den Eisenstädter "Marientempel", in: Burgenländische Heimatblätter, No. 1, 2008, pp. 1–15.

19 Cf. Hedvig Szabolcsi: Meubles français en Hongrie, Budapest 1964, p. 42 ("French furniture in Hungary").

20 Cf. Stefan Franz Kalamár: Das Badehaus und der Edelhof von Großhöflein – Baugeschichte im ersten Jahrzehnt des 19. Jahrhunderts, Einordnung in die Bäderarchitektur der Zeit, Einbindung in einen Entwurf zur Revitalisierung des Ortskerns, Dipl.-Arb. (dissertation) TU Vienna, 2010.

21 The architect Raphael Rigel was born in Rome (and not in Vienna) in 1785 (not 1787, as is sometimes erroneously stated). His brother Pius Antonius, who was also an architect, was also born in Rome, in 1787. Their father was Franz Rigel, professor of history painting. In 1820 Raphael married Dominica Augustin. As a holder of the Papal Order of St. Gregory the Great, Raphael later also called himself Raphael Ritter von Rigel. In 1823 a son was born to him, who was named Carl Borromeo. Between 1843 and 1847 his "Encyclopädie der neuesten Architectur" was published in several volumes. On 8 October 1829 his wife Dominica died in Vienna-Leopoldstadt. The date of Rigel's death is unknown. I am very grateful to Lilli Dutz for this biographical information.

22 Cf. Walter Wagner: Die Geschichte der Akademie der bildenden Künste in Wien, Vienna 1967, p. 420.

23 I would like to thank Mr Hans Miedler warmly for his help and support. Cf. Joseph Rossi (ed.): Denkbuch für Fürst und Vaterland, Vienna 1814, pl. 19 – Thomas Pulle: Untersuchungen zum Palais Fries am Josefsplatz, Aufnahmearbeit am Kunsthistorischen Institut der Universität Wien, WS 1987/88, pp. 30–46.

24 Cf. Franz Joseph Adolph Schneidawind: Prinz Wilhelm von Preußen in den Kriegen seiner Zeit, Berlin 1856, p. 197.

25 Cf. Über öffentliche Vergnügungen und Feste während des Congresses zu Wien. (Fragment aus einem Briefe.), in: Journal des Luxus und der Moden, Dec. 1814, pp. 781–782. – Gernot Mayer: Der ephemere Kongress. Fest- und Erinnerungskultur nach dem Ende Napoleons zwischen Siegestaumel und Harmoniesucht, in: Elisabeth Hilscher/Werner Telesko/Eva Maria Werner (eds.): Der Wiener Kongress 1814/15, vol. II: Politische Kultur, Vienna 2019, pp. 227–238.

26 Vienna XVII, Hernalser Hauptstrasse 21–25.

27 Cf. Lorenz Seelig: Wiener Biedermeier in Coburg, in: Alte und moderne Kunst, No. 178/179, 1981, pp. 2–4.
28 Cf. Eduard Josch: Peter Nobiles Ernennung zum Direktor der Architekturschule der Akademie der bildenden Künste und Joseph Kornhäusels Bewerbung um diese Stelle, in: Mitteilungen der Gesellschaft für vergleichende Kunstforschung in Wien, No. 1, 1950, pp. 69–70. – Wagner 1967, op. cit. 22, p. 82.
29 Cf. Ausländische Nachrichten. Teutschland, in: Der Wanderer, 10. 11. 1816, p. 1273, cols 1–2.
30 Cf. Österreichischer Beobachter, 29. 6. 1817, p. 5, cols 1–2 – Tagesbegebenheiten, in: Abend-Zeitung, 1. 7. 1817, p. 4, col. 2 – Gerhard Robert Walter von Coeckelberghe-Dützele (pseudonym: Realis): Curiositäten- und Memorabilien-Lexicon von Wien, vol. I, Vienna 1846, pp. 108–109 – A. H.: Eine Gartengeschichte, in: Neues Wiener Tagblatt, 1. 5. 1875, p. 2, col. 2 – Johann Kräftner: Eine Hassliebe. Französische Architekten in Wien, in: Eva Dewes/Sandra Duhem: Kulturelles Gedächtnis und interkulturelle Rezeption im europäischen Kontext, Berlin 2008, p. 495.
31 Cf. Wiener Zeitung, 11. 8. 1821, p. 1, cols 1–2 – Österreichischer Beobachter, 12. 8. 1821, p. 5 – Franz Heinrich Böckh: Wiens lebende Schriftsteller, Künstler, und Dilettanten im Kunstfache, Vienna 1821, p. 463 – Die österreichische National-Zettelbank, in: Johann Pezzl's Beschreibung von Wien. Siebente Ausgabe, verbessert und vermehrt von Franz Ziska, Vienna 1826, pp. 585–590 (pp. 589–590 description of the building). – Mario Schwarz: Die Bedeutung des Gebäudes der Nationalbank für die Architektur des Wiener Klassizismus, in: Bericht über die Revitalisierung des Bankgebäudes in der Herrengasse, Vienna 1992, pp. 9–28, specifically p. 14. – Judith Eiblmayr: Das erste repräsentative Gebäude, Herrengasse 17, erbaut 1819–32, in: Österreichische Nationalbank (ed.): Architektur des Geldes, Vienna 1999, pp. 21–27. – Eiblmayr: Die Österreichische Nationalbank und ihre Architekten, doctoral thesis. TU Vienna, 2010.
32 Cf. Ludwig von Köchel: Wilhelm Paul Eduard Sprenger, in: Notizblatt der Allgemeinen Bauzeitung, No. 12, 1855, pp. 217–225.
33 Cf. Alois Ulreich: Die Gentz-Villa wird demoliert! Das Ende einer Idylle, in: Neues Wiener Journal, 16. 5. 1926, p. 8, cols 1–2.
34 Cf. Wiener Zeitung, 12. 2. 1819, p. 1, cols 1–2. – Geschichte und Darstellung des gegenwärtigen Zustandes der k. k. Porcellan-Manufactur in Wien [I.], in: Vaterländische Blätter, 24. 2. 1819, p. 1, cols 1–2, p. 4, cols 1–2. – Geschichte und Darstellung des gegenwärtigen Zustandes der k. k. Porcellan-Manufactur in Wien [II.], in: Vaterländische Blätter, 27. 2. 1819, p. 1, cols 1–2, p. 4, cols 1–2. – Geschichte und Darstellung des gegenwärtigen Zustandes der k. k. Porcellan-Manufactur in Wien [III.], in: Vaterländische Blätter, 6. 3. 1819, p. 1, cols 1–2, p. 4, cols 1–2.
35 Cf. Papier-Tapeten-Fabriks-Ankündigung, in: K. K. priv. Prager Zeitung, 15. 4. 1819, p. 6, cols 1–2.
36 Cf. Dr. A. Kronfeld: Das unvollständige Grab Josef Haydns. Eine anatomisch-musikalische Betrachtung, in: Neues Wiener Journal, 26. 6. 1927, p. 16, col. 3, p. 4, col. 1. – Denkmalpflege und Denkmalforschung. Berichte der zentralen Abteilungen des Bundesdenkmalamtes, in: Österreichische Zeitschrift für Kunst und Denkmalpflege, No. 1/2, 2006, pp. 297–298 – Stefan Kalamár: Zur Baugeschichte des 1821 errichteten Denkmals für Joseph Haydn in der Eisenstädter Bergkirche, in: Burgenländische Heimatblätter, No. 1, 2009, pp. 32–43.
37 The architect Anton Pius Rigel (circa 1786–1868), brother of Raphael Rigel, used Moreau's plans as the basis for his detailed designs and carried out the reconstruction work. Cf. József Sisa: Az alsókorompai Brunswick-kastély és Charles Moreau, in Áron Toth (ed.): "És az columnok tetején liliomok formáltattak vala" – Tanulmányok Bibó István 70. születettésnapjára, Budapest 2011, pp. 175–182. – Sisa: Hungarian Architecture and Design 1800–1900, Basel 2017, p. 137.
38 Cf. Wiener Zeitung, 28. 8. 1821, p. 1, col. 1.
39 Cf. Ferenc Erdődy, Adatok a somlóvár kastély építésének történeté (Information on the history of the construction of Somlóvár Castle), in Levéltári Szemle, Budapest 1979, pp. 569–577.
40 The painting is dated "1808" – apparently the year Moreau completed the painting in Vienna. He exhibited it at the Salon in Paris in 1827. After that, all traces of it are lost for many decades. In 2011, it was auctioned by Christie's auction house in Paris, where it was noted that it had been privately owned in south-west France. The painting was bought at auction for 109,000 euros and is now in the Chimei Museum in Taiwan.
41 Cf. Kunstwerke, öffentlich ausgestellt im Gebäude der österreichisch-kaiserlichen Akademie der bildenden Künste bey St. Anna, Vienna 1830, p. 26, No. 225.
42 Four days before the laying of the foundation stone for the synagogue in Eisenstadt, on 2 August 1832, Moreau set off from Vienna on a journey to Mainau. Cf. Abgereiset: Den 2. August, in: Wiener Zeitung, 6. 8. 1832, p. 3, col. 2. – Thomas Petters: Virtuelle Rekonstruktion der Synagoge in Eisenstadt, Dipl.-Arb. (dissertation) TU Vienna, 2016.
43 Cf. Cur- und Fremden-Liste des Curortes Baden bei Wien, No. 14, 1840, p. 2.
44 Moreau's age of 82 at his death, which is repeatedly stated, is based on the information on Moreau's death certificate, but is in all probability incorrect, since the entry in the baptismal register in Moreau's hometown from 1760 is certainly a much more reliable source for the architect's age.

Vom Badehaus zum Künstlermuseum

Die Umbauetappen von 1821 bis 2009

Matthias Boeckl

Die 200-jährige Nutzungsgeschichte des 1820/21 nach Plänen von Charles de Moreau errichteten Frauenbades in Baden brachte bis heute zahlreiche bauliche Anpassungen sowie zwei Funktionswechsel: vom Badehaus zum Kunstausstellungszentrum und von diesem zum Künstlermuseum. Die drei tiefgreifendsten Umbauten wurden zwischen 1876 und 1878 von Stadtbaumeister Julius Heene, zwischen 1991 und 1994 von Architekt Werner Nedoschill und zwischen 2006 und 2009 vom Architektenteam Lottersberger-Messner-Dumpelnik durchgeführt. Der letzte Eingriff diente dem Umbau des damaligen Ausstellungshauses der Stadt Baden zum Künstlermuseum für Arnulf Rainer. Da man den architekturhistorischen Wert des Gebäudes ab der zweiten Hälfte des 20. Jahrhunderts zunehmend schätzte, wurden die beiden jüngsten Umbauten in enger Abstimmung der jeweiligen Planer mit dem Bundesdenkmalamt durchgeführt.[1]

Die „Neuherstellung" von 1876 bis 1878

Durch laufende Mängelbehebungen war es gelungen, den Badebetrieb im Frauenbad von 1821 an über 50 Jahre lang weitgehend unverändert aufrechtzuerhalten – eine beeindruckende ununterbrochene Nutzungsdauer. Danach war jedoch eine profunde Sanierung unvermeidlich. Wie schon bei der ersten Eröffnung des Hauses[2] erschien auch anlässlich der Fertigstellung des Umbaus 1878 eine Festschrift, die die Motive dafür im Rückblick auf 1821 darstellte: „Haben sich schon [...] zu jener Zeit allerlei Mängel – in der Anordnung des Baues im Inneren, in den Niveau-Verhältnissen u.s.w. – gezeigt, [...] so wurden die thatsächlich vorhandenen Mißstände von Jahr zu Jahr immer fühlbarer."[3] Das Sanierungsprogramm umfasste nicht weniger als neun Punkte: Realisiert werden sollten ein neuer, barrierefreier Zugang, eine Geschlechtertrennung der Badegäste, eine Neupositionierung der Stundenbäder, ein neuer Eingang für alle Bäder samt großem gemeinsamem Wartesaal innen, eine Vergrößerung des Bassins des Carolinenbades, der Einbau neuer Aborte, eine Kasse im Wartesaal, eine Hausbesorgerwohnung und eine Neuverkleidung der Wände der Baderäume. Dafür legte der „städtisch und behördlich autoris. Civil-Ingenieur" Julius Heene ein Projekt vor, dessen Ausführung am 30. Dezember 1876 vom Gemeindeausschuss genehmigt wurde.[4] Im Stadtarchiv Baden werden dazu rund 60 Zeichnungen verwahrt: Skizzen, Pläne der Baueinreichung sowie Verlege- und Möblierungspläne. Ein Grundriss mit eingezeichneten sowie farblich unterschiedenen Abbrüchen und Einbauten zeigt als größte Einzelbaumaßnahme den Abbruch der Wände um den engen Lichthof in der Mitte und um einen zweiten Innenhof im Westen. Das so gewonnene Volumen wurde im Westen für die Vergrößerung des Raums der Carolinenquelle genutzt und in der Mitte für die Errichtung des neuen Warte- und Kassensaals mit Oberlicht. Zwei zu dieser Zeit vorhandene Einzelbadebecken (Stundenbäder) im Bereich zwischen den beiden Innenhöfen wurden verlegt: Eines wurde in einen neuen Raum nach Westen verschoben, das andere in das ehemalige Umkleidezimmer hinter der Vorhalle beim Carolinenbad. Ein neues, drittes wurde östlich des Wartesaals positioniert.
Die gravierendsten äußeren Baumaßnahmen waren die Errichtung der hohen Satteldachlaterne über dem Saal sowie der

Schnitt C.D.
0 1 2 3 4 6 0
1 2 3 4 5 6 7
wien. Klftr.

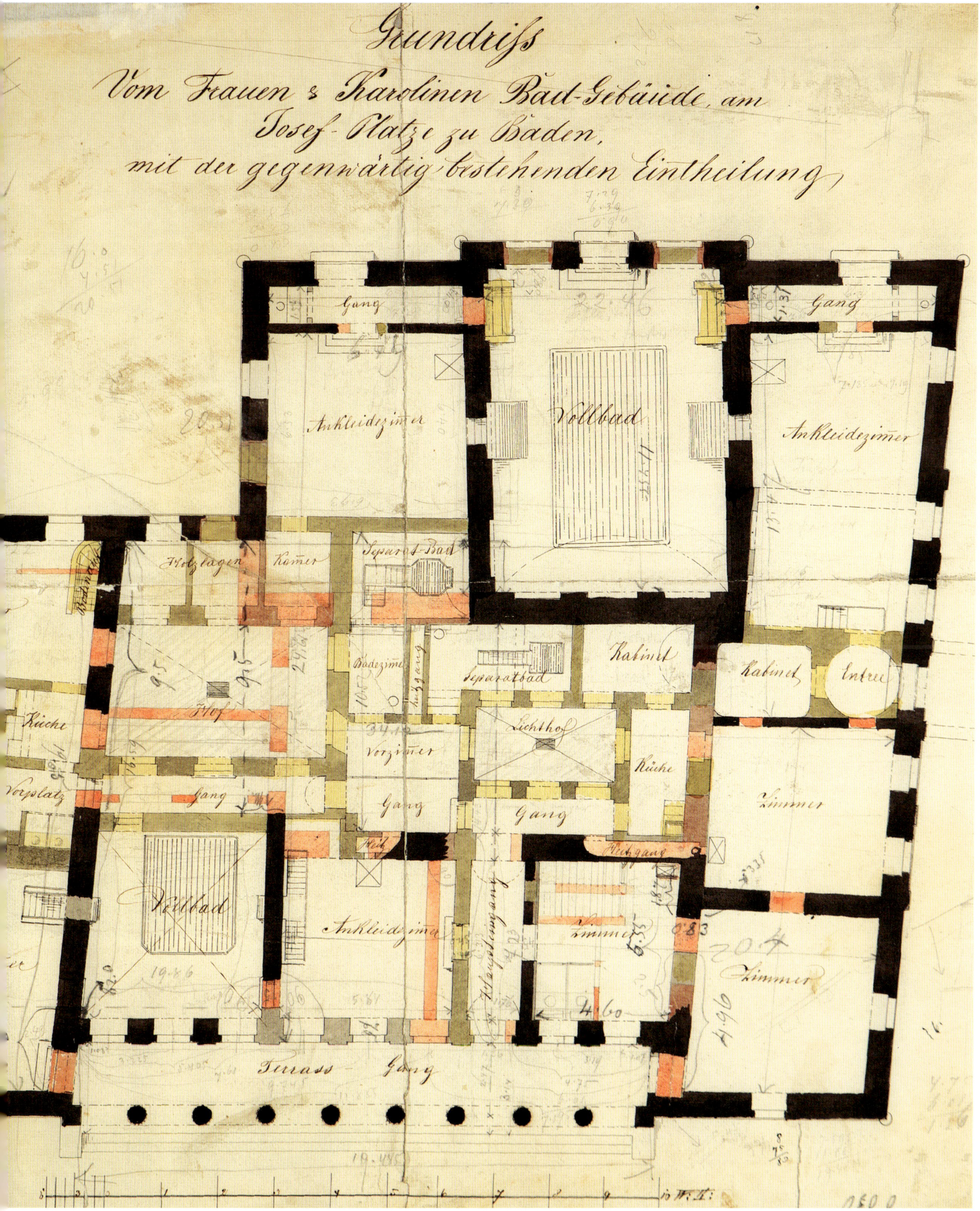
Grundriß
Vom Frauen & Karolinen Bad-Gebäude, am
Josef-Platze zu Baden,
mit der gegenwärtig bestehenden Eintheilung
Gang
Vollbad
Gang
Ankleidezimer
Ankleidezimer
Holzlagen
Kamer
Separat-Bad
Badezimer
Separatbad
Kabinet
Kabinet
Entree
Küche
Hof
Vorzimer
Lichthof
Küche
Zimmer
Vorplatz
Gang
Gang
Gang
Heitzgang
Vollbad
Ankleidezimer
Zimmer
Zimmer
Terrass-Gang

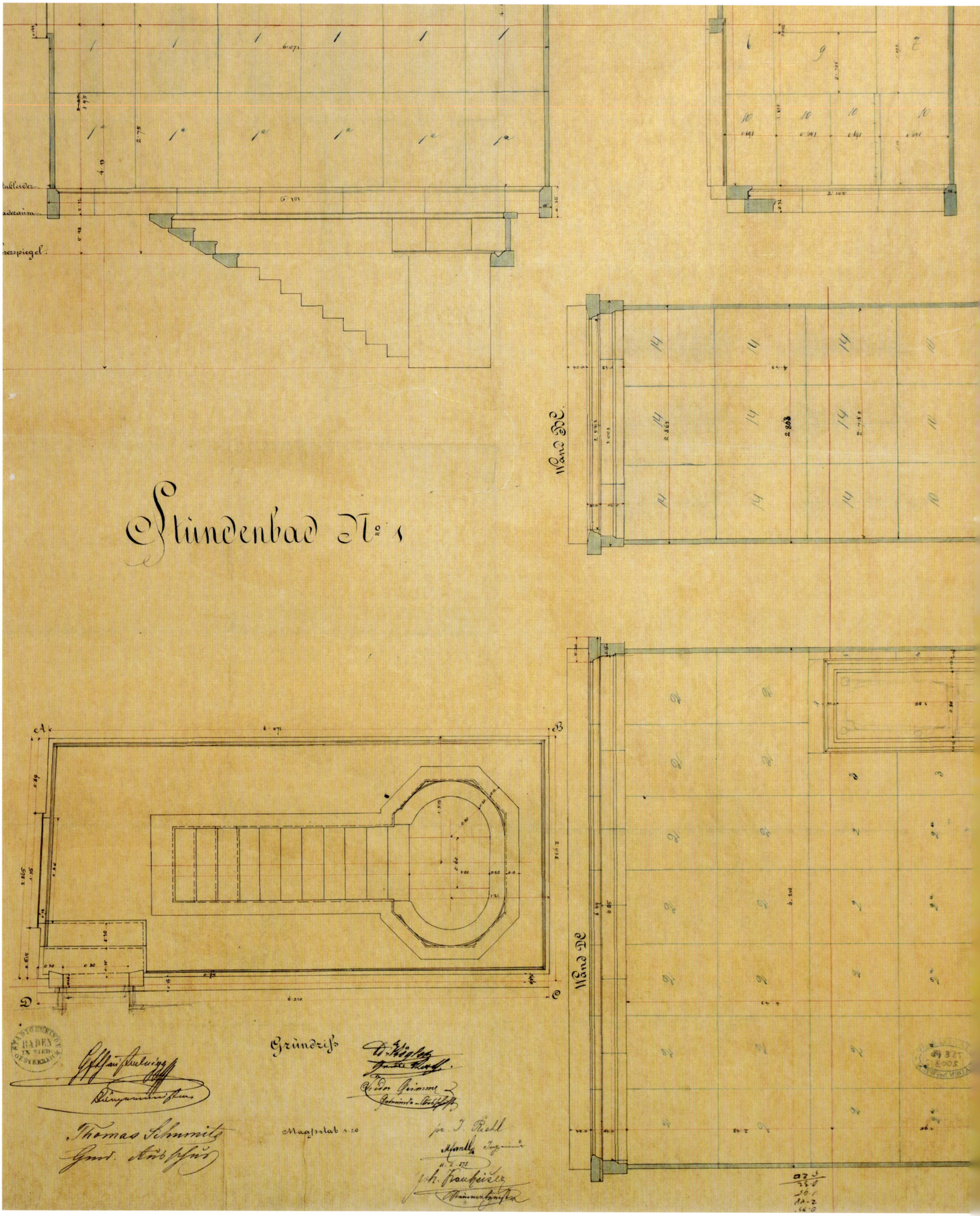

Stundenbad No 1
Wand BC
Wand DC
Grundriß
Maßstab 1:20
Thomas Schmitz

S. 70, Julius Heene, Planskizze zum Umbau des Frauenbades, 1877, Querschnitt Nord-Süd mit neuem Dekor, Federzeichnung, koloriert © Stadtarchiv Baden; Foto: Arnulf Rainer Museum / Nadja Buechler

S. 71, Umbau des Frauenbades, Grundriss, 1876/77, mit gelb eingezeichneten Abtragungen, Federzeichnung, Tusche, koloriert © Stadtarchiv Baden; Foto: Arnulf Rainer Museum / Nadja Buechler

S. 72, Umbau des Frauenbades, 1877, „Herrnbad", Verlegeplan der Marmor-Wandplatten, Federzeichnung auf Transparentpapier © Stadtarchiv Baden; Foto: Arnulf Rainer Museum / Nadja Buechler

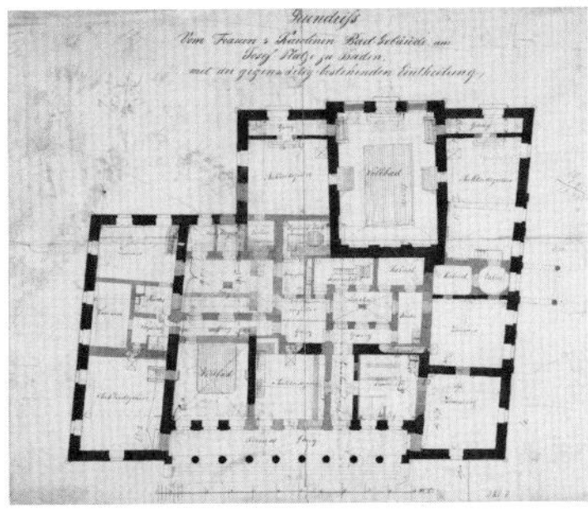

Umbau des Frauenbades, Grundriss, 1876/77, mit gelb eingezeichneten Abtragungen, Federzeichnung, Tusche, koloriert
© Stadtarchiv Baden; Foto:
Arnulf Rainer Museum / Nadja Buechler

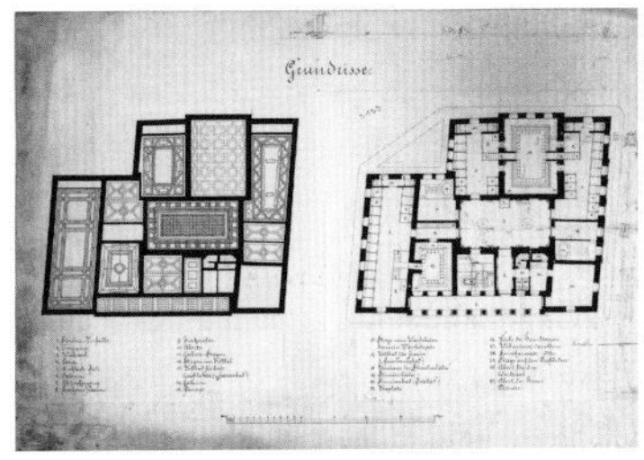

Julius Heene, Umbau des Frauenbades, 1877, Deckenspiegel und Grundriss, Federzeichnung
© Stadtarchiv Baden; Foto:
Arnulf Rainer Museum / Nadja Buechler

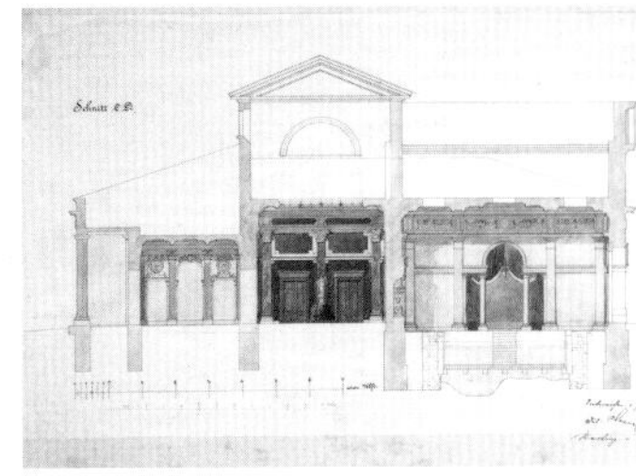

S. 70, Julius Heene, Planskizze zum Umbau des Frauenbades, 1877, Querschnitt Nord-Süd mit neuem Dekor, Federzeichnung, koloriert
© Stadtarchiv Baden; Foto:
Arnulf Rainer Museum / Nadja Buechler

Abbruch des kleinen Säulenportikus an der Ostfassade, der einst Kaiser Franz als exklusiver Eingang gedient hatte, und der Kolonnadentreppen zugunsten eines niveaugleichen Zugangs vom Josefsplatz her. Für die dortige Hauptansicht hatte das Folgen: Die 1821 klassisch-korrekt ohne Basis errichteten acht dorischen Säulen erhielten nun klobige würfelförmige Sockel, wodurch auch die Proportion der Vorhalle verändert wurde. Außerdem wurde der elegant lagernde Charakter des Baues durch die hohe und breite traufständige Saalüberdachung verzerrt, die zudem mit vier Rundbogenfenstern optisch betont wurde und seither die dahinterliegende alte giebelständige Überdachung des Frauenbadraumes verdeckt. Repräsentativ fiel die neue Innenausstattung aus. Alle Räume wurden mit aufwendigen Stuckdecken und neuen Terrazzoböden versehen, der Wartesaal erhielt zudem ornamentale Malerei mit Renaissancemotiven und eine Glasdecke. Außerdem wurden die Quellen neu in Betonkästen gefasst sowie neue Umkleidekabinen und eine hygienische Neuauskleidung der Baderäume mit Mareither Marmor der Tiroler Firma Fliegauf & Cie. eingebaut. Detaillierte Verlege- sowie Möbelpläne dazu sind im Stadtarchiv erhalten. Die Kosten des Umbaus betrugen rund 90.000 Gulden.

Ende des Badebetriebs 1973, Umbau zum Kunstzentrum 1991

Fast 100 Jahre später, am 14. November 1973, wurde der Badebetrieb endgültig eingestellt und die Umnutzung des Hauses für kulturelle Zwecke beschlossen. Die Schüttungen der Frauenbad- und der Carolinenquelle werden seither in das städtische Thermalwassernetz zur Nutzung andernorts geleitet. Die Adaptierungen für den Ausstellungsbetrieb erfolgten schrittweise: 1977 wurden die Außenfassaden instand gesetzt, 1979/80 folgten Maßnahmen im Inneren, die „im wesentlichen durch Kräfte des Bauhofes" ausgeführt wurden, 1981 erfolgte der Anschluss an die Fernheizung, neue Sanitärräume wurden installiert und die Marmorwände in den Badebecken sandgestrahlt. 1985 wurde das Dach instand gesetzt und Stellwände für die Ausstellungen wurden angeschafft. 1987 wurde das Frauenbadbecken mit Stahlbetonplatten abgedeckt, die Leitungen wurden unter Putz gelegt, die Kabanen zu Exponatträgern umgestaltet sowie neue Steinplatten- und PVC-Fußböden eingebaut.[5] Bereits 1977 hatte der Kunstausstellungsbetrieb mit der Schau „Arnulf Rainer. Der große Bogen. Retrospektive 1957–1977" einen ersten Höhepunkt gefunden. Im Jänner 1991 endete er vorläufig mit einer Schau des Malers Bernhard Hollemann. Zu dieser Zeit arbeitete der Wiener Architekt Werner Nedoschill bereits an Plänen für eine Sanierung und längerfristig nutzbare Umgestaltung für einen professionellen Ausstellungsbetrieb. Zunächst wurden ältere Ein- und Zubauten entfernt (darunter auch ein Verbindungsbau zum benachbarten Elisenhof), die Grundmauern trockengelegt und eine Fußbodenheizung eingebaut. Zudem wurde das Foyer mit einem neuen Boden mit farbigen Kreismotiven, einem Windfang, Aluminiumtüren und geschwungenen Treppenläufen zum kleinen Büro im Obergeschoß ausgestattet. Im Nordwesten wurde ein Dachgeschoßbereich als Ausstellungsraum erschlossen und über ein Zwischengeschoß sowie eine Kaskadentreppe mit dem Erdgeschoß verbunden. Die optisch wirksamste Maßnahme war die Überplattung der beiden großen Badebecken durch Konstruktionen aus rostfreiem Stahl, die mit begehbaren Platten aus grün getöntem Glas eingedeckt wurden. Eines der drei Stundenbäder wurde in den ursprünglichen Zustand versetzt, die beiden anderen waren vermutlich bereits seit dem 19. Jahrhundert abgedeckt. Nun wurde ihre Lage im Bodenbelag markiert. 1992/93 wurde der Ausstellungsbetrieb wieder aufgenommen; er endete vorläufig im Jänner 2006 mit der Wanderausstellung „Herzenschrei. Das Kind im Blick der Künste (Österreich & Ungarn 1900–2005)".

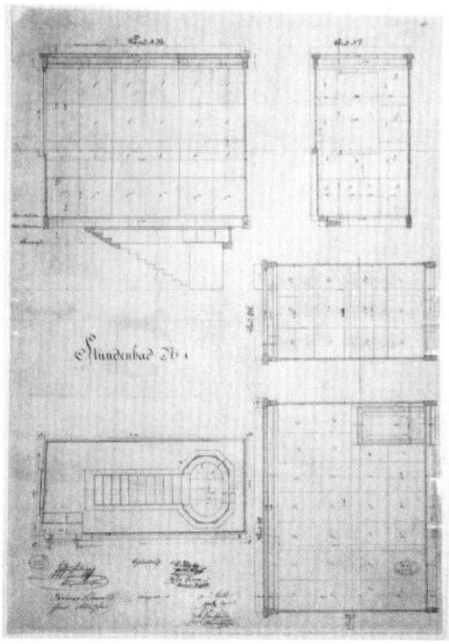

Umbau des Frauenbades, 1877, „Herrnbad", Verlegeplan der Marmor-Wandplatten, Federzeichnung auf Transparentpapier © Stadtarchiv Baden; Foto: Arnulf Rainer Museum / Nadja Buechler

Lottersberger-Messner-Dumpelnik, Umbau des Frauenbades zum Arnulf Rainer Museum, 2006–09, Foyer © Foto: Bundesdenkmalamt

Lottersberger-Messner-Dumpelnik, Umbau des Frauenbades zum Arnulf Rainer Museum, 2006–09, Brückenkonstruktion über dem Frauenbad-Becken © Foto: Arnulf Rainer Museum / Erich Kronsteiner

Umbau zum Arnulf Rainer Museum von 2006 bis 2009

Zur Initiative des niederösterreichischen Landeshauptmanns Erwin Pröll für die Errichtung mehrerer Künstlermuseen im Land gehörten der Bau eines Museums für Hermann Nitsch in Mistelbach und die Einrichtung eines Museums für Arnulf Rainer in Baden, wo der Maler 1929 geboren wurde. Als Standort wurde das alte Frauenbad gewählt. Die Planung des dafür nötigen erneuten Umbaus wurde als geladener Wettbewerb unter Beteiligung der Architekturbüros Ullmann-Bojer-Ebner, Frank & Partner, ARTEC, BWM sowie Lottersberger-Messner-Dumpelnik ausgelobt. Die Architekten des letzteren hatten sich mit ihren einschlägigen Erfahrungen in den Büros von Ortner & Ortner (Museumsquartier Wien) sowie Manfred Wehdorn (Neue Hofburg in Wien) aktiv dafür beworben und erhielten den Planungsauftrag. Mit den Gestaltungsmitteln unserer Zeit versuchten sie einiges der ursprünglichen sachlich-eleganten Atmosphäre und Proportion des Hauses wiederherzustellen. Dazu gehörte eine Neuformulierung der Dachlandschaft, die beim Umbau von 1876 bis 1878 mit einer überdimensionalen traufständigen Dachlaterne versehen worden war. Unter Berufung auf eine Übermalung von Arnulf Rainer aus dem Jahr 1999, die eine Ansicht des Frauenbades aus den 1820er-Jahren im Dachbereich mit schwarzen Strichlagen überdeckt hatte, umhüllten die Architekten die historistische Laterne sowie Geräte der neuen Haustechnikanlage (Planung: Jochen Käferhaus) mit einem multifunktionalen zweischaligen Screen aus schwarzem Lochblech, der einen Moiré-Effekt erzeugt und als Schriftzugträger für die neue Funktion des Hauses verwendet wird: „Ohne den historischen Baukörper zu stören, wurde durch die ‚bauliche Übermalung' der Dachlaterne der ursprünglich geplante Eindruck eines griechischen Tempels klassizistischer Prägung wiederhergestellt."[6]

Innen wurden neue, monochrom helle Terrazzoböden gelegt, einige alte Kabanen restauriert und andere entfernt, um Ausstellungsraum zu gewinnen. Die Glasüberplattungen der beiden großen Badebecken wurden – auch auf Wunsch Arnulf Rainers – entfernt. Das freigelegte Bassin des Carolinenbades wurde über die ursprüngliche Treppe wieder zugänglich gemacht, sodass man sowohl von den dortigen Sitzbänken als auch von einem neuen Steg aus, der über dem Bodenniveau ins Rauminnere ragt, die Kunstwerke an der Wand betrachten kann. Das Becken des Frauenbades hingegen wird nun von einer breiten Brückenkonstruktion überspannt. Die drei großen Öffnungen der Nordwand des Saals waren bereits früher mit Paneelen in gemalter Marmorierung geschlossen worden, sodass allseitig Bilder gehängt werden können. In einem anderen Raum wurde die Kaskadentreppe auf die Plattform und ins Dachgeschoß unten um 90 Grad umbrochen. Das Foyer wurde auf die Breite von sechs Achsen der neunachsigen Kolonnade verbreitert und mit einer Raumschatulle aus silbergrauem Eichenholz versehen. Auch die klar-kubischen Möbel und die Stellwände sind einheitlich in diesem dezenten Material gehalten. Das Beleuchtungskonzept bietet im gesamten Haus frei im Raum spannende schlanke Träger für Deckenstrahler an der Oberseite und Wandstrahler an der Unterseite. 2010/11 wurde der Vorplatz neu gestaltet und dafür der bis dahin eingewölbte Mühlbach wieder freigelegt.

Bis heute hat sich diese vorläufig letzte Umbauetappe des klassizistischen Baues im Ausstellungsbetrieb bestens bewährt.

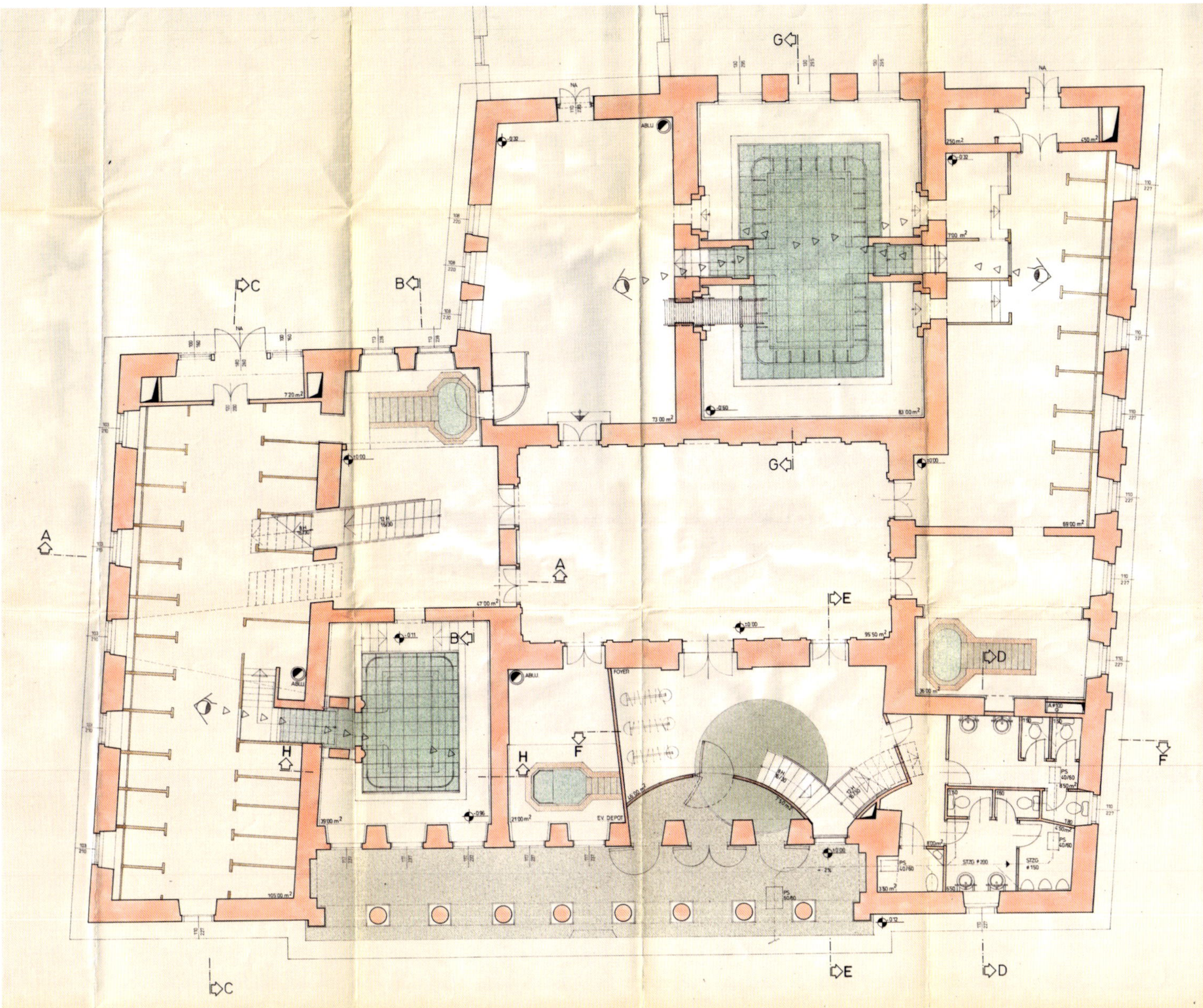

Werner Nedoschill, Sanierung und Adaptierung des Frauenbades in Baden zum Ausstellungszentrum, 1991, Grundriss der Einreichplanung, Plandruck, koloriert
© Foto: Baubehörde Baden

Lottersberger-Messner-Dumpelnik, Umbau des Frauenbades zum Arnulf Rainer Museum, 2006–09, Steg über dem Carolinenbad-Becken
© Foto: Arnulf Rainer Museum / Erich Kronsteiner

1 Bundesdenkmalamt, Abteilung für Niederösterreich, Krems, Zl. 14.510.
2 M. J. Mayer: Das neuerbaute Frauen- und Carolinenbad in Baden in Niederösterreich, Wien 1821.
3 Das Frauen- und Karolinenbad zu Baden bei Wien nach der Neuherstellung 1876–1878. Festschrift, mit Benützung der Urkunden des Stadtarchivs, Baden bei Wien 1878, S. 14.
4 Vgl. ebd., S. 16–17.
5 Vgl. Erneuerung des Frauenbades als Ausstellungszentrum, in: Amtliches Nachrichtenblatt der Stadtgemeinde Baden, Nr. 6, 1988, S. 53–54. – Siehe die Fotoserie von Heliane Wiesauer-Reiterer von 1990 sowie Karin Wiederer: Das Frauen- und Carolinenbad in Baden bei Wien, Dipl.-Arb. Universität Salzburg, 1991, Abb. 66.
6 Richard Messner: Vom Frauenbad zum Arnulf Rainer Museum, in: Bade- und Kuranstalten (Denkmalpflege in Niederösterreich 56), St. Pölten 2017, S. 46–47.

S. 77, Werner Nedoschill, Sanierung und Adaptierung des Frauenbades zum Ausstellungszentrum, 1991, Überdeckung des Beckens des Frauenbades
© Foto: Richard Messner

From Bathhouse to Artist's Museum

Stages in the redevelopment from 1821 to 2009

Matthias Boeckl

Over its 200-year history the Frauenbad in Baden, which was built in 1820/21 according to plans by Charles de Moreau, has experienced a variety of uses which necessitated numerous structural adaptations and brought about two changes of function: from bathhouse to art exhibition centre and from the latter to a museum dedicated to the work of one artist. The three most extensive alterations were carried out between 1876 and 1878 by master builder Julius Heene, between 1991 and 1994 by architect Werner Nedoschill, and between 2006 and 2009 by the Lottersberger-Messner-Dumpelnik team of architects. This last modification served to convert the then exhibition centre of the City of Baden into an artist's museum for Arnulf Rainer. As the architectural and historical value of the building has come to be increasingly appreciated from the second half of the 20th century onwards, the two most recent conversions were carried out in close consultation between the respective planners and the Bundesdenkmalamt, the Austrian Federal Monuments Office.[1]

The "refurbishment" from 1876 to 1878

Ongoing remedial work had succeeded in keeping the Frauenbad in operation, largely unchanged, for over 50 years from 1821 onwards – which constitutes an impressive uninterrupted period of use. After this length of time, however, a fundamental renovation was unavoidable. As was the case when the building was first opened,[2] a commemorative publication was published on the occasion of the completion of the renovations in 1878, which described the motives for this work looking back to 1821: "At that time, all kinds of deficiencies were already apparent – in the layout of the interior of the building, in the relationship between the different levels, etc. – but the actual deficiencies became more and more obvious from year to year."[3] The renovation programme comprised no fewer than nine points: a new, step-free entrance, separation of the bathers by gender, repositioning of the "Stundenbäder" (hourly baths), a new entrance for all the baths including a large communal waiting area inside, an enlargement of the pool of the Carolinenbad, the installation of new toilets, a cash desk in the waiting area, a caretaker's flat and new cladding for the walls of the bathing rooms were to be implemented. "Civil-Ingenieur" Julius Heene, described as "municipally and officially authorised", presented a proposal for this work, the execution of which was approved by the municipal committee on 30 December 1876.[4] Around 60 drawings concerning this project are kept in the Baden Stadtarchiv (Municipal Archive): sketches, plans of the building submission as well as layout and furnishing plans. A floor plan with colour-coded areas marked for demolition and installation indicates that the demolition of the walls around the narrow atrium in the centre and around a second inner courtyard on the western side is the largest single building measure. The extra space thus gained was used on the western side to enlarge the room with the Carolinenquelle (spring) and in the centre to build the new waiting room with cash desk, featuring a skylight. Two individual bathing pools (hourly baths) existing at that time in the area between the two inner courtyards were relocated: one was moved to a new location on the western side, the other to the former changing room behind the lobby next to the Carolinenbad. A new, third bath was positioned to the east of the waiting room.

The most extensive external building measures were the erection of the high gabled roof lantern above the new waiting room and the demolition of the small portico on the eastern façade, which had once exclusively served Emperor Franz as his private entrance, and the colonnaded steps in favour of a level entrance from Josefsplatz. This had consequences for the front elevation of the building viewed from Josefsplatz: the eight Doric columns erected in 1821 in a classically conforming manner without a plinth were now placed on chunky cube-shaped pedestals, which also changed the proportions of the lobby. In addition, the elegantly shaped character of the building was distorted by the high and wide side-gabled roofing of the waiting room, which was also rendered more prominent visually with four round-arched windows and since then has concealed the old front-gabled roofing of the Frauenbad bathing room behind it. The new interior decor was particularly impressive. All rooms were adorned with elaborate stuccoed ceilings and new terrazzo floors; the waiting room was also enhanced with ornamental paintings featuring Renaissance motifs and additionally there was now a glass ceiling. Furthermore, the springs were newly set in concrete basins and new changing rooms and a hygienic new lining for the bathing rooms were installed with Mareither marble from the Tyrolean company Fliegauf & Cie. Detailed layout and furniture plans are preserved in the Stadtarchiv. The costs of the renovations amounted to about 90,000 Gulden.

End of spa operations in 1973, conversion to an art centre in 1991

Almost 100 years later, on 14 November 1973, the baths were finally closed and it was decided to convert the building into a cultural centre. Since then, the water from the Frauenbad and Carolinenbad springs has been fed into the town's thermal water network for use elsewhere. The adaptations for exhibition use took place step by step: in 1977, the exterior façades were repaired, followed in 1979/80 by measures in the interior, which were carried out "essentially by workers from the Bauhof (Municipal Maintenance Department)"; in 1981, the building was connected to the district heating network, new toilets were installed and the marble walls in the bathing pools were cleaned by sandblasting. In 1985, the roof was repaired and partition walls for exhibitions were purchased. In 1987, the Frauenbad pool was covered with reinforced concrete slabs, wiring was laid under plaster, the cubicles were converted into exhibit supports, and new stone tile and PVC flooring was installed.[5] The business of putting on art exhibitions had begun as early as 1977 when the show "Arnulf Rainer. Der große Bogen. Retrospektive 1957–1977" (Arnulf Rainer. The Great Arc. Retrospective 1957–1977) was its first highlight. Exhibitions ended temporarily in January 1991 with a show of the painter Bernhard Hollemann. At that time, the Viennese architect Werner Nedoschill was already working on plans for a refurbishment and a conversion that could be used in the longer term for a more professional exhibition venture. First, older additions and extensions were removed (including a connecting building to the neighbouring Elisenhof), the foundation walls were sealed against rising damp and underfloor heating was installed. In addition, the foyer was fitted with a new floor with coloured circular motifs, a porch, aluminium doors and sweeping staircases to the small office on the upper floor. In the northwest, an exhibition area was created in the roof space and connected to the ground floor via a mezzanine floor and a cascading staircase. The most visually effective measure was the overlaying of the two large bathing pools with stainless steel frameworks, which were covered with panels of green tinted glass that one could walk on. One of the three hourly baths was restored to its original condition, the other two had probably been covered over since the 19th century. Now their position was indicated in the floor covering. In 1992/93, the exhibition operations were resumed; they ended for the time being in January 2006 with the travelling exhibition "Herzenschrei. Das Kind im Blick der Künste (Österreich & Ungarn 1900–2005)" (A cry from the heart. The child in the eye of the arts (Austria & Hungary 1900–2005)).

Conversion into the Arnulf Rainer Museum from 2006 to 2009

The initiative of Landeshauptmann (Governor of Lower Austria) Erwin Pröll, for the establishment of several artists' museums in the province included the construction of a museum for Hermann Nitsch in Mistelbach and the setting up of a museum for Arnulf Rainer in Baden, where the painter had been born in 1929. The old Frauenbad was chosen as the location. Planning for the new conversion required for this was announced as an invitation-only competition with the participation of the architectural firms Ullmann-Bojer-Ebner, Frank & Partner, ARTEC, BWM and Lottersberger-Messner-Dumpelnik. The architects of the latter, with their relevant experience in the offices of Ortner & Ortner (MuseumsQuartier Vienna) as well as Manfred Wehdorn (Neue Hofburg in Vienna), had actively tendered for it and were awarded the planning contract. Using contemporary creative tools, they attempted to restore some of the original atmosphere of objective elegance and the former proportions of the building. This included a new approach to the roofscape, which had been fitted with an inordinately large side-gabled roof lantern during the reconstruction from 1876 to 1878. Taking their cue from an overpainting by Arnulf Rainer from 1999, in which he had covered the roof area of a view of the Frauenbad from the 1820s with layers of black lines, the architects encased the historicist lantern and the fittings and fixtures for the new building control system (planning: Jochen Käferhaus) in a multifunctional double-shell screen made of black perforated sheeting, which creates a moiré effect and is used as a lettering support to signal the new purpose of the building: "Without altering the historic structure of the building, the 'structural overpainting' of the roof lantern restored the originally planned impression of a Greek temple of classical character."[6]

Inside, new light-coloured monochrome terrazzo floors were laid, some old cubicles restored and others removed to gain exhibition space. The glass coverings of the two large bathing pools were removed – also at Arnulf Rainer's request. The exposed pool of the Carolinenbad was made accessible again via the original staircase, so that one can view the artworks on the wall both from the bench seats there and from a new pier that projects into the interior of the room above floor level. On the other hand, a wide bridge construction now spans the pool of the Frauenbad. The three large openings in the north wall of the room had already been closed earlier with panels in painted marbling, so that pictures can now be hung on all sides. In another room, the cascade staircase up to the mezzanine and into the attic was turned by 90 degrees at its foot. The foyer was widened to the width of six axes of the nine-axis colonnade and enhanced with panelling of silver-grey oak. The clear-cut rectangular furniture and the partition walls are also uniformly clad in this unobtrusive material. Throughout the building, the lighting concept features slender supports for ceiling spotlights on the upper side and wall spotlights on the lower side that are freely suspended in space. In 2010/11, a redesign of the Josefsplatz in front of the museum included exposing the previously covered over watercourse of the Mühlbach (mill stream).
To this day, this tentatively final stage of remodelling of the classicist building has definitely proved its worth for exhibition purposes.

1 Bundesdenkmalamt, Abteilung für Niederösterreich, Krems, Zl. 14.510.
2 M. J. Mayer: Das neuerbaute Frauen- und Carolinenbad in Baden in Niederösterreich, Vienna 1821.
3 The Frauen- und Karolinenbad zu Baden bei Wien nach der Neuherstellung 1876–1878. Festschrift, mit Benützung der Urkunden des Stadtarchivs, Baden bei Wien 1878, p. 14.
4 Cf. ibid., pp. 16–17.
5 Cf. Erneuerung des Frauenbades als Ausstellungszentrum, in: Amtliches Nachrichtenblatt der Stadtgemeinde Baden, No. 6, 1988, pp. 53–54. – See the photo series by Heliane Wiesauer-Reiterer from 1990 as well as Karin Wiederer: Das Frauen- und Carolinenbad in Baden bei Wien, thesis, University of Salzburg, 1991, fig. 66.
6 Richard Messner: Vom Frauenbad zum Arnulf Rainer Museum, in: Bade- und Kuranstalten (Denkmalpflege in Niederösterreich 56), St. Pölten 2017, pp. 46–47.

Ein Badetempel voller Kunst

Ausstellungen im ehemaligen Ausstellungszentrum Frauenbad und späteren Arnulf Rainer Museum

Christine Humpl-Mazegger

Beginn der Ausstellungstätigkeit im Frauenbad (1977, Retrospektive zu Arnulf Rainer)

Nachdem der Kurbadbetrieb im Frauenbad am 14. November 1973 eingestellt worden war, stand das Gebäude einige Jahre leer. Wie für die anderen Badehäuser in der Stadt Baden wurde nach einer neuen Nutzung gesucht. Wichtig dabei war (auch wegen eines Kredits aus dem European Recovery Program), dass für die alten Badegebäude weiterhin Sorge getragen wurde.[1]

Am 23. November 1977 wurde nach den ersten Renovierungen im Frauenbad eine Retrospektive eröffnet, die einen Überblick über das Schaffen des damals 47-jährigen Malers Arnulf Rainer[2] gab: „Arnulf Rainer. Der große Bogen. Retrospektive 1957–1977". Die einleitenden Worte sprach Johannes Gachnang, der damalige Direktor der Kunsthalle Bern. Zu sehen waren Gemälde und Zeichnungen aus folgenden Werkphasen: Blindgestaltungen und Zentralisationen, Übermalungen, „Face Farces" und „Body Poses" sowie Hand- und Fingermalereien. Die Ausstellung endete am 7. Jänner 1978. Der knappe Informationstext auf der Einladungskarte und der Katalogrückseite erläutert die Beweggründe für die Ausstellung: „Arnulf Rainer wurde vor 47 Jahren im Zitaheim in Baden geboren. Sein Elternhaus war einige Kilometer entfernt in Bad Vöslau. Dort wurden in den Jahren 1953–1959 seine wichtigsten Arbeiten, die ‚Übermalungen', entwickelt. Die hier gezeigte Ausstellung wurde von der Kunsthalle Bern zusammengestellt, wanderte von dort nach München (Städtische Galerie) und Hannover (Kestner-Gesellschaft). Sie zeigt einen Überblick über das gesamte Werk von 1957–1977. Das Frauenbad wurde im Jahre 1821 als Kurbadeanstalt gebaut. In dieser Form wurde es vom Künstler ausdrücklich als Ausstellungsarchitektur und Ambiente gewählt."[3]

Arnulf Rainer war in den 1970er-Jahren an einem der wichtigsten Punkte seiner Karriere angelangt und seine Arbeiten wurden in allen wesentlichen internationalen Kunstschauen gezeigt. So vertrat er 1971 Österreich auf der 11. Biennale von São Paulo und hatte mit einer Ausstellung im Hamburger Kunstverein seine erste große Retrospektive in Deutschland. Nach der Teilnahme an der documenta 5 und 6 (1972/1977) vertrat der damals in Deutschland lebende Künstler Österreich auf der 38. Biennale von Venedig (1978) und erhielt im selben Jahr den Großen Österreichischen Staatspreis „in Würdigung seines Schaffens" auf dem „Gebiete der bildenden Kunst". Es ist fast als Glücksfall (oder als eine kluge Entscheidung der Verantwortlichen) zu bezeichnen, dass in Rainers Geburtsstadt Baden die Werke eines der gefragtesten und aus heutiger Sicht kunsthistorisch bedeutendsten zeitgenössischen Künstler zu sehen waren.

Mit Arnulf Rainer begannen also die Ausstellungstätigkeit und die allmähliche Umwandlung des Frauenbades in ein Ausstellungshaus. So fanden von 1977 bis 1988 zahlreiche Renovierungsarbeiten statt, die insbesondere die Fassade, das Dach, die Heizung und die Sanitäranlagen betrafen, und das Gebäude wurde für einen zeitgemäßen Ausstellungsbetrieb adaptiert

NIEDERÖSTERREICH – GESELLSCHAFT FÜR KUNST UND KULTUR ZEIGT
ARNULF RAINER
BADEN/WIEN, FRAUENBAD
GEÖFFNET TÄGLICH VON 10–18 UHR
NIEDERÖSTERREICH GESELLSCHAFT FÜR KUNST UND KULTUR ZEIGT:
A. RAINER
ARBEITEN 1957–77
BADEN/WIEN, FRAUENBAD (JOSEFSPLATZ)
24. NOV. – 7. JÄNNER 78, TÄGLICH 10–18 UHR

(Schauwände, Beleuchtung).[4] Da die Arbeiten immer auch Einfluss auf die Ausstellungstätigkeit hatten, werden relevante Umbauten und Renovierungen in diesem Text an den entsprechenden Stellen erwähnt.

Es ist wichtig zu erwähnen, dass mit Rainers Ausstellung im Frauenbad auch eine bis heute bestehende Kulturinitiative des Landes Niederösterreich gestartet wurde. Viktor Wallner, damals Abgeordneter zum Niederösterreichischen Landtag und Kultursprecher der ÖVP (1965–1988 auch Bürgermeister von Baden), gründete 1976 den Verein „Niederösterreich-Gesellschaft für Kunst und Kultur" (NöART) und wurde sein Generalsekretär. Die NöART hatte unter anderem das Ziel, die Gegenwartskunst und ihre Künstlerinnen und Künstler zu fördern, und war bestrebt, Wanderausstellungen und Veranstaltungen im Sinne einer „kulturellen Demokratie" in die niederösterreichischen Gemeinden zu bringen.[5] Wallner berichtete mehr als 30 Jahre später in einem Artikel in der „Badener Zeitung", dass Arnulf Rainer zuerst im Kongresshaus in Baden ausstellen wollte. Nachdem er dem Künstler aber das Frauenbad gezeigt hatte, war es der ausdrückliche Wunsch Rainers, seine Arbeiten an diesem speziellen Ort zu präsentieren. Dazu Wallner: „Durch dieses leere Frauenbad führte ich nun Rainer. Er war davon fasziniert: vor allem die Umkleidekabinen mit ihrer Vereinzelung der Bilder und die Piscinen mit den Präsentationsmöglichkeiten für große Formate ließen ihn geradezu euphorisch werden. Eines aber bestimmte ihn in besonderer Weise: nirgends war so herrlich ein Hauptmotiv der zeitgenössischen Kunst – die Verfremdung – anzutreffen wie in einem Baderaum, der einer Ausstellung dienen sollte."[6]
Organisiert wurde ein Großteil der Ausstellungen (etwa zwei Drittel) von der NöART in Zusammenarbeit mit dem Kulturamt der Stadt Baden, andere Ausstellungen wurden direkt von der Stadt Baden oder stadtnahen Institutionen und Persönlichkeiten veranstaltet. Aber auch die Kulturabteilung des Landes Niederösterreich, niederösterreichische Kulturvereinigungen und Persönlichkeiten aus dem Kulturbereich betreuten Ausstellungen im Frauenbad inhaltlich und organisatorisch. Für den Betrieb des Frauenbades und das Gebäude war die Direktion der Badener Kur- und Bäderbetriebe zuständig.

Im Folgenden wird versucht, die Ausstellungen im Frauenbad punktuell zu dokumentieren. Ein Verzeichnis der Ausstellungen von 1977 bis 2006, das für diese Publikation erstmals angelegt wurde, findet sich am Ende des Textes. Die 74 verzeichneten Ausstellungen im Frauenbad belegen, dass eine rege Ausstellungstätigkeit herrschte und keineswegs nur „sporadisch" eine Schau stattfand, wie oft behauptet wird. Es muss auch erwähnt werden, dass es für die Zeit bis circa 1989 keine Aufzeichnungen und kein Archiv mit einer systematischen Erfassung der Ausstellungen im Frauenbad gibt.[7] Die Rekonstruktion dieser Daten erfolgte mithilfe von Archivalien im Stadtarchiv Baden (vor allem Einladungskarten, Plakate, Folder, Medienberichte, Kataloge)[8], Berichten und Materialien, die von Zeitzeuginnen und Zeitzeugen zur Verfügung gestellt wurden, und punktuellen Recherchen in der „Badener Zeitung" und dem „Amtlichen Nachrichtenblatt der Stadt Baden".[9] Wichtig war es der Autorin auch, die Ausstellungen mit fotografischem Material zu dokumentieren und dadurch Einblicke in die Architektur und die Nutzung der historischen Räume zu geben.[10]

Fortsetzung der Ausstellungstätigkeit im Ausstellungszentrum Frauenbad (1978–1991)

Sehr avantgardistisch ging die Ausstellungstätigkeit im Frauenbad nach Rainer mit einer Präsentation von geometrisch-präzisen und visuell irritierenden „Hinterglasmontagen" des Wiener Künstlers und Medienpioniers Marc Adrian weiter. Bis Mitte der 1980er-Jahre fanden jährlich meist ein bis zwei Ausstellungen mit einer Laufzeit von zwei bis vier Monaten statt. Das Haus wurde weiterhin als „Frauenbad" bezeichnet, andere Namen, die teils nur sporadisch verwendet wurden, tauchten ab Mitte

S. 82, Plakat zur Ausstellung „Arnulf Rainer. Der große Bogen. Retrospektive 1957–1977", 1977/78
© Stadtarchiv Baden; Foto: Arnulf Rainer Museum / Nadja Buechler

Ausstellung „Arnulf Rainer. Der große Bogen. Retrospektive 1957–1977", 1977/78, Filmstill (Außenansicht Frauenbad mit Transparent)
Aus: Arnulf Rainer im Frauenbad, Austria Wochenschau, Nr. 4/1978 / „Baden und Umgebung", Österreich in historischen Filmdokumenten, 2013.
© Film & Filmstill: Filmarchiv Austria

Eröffnung der Ausstellung „Arnulf Rainer. Der große Bogen. Retrospektive 1957–1977", 1977/78 (Arnulf Rainer mit Bürgermeister Viktor Wallner und Kurator Johannes Gachnang)
Foto aus: NöART (Hg.): 10 Jahre Niederösterreich Gesellschaft für Kunst und Kultur, Wien o. J., S. 39

Ausstellung „Arnulf Rainer. Der große Bogen. Retrospektive 1957–1977", 1977/78, Filmstill (Blick ins ehemalige Foyer)
Aus: Arnulf Rainer im Frauenbad, Austria Wochenschau, Nr. 4/1978 / „Baden und Umgebung", Österreich in historischen Filmdokumenten, 2013.
Werke Rainer: © Arnulf Rainer;
© Film & Filmstill: Filmarchiv Austria

Ausstellung „Arnulf Rainer. Der große Bogen. Retrospektive 1957–1977", 1977/78 (ehem. Foyer/Kassenhalle)
Werke Rainer: © Arnulf Rainer;
Foto aus: NÖART (Hg.): 10 Jahre Niederösterreich Gesellschaft für Kunst und Kultur, Wien o. J., S. 40

Eröffnung der Ausstellung „1915–1980. Kunstverein Baden (65 Jahre Kunstverein)", 1980 (Maler Franz Kaulfersch mit Bürgermeister Viktor Wallner)
© & Foto: Stadtarchiv Baden

Ausstellung „Albert Paris Gütersloh. Retrospektive", 1982
© Bildrecht, Wien 2021; Foto aus: NÖART (Hg.): 10 Jahre Niederösterreich Gesellschaft für Kunst und Kultur, Wien o. J., S. 44

der 1980er-Jahre auf, vor allem „Ausstellungshalle". Ab 1987/88, gleichzeitig mit wesentlichen Renovierungsarbeiten, bürgerte sich der Name „Ausstellungszentrum Frauenbad" ein.[11]

Die Ausstellungstätigkeit der 1980er-Jahre im Frauenbad war gekennzeichnet einerseits durch Personalen, andererseits durch Gruppenausstellungen bildender Künstlerinnen und Künstler. Letztere wurden vor allem von lokalen und regionalen Kunstvereinen und Künstlervereinigungen organisiert. Anlässlich des 65-jährigen Jubiläums des Kunstvereins Baden fand ab Mai 1980 die Ausstellung „1915–1980. Kunstverein Baden" statt. Wesentlich daran beteiligt war der Maler Franz Kaulfersch, der langjährige Direktor der Malerschule Leesdorf und damalige Vizepräsident des Landesverbandes der Niederösterreichischen Kunstvereine. Einer anderen Künstlerpersönlichkeit mit Wohnort Baden wurde ab September 1982 posthum eine umfassende Retrospektive im Frauenbad gewidmet, nämlich Albert Paris Gütersloh, dem Begründer der Wiener Schule des Phantastischen Realismus. Wolfgang Hutter, sein Schüler und Sohn, bekam gleich im Anschluss eine Einzelausstellung. Bei Durchsicht des Ausstellungsverzeichnisses ist erkennbar, dass Werke der Phantastischen Realisten immer wieder sehr prominent vertreten waren.
Ab 1980 fanden – stets in der Adventzeit – Ausstellungen für Kinder und Familien statt, beispielsweise zu den Themen Märchen und Sagen oder Spielzeug. Sie wurden von der Stadtgemeine gemeinsam mit der Kulturabteilung und dem Jugendreferat des Landes Niederösterreich sowie lokalen Vereinen organisiert und waren laut Medienberichten immer äußerst gut besucht. Ein umfassendes Rahmenprogramm in Zusammenarbeit mit verschiedenen Institutionen in Baden (Musik, Theater, Kirchenveranstaltungen) begleitete die Ausstellungen.
Ab Juni 1985 waren die Arbeiten, vor allem Aktaufnahmen, der Badener Fotografin Sophie Lesch (gemeinsam mit Zeichnungen von Franz Thamer) im Frauenbad zu sehen. Sie dokumentierte auch gleich die damaligen Räume; so sind beispielsweise in einer Aufnahme noch beide Kabinenzeilen im Westtrakt des Frauenbades zu sehen, außerdem die sehr „rohen" Böden der ersten Ausstellungsjahre. Sophie Lesch berichtet, dass diese Ausstellung auch wegen zahlreicher Abendveranstaltungen oft bis 24 Uhr geöffnet war und eine rege Kommunikation zwischen dem Publikum und den Künstlerinnen und Künstlern herrschte. Das war der Grund, warum sie kurz darauf den Verein „Badener Sezessionstage" ins Leben rief. Das Frauenbad diente fünf Jahre lang als Veranstaltungsort für dieses innovative Projekt.[12] „Mit den Sezessionisten versammelte sich eine rund 40-köpfige Gruppe – ein Freundeskreis. Das Ziel war, im Frühjahr über einen dreieinhalbwöchigen Zeitraum ein umfassendes Veranstaltungsprogramm (von Kabarett über Lesungen, Tanz bis hin zur Musik) mit einer Ausstellung auf die Beine zu stellen."[13] Die sehr gut besuchten und beliebten Sezessionstage fanden von 1986 bis 1990 im Frauenbad statt, danach (unter anderem wegen geplanter Umbauarbeiten) im Kreativzentrum Johannesbad, ebenfalls ein ehemaliges Kurbad.

S. 85, Ausstellung „10 Jahre Photostudio Sophie Lesch. Mit Zeichnungen von Franz Thamer", 1985
© & Fotos: Sophie Lesch

1986 gab es mit fünf Ausstellungen eine rege Ausstellungstätigkeit im Frauenbad, darunter Personalen von Künstlern, die mit Baden oder der Kulturregion Niederösterreich eng verbunden waren: Einzelausstellungen hatten die Maler Kurt Welther und Sergius Pauser, eine Doppelausstellung mit Gemälden von Maximilian Melcher und Skulpturen von Mathias Hietz wurde Ende 1986 gezeigt. Kurt Welther berichtet über die damals sehr lebendige Ausstellungsszene im Frauenbad und auch, so wie andere Künstlerinnen und Künstler dieser Zeit, über den Einfluss von Rainers Ausstellung auf die junge Kunstszene.

karolinenbad

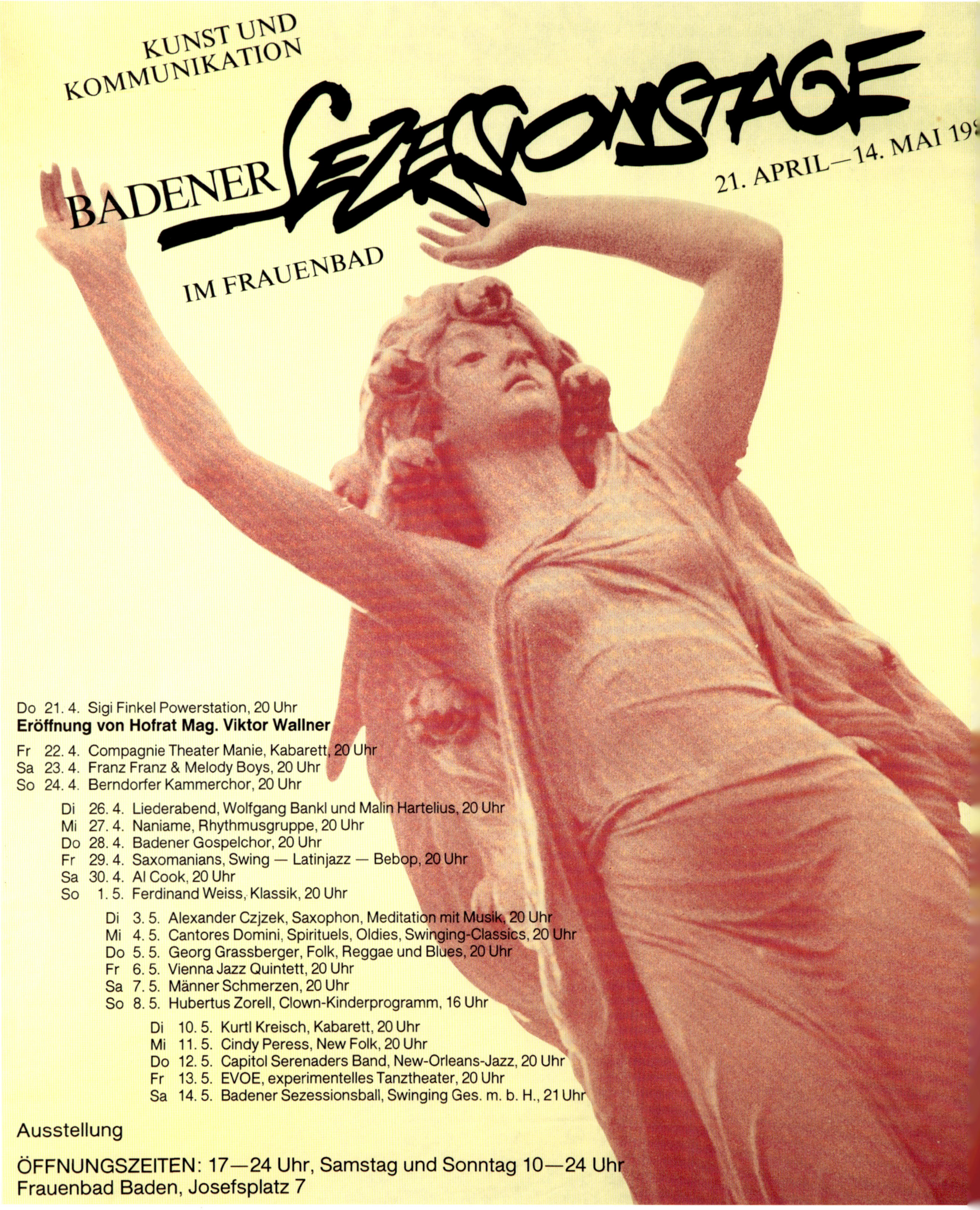

KUNST UND
KOMMUNIKATION
BADENER SEZESSIONSTAGE
21. APRIL—14. MAI 19
IM FRAUENBAD
Do 21. 4. Sigi Finkel Powerstation, 20 Uhr
Eröffnung von Hofrat Mag. Viktor Wallner
Fr 22. 4. Compagnie Theater Manie, Kabarett, 20 Uhr
Sa 23. 4. Franz Franz & Melody Boys, 20 Uhr
So 24. 4. Berndorfer Kammerchor, 20 Uhr
Di 26. 4. Liederabend, Wolfgang Bankl und Malin Hartelius, 20 Uhr
Mi 27. 4. Naniame, Rhythmusgruppe, 20 Uhr
Do 28. 4. Badener Gospelchor, 20 Uhr
Fr 29. 4. Saxomanians, Swing — Latinjazz — Bebop, 20 Uhr
Sa 30. 4. Al Cook, 20 Uhr
So 1. 5. Ferdinand Weiss, Klassik, 20 Uhr
Di 3. 5. Alexander Czjzek, Saxophon, Meditation mit Musik, 20 Uhr
Mi 4. 5. Cantores Domini, Spirituels, Oldies, Swinging-Classics, 20 Uhr
Do 5. 5. Georg Grassberger, Folk, Reggae und Blues, 20 Uhr
Fr 6. 5. Vienna Jazz Quintett, 20 Uhr
Sa 7. 5. Männer Schmerzen, 20 Uhr
So 8. 5. Hubertus Zorell, Clown-Kinderprogramm, 16 Uhr
Di 10. 5. Kurtl Kreisch, Kabarett, 20 Uhr
Mi 11. 5. Cindy Peress, New Folk, 20 Uhr
Do 12. 5. Capitol Serenaders Band, New-Orleans-Jazz, 20 Uhr
Fr 13. 5. EVOE, experimentelles Tanztheater, 20 Uhr
Sa 14. 5. Badener Sezessionsball, Swinging Ges. m. b. H., 21 Uhr
Ausstellung
ÖFFNUNGSZEITEN: 17—24 Uhr, Samstag und Sonntag 10—24 Uhr
Frauenbad Baden, Josefsplatz 7

S. 86, Plakat „Badener Sezessionstage", 1988
© Stadtarchiv Baden; Foto: Arnulf Rainer Museum / Nadja Buechler

Performance im Frauenbad im Rahmen der „Badener Sezessionstage", 1986–1990, Fotografie
© & Foto: Stadtarchiv Baden

Plakat zur Ausstellung „1915–1980. Kunstverein Baden (65 Jahre Kunstverein)", 1980
© Stadtarchiv Baden; Foto: Arnulf Rainer Museum / Nadja Buechler

Plakat zur Ausstellung „Märchen und Sagen", 1982/83
© Stadtarchiv Baden; Foto: Arnulf Rainer Museum / Nadja Buechler

Katalog zur Ausstellung „Mathias Hietz (Skulpturen) – Max Melcher (Malerei)“, 1986
Courtesy Stadtarchiv Baden;
Foto: Arnulf Rainer Museum / Nadja Buechler

Ausstellung „K. Welther. Begegnungen“, 1986 (Außenansicht Frauenbad mit Transparent)
Foto: Courtesy Kurt Welther

S. 89, Ausstellung „RIVA. Alois Mosbacher. Erwin Wurm“, 1987 (Werke von Erwin Wurm im Carolinenbad, Krieg der 50er mit den 60ern, 1986)
© Bildrecht, Wien 2021; Foto: Leo Kandl, Courtesy Studio Erwin Wurm

S. 89, Ausstellung „Florentina Pakosta. Ölbilder und Grafiken 1962–1990“, 1990
© Bildrecht, Wien 2021; Foto aus: Florentina Pakosta. Arbeiten von 1973–1990 (Ausst. Kat.), Frauenbad Baden, 1990

Werner Nedoschill, Sanierung und Adaptierung des Frauenbades zum Ausstellungszentrum, 1991 (Blick ins Foyer)
Foto: Archiv Arnulf Rainer Museum

Ausstellung „Künstlerhaus im Frauenbad", 1994/95 (Werke von Beatrix Kaser, Erich Steininger, Robert Kabas)
Foto: Courtesy Künstlerhaus-Archiv, Wien

Ausstellung „Künstlerhaus im Frauenbad", 1994/95 (Gemälde von Bernhard Hollemann)
Foto: Courtesy Stadtarchiv Baden

S. 91, Ausstellung „Hannes Mlenek", 1990 (Blick ins ehemalige Foyer)
© Bildrecht, Wien 2021;
Foto: Robert Zahornicky, Courtesy Hannes Mlenek

Welthers Personale wurde von der Stadtgemeinde Baden organisiert, Dieter Schrage hielt die Laudatio, das Transparent, das an der Fassade des Hauses zu sehen war, fertigte der Künstler selbst an. Diese Ausstellung war für den damals 29-jährigen Maler eine riesengroße Ehre.[14] Ähnlich muss es den damals jungen Künstlern Alois Mosbacher und Erwin Wurm gegangen sein, hatten sie doch ab Juni 1987 unter dem Titel „RIVA" eine Doppelausstellung im Frauenbad, die erst im Zuge der Forschungsarbeiten zu diesem Text verzeichnet werden konnte; auch Bildmaterial wurde gefunden. Wurm lässt uns über seinen Sohn Michael Wurm an seinen Erinnerungen an die Ausstellung im Frauenbad teilhaben: „Es war damals interessant, da der Ausstellungsraum kein White Cube war, sondern aus Materialien wie Marmor und Stein bestand. Es war unüblich in so einer Umgebung Kunst auszustellen, aber es hatte dadurch eine sehr spannende Atmosphäre. Er [Erwin Wurm] durfte damals seine Arbeit in einem großen Becken installieren, in welchem seine Arbeit gut zur Geltung kam und er genoss diese andere Art von Raum."[15]
Ab 1987/88 wurde das Haus offiziell in ein zeitgemäßes „Ausstellungszentrum" umgestaltet. Wesentliche Veränderungen, die auch den Ausstellungsbetrieb betrafen, waren die Abdeckung des Frauenbadbeckens mit Stahlbetonplatten, das Umfunktionieren der Umkleidekabinen zu Ausstellungskojen und die Verlegung neuer Böden (Steinbelag im Frauenbad und Foyer, PVC-Beläge in den anderen Räumen).[16]

Die Ausstellung „Im Schatten der Weilburg. Baden im Biedermeier" ab September 1988 war die erste Präsentation, die sich mit der Stadt- und Kurgeschichte Badens beschäftigte. Diese Schiene wurde, organisiert von der Stadt Baden, Ende der 1990er-Jahre fortgesetzt. In den Jahren 1989 und 1990 ist eine rege Ausstellungstätigkeit ersichtlich, die zum einen mit den in den späten 1980er-Jahren erfolgten Sanierungsmaßnahmen in den Innenräumen des Frauenbades, zum anderen sicherlich mit weiteren Umbauplänen (und der dadurch bevorstehenden vorübergehenden Schließung Mitte 1991) zu tun hatte. Drei Personalen fanden 1989 statt, beginnend mit Carry Hauser, gefolgt von Franz Beer und Walter Vopava. Gleich fünf Ausstellungen lassen sich 1990 nachweisen: Neben den letzten Badener Sezessionstagen und einer Gruppenschau mit aktueller Fotografie aus Niederösterreich, organisiert von der FLUSS-Fotoinitiative, fanden Einzelausstellungen mit Gemälden von Hannes Mlenek und Florentina Pakosta statt (erstmals wurde einer Künstlerin eine Personale gewidmet!). Mit den Gemälden und Zeichnungen des angesehenen und viele Jahre in Baden lebenden Künstlers Bernhard Hollemann ging der Ausstellungsbetrieb im Jänner 1991 vorläufig zu Ende und es begann die Phase der Überlegungen und der Konzepterstellung für eine umfassende Renovierung und Neuorientierung des Ausstellungsbetriebes im Frauenbad.[17]

Ausstellungen im neu renovierten Ausstellungszentrum (Kunsthaus/Kunsthalle) Frauenbad (1994–2006)

1991 wurde der Wiener Architekt Werner Nedoschill unter dem damaligen Bürgermeister August Breininger[18] und durch den Einsatz des damaligen Kurdirektors Alexander Pfann damit beauftragt, Pläne für einen umfassenden Umbau und eine grundlegende Sanierung des Gebäudes vorzulegen, die 1993/94 auch ausgeführt wurden.

Wesentliche Veränderungen in den Ausstellungsräumen betrafen insbesondere den Festsaal (ehemaliges Foyer beziehungsweise Kassenhalle). Die Wand- und Deckenfelder wurden vom Bundesdenkmalamt mit Blick auf die Gestaltung der Kassenhalle in den Jahren 1876 bis 1878 restauratorisch begutachtet und schließlich nur „vereinfacht" wiederhergestellt.[19] Vor dieser Umgestaltung waren die Wände weiß.[20] Markant waren die bunten kreisförmigen Motive, die in die Gestaltung des neuen Kunstterrazzos im Festsaal einflossen. Weitere markante Bodengestaltungen fanden sich ab diesem Zeitpunkt in den

Abteilung
für Männer

Im Schatten der Weilburg
Baden im Biedermeier
23.9.1988 - 31.1.1989
TÄGLICH 10-17, MI, SA 10-20h
BADEN BEI WIEN
FRAUENBAD

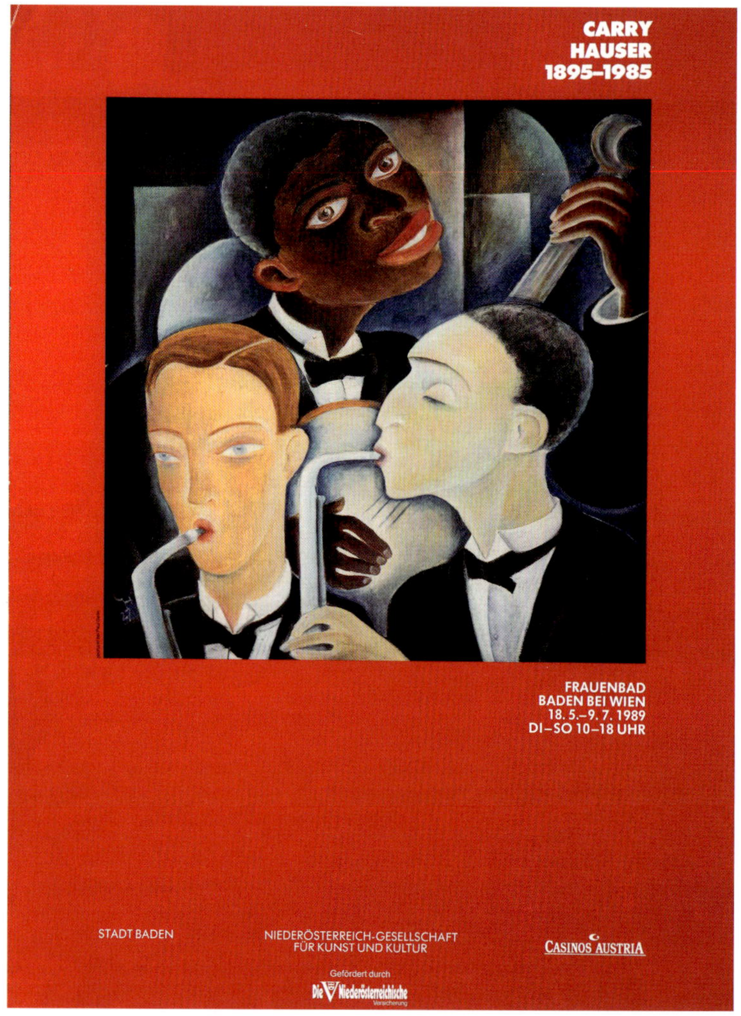
CARRY
HAUSER
1895–1985
FRAUENBAD
BADEN BEI WIEN
18. 5.–9. 7. 1989
DI–SO 10–18 UHR
STADT BADEN
NIEDERÖSTERREICH-GESELLSCHAFT
FÜR KUNST UND KULTUR
CASINOS AUSTRIA
Gefördert durch
Die Niederösterreichische

Sparkasse Baden
KÜNSTLERHAUS IM FRAUENBAD
5. NOVEMBER 1994 – 31. JANUAR 1995
BADEN – FRAUENBAD – JOSEFSPLATZ 5
Geöffnet: Dienstag–Sonntag 16–19 Uhr, Samstag, Sonn- und Feiertag 10–12 Uhr

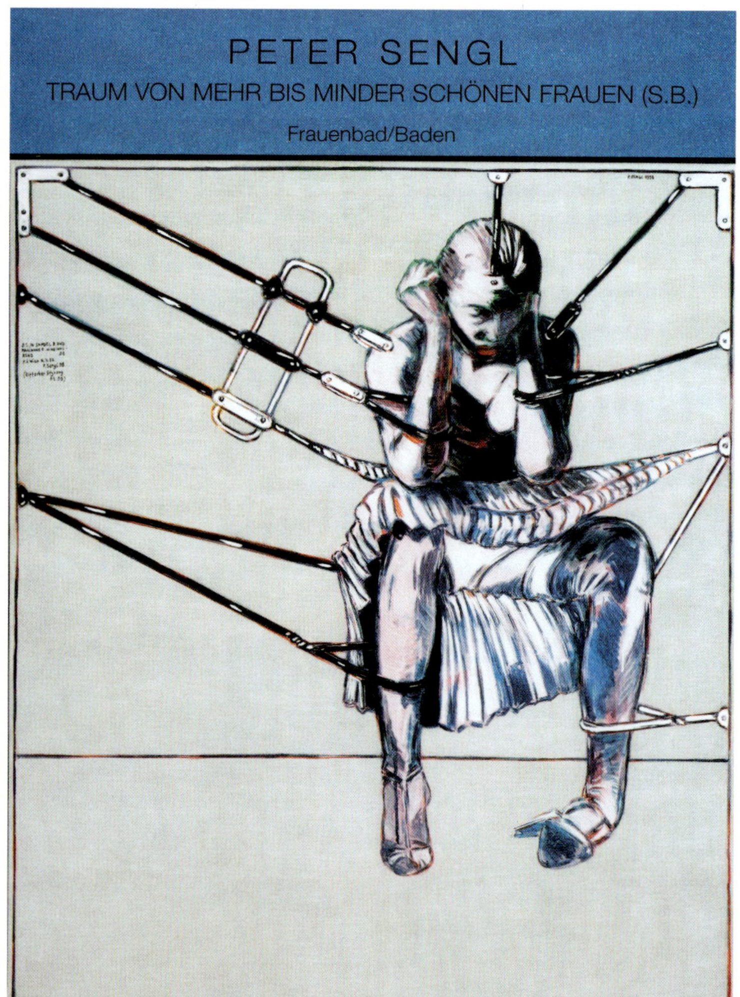
PETER SENGL
TRAUM VON MEHR BIS MINDER SCHÖNEN FRAUEN (S.B.)
Frauenbad/Baden

Ausstellung „Ernst Fuchs. Retrospektive. 1945–1995“, 1995
© Bildrecht, Wien 2021; Foto: Archiv Arnulf Rainer Museum

Ausstellung „Angeli & Korab“, 1996 (Außenfassade nach dem Umbau des Hauses durch Werner Nedoschill)
Foto: Archiv Arnulf Rainer Museum

Ausstellungseröffnung „Christian Ludwig Attersee. Jesus übt. Malerei 1995–1996“, 1996/97
© Bildrecht, Wien 2021; Foto: Courtesy Kurt-Michael Westermann

Ausstellungseröffnung „Christian Ludwig Attersee. Jesus übt. Malerei 1995–1996“, 1996/97 (Blick in die Kabinen)
© Bildrecht, Wien 2021; Foto: Courtesy Kurt-Michael Westermann

S. 92, Plakat zur Ausstellung „Im Schatten der Weilburg. Baden im Biedermeier“, 1988/89
© Stadtarchiv Baden; Foto: Arnulf Rainer Museum / Nadja Buechler

S. 92, Plakat zur Ausstellung „Carry Hauser. 1895–1985“, 1989
© Bildrecht, Wien 2021; Courtesy Stadtarchiv Baden; Foto: Arnulf Rainer Museum / Nadja Buechler

S. 92, Plakat zur Ausstellung „Künstlerhaus im Frauenbad“, 1994/95
© Stadtarchiv Baden; Foto: Arnulf Rainer Museum / Nadja Buechler

S. 92, Einladungskarte zur Ausstellung „Peter Sengl. Traum von mehr bis minder schönen Frauen (S.B.)“, 1999
Archiv Arnulf Rainer Museum; Foto: Arnulf Rainer Museum / Nadja Buechler

Ausstellungsräumen.[21] Zudem konnten durch Nedoschills Umbau zwei neue Ausstellungsräume im Obergeschoß des Westtraktes gewonnen werden. Sehr auffällig war das grüne Panzerglas, mit dem die Becken des Frauenbades und des Carolinenbades abgedeckt wurden. Das bis dahin für Ausstellungen nicht zugängliche, durch eine Bodenabdeckung verborgene Stundenbad im Osttrakt des Hauses wurde freigelegt, der Raum konnte nun in adäquater Weise für Ausstellungen genutzt werden. Die drei neuen Türen aus Edelstahl am Eingang des denkmalgeschützten Gebäudes sorgten für viel Kritik in der Badener Bevölkerung. Zudem prägte jetzt ein Rosaton die Säulenvorhalle des Frauenbades.[22]

Von diesem Umbau bis zum vorläufigen Ende des Ausstellungsbetriebs 2006 fanden jährlich drei bis fünf Ausstellungen statt (insgesamt 39). Meist wurden Personalen zu bereits sehr bekannten Künstlern gezeigt, aber auch thematische Gruppenausstellungen und Präsentationen von Künstlervereinigungen waren darunter. Die folgenden Zeilen geben punktuell Einblick in diese letzte Ära der Ausstellungstätigkeit im Frauenbad, bevor das Haus für drei Jahre geschlossen und zu einem Künstlermuseum für Arnulf Rainer umgestaltet wurde.

Die erste Schau, die in diesem neuen Ausstellungszentrum (manchmal auch „Kunsthalle Frauenbad“ oder „Kunsthaus Frauenbad“ genannt) stattfand, war die von der NÖART und der Gesellschaft bildender Künstler Österreichs organisierte Gruppenausstellung „Künstlerhaus im Frauenbad“ mit 13 Mitgliedern des Künstlerhauses in Wien. Unter anderen waren Arbeiten von Adolf Frohner, Beatrix Kaser, Josef Mikl und Hermann Nitsch zu sehen. Die Schau wurde am 4. November 1994 eröffnet, der damalige Direktor der Neuen Galerie der Stadt Linz, Peter Baum, hielt eine Rede.
Die Ausstellungstätigkeit der 1990er-Jahre war geprägt von Retrospektiven zu Künstlerpersönlichkeiten, die am Kunstmarkt sehr präsent waren; manche von ihnen leiteten damals oder zuvor eine Klasse an einer der beiden Wiener Kunsthochschulen. Ernst Fuchs erhielt im Februar 1995 eine Retrospektive, Christian Ludwig Attersee stellte ab Oktober 1996 im Frauenbad aus. Adolf Frohner, Arik Brauer, Josef Bramer, Peter Sengl und Hans Fronius dominierten in den späten 1990er-Jahren. Diese Reihe von Präsentationen sehr bekannter Künstler unterbrach dann die Badener Künstlerin Martina Funder: Sie organisierte eine Ausstellung mit dem Titel „Badewetter“, die ab Juni 1996 im Frauenbad zu sehen war und sieben zeitgenössische künstlerische Positionen mit Bezug zur Badegeschichte zeigte. Die Eröffnungsrede hielt eine der letzten Badefrauen des Frauenbades, Katharina Miedler. Funder stellte keramische Arbeiten direkt unter der Glasabdeckung des Frauenbadbeckens aus.[23]
Frauen als Kuratorinnen und Werke von Frauen spielten auch in einigen Ausstellungen ab den späten 1990er-Jahren eine wichtige Rolle. So kuratierten beispielsweise Sabine Fellner und Gabriele Nagler die Ausstellung „‚Enthüllt‘. Ein Jahrhundert Akte Österreichischer Künstlerinnen“ mit Werken von 46 Künstlerinnen ab 1900, die von November 1998 an im Frauenbad und anschließend in der Galerie im Stadthaus in Klagenfurt zu sehen war. Die Ausstellung enthielt Arbeiten von Künstlerinnen wie Helene Funke und Broncia Koller-Pinell, die erst 20 Jahre später verstärkt in Ausstellungen gezeigt beziehungsweise wiederentdeckt werden sollten. Die Vorarlberger Bildhauerin Margit Denz war die zweite Frau (nach Florentina Pakosta), der eine Personale im Frauenbad gewidmet wurde. Noch heute erinnert sie sich an die Wichtigkeit dieser Ausstellung und den einzigartigen Ausstellungsort. Die Schau „Intim“ war „wie gemacht für die Räumlichkeiten des Frauenbades, alles fügte

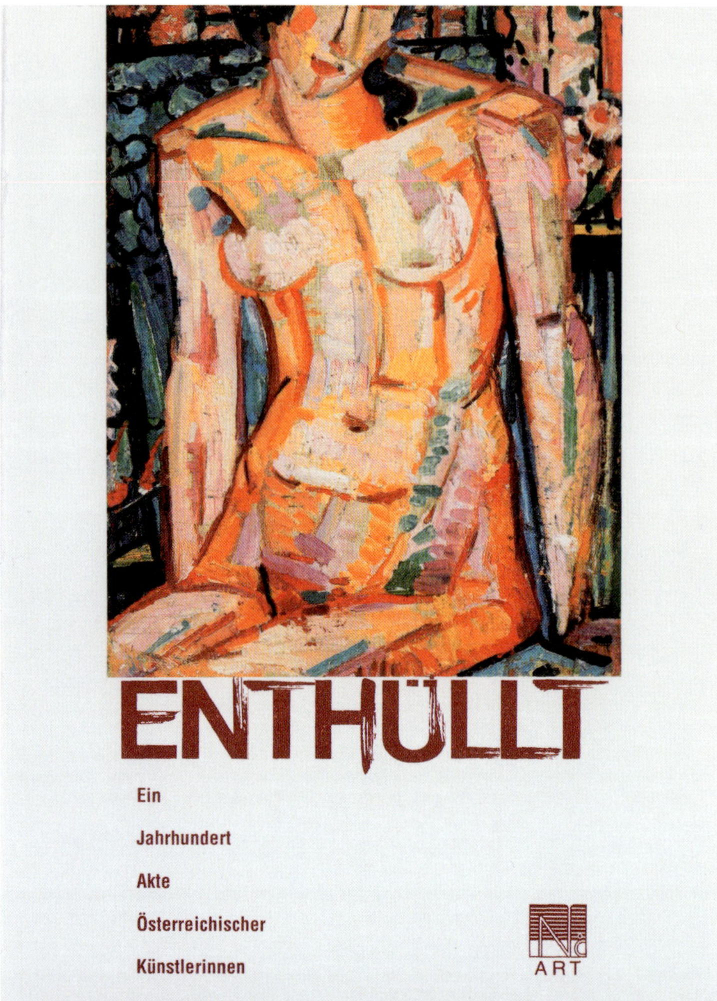

Katalog zur Ausstellung „'Enthüllt'. Ein Jahrhundert Akte Österreichischer Künstlerinnen“, 1998/99
Archiv Arnulf Frainer Museum; Foto: Arnulf Rainer Museum / Nadja Buechler

Ausstellung „Margit Denz. Intim“, 2000
© Margit Strolz-Denz; Foto: Walter Reichl

Plakat zur Ausstellung „Walzerseligkeit und Alltag. Die zweite Hälfte des 19. Jahrhunderts in Baden (Johann-Strauss-Ausstellung)“, 1999
© Stadtarchiv Baden; Foto: Arnulf Rainer Museum / Nadja Buechler

Ausstellung „Badewetter“, 1996 (mit einer Installation von Martina Funder im Frauenbad)
© & Foto: Martina Funder

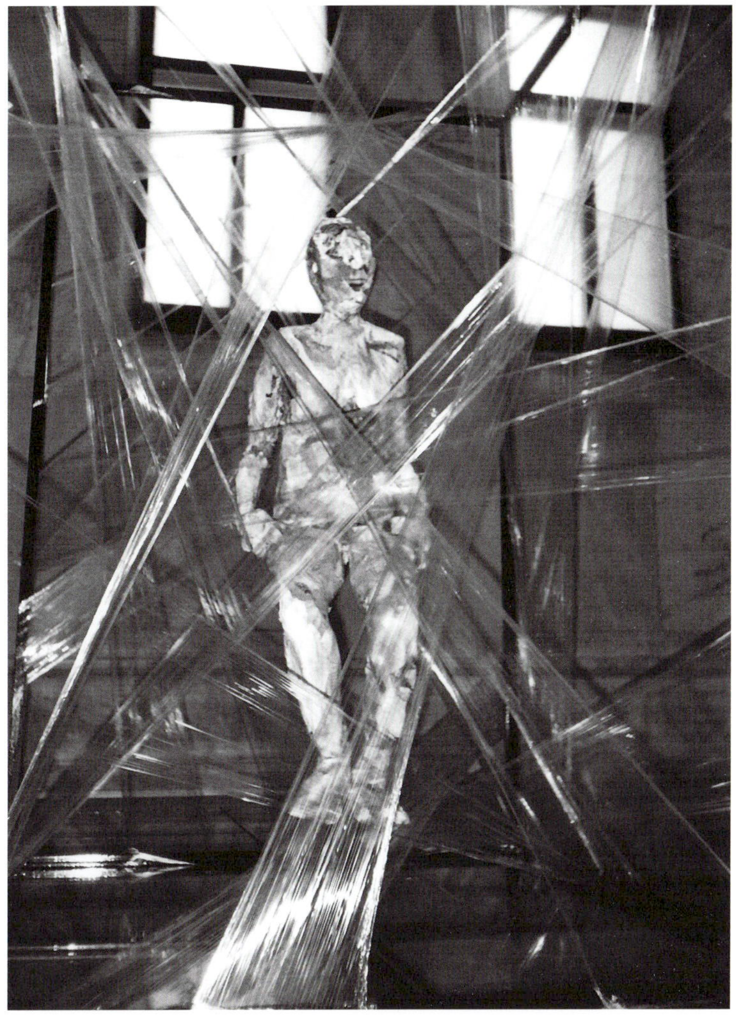

Eröffnung der Ausstellung „Anton Wichtl (1920–1979). Schöner Alltag“, 2005 (von l. nach r.: Christine Kranl, Eleonore Wichtl, August Breininger, Andrea Jünger)
Foto: Archiv Arnulf Rainer Museum

Ausstellungsansicht „HeldINNEN und AUSSEN. Künstlergruppe ASPEKT“, 2005 (Installative Arbeit von Ingrid Biberschick im Carolinenbad)
© & Foto: Ingrid Biberschick

Ausstellung „Out of Paradise“, 2003 (Gemälde von Wanda Mühlgassner)
© & Foto: Wanda Mühlgassner

Eröffnung der Ausstellung „HeldINNEN und AUSSEN. Künstlergruppe ASPEKT“, 2005 (Musik-Performance, im Hintergrund Gemälde von Inge Ute Brunner)
© & Foto: Stadtarchiv Baden

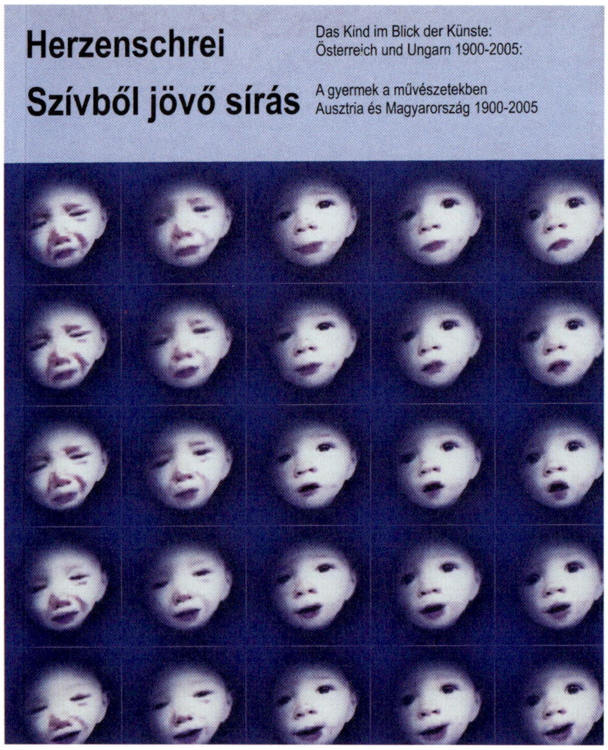

Katalog zur Ausstellung „Herzenschrei. Das Kind im Blick der Künste (Österreich & Ungarn 1900–2005)“, 2005/06
Archiv Arnulf Rainer Museum; Foto: Arnulf Rainer Museum / Nadja Buechler

Ausstellung „Farbenlust und Formgedanken. Abstrakte Wege in Österreich 1900–2000“, 2000–01
© & Foto: Universität für angewandte Kunst Wien, Kunstsammlung und Archiv, Inv.Nr. 16.606/3/FP

Ausstellungsansicht „Herzenschrei. Das Kind im Blick der Künste (Österreich & Ungarn 1900–2005)“, 2005/06 (Zeichnung „Bambini Allegrie“, 1975, von Renate Bertlmann)
© Bildrecht Wien, 2021; Foto: Courtesy Renate Bertlmann

Lottersberger-Messner-Dumpelnik, Umbau des Frauenbades zum Arnulf Rainer-Museum, 2006–09, Südfassade
Foto: Arnulf Rainer Museum / Rainer Mirau

sich ohne Anstrengung wie mühelos in diese fantastische Architektur. [...] Ich blicke mit großer Dankbarkeit darauf zurück."[24]

In den letzten Jahren der Ausstellungstätigkeit im Frauenbad fanden auch sehr umfassende Präsentationen statt, die sich mit Musik, Kultur und der Kurgeschichte Badens beschäftigten und von der Stadt oder städtischen Institutionen organisiert wurden, beispielsweise die Johann-Strauss-Ausstellung „Walzerseligkeit und Alltag" ab Mai 1999. Daneben gab es Gruppenausstellungen in Zusammenarbeit mit dem Kunstverein Baden beziehungsweise mit Badener Künstlerinnen und Künstlern, etwa „Looking over the border" ab Juli 2002 oder „Out of Paradise" ab Juni 2003 mit fünf Künstlerinnen mit Baden-Bezug. Die sehr umfassende Schau „reality check!" ab Dezember 2003 versammelte vor allem junge Positionen gegenständlicher Kunst. Auf die Retrospektive eines sehr wichtigen Badener Künstlers mit dem Titel „Anton Wichtl (1920–1979). Schöner Alltag" ab März 2005 folgte eine Präsentation der Badener Künstlervereinigung „kunstaspekt" („HeldINNEN und AUSSEN"). Oft wurden die Glasabdeckungen der Becken für Tanzaufführungen, Performances und später auch Clubbings genutzt. Erika Patka, damals Leiterin der Kunstsammlung der Universität für angewandte Kunst Wien, organisierte und kuratierte im Rahmen der NÖART (sie hatte bereits 1989 eine Retrospektive zu Carry Hauser im Frauenbad gezeigt) ab 2000 gleich mehrere Ausstellungen im Frauenbad: „Farbenlust und Formgedanken" ab Dezember 2000 und „Bertold Löffler. Zwischen Jugendstil und Neobiedermeier" ab April 2001. Es war auch Erika Patka (gemeinsam mit Gabriele Nagler und Júlia Mészáros), die die letzte Ausstellung bildender Kunst im Ausstellungszentrum Frauenbad kuratierte, bevor das Haus zum Arnulf Rainer Museum umgebaut wurde.[25] Die als Wanderausstellung konzipierte und in einem Katalog wunderbar dokumentierte Schau „Herzenschrei. Das Kind im Blick der Künste (Österreich & Ungarn 1900–2005)" wurde am 11. November 2005 eröffnet und endete am 1. Jänner 2006. Sie zeigte Werke von 75 Künstlerinnen und Künstlern des 20. Jahrhunderts aus Österreich und Ungarn, die den Blick auf die „Befindlichkeiten der Kinderseele" lenkten. Damit war die Ausstellungstätigkeit im Ausstellungszentrum Frauenbad beendet und es wurden – nur zwölf Jahre nach der letzten umfassenden Renovierung – weitreichende Pläne für den Umbau und die Neuwidmung des Hauses entwickelt.[26]

Ausstellungen im Arnulf Rainer Museum (ab 2009)

Aus einem geladenen Wettbewerb für den Umbau des Frauenbades zum Arnulf Rainer Museum ging 2006 die Arbeitsgemeinschaft Lottersberger-Messner-Dumpelnik als Sieger hervor. In den Jahren 2008 und 2009 fanden innen und außen umfangreiche Renovierungsarbeiten statt. Das Haus ist nun eine Landmark, nahmen die Architekten doch mit der transluzenten Verkleidung der Dachlaterne direkt Bezug auf Rainers Arbeitsprinzipien der Übermalung, Verhüllung und Verdeckung. Am Dach leuchtet den Betrachterinnen und Betrachtern ab Einbruch der Dunkelheit neben der Logosignatur von Arnulf Rainer der Name „Arnulf Rainer Museum" entgegen, der inzwischen fest im Bewusstsein der Bevölkerung verankert ist.

Die Fassade wurde in Absprache mit dem Bundesdenkmalamt, auch nach Befundung der zahlreichen darunterliegenden Farbschichten, wieder etwas „neutralisiert" und präsentiert sich in sehr dezentem Gelb und Grau. Im Inneren betrafen die Umgestaltungen vor allem die Schaffung einer einladenden und funktionalen Eingangssituation mit Kassa- und Shopbereich (Glastüren) und die Verlegung heller Terrazzoböden im ganzen Haus. Grob gemasertes graues Eichenholz kam im ganzen Haus zum Einsatz und wurde bei allen neuen Elementen und Bauteilen verwendet (Foyermöblierung, Stege, Regale). Zudem machte man das Carolinenbecken wieder über den Treppeneingang zugänglich, die Werke an den Wänden können nun zudem von einem Steg aus betrachtet werden. Sowohl bei diesem Becken als auch bei dem des Frauenbades wurden die

Ausstellung „Arnulf Rainer. Rainer Universalis", 2014/15 (Stundenbad mit Skulpturengruppe „Flora und Zephyr", um 1822, von Joseph Klieber – im Besitz des Rollettmuseum)
© Arnulf Rainer; Foto: Arnulf Rainer Museum / Kollektiv Fischka

Ausstellung „Markus Lüpertz & Arnulf Rainer. Bildende Kunst", 2015 (Blick ins Frauenbad)
© Arnulf Rainer; © Lüpertz: Bildrecht, Wien 2021; Foto: Arnulf Rainer Museum / Wolfgang Thaler

Ausstellung „Arnulf Rainer. Revue 1.0", 2019 (Blick in die Kabanen im Westtrakt)
© Arnulf Rainer; Foto: Arnulf Rainer Museum / Kollektiv Fischka

S. 99, Ausstellung „Arnulf Rainer. Rainer Kosmos", 2012 (Blick ins Carolinenbad)
© Arnulf Rainer; Foto: Arnulf Rainer Museum / Wolfgang Thaler

Glasabdeckungen entfernt, das Frauenbad ist nun von einer Brückenkonstruktion überspannt. Die Kabinenzeilen im Ost- und Westtrakt beim Einstieg in die Bäder beziehungsweise bei den sogenannten Schnecken wurden in Absprache mit dem Bundesdenkmalamt entfernt. Außerdem wurde das Haus mit technischen Adaptierungen (Licht, Lüftung, Heizung, Sicherheit) für einen zeitgemäßen Museumsbetrieb ausgestattet.
Die Renovierungskosten betrugen 2,2 Millionen Euro (finanziert zu 80 Prozent vom Land Niederösterreich und zu 20 Prozent von der Stadt Baden). Das Arnulf Rainer Museum wurde am 25. September 2009 – circa zwei Monate vor dem 80. Geburtstag des Künstlers – mit der Ausstellung „Arnulf Rainer. Aller Anfang ist schwer. Frühe Arbeiten 1949–1961" eröffnet. Auf einer Fläche von 600 Quadratmetern wird seitdem Rainers vielschichtiges Œuvre in monografischen wie thematischen Ausstellungen gezeigt. Dialogausstellungen veranschaulichen Querverbindungen zu seinen Zeitgenossen. Rainers Werk, das in den Sammlungen der größten Museen der Welt eine zentrale Rolle spielt, kann so dem regionalen wie internationalen Publikum mit Ausstellungen, Publikationen und Veranstaltungen umfassend vermittelt werden. Renommierte Kuratoren, die oft seit mehreren Jahrzehnten mit dem Werk des Künstlers vertraut sind, stellen die Präsentationen in enger Zusammenarbeit mit dem Künstler und seiner Familie zusammen. Bis Ende 2021 fanden 21 Ausstellungen im Arnulf Rainer Museum statt, die Publikationsliste des Museums umfasst 19 Kataloge. Anlässlich des zehnjährigen Bestehens des Arnulf Rainer Museums und des 90. Geburtstages des Künstlers wurde 2019 die von Helmut Friedel kuratierte Ausstellung „Revue 1.0" gezeigt und ein umfassender Katalog präsentiert, der die ersten zehn Jahre der Ausstellungstätigkeit im Arnulf Rainer Museum dokumentiert.

Mit Rainer begann 1977 die Ausstellungstätigkeit im Frauenbad, mit der Eröffnung des Arnulf Rainer Museums 2009 erfuhr sein Œuvre eine Würdigung in seiner Geburtsstadt. Dieser Text zu den Kunstausstellungen der letzten vier Jahrzehnte im Frauenbad soll mit einem Zitat von Arnulf Rainer schließen: „Ich betrachte Kunst als etwas, das den Menschen erweitern soll. Wenn sich der Mensch nicht müht, wenn er sich nicht anstrengt, ist er ein reduziertes Wesen. [...] Kunst ist für mich eine Hilfe für den Menschen und eine Form, sich zu entfalten."[27]

1 Jack Ink, Künstler, Pionier der Glaskunst und Leiter des Glasstudios im Franzensbad (1976–1986), berichtet, dass das Frauenbad Mitte der 1970er-Jahre stark renovierungsbedürftig war. Der damalige Bürgermeister von Baden, Viktor Wallner, bot es ihm als Glasstudio an. Aufgrund des enormen Renovierungsbedarfs entschied sich Ink aber für das Franzensbad, das zur gleichen Zeit wie das Frauenbad geschlossen worden war. Hier betrug der Renovierungsbedarf 20.000 Schilling. Der Künstler berichtet auch, dass entgegen der landläufigen Meinung im Frauenbad nie Ausstellungen zur Glaskunst stattfanden, sondern nur in der Galerie des Glasstudios im Franzensbad. Gespräch mit Jack Ink am 6. 7. 2021.

2 Arnulf Rainer wurde am 8. 12. 1929 geboren.

3 Arnulf Rainer. Der grosse Bogen. Retrospektive 1957–1977 (Ausst.-Kat. Kunsthalle Bern, 30. 4. 1977–5. 6. 1977, Niederösterreich-Gesellschaft für Kunst und Kultur, Wien/Frauenbad, Baden bei Wien, 24. 11. 1977–7. 1. 1978), Bern 1977, Cover (Rückseite). Der gleiche Text steht auf der Einladungskarte; ein Exemplar befindet sich im Stadtarchiv Baden, ebenso ein Ausstellungsplakat. Alle drei tragen als Sujet eine von Arnulf Rainer individuell übermalte Fotografie des Carolinenbeckens, auf der Einladung und dem Plakat ist zudem der Künstler zu sehen, der hinter einer seiner Fotoübermalungen posiert.

4 Die Umbauetappen von 1977 bis 2006 sind sehr gut in Matthias Boeckls Text „Vom Badehaus zum Künstlermuseum" in dieser Publikation beschrieben. Außerdem ist folgender Artikel zu empfehlen: Erneuerung des Frauenbades als Ausstellungszentrum, in: Amtliches Nachrichtenblatt der Stadtgemeinde Baden, Nr. 6, 1988, S. 53–54.

5 Die konstituierende Sitzung fand am 2. 3. 1977 statt. Im Oktober 1978 wurde die NöART-Galerie im Künstlerhaus, Wien, eröffnet, die dazu dienen sollte, die Werke niederösterreichischer Künstlerinnen und Künstler in der Bundeshauptstadt zu präsentieren und andererseits künstlerische Positionen aus Wien an verschiedenen Orten in Niederösterreich zu zeigen. Die ersten zehn Jahre der Tätigkeit der NöART sind sehr gut dokumentiert in: Niederösterreich-Gesellschaft für Kunst und Kultur (Hg.): 10 Jahre Niederösterreich Gesellschaft für Kunst und Kultur, Wien o. J. Insbesondere sind hier auch Ausstellungsansichten und Fotos von Veranstaltungen, unter anderem von Rainers Ausstellung, abgedruckt. Weitere Berichte zum Beginn der NöART finden sich hier: Badener Zeitung, 12. 12. 1975, S. 1–2, 19. 12. 1975, S. 2–3, und 25. 11. 1977, S. 1. Für aktuelle Informationen zur NöART siehe http://noeart.at.

6 Viktor Wallner: Wer kann was Dummes, wer was Kluges denken, das nicht die Vorwelt schon gedacht? (Mephisto). Erinnerungen von Bgm. HR Mag. Viktor Wallner, in: Badener Zeitung, 23. 2. 2009, S. 7.

7 Eine Anfrage bei der NöART ergab, dass sie über kein Verzeichnis der Ausstellungen im Frauenbad verfügt. Im Stadtarchiv Baden befinden sich im Nachlass von Viktor Wallner (übernommen 2012) seine „Reden und Vorträge"; unter Punkt 13, „Veranstaltungen der Niederösterreich-Gesellschaft für Kunst und Kultur im Frauenbad, Baden bei Wien (2001)", listet Wallner die Ausstellungen auf, die von 1978 bis 2001 im Frauenbad stattfanden und von der NöART organisiert wurden (Bibliothek Stadtarchiv Baden, C 2083, o. D.). Wallner nennt insgesamt 32 Ausstellungen, wobei anzumerken ist, dass einige wenige Ausstellungen der NöART vergessen wurden. Von den im Anschluss an diesen Text aufgelisteten 74 Ausstellungen, die zwischen 1977 und 2006 im Frauenbad stattfanden, organisierte die NöART ca. 45. Die Archivordner des Kulturamts der Stadt Baden (es war bei allen Ausstellungen organisatorisch involviert) befinden sich seit 2009 im Archiv des Arnulf Rainer Museums. Die von 1989 bis 1993 geplanten Ausstellungen sind in einem Aktenordner dokumentiert, wobei es sich vor allem um Ausstellungsabsagen und Dokumente zu der in Aussicht genommenen Renovierung des Hauses handelt. Die Ausstellungen von 1994 bis 2006 sind in knapp 50 Aktenordnern mit Aktennotizen, Korrespondenz, Drucksorten, Medienberichten und Kostenaufstellungen dokumentiert, vereinzelt finden sich hier auch Fotos von Eröffnungen.

8 Ein herzliches Dankeschön an das Stadtarchiv Baden, insbesondere an Ulrike Scholda und Birgit Doblhoff-Dier, ohne deren Hilfe es niemals möglich gewesen wäre, die Ausstellungen zu rekonstruieren.

9 Die Liste erhebt keinen Anspruch auf Vollständigkeit, und es wurden nur jene Ausstellungen verzeichnet, die sich durch Archivalien belegen ließen. Gerne können sich Zeitzeuginnen und Zeitzeugen melden, um über weitere Ausstellungen zu berichten.

10 An dieser Stelle ist sehr herzlich allen Künstlerinnen und Künstlern sowie Personen aus dem Kulturbereich zu danken, die Fotomaterial zur Verfügung gestellt bzw. bei der Zuordnung des Materials geholfen haben. Im Stadtarchiv findet sich auch eine Archivmappe mit Fotos des Pressereferats Baden, die diverse Veranstaltungen im Frauenbad dokumentieren – eine vollständige Zuordnung der Fotos zu den Ausstellungen war bis dato aufgrund fehlender Datumsangaben nicht möglich.

11 Ab 1994 wurden auch „Kunsthaus Frauenbad" oder „Kunsthalle Frauenbad" verwendet, am gebräuchlichsten waren aber weiterhin die Bezeichnungen „Ausstellungszentrum" bzw. umgangssprachlich „Frauenbad".

12 Mehrere Gespräche mit Sophie Lesch im April und Juni 2021.

13 Badener Sezessionstage. Badener Vereine stellen sich vor: Kunst, Kultur & Kommunikation. Vom Frauenbad in das Johannesbad, in: Amtliches Nachrichtenblatt der Stadtgemeinde Baden, Nr. 1, 1992, S. 28–29, hier S. 28.

14 Gespräch mit Kurt Welther am 25. 3. 2021.

15 E-Mail von Michael Wurm am 21. 5. 2021. Leider konnten bis dato keine Ausstellungsansichten mit den Werken von Alois Mosbacher gefunden werden.

16 Vgl. Erneuerung des Frauenbades als Ausstellungszentrum, wie Anm. 4.

17 Diese Überlegungen sind dokumentiert in einem Aktenordner (1989–1993), der sich im Archiv des Arnulf Rainer Museums befindet. Er enthält u. a. zahlreiche Ausstellungsabsagen an Künstlerinnen und Künstler bzw. Organisatoren. Interessant sind aber vor allem die Überlegungen zur Umgestaltung des Ausstellungszentrums in eine „Kunsthalle" und zu einer möglichen Zusammenlegung der Ausstellungstätigkeit mit jener des Rollettmuseums.

18 August Breininger war von 1988 bis 2007 Bürgermeister der Stadt Baden.

19 Lediglich drei Kassettenflächen an der Decke wurden originalgetreu restauriert; hier ist ein sehr feines, elegantes Arabeskenmuster mit weiblichen Halbfiguren zu sehen. Die Originaldekoration im Kassensaal wurde bereits 1979 restauratorisch untersucht und fotografisch dokumentiert. Im Bundesdenkmalamt, Abteilung für Niederösterreich (mit Sitz in Krems), befindet sich ein Akt zum Frauenbad (Zl. 14.510, 1979–1994), der Material dazu enthält.

20 Dieser „Weißanstrich" im Festsaal erfolgte vermutlich bereits 1940 im Zuge der umfassenden Renovierungen der Innenarchitektur und Inneneinrichtung des Gebäudes. Siehe hierzu auch Ulrike Scholdas Text „Die Quellen der Erinnerung" in dieser Publikation.

21 In zwei Räumen (wo heute die Kassa bzw. die Stiegengalerie im Arnulf Rainer Museum ist) wurde die Lage zweier ehemaliger Stundenbäder ornamental am Boden markiert. Die „Marmorverkleidung" der Wände an diesen beiden Stellen weist noch heute auf die ehemaligen Bäder hin.

22 Es ist Architekt Nedoschill zu verdanken, dass nicht nur das Dach komplett saniert, sondern auch die feuchten Mauern und das Fundament des Gebäudes trockengelegt wurden; dazu existiert eine umfassende Fotodokumentation von Nedoschill, die er in einem Gespräch am 12. 5. 2021 der Autorin vorgelegt hat. Die Sanierungen, die sich auf ca. 30 Millionen Schilling beliefen, sind auch in folgenden Artikeln sehr gut beschrieben: N. N. (Architekt):

In die Kabinen blinzeln, in: zeiten weise. Kunst und Kultur in Niederösterreich, Nr. 1, 1995, S. 34–37. – Heidi Hinze: Bilder über Schwefelwasser. Aus dem alten Badner Frauenbad wurde ein neues originelles Zentrum für Gegenwartskunst, in: morgen, Nr. 99, 1995, S. 20–22.

23 Gespräch mit Martina Funder am 11. 3. 2021.

24 Schriftlicher Kommentar von Margit Strolz-Denz im Juni 2021.

25 Von 2006 bis 2008 wurde das Frauenbad noch teilweise für Veranstaltungen der Stadt Baden genutzt; vom 1. 4. bis 18. 5. 2008, kurz vor Beginn der Umbauarbeiten, wurde noch eine vom Rollettmuseum organisierte Ausstellung mit dem Titel „‚Welch göttlicher Kopf'. Dr. Gall und seine Schädelsammlung" gezeigt.

26 Bereits im September 2004 besichtigte Arnulf Rainer gemeinsam mit Verantwortlichen der Stadt (unter anderen Bürgermeister August Breininger) das Frauenbad; ab 2005 ist auch in zahlreichen Medienberichten zu lesen, dass die Stadt Baden und das Land Niederösterreich planen, das Frauenbad dem Werk von Arnulf Rainer zu widmen. 2005 wurde der Wiener Kunsthistoriker und Museumsmanager Dieter Bogner als Generalberater für das Projekt beauftragt. Zeitgleich wurde die Errichtung einer eigenen Gesellschaft (Badener KulturbetriebsgmbH) in die Wege geleitet, die ab der Eröffnung des Arnulf Rainer Museums für den Betrieb des Hauses zuständig sein sollte.

27 Peter Weibel: „Wahrscheinlich sind Künstler Truthähne". Interview mit Arnulf Rainer, 1972, in: heute Kunst, Nr. 8, 1974, S. 7–10, hier S. 8.

S. 102–103, Ausstellung „Emilio Vedova & Arnulf Rainer: 'Tizian schaut'", 2020/21 (Blick in den Spiegelsaal) © Arnulf Rainer; © Fondazione Emilio e Annabianca Vedova; Foto: Arnulf Rainer Museum / Andreas Balon

Verzeichnis der Ausstellungen 1977–2021

List of exhibitions 1977–2021

Ausstellungszentrum Frauenbad (1977–2006)

1977–1978 – Arnulf Rainer. Der große Bogen. Retrospektive 1957–1977; 11/1977–01/1978 (P)
1978 – Marc Adrian. Hinterglasmontagen 1955–1979; 06–07/1978 (P)
1980 – 1915–1980. Kunstverein Baden (65 Jahre Kunstverein); 05–08/1980 (P)
1980–1981 – Weihnachten in Niederösterreich. Brauchtum, Volkskunst, Kunsthandwerk; 11/1980–01/1981
1981 – Badener Kunstmarkt für die Region „Viertel unter dem Wienerwald"; 05–09/1981 (P)
1982 – Albert Paris Gütersloh. Retrospektive; 09–10/1982 (P)
– Wolfgang Hutter. Druckgrafik 1953–1982; 10–11/1982 (P)
1982–1983 – Märchen und Sagen; 11/1982–01/1983
1983 – Textile Kunst. Zeitgenössische Gestaltungsbeispiele; 05/1983
– Oberösterreichischer Kunstverein 1851; 06–07/1983 (P)
1983–1984 – Spielzeug einst und jetzt; 11/1983–01/1984
1984 – Helmut Krumpel (Bilder); 10–11/1984
1984–1985 – Technisches Spielzeug für Groß und Klein; 12/1984–01/1985
1985 – 10 Jahre Photostudio Sophie Lesch. Mit Zeichnungen von Franz Thamer; 06/1985
– Ars Austriaca 85. Ausstellung der Berufsvereinigung bildender Künstler Österreichs; 09–10/1985
1985–1986 – Die Welt des Kindes; 12/1985–01/1986
1986 – K. Welther. Begegnungen; 04–05/1986 (P)
– Badener Sezessionstage; 06/1986
– Sergius Pauser. Retrospektive; 09–10/1986 (P)
– Mathias Hietz (Skulpturen) – Max Melcher (Malerei); 11–12/1986 (P)
1987 – Badener Sezessionstage; 05/1987
– RIVA. Alois Mosbacher. Erwin Wurm; 06–07/1987 (P)
– Roman Scheidl. Zwölf Räume; 10–11/1987 (P)
1988 – Badener Sezessionstage; 04–05/1988
– Balance.akte 88. Neue Kunst aus Niederösterreich; 06–09/1988 (P)
1988–1989 – Im Schatten der Weilburg. Baden im Biedermeier; 09/1988–01/1989 (P)
1989 – Badener Sezessionstage; 03–04/1989 (P)
– Carry Hauser. 1895–1985; 05–07/1989 (P)
– FS-Beer; 07–09/1989 (P)
– Walter Vopava. Neue Bilder; 09–10/1989 (P)

1990 - Badener Sezessionstage; 04-05/1990 (P)
- Hannes Mlenek; 05-07/1990 (P)
- Florentina Pakosta. Ölbilder und Grafiken 1962-1990; 07-08/1990 (P)
- Foto-Fluss. Aktuelle Fotografie aus Niederösterreich; 09-11/1990 (P)

1990–1991 - Da kommt ER. Bilder und Zeichnungen von Bernhard Hollemann; 12/1990-01/1991 (P)

1994–1995 - Künstlerhaus im Frauenbad; 11/1994-01/1995 (P)

1995 - Ernst Fuchs. Retrospektive. 1945-1995; 02-05/1995
- Joan Miró. Aidez L'Espagne. Originalplakate 1937-1983; 06-09/1995 (P)

1995–1996 - Walter Schmögner; 09/1995-01/1996

1996 - Angeli & Korab; 02-06/1996
- Badewetter; 06-09/1996

1996–1997 - Christian Ludwig Attersee. Jesus übt. Malerei 1995-1996; 10/1996-01/1997 (P)

1997 - Arachne. Österreichische Tapisserie 1997; 02-04/1997
- Johannes Elis & De Es Schwertberger; 04-06/1997
- Farblust; 07-10/1997 (P)

1997–1998 - Adolf Frohner. Wasser und Öl. Malerei der 90er; 10/1997-01/1998

1998 - Arik Brauer. Malerei der Wiener Schule des Phantastischen Realismus; 03-05/1998
- Alexander Rutsch. Retrospektive; 06-09/1998
- Josef Bramer. Retrospektive; 09-11/1998

1998–1999 - „Enthüllt". Ein Jahrhundert Akte Österreichischer Künstlerinnen; 11/1998-01/1999 (P)

1999 - Peter Sengl. Traum von mehr bis minder schönen Frauen (S.B.); 02-04/1999
- Walzerseligkeit und Alltag. Die zweite Hälfte des 19. Jahrhunderts in Baden (Johann-Strauss-Ausstellung); 05-11/1999 (P)

1999–2000 - Hans Fronius. Graphische Werke; 12/1999-03/2000

2000 - Margit Denz. Intim; 04-07/2000 (P)
- Land schaffen. Landschaftsbilder der 90er Jahre; 09-11/2000

2000–2001 - Farbenlust und Formgedanken. Abstrakte Wege in Österreich 1900-2000; 12/2000-02/2001 (P)

2001 - Bertold Löffler. Zwischen Jugendstil und Neobiedermeier; 04-09/2001 (P)

2001–2002 - Keine „Aida" ohne Negrelli, den Planer des Suez-Kanals; 10/2001-01/2002 (P)

2002 - Arsfantastica. Die Ausstellung, bei der Ernst Fuchs Pate stand; 01-04/2002
- Looking over the border. Kunstverein Baden. Kunsthalle Szombathely; 07-08/2002 (P)
- Zens. Retrospektive; 09-11/2002

2003 - Wasser - Leben - Weltkurort. Baden und die Badener (Teil 1: 1900-1914, Teil 2: Jahrtausendwende); 01-06/2003 (P)
- Out of Paradise; 06-08/2003
- Alexander Rutsch. Das innere Auge; 08-09/2003
- Der Künstler schläft nicht. Robert Kabas. Bilder, Zeichnungen, Skulpturen; 10-11/2003

2003–2004 - reality check! Positionen gegenständlicher Kunst; 12/2003-02/2004

2004 - Kur & Kultur. Theater & Literatur; 03-04/2004
- Unsere neuen Nachbarn. Ausstellung von Künstlern aus der Slowakei, Tschechien, Ungarn und Slowenien; 06-07/2004
- Schattenseiten und Flugversuch (Ramacher & Einfalt); 09-11/2004 (P)

2004–2005 - Friedrich Aduatz; 11/2004-02/2005

2005 - Anton Wichtl (1920-1979). Schöner Alltag; 03-05/2005
- HeldINNEN und AUSSEN. Künstlergruppe ASPEKT; 06-08/2005
- Die Künstler aus Gugging; 09-10/2005

2005–2006 - Herzenschrei. Das Kind im Blick der Künste (Österreich & Ungarn 1900-2005); 11/2005-01/2006 (P)

Arnulf Rainer Museum (2009–2021)

2009–2010	– Arnulf Rainer. Aller Anfang ist schwer. Frühe Arbeiten 1949–1961; 09/2009–04/2010 (P)
2010	– Arnulf Rainer. Kreuz. Es ist das Kreuz, das den Sinn ergeben könnte; 04–11/2010 (K: Reinhold Baumstark; P)
2010–2011	– Arnulf Rainer. Visages; 11/2010–09/2011 (K: Jean-Michel Foray; P)
2011–2012	– Georg Baselitz & Arnulf Rainer. Lustspiel – Neues aus dem Atelier; 10/2011–04/2012 (K: Georg Baselitz, Arnulf Rainer; P)
2012	– Arnulf Rainer. Rainer Kosmos; 04–10/2012 (K: Helmut Friedel; P)
2012–2013	– Arnulf Rainer. New, Unfigured and Interesting; 10/2012–05/2013 (K: Helmut Friedel; P)
2013	– Mario Merz & Arnulf Rainer. Tiefe Weite; 05–10/2013 (K: Rudi Fuchs; P)
2013–2014	– Arnulf Rainer. Rainer und die Alte Kunst; 11/2013–04/2014 (K: Peter Weiermair; P)
2014	– Damien Hirst & Arnulf Rainer. Durcheinander I Commotion; 04–10/2014 (K: Rudi Fuchs; P)
2014–2015	– Arnulf Rainer. Rainer Universalis; 10/2014–04/2015 (K: Helmut Friedel; P)
2015	– Markus Lüpertz & Arnulf Rainer. Bildende Kunst; 05–10/2015 (K: Markus Lüpertz; P)
2015–2016	– Arnulf Rainer. Pinselrausch; 10/2015–10/2016 (K: Rudi Fuchs; P)
2016–2017	– Arnulf Rainer. Pinselrausch – Frisch gemischt und neu gemalt; 10/2016–04/2017 (K: Rudi Fuchs, Maarten Bertheux; P)
2017–2018	– Arnulf Rainer. Die Farben des Malers; 04/2017–01/2018 (K: Helmut Friedel; P)
2018	– Arnulf Rainer. Die Farben des Malers – Szenenwechsel; 01–06/2018 (K: Helmut Friedel)
	– Donald Judd & Arnulf Rainer. Kanten, Winkel, Linien, Kurven; 06–10/2018 (K: Rudi Fuchs; P)
2018–2019	– Donald Judd & Arnulf Rainer. Saskia Noor van Imhoff & Sarah Pichlkostner; 10/2018–02/2019 (K: Rudi Fuchs, Maarten Bertheux, Rüdiger Andorfer; P)
2019	– Arnulf Rainer. Revue 1.0; 02–10/2019 (K: Helmut Friedel; P)
2019–2020	– Arnulf Rainer. Revue; 11/2019–08/2020 (K: Helmut Friedel)
2020–2021	– Emilio Vedova & Arnulf Rainer: „Tizian schaut"; 09/2020–09/2021 (K: Fabrizio Gazzarri, Helmut Friedel; P)
2021–2022	– Quellen der Erinnerung. 200 Jahre Frauenbad in Baden; 09/2021–02/2022 (K: Matthias Boeckl; P)

K = Kurator(en) / curator(s)
P = Publikation / publication

Dieses Verzeichnis erhebt keinen Anspruch auf Vollständigkeit. /
This list makes no claim to be complete.

A temple to bathing full of art

Exhibitions in the former Frauenbad Exhibition Centre and in the Arnulf Rainer Museum

Christine Humpl-Mazegger

Commencement of exhibitions in the Frauenbad (1977, a retrospective on Arnulf Rainer)

After spa operations in the Frauenbad ceased on 14 November 1973, the building was left standing empty for several years. As with the other bathhouses in the town of Baden, a new purpose was being sought for its use. It was also important (and additionally because of a loan from the European Recovery Programme) that the old bath buildings continued to be well maintained.[1]

On 23 November 1977, after the first renovations in the Frauenbad, a retrospective was opened that gave an overview of the work of the then 47-year-old painter Arnulf Rainer[2]: "Arnulf Rainer. Der grosse Bogen. Retrospektive 1957–1977" (Arnulf Rainer. The Great Arc. Retrospective 1957–1977). The introductory welcome was given by Johannes Gachnang, the then director of the Kunsthalle Bern. On display were paintings and drawings from the following work phases: "Blindgestaltungen" (Blind Designs) and "Zentralisationen" (Centralisations), "Übermalungen" (Overpaintings), "Face Farces" and "Body Poses" as well as hand and finger paintings. The exhibition ended on 7 January 1978. The brief information text on the invitation card and the rear cover of the catalogue explains the reasons for the exhibition: "Arnulf Rainer was born 47 years ago in the Zitaheim in Baden. His parental home was a few kilometres away in Bad Vöslau. It was there in the years 1953–1959 that his most important works, the 'Overpaintings', were developed. The exhibition shown here was put together by the Kunsthalle Bern and moved on from there to Munich (Städtische Galerie) and Hanover (Kestner-Gesellschaft). It shows an overview of his entire œuvre from 1957–1977. The Frauenbad was built in 1821 as a spa facility. In this form, it was expressly chosen by the artist for its architecture, so suited to exhibitions, and for its particular atmosphere."[3]

In the 1970s, Arnulf Rainer had reached one of the most significant points in his career and his works were shown at all the most important international art shows. In 1971, for example, he represented Austria at the 11th São Paulo Biennial and had his first major retrospective in Germany with an exhibition at the Hamburg Kunstverein. After participating in documenta 5 and 6 (1972/1977), the artist, who was living in Germany at the time, represented Austria once more at the 38th Venice Biennale (1978), and in the same year he received the Großer Österreichischer Staatspreis (Grand Austrian State Prize) "in appreciation of his work" in the "field of fine arts". That the works of one of the most sought-after contemporary artists who is also, from today's perspective, one of the most significant in terms of art history, were on display in Rainer's native town of Baden can almost be described as a stroke of luck – or a wise decision on the part of those responsible. So it was with Arnulf Rainer that the exhibitions and the gradual transformation of the Frauenbad into an exhibition space began. Thus, from 1977 to 1988, numerous renovation works took place, especially concerning the façade, the roof, the heating and the sanitation facilities, and the building was adapted to make it suitable as a modern exhibition operation (display walls, lighting).[4] Since the works always had an influence on the format of the exhibitions, relevant alterations and renovations are mentioned in this text at the appropriate moments.

It is important to mention that Rainer's exhibition in the Frauenbad also launched a cultural initiative of the Province of Lower Austria that still exists to this day. Viktor Wallner, then a member of the Lower Austrian parliament and cultural spokesman for the ÖVP (1965–1988 also mayor of Baden), founded the association "Niederösterreich-Gesellschaft für Kunst und Kultur" (Lower Austria Society for Art and Culture, NöART) in 1976 and became its secretary general. One of the aims of NöART was to promote contemporary art and artists, and it endeavoured to bring touring exhibitions and events to Lower Austrian communities in the spirit of "cultural democracy".[5] Wallner reported more than 30 years later in an article in the "Badener Zeitung" that Arnulf Rainer initially wanted to exhibit in the Kongresshaus in Baden. However, after showing the artist the Frauenbad, it was Rainer's express wish to present his works in this specific place. On this point Wallner commented: "I took Rainer through this empty Frauenbad. He was fascinated by it: above all, the changing cubicles with the possibility of showing pictures in isolation, and the pools with the possibility of presenting large format works made him almost euphoric. One thing, however, tipped the balance for him in particular: there was nowhere else where that prime motif of contemporary art – alienation – could be experienced so delightfully as in a bathing room that was to be used for an exhibition.[6]
The majority of the exhibitions (about two thirds) were organised by NöART in cooperation with the Kulturamt (Cultural Office) of the town of Baden; other exhibitions were put on directly by the town of Baden or institutions and personalities with close ties to the town. However, the Cultural Department of the Province of Lower Austria, Lower Austrian cultural associations and famous persons from the cultural sector also supervised exhibitions in the Frauenbad in terms of content and organisation. The management of the Badener Kur- und Bäderbetriebe was responsible for the operation of the Frauenbad and the building.

In what follows, an attempt is made to document the exhibitions at the Frauenbad on a selective basis. A list of exhibitions from 1977 to 2006, which was compiled for the first time for this publication, can be found on pages 105–107. The 74 exhibitions recorded in the Frauenbad show that there were many exhibitions and by no means only "sporadically-held" shows, as is often claimed. It must also be mentioned that there are no records and no archives with a systematic recording of the exhibitions in the Frauenbad for the period up to around 1989.[7] The reconstruction of this data was done with the help of archival materials in the Stadtarchiv Baden (especially invitation cards, posters, folders, media reports, catalogues)[8], reports and materials provided by contemporary witnesses, and selective research in the "Badener Zeitung" and the "Amtliches Nachrichtenblatt der Stadt Baden".[9] It was also important for the author to document the exhibitions with photographic material and thus provide insights into the architecture and the use of the historical rooms.[10]

Continuation of exhibitions in the Frauenbad Exhibition Centre (1978–1991)

Exhibitions at the Frauenbad continued in a decidedly avant-garde vein after Rainer, with a presentation of geometrically precise and visually disturbing "reverse glass montages" by the Viennese artist and media pioneer Marc Adrian. Up until the mid-1980s, there were usually one or two exhibitions a year with a running time of two to four months. The building continued to be called "Frauenbad", other names, some of which were only used sporadically, appeared from the mid-1980s onwards, most notably "Ausstellungshalle" (Exhibition Hall). From 1987/88, at the same time as substantial renovation work, the name "Ausstellungszentrum Frauenbad" (Frauenbad Exhibition Centre) became more commonly used.[11]

The exhibitions at the Frauenbad in the 1980s were characterised on the one hand by solo exhibitions and on the other by group exhibitions of visual artists. The latter were mainly organised by local and regional art clubs and artists' associations. The exhibition "1915–1980. Kunstverein Baden" opened in May 1980 on the occasion of the 65th anniversary of the Kunstverein Baden. The painter Franz Kaulfersch, the long-time director of the Leesdorf School of Painting and then vice-president of the Provincial Association of Lower Austrian Art Associations, played a major role in this. From September 1982, a comprehensive retrospective in the Frauenbad was dedicated posthumously to another artist who had lived in Baden, namely Albert Paris Gütersloh, the founder of the Vienna School of Fantastic Realism. Wolfgang Hutter, his pupil and son, was granted a solo exhibition immediately afterwards. A glance at the exhibition list reveals that works by the Fantastic Realists featured both prominently and repeatedly.
From 1980 onwards, and always during Advent, exhibitions for children and families were held, for example on the topics of fairy tales and legends or toys. They were organised by the municipality together with the cultural department and the youth department of the province of Lower Austria in conjunction with local associations and, according to media reports, were always extremely well attended. A comprehensive supporting programme in cooperation with various institutions in Baden (music, theatre, church events) accompanied these exhibitions.
From June 1985, the works, consisting mainly of nudes, of the Baden photographer Sophie Lesch were on display in the Frauenbad, together with drawings by Franz Thamer. She also documented the rooms at the time; for example, both rows of cubicles in the west wing of the Frauenbad can still be seen in one photograph, as well as the very "rough" floors of the early years of exhibitions. Sophie Lesch reports that this exhibition was also often open until midnight because of numerous evening events and that there was a lively conversation between the public and the artists. This was the reason why she founded the association "Badener Sezessionstage" (Baden Secession Days) shortly afterwards. The Frauenbad served as the venue for this innovative project for five years.[12] "The Secessionists were made up of a group of about 40 people, a circle of friends. The aim was to put on a comprehensive programme of events (anything from cabaret to readings, from dance to music) with an exhibition lasting three and a half weeks in the spring."[13] The very well-attended and popular Secession Days took place from 1986 to 1990 in the Frauenbad, and then (among other reasons because of planned renovation work) they were moved to the Kreativzentrum Johannesbad (the Johannesbad Centre for Creativity), which had also once served as a spa.

In 1986, there was a great deal going on in the Frauenbad, with five exhibitions, including solo shows by artists closely connected with Baden or the cultural region of Lower Austria: Solo exhibitions were held by the painters Kurt Welther and Sergius Pauser, and a double event with paintings by Maximilian Melcher and sculptures by Mathias Hietz was shown at the end of 1986. Kurt Welther reports on the very lively exhibition goings-on in the Frauenbad at the time and also, as was the case with other artists of the time, on the influence of Rainer's exhibition on the young art scene. Welther's solo was organised by the municipality of Baden, Dieter Schrage gave the honorific speech, and the banner that could be seen on the façade of the building was made by the artist himself. This exhibition was a huge honour for the then 29-year-old painter.[14] The then young artists Alois Mosbacher and Erwin Wurm must have had similar experiences, as they had a double exhibition in the Frauenbad from June 1987 under the title "RIVA". It has only been possible to record the existence of this show in the course of the research work for this text; the research also unearthed some pictorial material. Wurm passes on his memories of the exhibition at the Frauenbad us through his son Michael Wurm: "It was interesting at the time, because the exhibition space was not a white cube, but was made of materials such as marble and stone. It was unusual to exhibit art in such an environment, but it had a very special atmosphere because of that. He [Erwin Wurm] was allowed to install his work in a large former pool at that time, where his work was shown to great advantage, and he enjoyed having this different kind of space made available to him.[15]
From 1987/88, the building was officially converted into a contemporary "Exhibition Centre". Major changes, which also affected the way exhibitions were run, were the covering of the Frauenbad pool with reinforced concrete slabs, the conversion of the changing cubicles into exhibition booths and the laying of new floors, with stone slabs in the Frauenbad and foyer, and PVC flooring in the other rooms.[16]

The exhibition "Im Schatten der Weilburg. Baden im Biedermeier" (In the Shadow of the Weilburg. Baden in the Biedermeier period) from September 1988 was the first presentation dealing with the history of Baden as a town and a spa. This track was then continued at the end of the 1990s with an exhibition organised by the town of Baden. There was a goodly number of exhibitions mounted in 1989 and 1990, on the one hand because of the renovation measures carried out in the late 1980s in the interior rooms of the Frauenbad, and on the other hand almost certainly because of further renovation plans leading to the imminent temporary closure in mid-1991. Three solo exhibitions took place in 1989, beginning with Carry Hauser, followed by Franz Beer and Walter Vopava. No fewer than five exhibitions can be traced back to 1990: in addition to the last Baden Secession Days and a group show of contemporary photography from Lower Austria, organised by the FLUSS photo initiative, there were solo exhibitions of paintings by Hannes Mlenek and Florentina Pakosta (the first time a solo exhibition was dedicated to a female artist!). With the paintings and drawings of the respected artist Bernhard Hollemann, who had lived in Baden for many years, exhibitions came to a temporary end in January 1991 and a phase of reflection and conceptualisation began for a comprehensive renovation and reorientation of exhibition operations at the Frauenbad.[17]

Exhibitions in the newly renovated Frauenbad Exhibition Centre (Kunsthaus/Kunsthalle) (1994–2006)

In 1991, under the then mayor August Breininger[18] and through the efforts of the then spa director Alexander Pfann, the Viennese architect Werner Nedoschill was commissioned to submit plans for a comprehensive reconstruction and fundamental renovation of the building, which were then indeed carried out in 1993/94.

Significant changes in the exhibition rooms affected the Festsaal (the former foyer or ticket hall) in particular. The wall and ceiling panels were assessed by the Federal Office for the Protection of Monuments with a view to conserving the original configuration of the ticket hall in the years 1876 to 1878, but in the end were only restored in a "simpli-

fied" manner.[19] Prior to this redesign, the walls had been white.[20] The colourful circular motifs that were incorporated into the design of the new artistic terrazzo flooring in the Festsaal were particularly striking. Further striking floor designs were to be found in the exhibition rooms from this point on.[21] In addition, Nedoschill's conversion made it possible to gain two new exhibition rooms on the upper floor of the west wing. The green reinforced glass used to cover the pools of the Frauenbad and the Carolinenbad really stood out. The Stundenbad in the east wing of the building, which had not been accessible for exhibitions until then and had been hidden by a floor covering, was uncovered and the room could now be used for exhibitions in an adequate way. The three new stainless steel doors at the entrance to the listed building attracted much criticism from the people of Baden. In addition, a shade of pink now characterised the portico of the Frauenbad.[22]
From this reconstruction until the temporary end of exhibition operations in 2006, three to five exhibitions were held annually (39 in total). Mostly solo exhibitions of works by already well-known artists were mounted, but there were also thematic group exhibitions and presentations from artists' associations among them. The following lines provide a selective insight into this last era of exhibitions at the Frauenbad before the house was closed down for three years while being converted into an artist's museum for Arnulf Rainer.

The first show to be held in this new exhibition centre (sometimes also referred to as "Kunsthalle Frauenbad" or "Kunsthaus Frauenbad") was the group exhibition "Künstlerhaus im Frauenbad", organised by NÖART and the Gesellschaft bildender Künstler Österreichs and featuring 13 members of the Künstlerhaus in Vienna. Among others, works by Adolf Frohner, Beatrix Kaser, Josef Mikl and Hermann Nitsch were on display. The show was opened on 4 November 1994, and the then director of the Neue Galerie der Stadt Linz, Peter Baum, addressed the audience.
Exhibitions in the 1990s were dominated by retrospectives of artistic personalities who were ubiquitous on the art market; some of them were then or had previously been teaching at one of the two Viennese colleges of art. Ernst Fuchs was given a retrospective in February 1995, and Christian Ludwig Attersee exhibited in the Frauenbad from October 1996. Adolf Frohner, Arik Brauer, Josef Bramer, Peter Sengl and Hans Fronius dominated in the late 1990s. This series of presentations by very well-known artists was then interrupted by the Baden artist Martina Funder: she organised an exhibition entitled "Badewetter" (Bathing Weather), which was on display at the Frauenbad from June 1996 and showed seven contemporary artistic approaches relating to the history of bathing. The opening speech was given by one of the last female bathing attendants at the Frauenbad, Katharina Miedler. Funder exhibited ceramic works directly under the glass covering of the Frauenbad pool.[23]
Women as curators and works by women also played an important role in some exhibitions from the late 1990s onwards. For example, Sabine Fellner and Gabriele Nagler curated the exhibition "'Enthüllt'. Ein Jahrhundert Akte Österreichischer Künstlerinnen" ('Revealed'. A Century of Nudes by Austrian Women Artists) with works by 46 women artists from 1900 onwards, which was on show from November 1998 at the Frauenbad and subsequently at the Galerie im Stadthaus in Klagenfurt. The exhibition included works by women artists such as Helene Funke and Broncia Koller-Pinell, whose works would only be rediscovered or shown again more frequently in exhibitions some 20 years later. The Vorarlberg sculptor Margit Denz was the second woman (after Florentina Pakosta) to have a solo exhibition at the Frauenbad. Even today she still remembers the importance of this exhibition and the unique exhibition venue. The show "Intim" (Intimate) was "as if made specifically for the premises of the Frauenbad, everything fitted effortlessly into this fantastic architecture. [...] I look back on it with immense gratitude."[24]

In the last few years of exhibitions at the Frauenbad, there were also some very comprehensive shows bringing together music, culture and the spa history of Baden, organised by the town or by municipal institutions, for example the Johann Strauss exhibition "Walzerseligkeit und Alltag" (Waltzing bliss and everyday life) from May 1999. In addition, there were group exhibitions in collaboration with the Kunstverein Baden or with artists from Baden, such as "Looking over the border" from July 2002 or "Out of Paradise" from June 2003 with five artists who had a connection to Baden. The very wide-ranging show "reality check!" from December 2003 brought together mainly young approaches to figurative art. The retrospective of a very important Baden artist entitled "Anton Wichtl (1920–1979). Schöner Alltag" (Everyday life is wonderful) from March 2005 was followed by a presentation of the Baden artists' association "kunstaspekt" ("HeldINNEN und AUSSEN") (Heroines both inside and outside). The glass coverings of the pools were often used for dance shows, performances and later also for clubbing.
Erika Patka, then head of the art collection at the University of Applied Arts Vienna, organised and curated several exhibitions at the Frauenbad from 2000 onwards as part of NÖART (she had already shown a retrospective on Carry Hauser at the Frauenbad in 1989): "Farbenlust und Formgedanken" (Love of colour and thoughts about form) from December 2000 and "Bertold Löffler. Zwischen Jugendstil und Neobiedermeier" (Bertold Löffler. Between Art Nouveau and Neo-Biedermeier) from April 2001. It was also Erika Patka (together with Gabriele Nagler and Júlia Mészáros) who curated the last exhibition of visual art at the Frauenbad Exhibition Centre before the building was repurposed for the Arnulf Rainer Museum.[25]
Conceived as a travelling exhibition and wonderfully documented in a catalogue, the show "Herzenschrei. Das Kind im Blick der Künste (Österreich & Ungarn 1900–2005)" (A cry from the heart. The child in the eye of the arts (Austria & Hungary 1900–2005)), opened on 11 November 2005 and closed on 1 January 2006. It showed works by 75 artists of the 20th century from Austria and Hungary who focused on the "sensitivities of the child's soul". This marked the end of exhibitions in the Frauenbad Exhibition Centre and extensive plans were developed for the conversion and rededication of the building – only twelve years after the last comprehensive renovation.[26]

Exhibitions in the Arnulf Rainer Museum (from 2009)

The Lottersberger-Messner-Dumpelnik consortium was the winner of an invitation-only competition in 2006 for the conversion of the Frauenbad into the Arnulf Rainer Museum. In 2008 and 2009, far-reaching renovation work took place both on the inside and the outside. The building is now a landmark, as the architects made direct reference to Rainer's working principles of overpainting, covering and concealing the roof lantern with translucent cladding. From dusk onwards, the name "Arnulf Rainer Museum", which is now firmly anchored in the public's consciousness, shines out from the roof next to Arnulf Rainer's logo signature.

In consultation with the Federal Office for the Protection of Monuments, and after close examination of the numerous underlying layers of paint, the façade was "neutralised" and now presents itself in very discreet shades of yellow and grey. Inside, the remodelling mainly concerned the creation of a both welcoming and functional reception atmosphere with a ticket desk and a museum shop (separated by glass doors) and the installation of light-coloured terrazzo flooring throughout the building. Coarse-grained grey oak wood was used throughout the building and also in all new features and components (foyer furniture, walkways,

shelving). In addition, the pool of the Carolinenbad was made accessible again via the staircase entrance, and the works on the walls can now also be viewed from a pier. The glass covers were removed from both this pool and the Frauenbad, and a bridge construct now extends across the latter. The rows of cubicles in the east and west wings at the entrance to the baths and at the so-called "snails" (winding staircases) were removed in consultation with the Federal Office for the Protection of Monuments. In addition, the building was fitted out with technical adaptations (lighting, ventilation, heating, security) to meet the requirements of a contemporary museum operation.
The renovation costs amounted to 2.2 million euros (80 percent financed by the province of Lower Austria and 20 percent by the town of Baden). The Arnulf Rainer Museum opened on 25 September 2009 – about two months before the artist's 80th birthday – with the exhibition "Arnulf Rainer. Aller Anfang ist schwer. Frühe Arbeiten 1949–1961" (Arnulf Rainer. The first few steps are the hardest. Early Works 1949–1961). Since then, Rainer's multi-layered œuvre has been shown in both monographic as well as thematic exhibitions on an exhibition space of 600 square metres. Dialogue exhibitions illustrate his many and diverse connections with his contemporaries. Rainer's work, which plays a central role in the collections of the world's largest museums, can thus also be comprehensively presented to both the regional as well as the international public through exhibitions, publications and events. Renowned curators, who have often been familiar with the artist's work for several decades, put together the presentations in close cooperation with the artist and his family. By the end of 2021, there had been 21 exhibitions at the Arnulf Rainer Museum, and the museum's list of publications includes 19 catalogues. To mark the tenth anniversary of the Arnulf Rainer Museum and the artist's 90th birthday, the exhibition "Revue 1.0" curated by Helmut Friedel was shown in 2019 and a comprehensive catalogue was presented documenting the first ten years of exhibitions at the Arnulf Rainer Museum.

Exhibitions at the Frauenbad began with Rainer in 1977, and with the opening of the Arnulf Rainer Museum in 2009, his œuvre was honoured in the town of his birth. This text on art exhibitions at the Frauenbad over the last four decades has to close with a quotation from Arnulf Rainer himself: "I see art as something that is meant to open up horizons for a person. If we do not make an effort, if we do not strive to our utmost, we become a much diminished being. […] For me, art is a source
of succour for a person and a means for further evolvement." [27]

1 Jack Ink, artist, pioneer of glass art and director of the Glass Studio in the Franzensbad (1976–1986), reports that in the mid-1970s the Frauenbad was badly in need of renovation. The then mayor of Baden, Viktor Wallner, offered it to him as a glass studio. However, due to the enormous need for renovation, Ink decided on the Franzensbad, which had been closed at the same time as the Frauenbad. Here the renovation requirement was 20,000 schillings. The artist also reports that contrary to popular belief, exhibitions of glass art were never held in the Frauenbad, but only in the gallery of the Glass Studio in the Franzensbad. Discussion with Jack Ink on 6. 7. 2021.

2 Arnulf Rainer was born on 8 December 1929.

3 Arnulf Rainer. Der grosse Bogen. Retrospektive 1957–1977 (exhibition-cat. Kunsthalle Bern, 30. 4. 1977–5. 6. 1977, Niederösterreich-Gesellschaft für Kunst und Kultur, Vienna/Frauenbad, Baden near Vienna, 24. 11. 1977–7. 1. 1978), Bern 1977, rear cover. The same text is on the invitation card; a copy is in the Stadtarchiv Baden, as is an exhibition poster. The subject of all three is a photograph of the Carolinenbecken (pool of the Carolinenbad), individually overpainted by Arnulf Rainer; the invitation and the poster also show the artist posing behind one of his photo overpaintings.

4 The stages in the redevelopment from 1977 to 2006 are very well described in Matthias Boeckl's text "From Bathhouse to Artist's Museum" in this publication. In addition, the following article is recommended: Erneuerung des Frauenbads als Ausstellungszentrum, in: Amtliches Nachrichtenblatt der Stadtgemeinde Baden, No. 6, 1988, pp. 53–54.

5 The inaugural meeting took place on 2. 3. 1977. In October 1978 the NöART Gallery was opened in the Künstlerhaus, Vienna, whose purpose was to present the works of Lower Austrian artists in the federal capital and, on the other hand, to show artistic perspectives from Vienna at different locations in Lower Austria. The first ten years of NöART's activity are very well documented in: Niederösterreich-Gesellschaft für Kunst und Kultur (ed.): 10 Jahre Niederösterreich Gesellschaft für Kunst und Kultur, Vienna n. d. In particular, exhibition views and photos of events, including Rainer's exhibition, are also printed here. Further reports on the beginnings of NöART can be found here: Badener Zeitung, 12. 12. 1975, pp. 1–2, 19. 12. 1975, pp. 2–3, and 25. 11. 1977, p. 1. For current information on the NöART see http://noeart.at.

6 Viktor Wallner: Wer kann was Dummes, wer was Kluges denken, das nicht die

Vorwelt schon gedacht? (Mephisto). Erinnerungen von Bgm. HR Mag. Viktor Wallner, in: Badener Zeitung, 23. 2. 2009, p. 7.

7 An enquiry with NÖART revealed that it does not have a list of exhibitions at the Frauenbad. In the Stadtarchiv Baden, Viktor Wallner's estate (taken over in 2012) contains his "Reden und Vorträge" ("Speeches and Lectures"); under item 13, "Veranstaltungen der Niederösterreich-Gesellschaft für Kunst und Kultur im Frauenbad, Baden bei Wien (2001)", Wallner lists the exhibitions that took place in the Frauenbad from 1978 to 2001 and had been organised by NÖART (Bibliothek Stadtarchiv Baden, C 2083, n. d.). Wallner lists a total of 32 exhibitions, although it should be noted that a few exhibitions put on by NÖART had been forgotten. Of the 74 exhibitions listed at the end of this text that took place in the Frauenbad between 1977 and 2006, NÖART was responsible for about 45. The archive files of the Kulturamt (Cultural Office) of the town of Baden (it was involved in the mounting of all exhibitions) have been in the archives of the Arnulf Rainer Museum since 2009. The exhibitions planned from 1989 to 1993 are documented in a file, which mainly contains exhibition cancellations and documents on the prospective renovation of the building. The exhibitions from 1994 to 2006 are documented in almost 50 files with notes, correspondence trails, printed matter, media reports and cost statements; photos of openings are also found here in merely a few cases.

8 A sincere thank you to the Stadtarchiv Baden, especially to Ulrike Scholda and Birgit Doblhoff-Dier, without whose help it would never have been possible to reconstruct the exhibitions.

9 The list does not claim to be complete, and only those exhibitions were listed that could be documented by archival records. We would be pleased to hear from contemporary witnesses who are able to report on further exhibitions.

10 At this point, we would like to thank all the artists and people from the cultural sector who provided photographic material or helped with the assignment of the material. The Stadtarchiv also possesses an archive folder with photos from the Baden press office documenting various events at the Frauenbad – a complete classification of the photos to the exhibitions has not been possible so far due to the lack of date information.

11 From 1994 onwards, the terms "Kunsthaus Frauenbad" or "Kunsthalle Frauenbad" were also used, but it was most commonly referred to as "Ausstellungszentrum" or, colloquially, "Frauenbad".

12 Several discussions with Sophie Lesch in April and June 2021.

13 Badener Sezessionstage. Badener Vereine stellen sich vor: Kunst, Kultur & Kommunikation. Vom Frauenbad in das Johannesbad, in: Amtliches Nachrichtenblatt der Stadtgemeinde Baden, No. 1, 1992, pp. 28–29, here p. 28.

14 Discussion with Kurt Welther on 25. 3. 2021.

15 E-mail from Michael Wurm on 21. 5. 2021. Unfortunately, no exhibition shots with the works of Alois Mosbacher could be found to date.

16 Cf. Erneuerung des Frauenbads als Ausstellungszentrum, op. cit. 4.

17 These considerations are documented in a file (1989–1993) in the archives of the Arnulf Rainer Museum. It contains, among other things, numerous exhibition cancellations to artists and organisers. Of particular interest, however, are the considerations regarding the transformation of the exhibition centre into a "Kunsthalle" and the possible merging of the exhibition activities with those of the Rollettmuseum.

18 August Breininger was mayor of the town of Baden from 1988 to 2007.

19 Only three coffered surfaces on the ceiling were restored true to the original; here a very fine, elegant arabesque pattern with female semi-figures can be seen. The original decoration in the Kassensaal had already been examined for restoration purposes in 1979 and documented photographically. In the Federal Monuments Office, Department for Lower Austria (based in Krems), there is a file on the Frauenbad (Zl. 14.510, 1979–1994), which contains material on this.

20 This "coat of white paint" in the Festsaal was presumably done as early as 1940 in the course of the extensive renovation of the building's interior design and furnishings. See also Ulrike Scholda's text "The sources of remembrance" in this publication.

21 In two rooms (where the ticket office and the staircase gallery in the Arnulf Rainer Museum are today), the location of two former "Stundenbäder" (hourly baths) was marked out ornamentally on the floor. The "marble cladding" of the walls in these two places still hints at their former purpose as baths.

22 It is thanks to architect Nedoschill that not only was the roof completely renovated, but also the damp walls and the foundations of the building were dried out; there is comprehensive photo documentation by Nedoschill on this, which he presented to the author in a discussion on 12. 5. 2021. The refurbishment work, which amounted to about 30 million schillings, is also very well described in the following articles: N. N. (Architekt): In die Kabinen blinzeln, in: zeiten weise. Kunst und Kultur in Niederösterreich, No. 1, 1995, pp. 34–37. – Heidi Hinze: Bilder über Schwefelwasser. Aus dem alten Badner Frauenbad wurde ein neues originelles Zentrum für Gegenwartskunst, in: morgen, no. 99, 1995, pp. 20–22.

23 Discussion with Martina Funder on 11. 3. 2021.

24 Written comment by Margit Strolz-Denz, June 2021.

25 From 2006 to 2008, the Frauenbad was still partly used for events organised by the town of Baden; from 1 April to 18 May 2008, shortly before the start of the renovation work, an exhibition organised by the Rollettmuseum entitled "'Welch göttlicher Kopf'. Dr. Gall und seine Schädelsammlung" ('What a divine head!' Dr. Gall and his collection of skulls) took place.

26 As early as September 2004, Arnulf Rainer visited the Frauenbad together with town officials (including mayor August Breininger); from 2005 onwards, there is also mention in numerous media reports that the town of Baden and the province of Lower Austria were planning to dedicate the Frauenbad to the work of Arnulf Rainer. In 2005, the Viennese art historian and museum manager Dieter Bogner was commissioned as general consultant for the project. At the same time, the establishment of a separate company (Badener KulturbetriebsgmbH) was initiated, which would be responsible for the operation of the Arnulf Rainer Museum from its opening.

27 Peter Weibel: "Wahrscheinlich sind Künstler Truthähne" (Artists are probably turkeys). Interview with Arnulf Rainer, 1972, in: heute Kunst, No. 8, 1974, pp. 7–10, here p. 8.

Die Quellen der Erinnerung

Zur Geschichte des Frauen- und Carolinenbades anhand der Bestände im Rollettmuseum und Stadtarchiv Baden

Ulrike Scholda

Wer Fragen zur Geschichte Badens hat oder näher dazu forschen will, den führt es über kurz oder lang ins Rollettmuseum, wo sich auch das Stadtarchiv Baden befindet.
Das Rollettmuseum, heute das Stadtmuseum Badens, geht auf die Sammelleidenschaft des Badener Arztes Anton Rollett (1778–1842) zurück, der Anfang des 19. Jahrhunderts naturkundliche, technische, künstlerische und historische Artefakte sammelte. Spätestens ab 1810 zeigte er seine Schätze auch Besuchern. 1867 schenkte seine Familie die Bestände der Stadt, die sie 1876 mit dem alten Stadtarchiv vereinigte. Nach mehreren Standortwechseln haben diese Städtischen Sammlungen im Jahr 1912 ihren dauerhaften Platz in einem Gebäude am Weikersdorfer Platz gefunden, wo sie nun als wertvolle Quellen zur Geschichte der Stadt dienen.
Daher wird man hier auch fündig, wenn man zu den Bädern der Stadt Baden recherchiert. Das Material ist vielfältig: Objekte, historische Bildquellen, Ansichtskarten, Fotos, Berichte in alten Reiseführern und ähnlichen Publikationen zum Bäderwesen, Baupläne, Archivalien der Stadtverwaltung, unterschiedlichstes Dokumentationsmaterial, Drucksorten, Plakate, Ausstellungskataloge und noch einiges mehr.

Die unmittelbarste Beziehung zum heutigen Frauenbad haben einige Erinnerungsstücke, die aus dem Gebäude selbst stammen.
Das Schild „FRAUENBAD“ befand sich über der Eingangstür und war wie die zwei Gitter dieser Tür bis Anfang der 1990er-Jahre Teil des Gebäudes.[1] Die Gitter entstanden offensichtlich anlässlich des Umbaus von 1876 bis 1878, denn ein Türflügel trägt die Jahreszahl 1821 und einer die Jahreszahl 1877. Die Bezeichnung „FRAUENBAD“ über der Tür wurde zu einem späteren Zeitpunkt angebracht.
Mit dem ersten größeren Umbau von 1876 bis 1878 haben noch zwei weitere Objekte zu tun: die Schutztafel vom Grundstein 1821 und eine Metalldose mit Münzen.
Wie in der Wochenzeitung „Badener Bote“ am 3. Juni 1877 berichtet wurde, „fand ein beim Umbaue des Frauenbades beschäftigter Maurer einen in einer auszubrechenden Fensternische befindlichen regelmäßig behauenen Quaderstein, welcher mit einer Steinplatte sorgfältig verschlossen war und sofort als Grundstein erkannt wurde. Beim Oeffnen des Steinplattenverschlusses zeigte sich im inneren hohlen Raume eine Inschrifttafel als geschliffene Kehlheimerplatte, welche über-

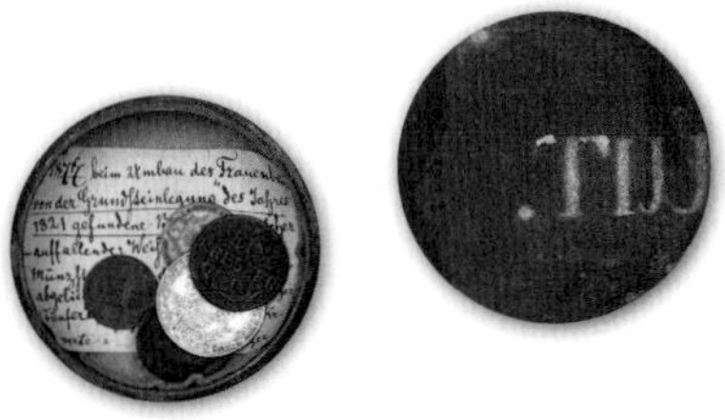

Dose mit Münzen von der Grundsteinlegung, 1821, diverse Metalle
© Rollettmuseum; Foto:
Arnulf Rainer Museum / Nadja Buechler

Grundstein, Frauenbad, 1821, permanent aufgestellt im Shopbereich, Arnulf Rainer Museum
Foto: Arnulf Rainer Museum / Nadja Buechler

Eingangstür zum Frauenbad, 20. Jhd., Fotografie
© & Foto: Stadtarchiv Baden

S. 117, Eine Badener Sehenswürdigkeit, Illustriertes Wiener Extrablatt, 6. 6. 1878
© & Foto: Rollettmuseum

S. 118, Badeszene aus dem Frauenbad-Becken, Illustration zur Wiedereröffnung des Frauenbades in der Fremdenliste 1940
© & Foto: Stadtarchiv Baden

dieß zum Schutze mit einer Kupferplatte belegt war. In der Ecke des hohlen Raumes befand sich noch eine kleine Blechbüchse mit einigen Kupfer- und Silbermünzen.“[2]
Während der Grundstein bei diesem Umbau an anderer Stelle nun sichtbar im Gebäude eingemauert wurde, kamen die Metallplatte und die Blechbüchse samt den Münzen in die Städtischen Sammlungen, wie eine noch heute vorhandene beiliegende Notiz bestätigt. Auf dieser wurden auch die Münzen gelistet: „1 Zwanziger, 1 Fünferl, 1 Gröschl, 1 Kreuzer, ½ Kreuzer, ¼ Kreuzer“. Dabei wurde allerdings auch von Hermann Rollett, dem damaligen Stadtarchivar und Museumskustos, vermerkt: „1 Dukaten und 1 Zweigulden-Stück in Silber waren von einem Maurer gestohlen und es wurden beide Stücke durch mich beim Wechsler Mandel aufgefunden.“[3] Es gelang nicht, diese wieder zurückzubekommen.[4] Ob die anderen Münzen die richtigen waren, sei dahingestellt, da von Bürgermeister Martin Joseph Mayer berichtet wurde, dass der Grundstein „sammt denen von diesem Jahrgange neugeprägten österreichisch-kaiserl. Gold- und Silbermünzen“ versenkt wurde. Er erwähnt auch schon die Zinkplatte, „worauf sowohl Se. Kais. Hoheit, als alle anwesenden Functionsmitglieder zum ewigen Gedächtnisse dieses feyerlichen Tages, vermittels eines Griffels eigenhändig ihre Nahmen einzeichneten“.[5]
Bei den schwer lesbaren Gravuren handelt es sich um „Erzherzog Anton, Freiherr von Reichmann, Regierungs Präsident, Franz von Saar, Kreishauptmann, Baron Hornstein, k. k. Dienstkämmerer, Felix Freyherr von Sala, k. k. Kämmerer, Martin Joseph Mayer, Bürgermeister, Schenk, Sanitäts Rath und Badarzt, Baumeister Anton Hantl“.
Auf der Metallplatte sind Teile der Inschrift der Grundsteinplatte seitenverkehrt als Abdruck zu entziffern.[6]

Diese Objekte berichten vom Neubau 1821 und vom Umbau der Jahre 1876 bis 1878, zwei weitere Objekte im Museumsbestand erzählen von der Funktion des Bades.
Ein großes Badetuch, auf dessen Herkunft der eingestickte Schriftzug „Frauenbad“ verweist, stammt aus der Ausstattung für die Badegäste.[7]
Eine Glastafel mit Beschriftung in Goldbuchstaben führt die Öffnungszeiten des Frauenbades an und weist darauf hin, dass das Bad auch während der Wintersaison geöffnet hatte, anscheinend keine Selbstverständlichkeit. Die Tafel entstand daher wohl irgendwann nach 1910, wie anhand der Berichte in diversen Baden-Führern recherchiert werden kann.[8]

Um Weiteres über das Frauen- und Carolinenbad herauszufinden, bieten sich die beiden Publikationen über das Gebäude aus dem 19. Jahrhundert an. Der schon erwähnten Beschreibung von Bürgermeister Mayer anlässlich des Neubaus 1821[9] folgte eine Festschrift „nach der Neuherstellung 1876–1878“[10]. Diesem Umbau ist auch ein eigener Artikel im „Illustrirten Wiener Extrablatt“ gewidmet.[11] Immer wieder berichteten anlassbezogen Zeitschriften über Veränderungen.
Ergänzt werden diese Darstellungen von Beschreibungen in historischen Berichten und Reiseführern. Sie schildern die Stadt mit allen Sehenswürdigkeiten, den Kurmöglichkeiten und Unterhaltungsmöglichkeiten in den vergangenen zwei Jahrhunderten. Dabei findet sich Allgemeingültiges über den Badebetrieb ebenso wie detaillierte Beschreibungen der einzelnen Gebäude und damit auch der Bäder. Dort kann man außerdem über Badeordnungen, Räumlichkeiten, Anwendungsangebote, Zielgruppen, Eintrittspreise und Öffnungszeiten nachlesen, auch im Vergleich mit den anderen Bädern.[12]

Während heute der Begriff „Frauenbad“ für das gesamte Gebäude gebräuchlich ist, wurde früher das Carolinenbad (auch Karolinenbad) eigens angeführt. Es hatte ein anderes Angebot als das Frauenbad. Das Frauenbad war keinesfalls den weiblichen Badegästen vorbehalten. Ursprünglich waren in beiden Bädern „Herren“ und „Frauen“ zugelassen. Das Carolinenbad hingegen war viele Jahre zur ausschließlichen Benutzung durch Damen beziehungsweise „Frauen und Mädchen“ bestimmt, manchmal war es zu bestimmten Zeiten auch für Kinder reserviert.
Schon 1822 gibt der praktische Arzt J. N. Beck in seinem Buch über Baden „in topographisch-statistischer, geschichtlicher,

STADTARCHIV
Abt. IV
Nr. B2317
BADEN bei Wien

Eine Badner Sehenswürdigkeit.

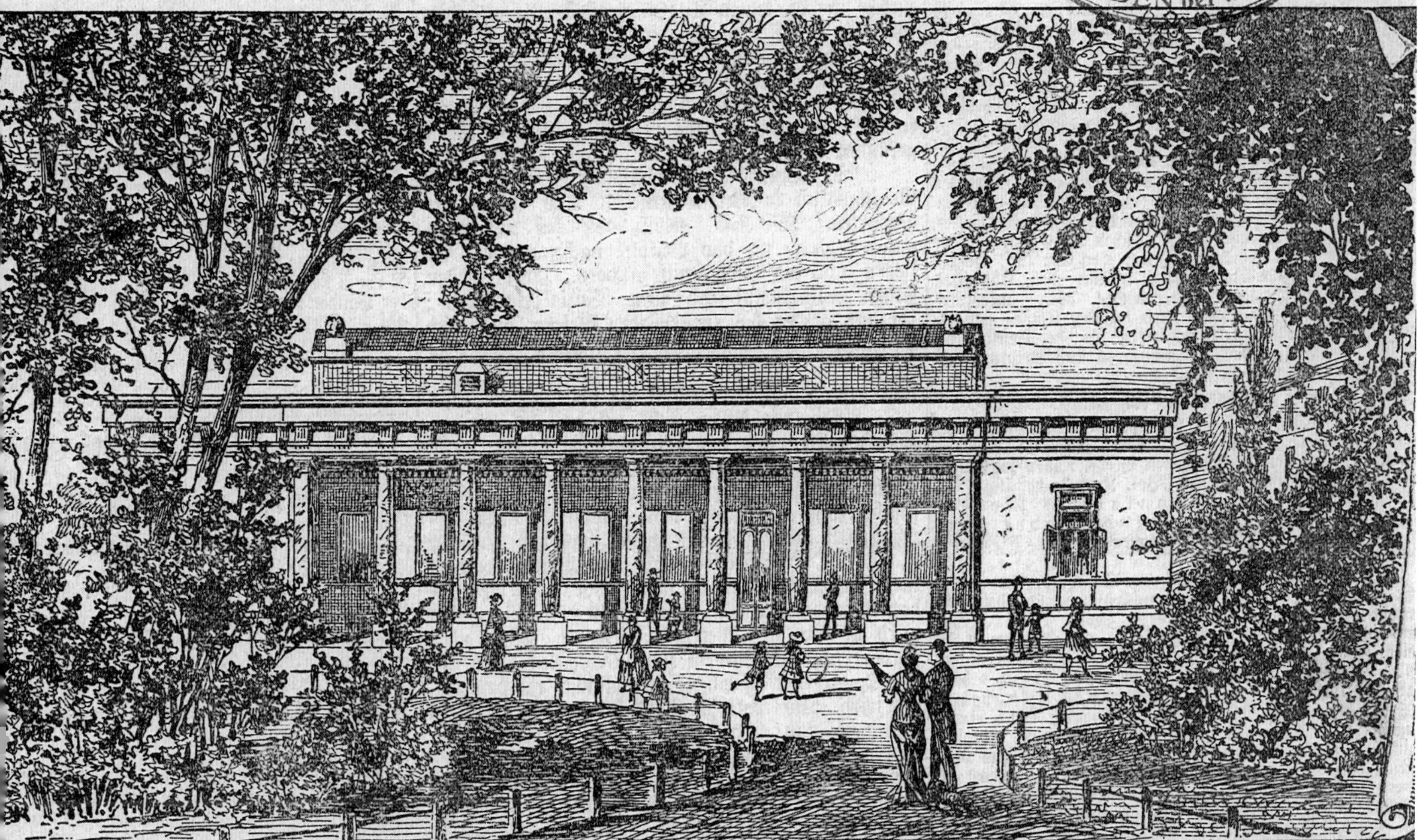

n ein Bürger der Stadt Baden heute an dem uen- und Karolinenbade vorübergeht, so nimmt t den Ausdruck höchsten Stolzes an und seine Miene scheint zu sagen: „Seht, das haben wir gebracht!"

die Badner haben Recht, auf den Bau stolz r ist ein Prachtwerk, welches der Stadt zur erde gereicht und seine Anziehungskraft zu

durchgeführt; die Maurerarbeiten besorgte der Badner Baumeister Herr Hugo Zimmermann, die Marmorherstellungen waren Herrn Karl Fliegauf übertragen.

Diese Letzteren erregen einigermaßen das Bedenken Sachkundiger, welche befürchten, daß der Marmor auf die Dauer den zerstörenden Einwirkungen der Schwefelwasserstoffgase nicht werde widerstehen können, was bei der

Kommune Baden bereits einen solchen Gewinnst aus d Etablissement gezogen haben, daß es ihr leicht fall wird, den nachgiebigen Stein durch das spröde Glas ersetzen.

Das neue Karolinenbad bildet, in Verbindung m dem daranstoßenden „Frauenhofe", einem hochg dig eleganten, ganz neu hergestellten Wohnetablisseme für die kurbedürftige Damenwelt eine Bereicherung

naturhistorischer, medicinischer und pittoresker Beziehung“ eine umfassende Beschreibung des Gebäudes, der Räumlichkeiten im Inneren und der Nutzung. So erwähnt er die Aus- und Ankleidezimmer, die „Badekasten, mit hölzerner Balustrade umgeben“, die Sitze mit Handgeländern sowie die Bretter für Schnupftücher und Tabakdosen, aber auch die Öffnungen, „durch die das Badewasser, wenn es diese Höhe erreicht hat, abfließt. [...] Diese Oeffnung dient auch den Badenden zum Ausspucken.“ Weiters nennt er die Stundenbäder, eines davon als „Kaiserbad“ bezeichnet, und das Fußbad. Er führt auch die Zahl der Badediener und -dienerinnen an.[13]

Der Badearzt Carl Schenk beschreibt das Frauenbad 1825 als „eines der edelsten Bäder der Stadt“[14] und erläutert, man habe, „um dem Wunsche der Badenden nach größerer Bequemlichkeit zu entsprechen, die Einrichtung getroffen, daß, außer dem gewöhnlichen großen Gesellschaftsbade, auch noch Stundenbäder, zum Gebrauch für einzelne Personen, angebracht wurden“[15]. Über das Carolinenbad hält er fest: „Nach beendigtem Neubau, im Jahre 1821, hat dieses Bad in Benennung und Bestimmung eine Veränderung erlitten, indem es bey der feyerlichen Eröffnung des Frauenbades, nach dem Nahmen Ihrer Majestät der Kaiserinn, Carolinenbad genannt, und für die vornehmere und reichere Classe der Badgäste aus dem Grunde bestimmt wurde, weil dessen Quelle, in der Wärme und Reinheit zwar jener des Frauenbades gleich, dennoch weniger Lebendigkeit zeigt, mithin auch im minderen Grade, als das Frauenbade, den Körper erhitzt, überhaupt aber das Bad mit größerem Kostenaufwande aufgebaut und ausgestattet ist.“[16]
Wie schon für Carl Schenk die Beschaffenheit der unterschiedlichen Quellen wichtig war, widmet sich 1843 ein eigenes Buch „für Jedermann, dem seine Gesundheit am Herzen liegt“, den Badener Bädern und Heilerfolgen. Darin wird über Heilerfolge bei Gicht, Hypochondrie und Magenschwäche nach dem Besuch von Frauen- und Carolinenbad berichtet.[17]
Mehrmals wurde auch die kaiserliche Familie erwähnt: „Diese Abtheilung, welche nun die allerhöchste Herrschaft benützt, heißt auch das Kaiserbad. Drey Badediner und eben so viele Badedienerinnen sind zur Bedienung bey diesem Bade angestellt.“[18] Das Kaiserbad konnte auch von anderen Badegästen gebucht werden, kostete aber erheblich mehr als die anderen Stundenbäder.[19]
1882 wurde besonders über die Wiedergenesung von Erzherzog Carl Salvator nach dem Besuch des Frauenbades berichtet.[20] Zu dieser Zeit wurde auch die Neugestaltung der Baderäume mit Marmor hervorgehoben, die „nicht nur geeignet erscheint, den höchsten Ansprüchen der Badegäste im vollen Maße zu genügen, sondern auch in Bezug auf äußere Schönheit von keinem der anderen Bäder übertroffen ist“[21]. Frauen- und Carolinenbad galten damals als „das eleganteste, allen Anforderungen entsprechende Bade, welches den Vergleich mit allen ähnlichen, modernen Bauten aushält“[22].
Anfang des 20. Jahrhunderts schreibt ein „kurzgefasster, praktischer Führer für Kurgäste“: „Das Frauenbad am Josefsplatz ist gegenwärtig das baulich schönste Bad.“[23]

In den ersten Jahrzehnten des 20. Jahrhunderts sind neben der Winterkur Kohlensäurebäder[24], Ruheräume[25] und ein Thermalwasser-Trinkbrunnen[26] offensichtlich Neuerungen. Außerdem waren die Bäder „durch einen Wandelgang mit dem städtischen Hotel garni ‚Elisenhof‘ verbunden“[27].
1940 wurde das Gebäude beziehungsweise die Inneneinrichtung erneut renoviert:
„[...] Kabinen- und Ruheräume, in welch letzteren die Badegäste nach dem Bade nach ärztlicher Vorschrift in Decken gepackt liegen. Diese ausgedehnten Räume wurden nun einer durchgreifenden Renovierung unterzogen. Vorherrschend sind helle und freundliche Farben, weißer Leinenbezug, weißer Lackanstrich und waschbarer Bodenbelag, womit dem Badegast Sauberkeit und Reinlichkeit gleichsam als Dauerzustand garantiert werden. Die große Eingangshalle, ein architektonisches Kunstwerk, wurde ebenfalls vollständig erneuert. Zweckmäßige und bequeme moderne Sitzmöbel vervollständigen den guten Eindruck, den der Badegast schon beim Eintritt in dieses Bade erhält.“[28]
Nach dem Zweiten Weltkrieg ist noch vom Einbau von Duschanlagen zu lesen.[29]

Eine Badener Sehenswürdigkeit, Illustriertes Wiener Extrablatt, 6. 6. 1878
© & Foto: Rollettmuseum

Eine Badener Sehenswürdigkeit.

Eingangshalle im Frauenbad, Illustration zur Wiedereröffnung des Frauenbades in der Fremdenliste 1940
© & Foto: Stadtarchiv Baden

F. W. (Ferdinand Wetzelsberg?), Frauenbad in Baden, Nordansicht mit Elisenhof, um 1830/40, Feder- und Bleistiftzeichnung
© Rollettmuseum; Foto: Arnulf Rainer Museum / Nadja Buechler

Frauen- und Carolinenbad, ca. 1900, Fotografie/Postkarte
© & Foto: Stadtarchiv Baden

Frauenbad, 1960er Jahre, Fotografie
© & Foto: Stadtarchiv Baden

S. 121, Souvenirglas mit Darstellung des Frauenbades, 2./3. Viertel 19. Jhd., Glas, bemalt und vergoldet
© Rollettmuseum; Foto: Arnulf Rainer Museum / Robert Zahornicky

S. 121, Badeszene aus dem Frauenbad-Becken, Ansichtskarte nach einer Fotocollage aus dem Jahr 1923
© & Foto: Stadtarchiv Baden

S. 122–123, Vestibule des Frauenbades, um 1900, Fotografie
© & Foto: Stadtarchiv Baden

Die historischen Bücher enthalten nur vereinzelt Abbildungen. Wenn es um bildliche Darstellungen des Gebäudes geht, wird man in der topografischen Sammlung, der Ansichtskartensammlung und der Fotosammlung der Städtischen Sammlungen fündig.
Vor allem Zeichnungen, Aquarelle und Druckgrafiken illustrieren den Neubau von 1821: Neben der Fassadenansicht, die sich schon in der Publikation von 1821 findet, existieren zahlreiche Ansichten des Gebäudes von vorne in Frontal- oder Schrägansicht in unterschiedlichen Lichtstimmungen und mit oder ohne Menschen beziehungsweise Staffage im Vordergrund.[30] Alle Bilder sind durch die deutlich erkennbare Eingangstreppe an der Vorderfront und die Dachansicht in diese erste Phase datierbar. Beides wurde durch den Umbau der Jahre 1876 bis 1878 verändert.

Auch ein Souvenirglas aus der Sammlung des Rollettmuseums stammt aus dem zweiten oder dritten Viertel des 19. Jahrhunderts und zeigt die typische Schrägansicht, mit besonders gut erkennbarem Giebelvorsprung auf der Ostseite.[31]
Das einzig bekannte Foto[32] vor dem Umbau von 1876 bis 1878 ist nicht im Besitz des Rollettmuseums, bietet sich aber als wichtiges Indiz für die ursprüngliche Eingangssituation an, die auch durch eine Zeichnung im Rollettmuseum[33] bestätigt wird. Über dem Portikus ist an der Fassade der Schriftzug „KAROLINEN-BAD“ zu lesen und an der linken Ecke weist ein Pfeil auf den Eingang zum Frauenbad an der Rückseite. Das bestätigt eine Zeichnung in den Städtischen Sammlungen, die an der Nordseite drei Türen unter dem Schriftzug „Frauenbad“ zeigt. Diese Eingangssituation erklärt sich aus dem ursprünglichen Zugang des Vorgängerbaus. Der Giebelvorbau auf der Ostseite war offensichtlich dem Kaiser vorbehalten.[34] Nach dem Umbau von 1876 bis 1878, als der Eingang an der Südseite unter den Säulen der Haupteingang wurde, erfolgte die Beschriftung statt an der Fassade über der Eingangstür: „Carolinen- und Frauenbad“, später ersetzt durch „Frauenbad“.
Unmittelbar nach Fertigstellung des Umbaus wird vom Bad als „Badner Sehenswürdigkeit“ mit drei Ansichten berichtet: Außenansicht, Becken und neues „Vestibule“.[35] Alle bekannten Ansichtskarten und zahlreiche Fotos zeigen nun die veränderte Hauptfassade mit jeweils zeitgenössischer Staffage (Personen, Kutschen, später erste Autos). Auch in den Werbeprospekten der Stadt fehlen Frauen- und Carolinenbad nie.

Innenansichten existieren erst aus der Zeit nach dem Umbau von 1876 bis 1878: das „Vestibule“, der „Cabinensaal“, die neu vertäfelten Baderäume und später auch Badegäste in den Becken. Bemerkenswert ist eine Fotomontage des Frauenbades, die prominente Badener und Badenerinnen im Becken zeigt. Diese 1923 entstandene Collage aus dem Badener Fotostudio von Anton Schiestl und Rudolf Nowotny wurde auch als Ansichtskarte aufgelegt.[36] Innenraumansichten von der Jahrhundertwende zeigen die Kabinen und das „Vestibule“ mit der Kassa und den 1878 angeschafften Rundmöbeln.[37] Die 1940 erfolgte Erneuerung der Wartemöbel durch Korbmöbel ist in der „Fremdenliste“ dokumentiert.[38] Auch Fotos aus den Nachkriegsjahren zeigen das „Vestibule“ mit der Kassa für den Badeeintritt und weibliche Badegäste auf abermals neuen Korbstühlen. Die spätere Nutzung – der überdachte Eingangsbereich für die „Trauben-Most-Kur“ und das Innere für Ausstellungen – ist ebenfalls auf zahlreichen Fotografien festgehalten.

Carolinenbad in

Frauen-Bad
Kurort
Baden bei Wien.

STUNDEN-BAD I

Mit all diesen Beschreibungen und Bildern im Kopf liegt es nahe, auch die historischen Baupläne[39] (vgl. Abbildungen in den Beiträgen von Matthias Boeckl) einzusehen, die sich im Stadtarchiv Baden befinden. Wenn sie auch keineswegs mehr vollständig vorhanden sind, sind doch die wesentlichen Veränderungen nachzuvollziehen: Situationspläne, beginnend mit der Zeit vor dem Neubau 1821, unterschiedliche Grundrisspläne, Aufrisse, Wandabwicklungen, Entwürfe, Skizzen, aber auch Detailzeichnungen zu Dachkonstruktion, Becken, Fußboden, Kabinen, Fenstern oder Wandverkleidungen sowie technische Pläne (unter anderem Schöpfanlage). Nicht alle Pläne sind allerdings datiert oder signiert, sodass vergleichende Studien notwendig sind, um alles zuordnen zu können.
Last but not least stehen natürlich auch die Archivalien der Stadtverwaltung zur Verfügung. Mehrere Aktenkonvolute enthalten Material über das Frauen- und Carolinenbad und können Aufschluss über die Zeit der Erbauung, die Veränderungen und die Nutzung geben.
Die Bäder, die der Stadt Baden gehörten, sind unter „Gemeindeeigene gewerbliche Betriebe“[40] erfasst. In diesen Akten findet sich auch umfangreiches Material, das den Neubau im Jahr 1821 und die Überlegungen, die dem Vorhaben vorangingen, dokumentiert: Ein Situationsplan aus dem Jahr 1819, Verhandlungsprotokolle, Schreiben an das k. k. Kreisamt[41], Kostenschätzungen (sogenannte Bekostigungen), Bauprotokolle, Aufzeichnungen über die Versammlung der Aktionäre, Kassabelege, das Programm der Eröffnung 1878 und so weiter. Sogar das Manuskript zur Publikation des Bürgermeisters Martin Joseph Mayer über das neu erbaute Frauen- und Carolinenbad im Jahr 1821 hat sich erhalten.[42]
Unter „Gemeindeeigene Gebäude“[43] ist im Kammeramts-Inventar von 1828 die „Einrichtung in Frauen und Karolinbad“ erfasst. Demnach gab es „Frauenbad Herren Seite“ und „Frauenbad Frauen Seite“, „Karolinenbad Herren Seite“, „Karolinenbad Frauen Seite“, vier Stundenbäder („Stundenbad Nro“. 1–4), „Fußbad“ und „Trockenzimmer“. Als Einrichtung in diesen Räumen waren Badetextilien wie „Tallar, Leintücher, Aufbreittücher, Abtrocktücher, Fußtücher“ ebenso gelistet wie Möbel, Vorhänge, „Lavoir samt Kanne, Waschwandel, Schaffel, Wasserbüttel, Flaschen, Trinkgläser, Spuckkrügerl, Kamm, Leibstuhl, Badbürsten“, aber auch Utensilien wie „Schreibzeug, Leuchter, Holzhacke, Glutschaufel, Abstauber, Patschen, Stiefelknecht“. Die Stundenbäder verfügten darüber hinaus über eine „Warmschachtel und eisernen Untersatz“ sowie ein „Klöckl“, Stundenbad Nr. 1 (offensichtlich das für den Kaiser) über ein tapeziertes Sofa mit entsprechenden Sesseln und „große Leuchter von Bley“, während alle anderen nur Armsessel und ‚einfache‘ Leuchter aufwiesen. Im Fußbad dienten Möbel, Vorhänge, Aufbreittücher und Fußtücher, Spiegel und Fußschemel als Ausstattung.

Weiteres zu finanziellen Angelegenheiten des Bades wurde beim „Rechnungswesen der städtischen Bäder“[44] abgelegt, in den sogenannten Journalen sind die Zahlungen an die Aktionäre aufgelistet.
Unter dem Begriff „Balneologisches“[45] ist Material zu geologischen Grundlagen der Heilquellen, Badeordnungen (auch „sittenpolizeiliche Vorschriften“), Badgericht, sanitätspolizeilichen Beanstandungen in den Bädern, Zahl und Herkunft der Badegäste und ähnliches zusammengefasst. Neben der ersten Badeordnung des Frauenbades aus dem Jahr 1613 enthält es auch einen interessanten Bericht des Stadt- und Badearztes Franz Habel aus dem Jahr 1843, der eine dringend notwendige Reform der Bäder in Baden anzeigt. Dabei kommt er auch auf den Zustand des Frauenbades zu sprechen:
„Das Frauen- und Karolinenbad – so herrlich die Quelle auch ist, und so schön das Gebäude von außen zu sein scheint – ist in der Anlage so durchaus verfehlt, daß die grossen Summen, welche der Bau kostete, als nutzlos verschwendet angesehen werden müssen. [...] Der Hauptfehler besteht in der starken Erhebung des Fußbodens über das Niveau der Bäder, so daß die Anzahl der Stufen welche die Badenden bald auf bald absteigen müssen, um in den Badekasten zu gelangen bei 25 bis 30 beträgt.
Die Stundenbäder werden dadurch kaminartig und beängstigen den Badenden. Seiner Majestät der höchstseelige Kaiser

S. 124, F. W. (Ferdinand Wetzelsberg?), Frauenbad in Baden, Nordansicht mit Elisenhof, um 1830/40, Feder- und Bleistiftzeichnung, Detail
© Rollettmuseum; Foto: Arnulf Rainer Museum / Nadja Buechler

S. 124, Badeszene aus dem Carolinebad-Becken, 1893, Fotografie
© & Foto: Stadtarchiv Baden

Einblick in das Frauenbad, Illustration in der Publikation "Der Curort Baden bei Wien in Wort und Bild", 1900, S. 41
© & Foto: Stadtarchiv Baden

Frauen- und Carolinenbad: Cabinensaal, Illustration in der Publikation „Der Curort Baden bei Wien in Wort und Bild", 1900, S. 38
© & Foto: Stadtarchiv Baden

Frauen- und Carolinenbad: Vestiuble, Illustration in der Publikation „Der Curort Baden bei Wien in Wort und Bild", 1900, S. 38
© & Foto: Stadtarchiv Baden

S. 127, Wartesaal Frauenbad, um 1970, Fotografie
© & Foto: Stadtarchiv Baden

Franz, welcher sonst immer das Frauenbad gebrauchte, ging aus diesem Grunde zu dem bequemeren Theresienbad über. Das Fußbad des Frauenbads ist aus demselbem Grunde unbrauchbar. Von gelähmten, mit Gichtschmerzen und Fußgeschwüren geplagten Kranken kann man nicht verlangen, daß sie 20 – 30 Stufen auf- und absteigen um in das Bad zu gelangen. Das Ameublement der einzelnen Bäder ist eben so schlecht wie im Theresienbad."
Als Verbesserung empfahl er: „In dem Frauen- und Carolinenbade kann den berührten Mängeln nur zum Theil abgeholfen werden, und zwar dadurch, daß man wenigstens jene Stufen welche der Badende hinauf steigen muß, wegschafft, auf welche Art dieß zu geschehen habe, müssen Bauverständige entscheiden. Das zwecklose Fußbad gibt nebst einem daranstoßenden Zimmer eine schöne Wohnung von 3 Zimmern die mit wenig Kosten herzustellen wären, wodurch dem Kammeramte eine neue Einnahme verschafft würde. In den Stundenbädern ist dasselbe Ameublement erforderlich wie es oben bei dem Theresienbade angegeben wurde."
Wie wir wissen, sollte es bis zu größeren Veränderungen noch über 30 Jahre dauern.

Neben all diesen Dokumenten ergänzt auch die Plakatsammlung die Geschichte des Frauen- und Carolinenbades. Sind es am Anfang des 20. Jahrhunderts Aushänge der Badener Bäder mit Preisen und Öffnungszeiten, so sind es ab 1977 die Ausstellungsplakate, die die weitere Geschichte des Gebäudes illustrieren, ebenso wie Fotos und zahlreiche Ausstellungskataloge sowie Werbemittel von dieser Zeit bis heute (vgl. Abbildungen im Beitrag von Christine Humpl).

All diese Zeugnisse vermitteln ein komplexes Bild von der Bedeutung und Nutzung des Gebäudes über die vergangenen 200 Jahre. Die Aufgabe des Stadtarchivs und Rollettmuseums ist damit nicht abgeschlossen: Wir sammeln weiter, damit für die Zukunft auch etwas über das Frauenbad von heute erhalten bleibt.[46]

1 Das Rollettmuseum erhielt diese Objekte (Inv.-Nr. Obj 2186, Obj 873) 1995 im Rahmen der Adaptierung zum Ausstellungszentrum von der Kurdirektion.
2 Ein Fund im Frauenbade, in: Badener Bote, 3. 6. 1877, S. 4. Bei der Kupferplatte handelt es sich eigentlich um eine Platte aus Zink.
3 Rollettmuseum, Inv.-Nr. M 342 (folgende Münzen: 20 Kreuzer 1817, 5 Kreuzer 1815, 1 Greschl 1760, 1 Kreuzer 1816, ½ Kreuzer 1812, ¼ Kreuzer 1816).
4 Vgl. Hugo Zimmermann: Dr. Hermann Rollett und der tschechische Maurer, in: Badener Zeitung, 21. 9. 1918, S. 1–2 (über die Auffindung und den Diebstahl durch den Maurer).
5 M. J. Mayer: Das neuerbaute Frauen- und Carolinenbad in Baden in Niederösterreich, Baden 1821, S. 37. – Nicht auffindbar ist im Rollettmuseum eine römische Bronzemünze des Kaisers Trajan, die im Rahmen der Restaurierung von 1876 bis 1878 in der Frauenbadquelle aufgefunden und dem Stadtarchiv übergeben wurde. Vgl. Das Frauen- und Karolinenbad zu Baden bei Wien nach der Neuherstellung 1876–1878. Festschrift, mit Benützung der Urkunden des Stadtarchivs, Baden bei Wien 1878, S. 14. – Erhalten sind hingegen mehrere Steinquaderreste der alten Frauenkirche, die vom Architekten Hugo Zimmermann dem Museum überlassen wurden (Rollettmuseum, Inv.-Nr. 1492).
6 „(ANTON VICTOR / ARCHIDVX AVSTRIAE ORDINIS) / EQVESTRIS TEUTONIC(I / SVP) REMUS PRAEFECTVS POS(VIT) / FUNDAMENTUM / HARUM THERMARUM / (VULGO DICTAE: Frauenbad und Neubad. / DIE VII: MENSIS APRILIS: Anno MDCCCXXI / Martin Meyer Bürgermeister)".
7 Es wurde gemeinsam mit Tüchern aus dem Herzoghof und anderen Bädern 1997 dem Rollettmuseum gespendet (Inv.-Nr. Text 48).
8 Vgl. Dr. Heinrich Kümmerling: Der Kurort Baden bei Wien, 1. Aufl., Wien 1904, bis 6. Aufl., Wien 1914. In der 4. Aufl. von 1912 steht auf S. 53: „Für den winterlichen Gebrauch der höchst wirksamen Frauen-, Karolinen- und Josefsbäder sind äußerst günstig die Hotels und Pensionen Cortella, Brusatti, Bristol, Goldener Löwe u. a. gelegen."
9 Mayer 1821, wie Anm. 5.
10 Das Frauen- und Karolinenbad, wie Anm. 5.
11 Illustrirtes Wiener Extrablatt, 6. 6. 1878, S. 1.
12 Vgl. u. a. Josef Bersch: Der Curort Baden in Nieder-Oesterreich. Seine Heilquellen und Umgebungen, Baden 1866, mehrere Auflagen bis zumindest 1884. – Badener Führer für Bewohner und Besucher des Kurorts von Baden, Baden 1876 und 1877. – Josef Schwarz: Die Heilquellen von Baden bei Wien, Wien 1886.
13 J. N. Beck: Baden in Nieder-Oesterreich. In topographisch-statistischer, geschichtlicher, naturhistorischer, medicinischer und pittoresker Beziehung, Wien 1822, S. 20–30. – Ähnliches schreibt auch F. C. Weidmann: Wien's Umgebungen, Wien 1823, S. 217.
14 Carl Schenk: Die Schwefelquellen von Baden in Nieder-Oesterreich, Wien 1825, S. 211.
15 Ebd., S. 212.
16 Ebd., S. 218.
17 Vgl. Max. Flor. Schmidt: Neue Methode das Badener Bad zu gebrauchen. Ein Buch für Jedermann, dem seine Gesundheit am Herzen liegt, Wien 1843.
18 Jos. Adalb. Krickel: Baden und seine Umgebungen. Ein Wegweiser für Fremde und Einheimische. Erstes Bändchen, Wien 1832, S. 46.
19 „Der gewöhnliche Preis ist 24 Kr. Die einzelnen oder Stundenbäder 40 Kr. Das Kaiserbad einen Gulden." (Ebd.)
20 Vgl. Dr. Karl Czuberka: Die Schwefelquellen zu Baden bei Wien, Baden 1882, S. 78.
21 Ebd., S. 77.
22 Schwarz 1886, wie Anm. 12, S. 7.
23 Dr. Maximilian Fuchs: Der Kurort Baden bei Wien und seine Schwefelquellen. Ein kurzgefasster, praktischer Führer für Kurgäste, Wien 1907, S. 15.
24 „2 Separatbäder, die mit Kohlensäurezusatz versehen werden können" (Dr. Heinrich Kümmerling: Der Kurort Baden bei Wien, 3. Aufl., Wien 1909, S. 32).
25 Vgl. Einführung von Ruheräumen im Frauenbad. Dieser Zeitungsartikel findet sich in der Sammlung von Zeitungsartikeln über das Frauenbad, zusammengestellt von Gustav Calliano, im Stadtarchiv Baden, handschriftlich datiert „1925", ohne Angabe der Zeitung.
26 Vgl. Hermann Walter: Baden als Kurort. Sonderabdruck aus dem Führer und Heimatbuche „Die Kurstadt Baden bei Wien" von Professor Dr. Walter Hermann, Baden 1925, S. 98.
27 Johann Wagenhofer: Badener Fremdenführer und Wegweiser 1930, S. 19–20.
28 Zur Wiedereröffnung des „Frauenbades", in: Fremdenliste, Juni 1940, S. 2, Abb. S. 3.
29 Vgl. Badener Zeitung, 20. 5. 1950, S. 1.
30 Dazu zählt auch die Schrägansicht, die u. a. in einem Artikel 1852 publiziert wurde: Die Heilquellen des Curortes Baden bei Wien, in: Illustrirte Zeitung, 24. 4. 1852, S. 268. Auf den sog. Kurlisten („Verzeichniß der Cur- und Badegäste in der landesfürstlichen Stadt Baden") aus den Jahren 1843 bis 1853 ist das Frauenbad prominent neben Peterhof, Theresienbad und Bahnhof abgebildet.
31 Rollettmuseum, Inv.-Nr. Obj 1562.
32 Josef Löwy, um 1867 (Albertina, Wien, Inv.-Nr. FotoGL V2000/5411).
33 Rollettmuseum, Inv.-Nr. TSB 3792.
34 Diese im Vergleich zu heute ganz andere Eingangssituation ist auch bei Interpretation der historischen Beschreibungen zu berücksichtigen.
35 Eine Badner Sehenswürdigkeit, in: Illustrirtes Wiener Extrablatt, 6. 6. 1878, S. 1.
36 Signiert und datiert „Schiestl, Nowotny, 1923" (Rollettmuseum, Inv.-Nr. TSB 2162). Auf der Rückseite einer der Ansichtskarten in der Sammlung des Stadtarchivs sind in Konkordanz mit Ziffern bei einigen Personen auf der Vorderseite folgende Namen vermerkt: Bürgermeister Kollmann, Karl Sukfüll, Dr. Karl Höld, Maria Wagenhofer, Bgm. Brusatti, Bgm. Berka, Viktor Grimm, Josef Florian, Gleichweit, Anton Schiestl, Gustav Calliano, Hofrat Hink.
37 Der Curort Baden bei Wien in Wort und Bild, Wien/Leipzig 1900, S. 38, 39 und 41.
38 Vgl. Zur Wiedereröffnung des „Frauenbades", wie Anm. 28, Abb. S. 1 und 3.
39 Seit der letzten Publikation über das Frauenbad 2009 hat das Stadtarchiv Pläne aus den Beständen des Bauamtes übernommen. Dadurch liegt nun weiteres Material vor, das vorwiegend den Umbau von 1876 bis 1878 sowie andere Restaurierungspläne (1845, 1865) und Adaptierungen (1899/1900) betrifft. Die Unterlagen zu den aktuellsten Umbauarbeiten und einige historische Pläne befinden sich nach wie vor in der Abteilung für Bauangelegenheiten im Rathaus von Baden. Ergänzende Akten können auch im Bundesdenkmalamt Niederösterreich eingesehen werden.
40 Stadtarchiv Baden, GB 431.
41 Ergänzende Teile der Korrespondenz befinden sich im Haus-, Hof- und Staatsarchiv; Dank für den Hinweis an Stadtrat Hans Hornyik.
42 Mayer 1821, wie Anm. 5
43 Stadtarchiv Baden, GB 420.
44 Stadtarchiv Baden, GB 521.
45 Stadtarchiv Baden, GB 356.
46 Auch das Team im Arnulf Rainer Museum leistet mit Recherche und Interviews von Zeitzeuginnen und Zeitzeugen einen wesentlichen Beitrag zur Dokumentation der Geschichte des Hauses.

The sources of remembrance

On the history of the Frauenbad and Carolinenbad based on the holdings in the Rollett Museum and the Baden Municipal Archive

Ulrike Scholda

All those who have questions about the history of Baden or want to research it in more detail will sooner or later find their way to the Rollettmuseum (Rollett Museum), where the Stadtarchiv Baden (Baden Municipal Archive) is also located.
The origins of the Rollettmuseum, today the Baden Municipal Museum, go back to the passion for collecting of the Baden doctor Anton Rollett (1778–1842), who collected natural-historical, technical, artistic and historical objects and artefacts at the beginning of the 19th century. By 1810 at the latest, he was also sharing his treasures with visitors. In 1867, his family donated his collections to the town, which in 1876 placed them with other items in the old Municipal Archives. After several changes of location, these municipal collections found their permanent home in 1912 in a building on Weikersdorfer Platz, where they now serve as valuable sources on the history of the town. And this is why you are also likely to find what you are looking for here when delving into the history of the baths in the town of Baden. The material is multifaceted: objects, historical picture sources, postcards, photos, reports in old travel guides and similar publications about the baths, building plans, archives of the municipal administration, a wide variety of documentation material, printed matter, posters, exhibition catalogues and much more.

A few pieces of memorabilia from the building itself provide the most immediate links to the present-day Frauenbad.
The sign “FRAUENBAD” was located over the entrance door and, like the two grilles on this door, was part of the building until the early 1990s.[1] The grilles were evidently installed during the reconstruction from 1876 to 1878, because one door wing bears the date 1821 and the other the date 1877. The inscription “FRAUENBAD” above the door was added at a later date.
Two further objects originate from the first major reconstruction from 1876 to 1878: the protective plaque from the foundation stone of 1821 and a metal box with coins.
As reported in the weekly newspaper “Badener Bote” on 3 June 1877, “a bricklayer working on the renovation of the Frauenbad found in a window niche that was due to be opened up a regularly hewn ashlar stone which was carefully sealed with a stone slab and was immediately recognised as the foundation stone. When the stone slab cover was removed, an inscription plaque in the form of a slab of polished Kehlheimer limestone, which was additionally covered with a copper [actually zinc] plate for protection, was revealed in the inner cavity. In the corner of the cavity there was a small tin box with some copper and silver coins.”[2]
During this reconstruction, the foundation stone was now inserted into the wall of the building at a different location, where it could be seen, and the metal plate and the tin box, together with the coins, went to the municipal collections, as confirmed by an enclosed note that still exists today. The coins were also listed on this note: “1 Zwanziger, 1 Fünferl, 1 Gröschl, 1 Kreuzer, ½ Kreuzer, ¼ Kreuzer.” However, Hermann Rollett, the town archivist and museum curator at the time, also noted: “1 Dukaten and 1 Zweigulden piece in silver were stolen by a bricklayer and both pieces were found by me at the moneychanger Mandel.”[3] It was not possible to get them back.[4] Whether the other coins were the right ones remains to be seen, since Bürgermeister (Mayor) Martin Joseph Mayer reported that the foundation stone was lowered into place “together with newly minted Austrian imperial gold and silver coins of this year.” He also mentions the zinc plate, “on which both His Imperial Highness and all the functionaries present, in eternal remembrance of this solemn day, personally inscribed their names by means of a stylus.”[5]
The engraved names, which are difficult to decipher, are “Erzherzog Anton; Freiherr von Reichmann, Regierungs Präsident; Franz von Saar, Kreishauptmann; Baron Hornstein, k. k. Dienstkämmerer; Felix Freyherr von Sala, k. k. Kämmerer; Martin Joseph Mayer, Bürgermeister; Schenk, Sanitäts Rath und Badarzt; Baumeister Anton Hantl.” (Archduke Anton; Baron von Reichmann, President of the Government; Franz von Saar, District Governor; Baron Hornstein, Imperial and Royal Duty Chamberlain; Felix Baron von Sala, Imperial and Royal Chamberlain; Martin Joseph Mayer, Mayor; Schenk, Councillor for Sanitation and Spa Doctor; Master Builder Anton Hantl.)
On the metal plate, parts of the inscription of the foundation stone plate can be deciphered as a mirror-image impression.[6]
These objects tell us about the new building in 1821 and the reconstruction of the years 1876 to 1878, while two other objects in the museum’s holdings tell us about the function of the baths.
A large bath towel, whose origin is indicated by the embroidered lettering “Frauenbad”, is from the linen provided for the bathers.[7]
A glass plaque with gold lettering indicates the opening hours of the Frauenbad and mentions the fact that the baths were also open during the winter season, which was apparently rather unusual. The plaque was therefore probably created sometime after 1910, as can be gleaned from reports in various spa guides.[8]

To find out more about the Frauenbad and Carolinenbad, two publications about the building from the 19th century are useful. The description already mentioned by Bürgermeister Mayer on the occasion of the completion of the new building in 1821[9] was followed by a commemorative publication “following the renovations of 1876–1878,”[10] A separate article in the “Illustrirtes Wiener Extrablatt” is also dedicated to these alterations.[11] Whenever changes were made they were reported in journals.
These accounts are supplemented by descriptions in historical reports and travel guides. They describe the town with all its attractions and spa facilities over the past two centuries. They also contain general information about the spa business as well as detailed descriptions of the individual buildings and of the baths themselves. You can also find information about bathing regulations, facilities, treatments, target groups, admission prices and opening hours, including comparisons with other spas.[12]

While today the name “Frauenbad” applies to the entire building, in former times the Carolinenbad (also Karolinenbad) was listed separately. It offered different services from the Frauenbad. The Frauenbad was by no means reserved for female bathers alone. Originally, “gentlemen” and “ladies” were admitted to both baths. The Carolinenbad, on the other hand, was intended for exclusive use by ladies, or “women and girls”, for many years; occasionally it was also reserved for children at certain times.
As early as 1822, the medical practitioner J. N. Beck, in his book on Baden “in topographical-statistical, historical, natural-historical, medicinal and picturesque respect”, gives a comprehensive description of the building, the facilities inside and its use. Thus he mentions the rooms for undressing and dressing, the “bathing boxes surrounded by a wooden balustrade”, the seats with handrails as well as the shelves for snuff rags and tobacco boxes, but also the openings “through which the bath water, when it has reached this height, flows off. [...] This open-

ing is also used by the bathers for expectorating." He also mentions the "Stundenbäder" (hourly baths), one of which is called the "Kaiserbad" (emperor's bath), and the foot bath. He also lists the number of bath attendants.[13]
In 1825, the spa physician Carl Schenk described the Frauenbad as "one of the noblest baths in the town"[14] and explained that, "in order to meet the bathers' desire for greater comfort, the arrangement was made that, in addition to the usual large public baths, hourly baths were also installed for the use of individual persons."[15] About the Carolinenbad he states: "After the completion of the new building in 1821, this bath underwent a change in name and purpose, in that it was called the Carolinenbad, after the name of Her Majesty the Empress, at the ceremonial opening of the Frauenbad, and was intended for the more distinguished and wealthier class of bath guests for the reason that its spring, although equal in warmth and purity to that of the Frauenbad, nevertheless shows less liveliness, and consequently heats the body to a lesser degree than the Frauenbad, but in general the bath is constructed and equipped at greater expense."[16]
Just as the characteristics of the various springs were important to Carl Schenk, a separate book "für Jedermann, dem seine Gesundheit am Herzen liegt" (for everyone who cares about their health) came out in 1843, dedicated to the Baden baths and successes in healing. It reports on successful cures for gout, hypochondria and stomach disorders after visiting the Frauenbad and the Carolinenbad.[17]
The imperial family was also mentioned several times: "This section [of the baths], which is now used by the highest nobility, is also called the Kaiserbad. Three male bath attendants and just as many female bath attendants are employed to serve at this bath."[18] The Kaiserbad could also be booked by other bathers, but it cost considerably more than the other hourly baths.[19]
In 1882, the recuperation of Archduke Carl Salvator after a visit to the Frauenbad was reported in great detail.[20] At that time, the refurbishment of the bathing rooms with marble was also highlighted, which "not only seems to be suited to meet the highest demands of the bathing guests to the fullest extent, but is also not surpassed by any of the other baths in terms of external beauty."[21]
At that time, the Frauenbad and the Carolinenbad were considered "the most elegant baths that meet all requirements and can stand comparison with all similar modern buildings."[22]
At the beginning of the 20th century, a "concise, practical guide for spa guests" notes: "Currently the Frauenbad on Josefsplatz is architecturally the most beautiful bath."[23]
In the first decades of the 20th century, apart from the winter cure, carbonic acid (carbon dioxide) baths[24], relaxation rooms[25] and a thermal water drinking fountain[26] are obvious innovations. In addition, the baths were "connected to the municipal hotel garni 'Elisenhof' by a colonnaded walkway."[27]
In 1940, the building and its interior were renovated again:
"[...] cubicles and relaxation rooms, in which the bathers lay wrapped in blankets after bathing in accordance with medical regulations. These extensive rooms have now been subjected to a thorough renovation. Light and friendly colours, white linen coverings, white paintwork and washable flooring predominate, as it were guaranteeing the bathers cleanliness and purity as the permanent state of affairs.
The large entrance hall, an architectural work of art, has also been completely renovated. Practical and comfortable modern seating completes the good impression the bather gets as soon as he enters this bath."[28]
After the Second World War, we can also read about the installation of shower facilities.[29]

The historical books contain only a few illustrations. When it comes to pictorial representations of the building, you can find them in the topographical collection, the picture postcard collection and the photo collection of the municipal archive.
The new building of 1821 is illustrated mainly by drawings, watercolours and prints: in addition to the view of the façade, which can already be found in the publication of 1821, there are numerous views of the building from the front in frontal or oblique perspective in different lighting moods and with or without people or other trappings in the foreground.[30] All the pictures can be dated to this first phase by the clearly recognisable entrance steps at the front and the appearance of the roof. Both were altered by the renovation of the years 1876 to 1878.
A souvenir goblet from the Rollettmuseum collection also dates from the second or third quarter of the 19th century and shows the typical oblique view, with the gable projection on the east side in particular clearly visible.[31]
The only known photograph[32] from before the reconstruction from 1876 to 1878 is not in the possession of the Rollettmuseum, but it can be taken as an important indication of the original location of the entrance, which is also confirmed by a drawing in the Rollettmuseum.[33] Above the portico, the lettering "KAROLINEN-BAD" can be read on the façade, and on the left-hand corner an arrow points to the entrance to the Frauenbad at the rear. This is confirmed by a drawing in the Municipal Collections, which shows three doors on the north side under the lettering "Frauenbad". This location of the entrance can be explained from the position of the original entrance of the previous building. The gabled porch on the east side was evidently reserved for the emperor.[34] After the reconstruction between 1876 and 1878, when the entrance on the south side under the colonnade became the main entrance, the inscription on the façade above the entrance door became: "Carolinen- und Frauenbad", later replaced by "Frauenbad".
Immediately after the completion of the reconstruction, the bath was reported as a "Badner Sehenswürdigkeit" (one of the sights of Baden) with three views: the outside, the pool and the new "Vestibule".[35] All known picture postcards and numerous photos now show the altered main façade, each with contemporary trappings (people, carriages, later the first cars). The Frauenbad and Carolinenbad are also never missing from the town's advertising brochures.
Interior views exist only from the time after the renovation from 1876 to 1878: the "Vestibule", the "Cabinensaal" (room with changing cubicles), the newly panelled bathing rooms and later also bathers in the pools. Remarkable is a photomontage of the Frauenbad showing well-known men and women from Baden in the pool. This collage from the Baden photo studio of Anton Schiestl and Rudolf Nowotny, made in 1923, was also published as a picture postcard.[36] Interior views from the turn of the century show the cubicles and the "Vestibule" with the cash desk and the circular seating acquired in 1878.[37] The 1940 replacement of the seating in the waiting area with wicker furniture is documented in the "Fremdenliste" (list of guests).[38] Photos from the post-war years also show the "Vestibule" with the cash desk for admission to the baths and female bathers on new wicker chairs. Subsequent use of the roofed entrance area for the "Trauben-Most-Kur" (a festival where the first grape must of the new harvest is drunk) and the interior for exhibitions, is also recorded in numerous photographs.
With all these descriptions and images in mind, it makes sense also to consult the historical building plans[39] (cf. illustrations in the texts by Matthias Boeckl) which can be found in the Baden Stadtarchiv. Even though they are by no means complete, the essential changes can be followed and understood. They include general plans of the site, beginning with the time before the new building in 1821, various floor plans, elevations, wall designs, drafts, sketches, and also detailed drawings of the roof construction, pools, floor, cubicles, windows or wall cladding as well as technical plans (including the system for drawing water). Not all of the plans are dated or signed, however, so that comparative studies are necessary in order to be able to classify everything.
Last but not least, the archives of the municipal administration are of course also available. Several bundles of files contain material about the Frauenbad and Carolinenbad and will provide information about the time of

construction, the alterations and their usage. The baths that used to belong to the town of Baden are recorded under "Gemeindeeigene gewerbliche Betriebe"[40] (Municipal commercial enterprises). These files also contain extensive material documenting the new building in 1821 and the considerations that preceded the project: A situation plan from 1819, minutes of negotiations, letters to the "k. k. Kreisamt"[41] (Imperial and Royal District Office), so-called "Bekostigungen" (cost estimates), construction records, minutes of the shareholders' meetings, cash receipts, the programme for the grand opening in 1878, and so on. Even the manuscript for the publication by Bürgermeister Martin Joseph Mayer about the newly built "Frauen- and Carolinenbad" in 1821 has been preserved.[42] Under "Gemeindeeigene Gebäude"[43] (Buildings owned by the municipality), the Kammeramt (Treasury) inventory of 1828 records the facilities and equipment in the Frauenbad and the Carolinenbad. According to this, there were the „Frauenbad Herren Seite" and „Frauenbad Frauen Seite", „Karolinenbad Herren Seite", „Karolinenbad Frauen Seite", four hourly baths („Stundenbad Nro". 1–4), „Fußbad" and „Trockenzimmer". The equipment in these rooms included bathing textiles such as "robes, linen cloths, spreading cloths, drying cloths, foot cloths" as well as furnishings, curtains, "lavoir including jug, wash basin, trough, washtub, water butts, drinking glasses, spittoon, comb, commode, bath brushes", but also utensils such as "writing utensils, candlestick, wood chopper, fire shovel, dustpan, slippers, bootjack." The hourly baths also had a "warming box and iron base" and a "Klöckl" (little bell), Hourly Bath No. 1 (evidently the one for the emperor) had an upholstered sofa with corresponding armchairs and "large lead candlesticks", while all the others only had armchairs and 'simple' candlesticks. In the foot bath, only furnishings, curtains, spreading cloths and foot cloths, mirrors and footstools were available as equipment.

Further information on the financial matters concerning the baths is filed with the "Rechnungswesen der städtischen Bäder"[44] (Accounts Department of the Municipal Baths), where the payments to the shareholders are listed in the so-called journals.
The heading "Balneologisches"[45] (Balneological) is used to group together material about the geological basis of the healing springs, bathing regulations (also "sittenpolizeiliche Vorschriften" – morality police regulations), the "Badgericht" (bath court or governing body), sanitary police complaints in the baths, number of bathers and where they come from, et cetera. In addition to the first bathing regulations for the Frauenbad from 1613, it also contains an interesting report by the Municipal and Spa Physician Franz Habel from 1843, which indicates an urgent need for reform of the baths in Baden. He also mentions the condition of the Frauenbad:
"The Frauenbad and the Carolinenbad – however splendid the spring may be, and however beautiful the building appears to be from the outside – is so thoroughly flawed in its layout that the large sums of money that went into its construction must be regarded as having been needlessly wasted. [...] The main defect is that the floor is very much raised above the level of the baths, so that the number of steps which the bathers have to descend time and again to get into the bathing pool is between 25 and 30.
As a result, the hourly baths are like chimneys and intimidate the bather. His Majesty the most blessed Emperor Franz, who previously always used the Frauenbad, has now transferred his allegiance to the more comfortable Theresienbad for this reason.
The foot bath of the Frauenbad is unusable for the same reason. Paralysed patients suffering from gout pains and foot ulcers cannot be expected to climb up and down 20–30 steps to reach the bath. The ameublement (furnishing) of the individual baths is just as bad as in the Theresienbad."
As an improvement, he recommended: "In the Frauen- and Carolinenbad, the deficiencies mentioned can only be partially remedied, namely by removing at least those steps which the bathers have to climb, but how this is to be done must be decided by building experts. The useless footbath, together with an adjoining room, would constitute a fine dwelling of 3 rooms to which it could be adapted at little cost, thereby providing the Kammeramt with a new source of income. In the hourly baths, the same ameublement is required as was indicated above for the Theresienbad."
As we know, it was to take more than 30 years before these major changes were carried out.
In addition to all these documents, the poster collection also complements the history of the Frauen- and Carolinenbad. So from the beginning of the 20th century we have placards of the Baden baths with prices and opening hours, whilst from 1977 onwards we find that it is the exhibition posters that illustrate the further history of the building, as well as photos and numerous exhibition catalogues and also advertising material from that time up to the present day (cf. illustrations in the text by Christine Humpl).

All these testimonies provide a complex picture of the significance and use of the building over the past 200 years. The task of the Stadtarchiv and the Rollettmuseum does not end here: we will continue to extend our collection so that information about the Frauenbad of today can be preserved for the future.[46]

1 The Rollettmuseum received these objects (Inv.-Nr. Obj 2186, Obj 873) from the spa management in 1995 as part of the adaptation to an exhibition centre.
2 Ein Fund im Frauenbade, in: Badener Bote, 3. 6. 1877, p. 4. The copper plate is actually a plate made of zinc.
3 Rollettmuseum, Inv.-Nr. M 342 (the following coins: 20 Kreuzer 1817, 5 Kreuzer 1815, 1 Greschl 1760, 1 Kreuzer 1816, ½ Kreuzer 1812, ¼ Kreuzer 1816).
4 Cf. Hugo Zimmermann: Dr. Hermann Rollett und der tschechische Maurer, in: Badener Zeitung, 21. 9. 1918, pp. 1–2 (on the discovery and the theft by the bricklayer).
5 M. J. Mayer: Das neuerbaute Frauen- und Carolinenbad in Baden in Niederösterreich, Baden 1821, p. 37. – Not to be found in the Rollettmuseum is a bronze Roman coin of the Emperor Trajan, which was found in the Frauenbadquelle (spring) during the restoration from 1876 to 1878 and handed over to the city archives. Cf. Das Frauen- und Karolinenbad zu Baden bei Wien nach der Neuuherstellung 1876–1878. Festschrift, mit Benützung der Urkunden des Stadtarchivs, Baden bei Wien 1878, p. 14. – On the other hand, several ashlar remains of the old Frauenkirche, donated to the museum by the architect Hugo Zimmermann, have been preserved (Rollettmuseum, Inv.-Nr. 1492).
6 "(ANTON VICTOR / ARCHIDVX AVSTRIAE ORDINIS) / EQVESTRIS TEUTONIC(I / SVP) REMUS PRAEFECTVS POS(VIT) / FUNDAMENTUM / HARUM THERMARUM / (VULGO DICTAE: Frauenbad und Neubad. / DIE VII: MENSIS APRILIS: Anno MDCCCXXI / Martin Meyer Bürgermeister)".
7 It was donated to the Rollettmuseum together with towels from the Herzoghof and other baths in 1997 (Inv.-Nr. Text 48).
8 Cf. Dr. Heinrich Kümmerling: Der Kurort Baden bei Wien, 1st ed., Vienna 1904, to 6th ed., Vienna 1914. In the 4th edition of 1912 it says on p. 53: "The hotels and guesthouses Cortella, Brusatti, Bristol, Goldener Löwe and others are extremely favourably situated for the winter use of the highly effective Frauen-, Carolinen- and Josefsbäder."
9 Mayer 1821, op. cit. 5.
10 Das Frauen- und Karolinenbad, op. cit. 5.
11 Illustrirtes Wiener Extrablatt, 6. 6. 1878, p. 1.
12 Cf. among others Josef Bersch: Der Curort Baden in Nieder-Oesterreich. Seine Heilquellen und Umgebungen, Baden 1866, several editions until at least 1884; – Badener Führer für Bewohner und Besucher des Kurorts von Baden, Baden 1876 und 1877; – Josef Schwarz: Die Heilquellen von Baden bei Wien, Vienna 1886.
13 J. N. Beck: Baden in Nieder-Oesterreich. In topographisch-statistischer, geschichtlicher, naturhistorischer, medicinischer und pittoresker Beziehung, Wien 1822, pp. 20–30. – Similar details to be found in F. C. Weidmann: Wien's Umgebungen, Vienna 1823, p. 217.
14 Carl Schenk: Die Schwefelquellen von Baden in Nieder-Oesterreich, Vienna 1825, p. 211.
15 Ibid., p. 212.
16 Ibid., p. 218.
17 Cf. Max. Flor. Schmidt: Neue Methode das Badener Bad zu gebrauchen. Ein Buch für Jedermann, dem seine Gesundheit am Herzen liegt, Vienna 1843.
18 Jos. Adalb. Krickel: Baden und seine Umgebungen. Ein Wegweiser für Fremde und Einheimische. First booklet, Vienna 1832, p. 46.
19 "The usual price is 24 kr. The individual or hourly baths 40 kr. The imperial bath one gulden." (Ibid.)
20 Cf. Dr. Karl Czuberka: Die Schwefelquellen zu Baden bei Wien, Baden 1882, p. 78.
21 Ibid., p. 77.
22 Schwarz 1886, op. cit. 12, p. 7.
23 Dr. Maximilian Fuchs: Der Kurort Baden bei Wien und seine Schwefelquellen. Ein kurzgefasster, praktischer Führer für Kurgäste, Vienna 1907, p. 15.
24 "2 separate baths, which can be provided with the addition of carbonic acid" (Dr. Heinrich Kümmerling: Der Kurort Baden bei Wien, 3rd ed., Vienna 1909, p. 32).
25 Cf. "Einführung von Ruheräumen im Frauenbad" (Introduction of relaxation rooms in the Frauenbad). This newspaper article can be found in the collection of newspaper articles about the Frauenbad, compiled by Gustav Calliano, in the Stadtarchiv Baden, handwritten and dated "1925", without specifying the newspaper.
26 Cf. Hermann Walter: Baden als Kurort. Sonderabdruck aus dem Führer und Heimatbuche "Die Kurstadt Baden bei Wien" by Professor Dr. Walter Hermann, Baden 1925, p. 98.
27 Johann Wagenhofer: Badener Fremdenführer und Wegweiser 1930, pp. 19–20.
28 Zur Wiedereröffnung des "Frauenbades", in: Fremdenliste, June 1940, p. 2, ill. p. 3.
29 Cf. Badener Zeitung, 20. 5. 1950, p. 1.
30 This also includes the oblique view published in an article in 1852: Die Heilquellen des Curortes Baden bei Wien, in: Illustrirte Zeitung, 24. 4. 1852, p. 268. On the so-called spa lists ("Verzeichniß der Cur- und Badegäste in der landesfürstlichen Stadt Baden") from the years 1843 to 1853, the Frauenbad is prominently depicted next to the Peterhof, the Theresienbad and the railway station.
31 Rollettmuseum, Inv.-Nr. Obj 1562.
32 Josef Löwy, c. 1867 (Albertina, Vienna, Inv.-Nr. FotoGL V2000/5411).
33 Rollettmuseum, Inv.-Nr. TSB 3792.
34 This completely different location of the entrance compared with today must also be taken into account when interpreting the historical descriptions.
35 Eine Badner Sehenswürdigkeit, in: Illustrirtes Wiener Extrablatt, 6. 6. 1878, p. 1.
36 Signed and dated "Schiestl, Nowotny, 1923" (Rollettmuseum, Inv.-Nr. TSB 2162). On the back of one of the picture postcards in the collection of the Stadtarchiv, the following names are noted in concordance with numbers for some of the persons on the front: Mayor Kollmann, Karl Sukfüll, Dr. Karl Höld, Maria Wagenhofer, Bgm. Brusatti, Bgm. Berka, Viktor Grimm, Josef Florian, Gleichweit, Anton Schiestl, Gustav Calliano, Hofrat Hink.
37 Der Curort Baden bei Wien in Wort und Bild, Vienna/Leipzig 1900, pp. 38, 39 and 41.
38 Cf. Zur Wiedereröffnung des "Frauenbades", op. cit. 28, fig. pp. 1 and 3.
39 Since the last publication on the Frauenbad in 2009, the Stadtarchiv has taken over plans from the holdings of the Bauamt (Building Department). As a result, further material is now available, mainly concerning the reconstruction between 1876 and 1878 as well as other restoration plans (1845, 1865) and adaptations (1899/1900). The documents on the most recent reconstruction work and some historical plans are still located in the Abteilung für Bauangelegenheiten (Department for Building Affairs) at Baden Town Hall. Supplementary files can also be viewed at the Bundesdenkmalamt Niederösterreich (Federal Monuments Office of Lower Austria).
40 Stadtarchiv Baden, GB 431.
41 Supplementary parts of the correspondence are in the Haus-, Hof- und Staatsarchiv. Thanks to Councillor Hans Hornyik, Baden, for this reference.
42 Mayer 1821, op. cit. 5.
43 Stadtarchiv Baden, GB 420.
44 Stadtarchiv Baden, GB 521.
45 Stadtarchiv Baden, GB 356.
46 The team at the Arnulf Rainer Museum are also making a significant contribution to documenting the history of the building through research and interviews with contemporary witnesses.

Bad in der Menge

Einblicke in die Badekultur und Gesellschaftsgeschichte Badens

Petra Leban

In Kunst baden, nämlich in jener des Übermalers Arnulf Rainer, ist seit 2009 im Badener Frauenbad die Devise. Das klassizistische Badehaus wurde 1821 eröffnet und birgt zwei Schwefelwasserquellen in seiner Tiefe.
Im Folgenden sollen Einblicke in die mehr als 2000-jährige Badekultur und Gesellschaftsgeschichte Badens mit besonderem Schwerpunkt auf dem Frauenbad präsentiert werden, basierend auf den reichhaltigen Beständen des Badener Stadtarchivs und der vielfältigen Literatur über Baden.

Stadt und Kur

Der „Curort Baden" liegt südwestlich von Wien, 26 Kilometer von der Reichshaupt- und Residenzstadt entfernt, 229 Meter über dem Meeresspiegel, am Übergang vom Wienerwald zum Wiener Becken – so beschrieben in „Woerl's Reisehandbuch" für Baden bei Wien, das ein Bild der Stadt und ihrer Kureinrichtungen um 1900 zeichnet. Die Stadt zählt zu dieser Zeit 1664 Häuser und rund 16.000 Einwohner. Die Straßen sind gut gepflastert, die „Trottoirs betoniert, damit die Kranken in Rollwägen geführt werden können". Durch die Lage an der Südbahn ist die Kurstadt „mit dem ganzen Continente" verbunden.
Um 1900 befinden sich in Baden 15 Schwefelbäder (zehn im Besitz der Stadtgemeinde, drei im Besitz des Militärs und zwei im Privatbesitz), deren Quellen täglich über 8.000.000 Liter Wasser liefern. Die Kursaison dauert vom 1. Mai bis zum 15. Oktober. Das Thermalwasser wird jedoch das ganze Jahr genutzt, meist für Bäder, aber auch für Trinkkuren – pur oder mit Milch, Molke oder Mineralwässern. Als besonders heilend erweist sich das Badener Schwefelwasser bei allen Formen von Rheumatismus, Entzündungen, Lähmungen, chronischen Metallvergiftungen, Haut- und Geschlechtskrankheiten, Katarrhen der Atmungs- und Verdauungsorgane sowie Krankheiten der Harn- und weiblichen Geschlechtsorgane, so der damalige Stand der Medizin.[1]
Wie sah nun ein typischer Kurtag in Baden aus? Darüber berichtet Franz Anton Gaheis 1802 in seinen „Wanderungen und Spazierfahrten in die Gegenden um Wien": Die Unterkunft wird in einem Haus der Vorstadt genommen. „Jedes Zimmer ist mit allem eingerichtet, was man für den Aufenthalt von einigen Monathen nöthig hat." Für die Gäste wird gekocht und im Speisesaal können Frühstück, Mittag- und Abendessen eingenommen werden, „gemeinsam mit Personen aus allen Gegenden von Europa". Der Morgen wird nach ärztlicher Anweisung „dem Bade gewidmet", danach schläft man oder geht spazieren, anschließend gibt es Frühstück. In der freien Zeit bis zum Mittagessen promeniert man durch die Stadt oder im Park, besucht Freunde in Bädern oder macht eine Ausflugsfahrt ins Helenental. Nach Tisch wird gespielt oder ins Kaffeehaus gegangen, gegen Abend „wiederholen einige das Bad, andere unterhalten sich mit Lectür, besuchen das Theater [...] und dann beginnt das gemeinschaftliche Abendmahl".[2]

1. der Herren Schnecken, 2. der Fr
4. der ablauf des bades.

n Zimer, 3. der Frauen Schnecken.

Ursprungsquelle, 1920er-Jahre, Fotografie
© & Foto: Stadtarchiv Baden

S.136–137, Herzogsbad, Kupferstich von Georg Matthäus Vischer, 1672
© & Foto: Rollettmuseum

Von Badens Bädern

In den warmen Schwefelquellen von „Aquae“ badeten, archäologisch nachweisbar, kurbedürftige römische Legionäre. Später „Padun“ genannt und 1137 erstmals urkundlich als „Baden“ erwähnt, erlangte der Markt 1480 das Stadtrecht und führt in langer Tradition bis heute ein badendes Paar im Holzschaff vor einem Quellbrunnen im Stadtwappen.[3]
Während arme Leute die im Bachbett der Schwechat austretenden Quellen unter freiem Himmel nutzten, badeten die Vornehmen im Hochmittelalter in Badehütten und später in „Badekisten“, Holzeinsätzen, die ins Thermalwasser gesenkt wurden.[4]
Ein Kupferstich von Georg Matthäus Vischer veranschaulicht das Badeleben im Herzogsbad um 1672: Die Badenden gelangen über die Schnecken (Zugänge) ins Bassin. Zugänge und Umkleideräume sind nach Geschlechtern getrennt. Gebadet wird gemeinsam und bekleidet. Von der Galerie aus beobachten die Besucher das Treiben, an der Wand ist eine Uhr zur Kontrolle der Badezeit, an der linken Ecke des Beckens der Überlauf. Das Thermalwasser bezog man über Rohrleitungen von der rund 200 Meter entfernten Ursprungsquelle.[5] Die 28,4 Grad Celsius warme Ursprungsquelle, auch Römerquelle genannt, entspringt im Dolomitgestein des Kalvarienberges im Kurpark. In diesem Bereich befand sich auch die Therme zur Römerzeit.

Als die Stadt 1650 in den Besitz des Josefsbades kam, wurde es als Judenbad eingerichtet. Zuvor mussten sich jüdische Badegäste, genauso wie Arme, mit dem außerhalb der Badegebäude abfließenden Wasser begnügen. Nach den kriegerischen Auseinandersetzungen mit den Osmanen wurde das ruinöse, am heutigen Josefsplatz gelegene Josefsbad um 1700 neu erbaut und erlaubte keine jüdischen Badegäste mehr. Diese mussten das wesentlich bescheidenere Neubad, das spätere Carolinenbad, benutzen. Erst das Toleranzpatent Josephs II. bewirkte einen allmählichen Wandel und ab 1800 begann die Zahl der jüdischen Badegäste langsam zu steigen.[6]
Seltsames trug sich 1807 im Antonsbad zu, das einst im Norden der Altstadt lag: Als eine Dienstmagd auf die Galerie des Bades kam, erblickte sie ihre Dienstgeberin und bemerkte, dass deren Gesicht komplett schwarz war. Im selben Augenblick färbte sich auch das Gesicht der Magd schwarz, weil sie „über die Schmink ihrer Fraule geraten sein mochte“. Das Rätsel konnte gelöst werden, denn die Schwefeldünste im Bad hatten die aus Quecksilber, Blei und Wismut hergestellte weiße Schminke schwarz werden lassen.[7]

Um 1800 machte Kaiser Franz II./I. Baden zu seiner Sommerresidenz und verbrachte mehr als 30 Jahre lang die Sommermonate in der Kurstadt. Der Wiener Hof, das Großbürgertum und die Kunstwelt folgten dem Monarchen und seiner Familie. Nicht zuletzt auf Druck des Kaisers wurde nach einem Stadtbrand 1812 die schon zuvor geplante Neugestaltung der Stadt realisiert. Nach Plänen der renommiertesten Architekten entstanden öffentliche und private Bauwerke im klassizistischen Stil, darunter auch eine Reihe von Bädern. Der Wandel zur Biedermeierstadt war vollzogen und für Baden brach eine Glanzzeit an.
„Es gibt hier Bäder je nach Rang und Stand: eines heißt Frauenbad und dort baden nur bessere Leute, beiderlei Geschlechtes gemeinsam“, so eine Tagebucheintragung des Begleiters des französischen Botschafters, der 1772 in Baden kurte. Im Frauenbad bezahlte man am meisten, zusätzlich noch Trinkgeld für das Badepersonal. Das Wasser „erscheint etwas seifenartig“ und an den hölzernen Bodenbrettern „schlägt sich der Schwefel nieder“. Von den Galerien beobachten „neugierige Leute“ das Badegeschehen, doch bleiben sie wegen der großen Hitze und des starken Schwefelgeruches nicht lange.[8]
Das Bad lag innerhalb der Stadtmauer und war an die Nordseite der ehemaligen Frauenkirche, eines der Jungfrau Maria geweihten Gotteshauses, angebaut. Die Quelle entsprang nahe dem Hochaltar der gotischen Kirche, wohl ein Indiz dafür, dass ein keltisches Quellheiligtum ursprünglich von einem frühchristlichen Gotteshaus überbaut und religiös vereinnahmt wurde.[9] Nach dem Krieg gegen die Osmanen überließ der Landesfürst Ferdinand I. 1531 das Frauenbad und das Neubad/ Carolinenbad, zeitgenössisch als „Wildbäder“ bezeichnet, der Stadt als Wirtschaftshilfe.[10]

Das Neubad, an die Südseite der Kirche angebaut, lag außerhalb der Stadt. Lange Zeit war es für einfache Soldaten bestimmt. Doch seit das Petersbad 1796 als Militärbad eingerichtet worden war, wurde das Neubad wegen der günstigen Eintrittspreise vor allem von nicht reichen Bürgern und Juden frequentiert.[11]

Am 12. Juni 1821 wurde das im klassizistischen Stil neu erbaute Frauenbad eröffnet. Das Badegebäude beherbergt seither zwei Bäder mit jeweils eigener Quelle, nämlich das Frauenbad und das Carolinenbad, benannt nach der vierten Gattin von Kaiser Franz und ursprünglich als Neubad bezeichnet.
Der damalige Bürgermeister Martin J. Mayer beschreibt das Bauwerk detailliert. Das Frauenbad mit gewölbtem Salon ist rund zwölf Meter hoch und besitzt ein Gemeinschaftsbecken aus Lärchenholz und eine Galerie für Besucher. Außerdem birgt das Gebäude das Carolinenbad sowie das Separatbad I mit Ankleide- und Ruheraum, das von Kaiser Franz benutzt wird. Darüber hinaus drei weitere Separatbäder, dem Badetrend der Zeit entsprechend, und ein Fußbad. Die Ankleidezimmer, getrennt für Frauen und Männer, sind mit reiner Wäsche, aromatischem Essig und weiteren Badeutensilien ausgestattet.
Im Frauenbad finden 80 bis 90 Personen, im Carolinenbad 40 bis 50 Personen Platz. Gebadet wird im Frauenbad bei rund 35 Grad Celsius Wassertemperatur und die Füllzeit des Beckens beträgt rund eine Stunde. Die Einzelbäder werden nach jedem Badegast frisch gefüllt. Die Vollbäder sind von vier Uhr früh bis zehn Uhr vormittags sowie von drei bis fünf Uhr nachmittags geöffnet, die Stundenbäder (Separatbäder) „zu jeder Stunde des Tages“. Die Badepreise betragen im Frauenbad 24 Kreuzer, im Carolinenbad 18 Kreuzer, im Stundenbad I einen Gulden und in den übrigen Stundenbädern 40 Kreuzer.[12]
Die Gründe für einen Badbesuch waren unterschiedlich. Viele nutzten das Schwefelwasser zum Auskurieren ihrer Leiden, manche aber suchten in den Badehäusern auch Spaß und Unterhaltung. Um 1810 fanden im Frauenbad Feiern statt, bei denen sich Adelige auf schwimmenden Tischen Zuckerwerk und Likör servieren ließen und im Badebecken Quadrille tanzten, begleitet von Musikern auf der Galerie.[13]

Über Nebenwirkungen einer Badekur im Schwefelwasser informiert Dr. Carl Schenk 1803 in seinem „Taschenbuch für Badegäste Badens in Nieder-Österreich“. Es werden Verstopfung, Müdigkeit oder Hautausschläge angeführt. Außerdem mahnt er, die ärztlich verordneten Diäten während einer Badekur einzuhalten, und betont die gesundheitsfördernde Wirkung der „Mannigfaltigkeit der Ergötzlichkeiten“ in einem Kurort.[14]

Als Kaiser Franz 1835 starb, verlor Baden den Status der kaiserlichen Sommerresidenz. Doch bewirkten einerseits der Anschluss an die Südbahn 1841 und andererseits die Errichtung des Sommertheaters „Arena“ und der „Mineralschwimmschule“ wieder einen Aufschwung des Fremdenverkehrs.[15]
Ab 1873 fuhr man mit der Pferdetramway vom Badener Südbahnhof ins Helenental und rund 20 Jahre später sogar schon elektrisch. Auch nach Vöslau existierte ab 1895 eine Straßenbahnverbindung. Und seit 1907 erreicht man mit der Badner Bahn vom Josefsplatz, ohne umzusteigen, Wien.[16]

1878 wurde das Badegebäude des Frauen- und Carolinenbades im Inneren umgebaut. Man errichtete einen repräsentativen Wartesaal und stattete die Badehallen elegant mit Marmortäfelung und Terrazzoböden aus. Zur Belichtung des großen Saales mußte eine zusätzliche Dachlaterne in Ost-West-Richtung errichtet werden.[17] Diese Umgestaltung des Gebäudes wirkt bis in die Gegenwart nach.

Vergnügungen in der Kurstadt

Der Kurpark avancierte zum gesellschaftlichen Treffpunkt. Man promenierte über verschlungene Wege zu Aussichtspunkten und lauschte der Kurkapelle.[18] Diese konzertierte an Wochentagen morgens, mittags und abends sowie an Sonn- und Feiertagen zur Mittagszeit.[19] Besonderer Beliebtheit erfreuten sich die Konzerte des Kurorchesters unter der Leitung von Kapellmeister und Komponist Karl Komzák. Sein Walzer „Bad’ner

Josefsplatz mit Straßenbahnzug Richtung Strandbad und Autobus der Ringlinie, 1929, Ansichtskarte
© & Foto: Stadtarchiv Baden

Deckblatt der Partitur, vor 1914
© & Foto: Stadtarchiv Baden

„Badner Mad'ln"
Walzer
von
KARL KOMZÁK
Sohn
Op. 257.
Für Orchester .... Mk. 5._ netto
„ Salon Orchester „ 2.50 „
Droits d'édition, de traduction et d'exécution publique reservés
Für Piano 2 ms
4 ms 2.5
Netto

Mad'ln", eine Hommage an die Badener Damenwelt, wurde am 30. Juli 1898 erstmals aufgeführt.[20]
Das Kurhaus samt großem Veranstaltungssaal wurde 1885, die Städtische Kuranstalt 1902, das moderne Hotel Herzoghof 1908 und der Neubau des Stadttheaters 1909 eröffnet. In der Zwischenkriegszeit folgten der Bau des Strandbades, die Fassung der Marienquelle und die Eröffnung des Spielcasinos im Kurhaus als Impulse für einen modernen Fremdenverkehr.[21]
Das Strandbad an der Helenenstraße, gegenüber dem einstigen Hotel Esplanade, besitzt einen künstlich angelegten Sandstrand von 130 Meter Länge. Bereits bei der Eröffnung 1926 faszinierte die Badeanlage durch die reich ausgestattete Kassenhalle, die Kabinentrakte und Sonnenbäder für Damen und Herren, das Sportbecken mit Sprungturm und die zwei miteinander verbundenen Thermalwasserbecken samt heißem „Wandl". Gespeist wird das Strandbad von der ergiebigen, 1924 gefassten Marienquelle, die bei der Braitner Straße 3 aus dem Bett der Schwechat sprudelt.
Im Doblhoffpark boten einst Schaukeln, eine Rutschbahn und eine Schießstätte abwechslungsreiche Vergnügungen, und der zwischen Baden und Pfaffstätten gelegene Trabrennplatz lockt(e) in den Sommermonaten unzählige Zuschauer an.
Neben Badens Wein, den „Badener Kaffeebonbons" und „Badener Kipferln" zählten Erzeugnisse aus „Badener Weichselholz" wie Spazierstöcke, Pfeifenrohre oder Zigarren- und Zigarettenspitze zu den Spezialitäten der Kurstadt.[22]

Prominente in Baden

Seit Beginn des 19. Jahrhunderts folgten Adel, Großbürgertum und Künstler dem Kaiser in seine Sommerresidenz Baden, um zu kuren und am gesellschaftlichen Leben teilzunehmen. Die Familien zogen samt Personal für einige Monate in die Kurstadt, jedoch fuhren die Männer tagsüber nach Wien, um ihren Geschäften nachzugehen. „[...] denn kaum ist zum Beispiel die Frau acht Tage in Baden, so spürt der Mann in Wien schon eine Erleichterung: Während sich die Frau in Baden zerstreut, kann sich der Mann in Wien sammeln, und was der Mann in Wien sammelt, kann die Frau in Baden zerstreuen", schrieb der Schriftsteller und Satiriker Moritz Gottlieb Saphir, der 1858 in Baden starb.[23] Die Moritz-Ruhe im Kurpark erinnerte an ihn.

Lang ist die Reihe der Regentinnen und Fürsten, die über die Jahrhunderte Baden besuchten. So trat etwa Kurfürst Friedrich August von Sachsen 1697 in Baden zum Katholizismus über, um die polnische Königswürde zu erlangen. Die vorerst geheime Zeremonie wurde im Bürgerspitalsgarten von einem Gärtner beobachtet. Ihm befahl August der Starke Stillschweigen – sonst „ist mein Faust dein Tod".[24]
Die Besetzung Polens durch die Sachsen und deren spätere Vertreibung wurde rund 200 Jahre später Thema in Carl Millöckers Operette „Der Bettelstudent". Der Komponist verbrachte seinen Lebensabend in Baden, wo er 1899 auch starb. Und bis heute steht das Musiktheaterstück immer wieder auf dem Spielplan der Badener Arena.[25]

„[...] über meinen Gesundheitszustand lässt sich nicht mit Gewissheit von einer wirklichen Besserung sprechen, ich glaube aber doch, dass durch die Kraft der Bäder das Übel, wenn nicht behoben, doch unterdrückt werden wird [...]", schrieb Ludwig van Beethoven an seinen Bruder.[26] Der Arzt und Balneologe Dr. Jakob Staudenheim empfahl dem Komponisten regelmäßige Kuraufenthalte.[27] In den Sommern 1821, 1822 und 1823 logierte er im Haus Rathausgasse 10, wo wesentliche Teile der 9. Symphonie entstanden. Und auch Wolfgang Amadeus Mozart war zu Gast in der Stadt. Er besuchte seine häufig kurende Frau Constanze und komponierte in Baden die Motette „Ave verum corpus", die 1791 in der Stadtpfarrkirche Sankt Stephan uraufgeführt wurde.[28]

Erzherzog Rainer, ein Neffe von Kaiser Franz und Liberaler, verbrachte gemeinsam mit seiner Frau Marie Carolina, Tochter von Erzherzog Carl und Henriette von Nassau-Weilburg, ab 1874 fast regelmäßig die Sommer in der Badener Villa. Als Förderer

S. 140, Deckblatt der Partitur, vor 1914, Detail
© & Foto: Stadtarchiv Baden

Städtische Kuranstalt einst im Südosten des Kurparks, eröffnet 1902, Fotografie
© & Foto: Stadtarchiv Baden

Eröffnung der Marienquelle, 15.8.1924, Fotografie
© & Foto: Stadtarchiv Baden

NDITOREI
28.6.06.

von Kunst und Wissenschaft sowie karitative Stifter waren die beiden in Baden allgegenwärtig und läuteten die zweite Glanzzeit der Stadt im 19. Jahrhundert ein.[29]
Als Wohltäter traten auch der Unternehmer Adolf Ignaz und seine Ehefrau Julie Marcelline Mautner von Markhof, Ehrenbürger Badens, wiederholt hervor. In den 1870er- und 1880er-Jahren stifteten sie unter anderem einen Kindergarten und ein Waisenhaus.[30]

Schwefelkinder

Ein Kind der Stadt, im Badener Jargon liebevoll „Schwefelkind" genannt, war Katharina Schratt. Sie wurde 1853 als Tochter des Badener Kaufmanns Anton Schratt und seiner Gattin geboren. Nach anfänglichem Widerstand der Eltern machte Katharina die Schauspielerei zu ihrem Beruf, avancierte zu einem beliebten Theaterstar und erhielt den Titel „Hofschauspielerin". Ihre Beziehung zu Kaiser Franz Joseph währte rund 30 Jahre. Kuraufenthalte führten Katharina Schratt immer wieder nach Baden.[31]
Ihr Großvater, der Chirurg und Wundarzt Johann Chrysostomus Schratt, ließ sich in Baden nieder und war ab 1800 für die Krankenversorgung der Badener Bevölkerung zuständig. Als Kreiswundarzt behandelte er verwundete Soldaten der Franzosenkriege und bewährte sich bei Typhus- und Choleraepidemien. Er verfasste wissenschaftliche Abhandlungen über die Heilkräfte der Schwefelquellen und entwarf einen Apparat für ein Schwefeldampfbad.[32]
Sein Kollege, der Wundarzt Anton Franz Rollett, erwarb 1801 ein Baderhaus samt Hausapotheke. Legendär waren seine Visiten, bei denen er auf einem Schimmel zu seinen Patienten ritt. Seine private Sammlung bildete den Grundstock für das heutige Badener Stadtmuseum, das Rollettmuseum.[33]
Marianne Hainisch, geborene Perger, stammte aus Baden. Die Protagonistin der österreichischen Frauenbewegung war Schulreformerin sowie Friedensaktivistin und verkehrte mit Bertha von Suttner und Marie von Ebner-Eschenbach. Sie starb 1936 im Alter von 97 Jahren.[34]

Badefrauen und Kurpersonal

Die Aufgaben der Badedienerinnen und Badediener waren in Dienstinstruktionen festgelegt. Das Personal der städtischen Bäder war neben der Reinigung des gesamten Badegebäudes und der Badewäsche auch für das rechtzeitige Befüllen der Becken zuständig. „Das Badedienstpersonale hat seinen Dienst in reiner Kleidung und reinen Schuhen – nicht Schlappschuhen – zu versehen. Die Männer haben weiße Jacken und weiße Schürzen zu tragen. In den Localen darf weder geraucht, noch dürfen daselbst geistige Getränke zu sich genommen werden", ist in der Instruktion von 1889 zu lesen.[35]

Den Kurgästen wohlbekannt war Antonie Seidl. Sie schenkte in der Trinkhalle beim Kurhaus Mineralwässer aus und feierte 1909 ihr 50-jähriges Berufsjubiläum. Einer ihrer berühmten Stammgäste war der Dichter Franz Grillparzer, der mit Vorliebe im nahen Herzoghof wohnte.[36]
Gerhard Tötschinger, Künstler und Kenner der Geschichte(n) Badens, erzählte einst vom Josefsbad und seinem Bademeister Herrn Gumilar. Dieser war Staatsdiener und mehr als zwei Meter groß – und zählte dennoch zur Beamtengruppe der Hofzwerge ...
Gleich benachbart auf dem Josefsplatz im Frauenbad war Katharina Miedler Badefrau. „Schwester Käthe" arbeitete von 1962 bis 1973 in der Männerabteilung. Im Sommer betreuten sie und ihre Kolleginnen unter der Woche bis zu 150 Kurende, meist Rheumakranke, und an Sonntagen Badegäste aus Wien.[37]

S. 142, Erzherzog Rainer (2. von rechts) beim Blumenfest im Doblhoffpark, 28.6.1906, Fotografie
© & Foto: Stadtarchiv Baden

S. 142, Katharina Schratt (links), Erzherzog-Wilhelm-Ring, um 1910, Fotografie
© & Foto: Stadtarchiv Baden

S. 144–145, „Wandl" im Strandbad, 1960er-Jahre, Fotografie
© & Foto: Stadtarchiv Baden

Badefrau Katharina Miedler (rechts) mit Kollegin im Frauenbad, 1960er-Jahre, Fotografie
© & Foto: Privatbesitz der Enkelin

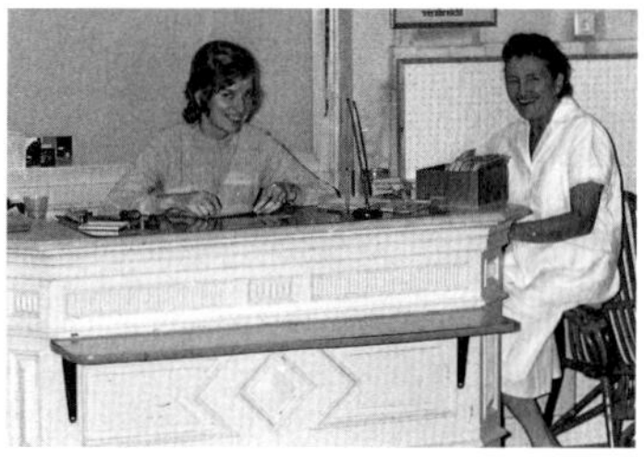

ERWACHSENE

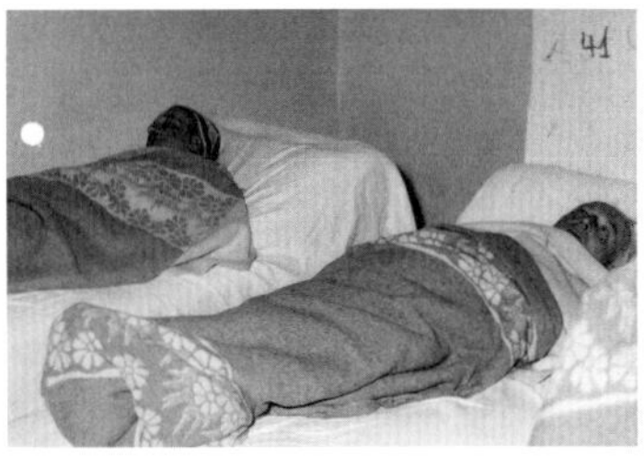

Ruheraum im Frauenbad, 1960er-Jahre, Fotografie
© & Foto: Stadtarchiv Baden

Wartesaal des Frauenbades, um 1960, Fotografie
© & Foto: Stadtarchiv Baden

Badegäste im Bassin des Frauenbades, 1955, Fotografie
© & Foto: ÖNB/Wien, US 12.832/3

Im Frauenbad: Zeitzeuginnen und Zeitzeugen erinnern sich

„In den 1950er-Jahren begleitete ich meine Mutter in das Frauenbad", erzählt die pensionierte Schuldirektorin Erika Ruttner, geborene Hübl. „Wenn man nach dem 20-minütigen Bad die Stufen hinaufstieg, wurde man in ein warmes Tuch gehüllt und konnte in einer Ruhezelle gut schlafen. Das empfand ich als junges Mädchen wunderbar ... Auf unserem Schulweg in die Frauengasse begleitete uns auch immer leichter Schwefelduft."[38]

Friedrich Koprax, gebürtiger Badener und ehemaliger Vizebürgermeister der Stadt, erinnert sich, als Volksschulkind gemeinsam mit seiner Mutter um 1960 das Frauenbad besucht zu haben: „Die Badegäste waren meist Erwachsene. Man saß auf der Steinbank im großen Becken oder watete langsam durch das sehr warme Schwefelwasser. Es herrschte Ruhe. Vom Beckenrand zu springen oder zu tauchen war natürlich strengstens verboten ..."[39]

Marianne Sauer beschreibt ihr Badeerlebnis im Frauenbad 1973: „Kurz vor Einstellung des Badebetriebes [...] hatten wir die Idee, die Badeanstalt nochmals zu besuchen – auf die klassische alte Art [...]. Als wir an der Kassa im großen Wartesaal sagten, dass wir keine Badetrikots mit hätten, [...] händigte man uns weiße, geräumige Badekleider aus. Dann in die Umkleidekabinen, nach Geschlechtern getrennt. Und kurz danach standen wir da in den langen Roben [...] und ab ins Becken [...]. Langsam stiegen wir hinein, unsere Kleider hoben sich und schwammen wie riesige Seerosenblätter auf dem milchig trüben Schwefelwasser. Die Badekleider füllten sich mit Wasser, der Stoff schlang sich um die Beine. Da kam auch schon der Ruf der Badefrauen: ‚Ende der Badezeit!' Wir stiegen aus dem Becken [...], die Kurhelferinnen lösten uns aus dem kühlen Nass und hüllten uns in riesige, vorgewärmte Badetücher, die sie aus den Nischen eines großen Kachelofens nahmen [...]. Etwas später verließen wir das Bad – nach Schwefel duftend und ausgeruht."[40]

Wilfried Frankmann, ab 1974 Direktor der Badener Kur- und Bäderbetriebe, war vor Eröffnung des neuen Kurmittelhauses für die städtischen Bäder zuständig: „Jedes der alten Bäder wurde von einem Arzt betreut. Es gab Verträge mit den Krankenkassen und die Eintrittspreise waren moderat, so war der Bäderbesuch für jedermann leistbar. Im Johannesbad zum Beispiel wurden auch Schlammpackungen mit integriertem Schwefelwasser verabreicht, die sehr wirkungsvoll waren. Im Franzensbad wiederum zählten zu den Kuranwendungen Unterwassertherapie und Bewegungstraining auf einem Holzfahrrad. Und im Stundenbad, dem separaten Becken im Frauenbad, trafen sich Liebende im Geheimen ..."[41]

Ende und Anfang

Am 14. November 1973 schlossen mit vollständiger Inbetriebnahme des neuen Kurmittelhauses das Franzensbad, das Johannesbad und das Frauenbad.[42] Die historischen Badehäuser wurden neuen Verwendungszwecken zugeführt. Der damalige Badener Bürgermeister Viktor Wallner machte sich für die Umgestaltung des Frauenbades in ein Ausstellungszentrum stark. Der erste ausstellende Künstler war Arnulf Rainer.

UNESCO-Welterbe

Aufgrund ihrer langen, erfolgreichen Kurtradition, gepaart mit historischer Bäderarchitektur und modernstem Badekomfort, ist die Stadt Baden heute Teil der Great Spa Towns of Europe, einer Gruppe von elf Kurstädten in sieben europäischen Staaten, die im Juli 2021 in die UNESCO-Welterbeliste aufgenommen wurde.

1 Vgl. Führer durch den Kurort Baden bei Wien und Umgebung (Woerl's Reisehandbücher), Würzburg/Wien 1892, S. 2–5.
2 Franz von Paula Gaheis: Spazierfahrt von Wien nach Baden, in: ders. (Hg.): Wanderungen und Spazierfahrten in die Gegenden um Wien. Fünftes Bändchen, 2. Aufl., Wien 1802, S. 44–47.
3 Vgl. Rudolf Maurer: Aquae – Padun – Baden. Eine Stadt an der Wiege Österreichs (Katalogblätter des Rollettmuseums Baden 2), Baden 1996.
4 Vgl. Pia Maria Plechl: Baden bei Wien, Wien 1974, S. 12.
5 Vgl. Josef Bauer: Kur & Unterhaltung im alten Baden. Wohltätigkeits- & Militäranstalten, Theater & Kino, Berndorf 2016, S. 28.
6 Vgl. Rudolf Maurer: Jüdisches Leben in Baden vor der Gründung einer eigenen Gemeinde, in: David. Jüdische Kulturzeitschrift, Nr. 59, 2003.
7 Vgl. Friedrich W. Schembor: Baden bei Wien. Im Visier der Geheimpolizei – Spionage, Alltagsfrust und Badelust vor 200 Jahren, Baden 2009, S. 105–106.
8 Vgl. Badener Zeitung, 15. 3. 1919, S. 1–2.
9 Weiterführende Literatur: Hans-Jürgen Voigt: Wassererbe – Quellheiligtümer (Schriftenreihe Siedlungswasserwirtschaft und Umwelt 25), Cottbus 2020.
10 Wildbäder sind nicht künstlich erwärmte Bäder. Vgl. Hermann Rollett: Das Frauen- und Karolinenbad zu Baden bei Wien nach der Neuherstellung 1876–1878, Baden 1878, S. 1, zit. nach Karin Wiederer: Das Frauen- und Carolinenbad in Baden bei Wien, Dipl.-Arb. Universität Salzburg, 1991, S. 3.
11 Vgl. Carl Schenk: Taschenbuch für Badegäste Badens in Nieder-Österreich, Wien/Baden 1803, S. 190–192.
12 Vgl. M. J. Mayer: Das neuerbaute Frauen- und Carolinenbad in Baden in Niederösterreich, Wien 1821, S. 8 und 53–57. – 1 Gulden CM (1821) = 60 Kreuzer = 20,68 Euro (2021), vgl. Währungsrechner der Oesterreichischen Nationalbank (https://www.eurologisch.at).
13 Vgl. Schembor 2009, wie Anm. 7, S. 43.
14 Vgl. Schenk 1803, wie Anm. 11, S. 266, 277 und 289.
15 Vgl. Henriette Povse: Das Kochbuch der Familie Schratt. Kulinarische Geschichten aus Baden, Erfurt 2012, S. 47–49.
16 Vgl. Wolfgang Kaiser: Straßenbahn in Österreich, München 2004, S. 202–203.
17 Vgl. Matthias Boeckl: Zur Baugeschichte des Frauenbades in Baden, in: ders. (Hg.): Das Frauenbad in Baden. Architektur des Klassizismus in Österreich, Baden 2009, S. 10–47, hier S. 42.
18 Zum Spazieren im Kurort siehe Wolfgang Kos: Zwischen Amüsement und Therapie. Der Kurort als soziales Ensemble, in: Herbert Lachmayer/Sylvia Mattl-Wurm/Christian Gargerle (Hg.): Das Bad. Eine Geschichte der Badekultur im 19. und 20. Jahrhundert, Salzburg/Wien 1991, S. 220–236, insb. S. 232.
19 Vgl. Hildegard Hnatek: Liebste Adele. Frauen in Baden 1848–1914, Wien 2003, S. 54.
20 Vgl. ebd., S. 168.
21 Vgl. Viktor Wallner/Franz Hubmann: Baden bei Wien. Plauderei über eine Stadt, St. Pölten 1980, S. 112–114.
22 Vgl. Baden bei Wien, Vöslau und Umgebung (Beckmann Reiseführer), Leipzig/Wien 1930, S. 25, S. 44–45 und S. 117–122.
23 Zit. nach Moritz Gottlieb Saphir: Humoristische Vorlesung. Bademantelgedanken in verschiedenen Wärmegraden, in: ders. (Hg.): Der Humorist, 1. 1. 1842, S. 1-2.
24 Vgl. Rudolf Maurer: „... so ist mein Faust dein Tod!" Die Konversion Friedrich Augusts von Sachsen und die polnische Glocke (Katalogblätter des Rollettmuseums Baden 26), Baden 2000, S. 5–11.
25 Vgl. Gerhard Tötschinger/Herbert Hochhofer/Reinhard Tötschinger: Baden persönlich. Ein Spaziergang durch Baden und seine nähere Umgebung mit zufälligen Stationen – Mayerling, Gutenstein, Gumpoldskirchen ..., Baden o. J., S. 127.
26 Zit. nach der Website des Beethovenhauses Baden, https://www.beethovenhaus-baden.at (abgerufen am 17. 7. 2021).
27 Vgl. Gerhard J. Hickel: Zur Kur im alten Österreich, Wien 1996, S. 77.
28 Vgl. ebd., S. 74.
29 Vgl. Wasser – Leben – Weltkurort. Baden und die Badener, Teil 1: 1900–1914 (Ausst.-Kat. Kunsthaus Frauenbad, Baden, 25. 1. 2003–27. 4. 2003), Baden 2003, S. 15–17.
30 Vgl. Hnatek 2003, wie Anm. 19, S. 196.
31 Vgl. ebd., S. 75–80.
32 Vgl. Povse 2012, wie Anm. 15, S. 43. – Österreichisches Biographisches Lexikon 1815–1950, Bd. 11, Wien/Graz/Köln 1999, S. 179.
33 Vgl. Rudolf Maurer: Baden, schröpfen, amputieren. Die Geschichte der Bader in Baden bei Wien, Wien 2004, S. 125–129.
34 Vgl. Hnatek 2003, wie Anm. 19, S. 184.
35 Zit. nach ebd., S. 50–51.
36 Vgl. ebd., S. 49.
37 Information von Frau Dr. Lintner, Enkelin der Badefrau Katharina Miedler.
38 Gespräch mit Erika Ruttner am 23. 3. 2021.
39 Gespräch mit Friedrich Koprax am 7. 5. 2021.
40 Aufzeichnungen von Marianne Sauer, 2021.
41 Gespräch mit Wilfried Frankmann am 7. 5. 2021.
42 Vgl. Badener Zeitung, 16. 11. 1973, S. 1.

Bathing for everyone

Insights into the bathing culture and social history of Baden

Petra Leban

Bathing in art, specifically the art of Arnulf Rainer, famous for his overpaintings, has been the motto at Baden's Frauenbad since 2009. The neoclassical bathhouse was opened in 1821 and contains two sulphur springs down in its depths.
In what follows, we shall present insights into Baden's bathing culture and social history which spans more than 2,000 years, with a special focus on the Frauenbad, based on the extensive contents of Baden's Stadtarchiv (Municipal Archives) and the diverse literature that is available on Baden.

Town and spa

The "Curort Baden" is located southwest of Vienna, 26 kilometres from the imperial capital and royal residence, 229 metres above sea level, at the point where the Vienna Woods meet the Vienna Basin – this is how it is described in "Woerl's Reisehandbuch" for Baden bei Wien (Travel Guide for Baden near Vienna), which paints a picture of the town and its spa facilities around 1900. At this time the town has 1664 houses and around 16,000 inhabitants. The streets are well paved, the "pavements concreted so that the invalids can be easily wheeled from place to place." Thanks to its location on the Südbahn, the southern railway line, the spa town is "connected to the whole continent."

Around 1900 there are 15 sulphur baths in Baden (ten owned by the municipality, three by the military and two privately owned) whose springs supply more than 8,000,000 litres of water daily. The spa season lasts from 1 May to 15 October. However, the thermal water is used all year round, mostly for baths, but also for drinking cures – undiluted or with milk, whey or mineral waters. Baden's sulphur spring water proved particularly curative for all forms of rheumatism, inflammation, paralysis, chronic metal poisoning, skin diseases, sexually transmitted diseases, catarrh of the respiratory and digestive organs as well as diseases of the urinary and female sex organs, according to the state of medicine at the time.[1]
What did a typical spa day in Baden look like? Franz Anton Gaheis reports on this in 1802 in his "Wanderungen und Spazierfahrten in die Gegenden um Wien" (Ramblings and Trips in the Regions around Vienna): a house in the suburbs takes care of the accommodation. "Each room is furnished with everything necessary for a stay of a few months." Meals are provided for the guests and breakfast, lunch and dinner are available in the dining room, "together in the company of people from all regions of Europe." The morning is "devoted to bathing" according to the doctor's instructions, after which one sleeps or goes for a walk, followed by breakfast. The time until lunch is for promenades through the town or in the park, visiting friends in the baths or going on an excursion to the Helenental. After table, people might gamble or repair to the coffee house, and towards evening "some repeat the bath, others entertain themselves with reading, visit the theatre [...] and then the shared evening meal begins."[2]

The baths of Baden

There is archaeological evidence to show that Roman legionaries in need of a cure bathed in the warm sulphur springs of "Aquae". Later named "Padun" and first mentioned in a document as "Baden" in 1137, the market was granted town status in 1480 and still features a bathing couple in a wooden tub in front of a spring on its coat of arms.[3]
While the poor used the springs welling up from the bed of the river Schwechat in the open air, the nobility in the High Middle Ages used bathing huts and later "bathing boxes", wooden containers that were lowered into the thermal water.[4]

An engraving by Georg Matthäus Vischer illustrates how people bathed in the Herzogsbad (Duke's Bath) around 1672: bathers enter the pool via the winding staircases (entrances). Entrances and changing rooms are separated along gender lines. Bathing is carried out communally and the bathers are fully clothed. From the gallery, visitors watch the hustle and bustle. There is a clock on the wall to regulate the bathing time, and the overflow is at the left-hand corner of the pool. The thermal water was drawn through pipes from the Ursprungsquelle (Original Spring) about 200 metres away.[5] The 28.4 degree Celsius Ursprungsquelle, also called the Römerquelle (Roman Spring), emerges from the dolomite rock of the Kalvarienberg (Calvary Hill) in the Kurpark (Spa Gardens). This area was also the site of the thermal baths in Roman times.
When the town took over the Josefsbad in 1650, it was set up as a Jewish bath. Before that, Jewish bathers, just like the poor, had to make do outside with the water draining from the bath buildings. Following the wars with the Ottomans, the dilapidated Josefsbad, located on today's Josefsplatz, was rebuilt around 1700 and Jewish bathers were no longer allowed in. They had to use the much more modest Neubad, later known as the Carolinenbad. Only Joseph II's Edict of Tolerance brought about a gradual change and from 1800 the number of Jewish bathers began to increase slowly.[6]

A very strange thing happened in 1807 in the Antonsbad, which used to be located in the north of the old town: when a servant girl came to the gallery of the bath, she saw her mistress and noticed that the latter's face had turned completely black. At the same moment, the maid's face also turned black because she "might have availed herself of her mistress's make-up." The mystery was solved because the white make-up, made of mercury, lead and bismuth, had been turned black by the sulphur fumes in the bath.[7]

Around 1800, Emperor Franz II/I made Baden his summer residence and spent the summer months in the spa town for more than 30 years. The Viennese court, the upper middle classes and the world of art followed the monarch and his family. Not least due to pressure from the emperor, the previously planned redesign of the town was carried out after a fire in 1812. Public and private buildings, including a number of baths, were erected in the neoclassical style following plans by the most renowned architects. The transformation into a Biedermeier town was complete and a golden age dawned for Baden.

"There are baths here for every rank and status: one is called the Frauenbad and only well-to-do people of both sexes bathe there together", according to a diary entry by the companion of the French ambassador who took a cure in Baden in 1772. The Frauenbad was the most expensive, and people additionally had to tip the bathing staff. The water "appears a little soapy" and the sulphur "settles on the wooden floorboards". From the galleries, "inquisitive people" watch the bathing activities, but they do not stay long, driven away by the great heat and the strong smell of sulphur.[8]

The baths were located within the town wall and were attached to the north side of the former Frauenkirche, a church dedicated to the Virgin Mary. The spring originated nearby the high altar of the Gothic church, probably an indication that a Celtic sacred spring was originally appropriated for religious purposes and built over to establish an early Christian place of worship.[9] In 1531, after the war against the Ottomans, the sovereign Ferdinand I gifted the Frauenbad and the Neubad/Carolinenbad, known to contemporaries as "Wildbäder" (wild baths), to the town as a form of economic assistance for the town.[10]

The Neubad, adjoining the south side of the church, was located outside the town. For a long time it was intended for use by regular soldiers. But since the Petersbad had been established as a military bath in 1796, the Neubad was frequented mainly by less wealthy citizens and Jews because of the affordable admission prices.[11]

On 12 June 1821, the Frauenbad, now newly built in the neoclassical style, was opened. Since then, the bath building has housed two baths, each with its own spring, namely the Frauenbad and the Carolinenbad, named after the fourth wife of Emperor Franz and originally known as the Neubad.
The mayor at the time, Martin J. Mayer, describes the building in detail. The Frauenbad with its vaulted Salon is around twelve metres high and has a communal pool made of larch wood and a gallery for visitors. The building also houses the Carolinenbad and the Separatbad I (separate – or hourly – bath no. 1) with dressing and relaxation room, used by Emperor Franz. In addition, three further separate baths, in keeping with the bathing trend of the time, and a foot bath. The dressing rooms, segregated for women and men, are equipped with pure linen, aromatic vinegar and other bathing utensils. There is room for 80 to 90 people in the Frauenbad and 40 to 50 in the Carolinenbad. The water temperature in the Frauenbad is around 35 degrees Celsius and the pool takes about an hour to fill. The individual (separate) baths are freshly filled after each bather. The full baths are open from four in the morning to ten in the morning and from three to five in the afternoon, the hourly baths (separate baths) "at any hour of the day". The bath prices are 24 kreuzer in the Frauenbad, 18 kreuzer in the Carolinenbad, one guilder in the hourly bath no. 1 and 40 kreuzer in the other hourly baths.[12]
Reasons for visiting the baths were varied. Many used the sulphur water to cure their ailments, but some also sought fun and entertainment in the bathhouses. Around 1810, festivities were held in the Frauenbad, where aristocrats were served sweetmeats and liqueurs on tables floating on the water and they danced quadrilles in the bathing pool, accompanied by musicians in the gallery.[13]

In 1803, Dr. Carl Schenk wrote about the side effects of a sulphur water bath in his "Taschenbuch für Badegäste Badens in Nieder-Österreich" (Pocketbook for Bathers visiting Baden in Lower Austria). Constipation, fatigue and skin rashes are mentioned. In addition, he exhorts people to follow the diets prescribed by their doctors during a bathing cure and emphasises the health-promoting effect of the "variety of pleasures" available at a spa.[14]

When Emperor Franz died in 1835, Baden lost its status as the imperial summer residence. However, its connection to the Südbahn (Southern Railway) in 1841 on the one hand and the construction of the summer theatre "Arena" and the "Mineralschwimmschule" (Mineral Swimming School) on the other hand brought about an upturn in tourism once more.[15]
From 1873, a horse-drawn tramway ran from Baden's Südbahnhof to Helenental, and about 20 years later it had already been electrified. There was also a tram connection to Vöslau from 1895. And since 1907, it has been possible to travel directly, without any changes, between Josefsplatz and Vienna using the Badner Bahn (Baden Railway).[16]

In 1878, the interior of the building of the Frauenbad and the Carolinenbad was remodelled. A prestigious waiting room was built and the bath halls were elegantly furnished with marble panelling and terrazzo flooring. To illuminate the large hall, a new roof lantern had to be built in a west-east direction.[17] This redesign of the building continues to have an effect even today.

Amusements in the spa town

The Kurpark (Spa Gardens) evolved into a social meeting place. People took to walking along winding paths to reach panoramic vantage points and they listened to the spa orchestra.[18] The orchestra gave concerts on weekdays in the morning, at noon and in the evening, as well as at noon on Sundays and public holidays.[19] The concerts of the spa orchestra under the baton of Kapellmeister and composer Karl Komzák were particularly popular. His waltz "Bad'ner Mad'ln", a tribute to the ladies of Baden, was performed for the first time on 30 July 1898.[20]

The Kurhaus including a large function room was opened in 1885, the Städtische Kuranstalt (Municipal Sanatorium) in 1902, the modern Hotel Herzoghof in 1908 and the new building of the Municipal Theatre in 1909. During the interwar period, the construction of the Strandbad (Lido), the tapping of the Marienquelle (spring) and the opening of the Casino in the Kurhaus followed as further stimuli for modern tourism.[21]

The Strandbad on Helenenstrasse, opposite the former Hotel Esplanade, has an artificial sandy beach extending to a length of 130 metres. When it opened in 1926, the bathing complex was already an object of fascination with its richly furnished ticket office, the wings with the cubicles and the sunbathing areas for ladies and gentlemen, the sports pool with diving tower and the two interconnected thermal water pools including the hot "Wandl". The Strandbad is fed by the abundant Marienquelle, which was tapped in 1924 and bubbles out of the bed of the Schwechat near Braitner Strasse 3.

In Doblhoffpark, swings, a slide and a shooting range in former times offered varied amusements, and the harness racing course located between Baden and Pfaffstätten attracted and still attracts countless spectators in the summer months.

In addition to Baden's wine, "Badener Kaffeebonbons" (coffee sweets) and "Badener Kipferln" (a kind of croissant), products made of "Badener Weichselholz" (a type of cherry tree wood) such as walking sticks, pipe stems or cigar and cigarette holders were among the specialities of the spa town.[22]

Famous people in Baden

From the beginning of the 19th century, the nobility, the upper middle classes and artists followed the Emperor to his summer residence in Baden to take a cure and participate in social life. Families and their staff moved to the spa town for a few months, but the men went to Vienna during the day to attend to their various businesses. "[...] for scarcely has the wife, for example, spent eight days in Baden than the husband in Vienna is already noticing a sense of relief: while the wife is amusing herself in Baden, the husband can collect himself in Vienna, and what the husband collects in Vienna, the wife can amuse away in Baden," wrote the writer and satirist Moritz Gottlieb Saphir, who died in Baden in 1858.[23] He was commemorated by the Moritz-Ruhe in the Kurpark.

The list of rulers and princes who have visited Baden over the centuries is long. For example, Elector Friedrich August of Saxony, "Augustus the Strong", converted to Catholicism in Baden in 1697 in order to obtain the Polish royal crown. The ceremony, which was initially secret, was observed by a gardener in the grounds of the Bürgerspital (Public Hospital). Augustus the Strong ordered him to keep quiet – otherwise "my fist will be your death".[24]
The occupation of Poland by the Saxons and their later expulsion became the subject of Carl Millöcker's operetta "Der Bettelstudent" (The Beggar Student) some 200 years later. The composer spent his twilight years in Baden, where he died in 1899. And to this day, this operetta still features regularly on the programme of the Baden Arena.[25]

"[…] it is not possible to speak with any certainty of a real improvement in my state of health, but I do believe that through the power of the baths the illness, if not remedied, will at least be suppressed […]" wrote Ludwig van Beethoven to his brother.[26] The physician and balneologist Dr. Jakob Staudenheim recommended regular spa visits for the composer.[27] During the summers of 1821, 1822 and 1823, he stayed in the building at Rathausgasse 10, where substantial parts of the 9th Symphony were written. Wolfgang Amadeus Mozart was also a guest in the town. He visited his wife Constanze, who often took the cure here, and it was in Baden that he composed the motet "Ave verum corpus", first performed in the town parish church of St. Stephen in 1791.[28]

Archduke Rainer, a nephew of Emperor Franz and a liberal, together with his wife Marie Carolina, daughter of Archduke Carl and Henriette of Nassau-Weilburg, spent almost every summer from 1874 onwards in their Baden Villa. As patrons of the arts and sciences as well as charitable philanthropists, the two were omnipresent in Baden and heralded the town's second period of splendour in the 19th century.[29]
The entrepreneur Adolf Ignaz and his wife Julie Marcelline Mautner von Markhof, honorary citizens of Baden, also repeatedly stood out as benefactors. In the 1870s and 1880s, they founded a kindergarten and an orphanage, to name just two of many examples.[30]

"Children of the Sulphur"

One of the town's children, affectionately known as a "Schwefelkind" (Child of the Sulphur) in Baden jargon, was Katharina Schratt. She was born in 1853 as the daughter of the Baden merchant Anton Schratt and his wife. After initial resistance from her parents, Katharina made acting her profession, advanced to become a popular theatre star and was awarded the title of "Hofschauspielerin" (Court Actress). Her friendship with Emperor Franz Joseph lasted around 30 years. Katharina Schratt repeatedly stayed at the spa in Baden.[31]

Her grandfather, the surgeon and specialist in injuries Johann Chrysostomus Schratt, settled in Baden and was responsible for the care of the sick in Baden from 1800 onwards. As a district surgeon, he treated wounded soldiers in the French wars and proved himself in typhus and cholera epidemics. He wrote scientific treatises on the healing powers of sulphur springs and designed an apparatus for a sulphur steam bath.[32]

In 1801, his colleague, the surgeon Anton Franz Rollett, acquired a barber surgeon's practice complete with a home pharmacy. His rounds, during which he rode to his patients on a white horse, were legendary. His private collection formed the basis for today's Baden Town Museum, the Rollettmuseum.[33]

Marianne Hainisch, née Perger, came from Baden. The protagonist of the Austrian women's movement was a school reformer as well as a peace activist and was an acquaintance of Bertha von Suttner and Marie von Ebner-Eschenbach. She died in 1936 at the age of 97.[34]

Bath attendants and spa staff

The duties of the bath attendants were laid down in service instructions. In addition to cleaning the entire bath building and washing the bathing linen, the staff of the municipal baths were also responsible for filling the pools on time. "The bath attendants shall perform their duties in clean clothes and clean shoes – proper shoes, no slippers. The men shall wear white jackets and white aprons. It is not permitted to smoke or drink alcoholic beverages in the baths," read the instructions of 1889.[35]

Antonie Seidl was well known to the spa guests. She served mineral waters in the Trinkhalle (Pump Room) near the Kurhaus and celebrated 50 years of working there in 1909. One of her famous regular guests was the poet Franz Grillparzer, who particularly enjoyed staying at the nearby Herzoghof.[36]

Gerhard Tötschinger, artist and connoisseur of tales of Baden and its history, once told of the Josefsbad and its bath attendant Herr Gumilar. He was a civil servant and more than two metres tall – and yet belonged to the civil servant group known as the court dwarfs …

Katharina Miedler was a bathing attendant right next door in the Frauenbad on Josefsplatz. "Sister Käthe" worked in the men's section from 1962 to 1973. In summer, she and her colleagues looked after up to 150 spa patients during the week, mostly people suffering from rheumatism, and, on Sundays, also spa guests from Vienna.[37]

In the Frauenbad: Recollections of contemporary witnesses

"In the 1950s, I went with my mother to the Frauenbad," says retired school headteacher Erika Ruttner, née Hübl. "When you climbed up the steps after the 20-minute bath, you were wrapped in a warm towel and could sleep soundly in a relaxation cell. As a young girl, I felt that was wonderful … We were always accompanied by a faint smell of sulphur on our way to school in the Frauengasse."[38]

Friedrich Koprax, a native of Baden and former deputy mayor of the town, remembers visiting the Frauenbad with his mother as an elementary school pupil around 1960: "The bathers were mostly adults. People sat on the stone bench in the large pool or waded slowly through the very warm sulphur spring water. There was peace and quiet. Jumping or diving from the edge of the pool was, of course, strictly forbidden …"[39]

Marianne Sauer describes her bathing experience at the Frauenbad in 1973: "Shortly before the baths were closed […] we decided to visit the baths one more time – in the good old fashioned way […]. When we told the cashier in the large waiting room that we hadn't brought our swim suits with us, […] we were handed white, commodious bathing costumes. Then it was off into the changing rooms, separated by gender. And shortly afterwards we stood there in long robes […] and into the pool […]. Slowly we got in, our clothes lifted and floated like water lilies on the milky murky sulphur spring water. The bathing costumes filled with water, the fabric wrapped around our legs. There followed the call of the bathing attendants: 'End of bathing time!' We got out of the pool […], the spa assistants released us from the cool damp clothing and wrapped us in huge, prewarmed bath towels, which they took from niches in a large tiled stove […]. A little later we left the bath – smelling of sulphur, but well-rested."[40]

Wilfried Frankmann, director of the Baden Kur- und Bäderbetriebe from 1974, was responsible for the municipal baths before the opening of the new Kurmittelhaus (Spa Wellness and Therapy Centre): "Each of the old baths was looked after by a doctor. There were contracts with the health insurance companies and the entrance fees were moderate, so visiting the baths was affordable for everyone. At the Johannesbad, for example, mud packs with integrated sulphur spring water were also administered, which were very effective. At the Franzensbad, on the other hand, spa treatments included underwater therapy and exercise training on a wooden bicycle. And in the Stundenbad (hourly bath), the private pool in the Frauenbad, lovers met in secret …"[41]

The end and the beginning

When the new Kurmittelhaus came into full operation on 14 November 1973, the

Kurort Baden bei Wien,
Wintersaison, o. D., Druck
© Stadtarchiv Baden; Foto: Arnulf Rainer Museum / Nadja Buechler

Franzensbad, the Johannesbad and the Frauenbad were all closed down.[42] These historic bathhouses were put to new uses. The mayor of Baden at the time, Viktor Wallner, campaigned vigorously for the transformation of the Frauenbad into an exhibition centre. The first artist to stage an exhibition there was Arnulf Rainer.

UNESCO World Heritage

Thanks to its long and successful spa tradition, coupled with its historic spa architecture and state-of-the-art bathing experience, the town of Baden is now part of the Great Spa Towns of Europe, a group of eleven spa towns in seven European countries that was added to the UNESCO World Heritage List in July 2021.

1 Cf. Führer durch den Kurort Baden bei Wien und Umgebung (Woerl's Reisehandbücher), Würzburg/Vienna 1892, pp. 2–5.
2 Franz von Paula Gaheis: Spazierfahrt von Wien nach Baden, in: Gaheis (ed.): Wanderungen und Spazierfahrten in die Gegenden um Wien. Fünftes Bändchen, 2nd ed., Vienna 1802, pp. 44–47.
3 Cf. Rudolf Maurer: Aquae – Padun – Baden. Eine Stadt an der Wiege Österreichs (Katalogblätter des Rollettmuseums Baden 2), Baden 1996.
4 Cf. Pia Maria Plechl: Baden bei Wien, Vienna 1974, p. 12.
5 Cf. Josef Bauer: Kur & Unterhaltung im alten Baden. Wohltätigkeits- & Militäranstalten, Theater & Kino, Berndorf 2016, p. 28.
6 Cf. Rudolf Maurer: Jüdisches Leben in Baden vor der Gründung einer eigenen Gemeinde, in: David. Jüdische Kulturzeitschrift, No. 59, 2003.
7 Cf. Friedrich W. Schembor: Baden bei Wien. Im Visier der Geheimpolizei – Spionage, Alltagsfrust und Badelust vor 200 Jahren, Baden 2009, pp. 105–106.
8 Cf. Badener Zeitung, 15. 3. 1919, pp. 1–2.
9 Further reading: Hans-Jürgen Voigt: Wassererbe – Quellheiligtümer (Schriftenreihe Siedlungswasserwirtschaft und Umwelt 25), Cottbus 2020.
10 Wildbäder (wild baths) are baths that are not artificially heated. Cf. Hermann Rollett: Das Frauen- und Karolinenbad zu Baden bei Wien nach der Neuherstellung 1876–1878, Baden 1878, p. 1, quoted from Karin Wiederer: Das Frauen- und Carolinenbad in Baden bei Wien, thesis. University of Salzburg, 1991, p. 3.
11 Cf. Carl Schenk: Taschenbuch für Badegäste Badens in Nieder-Österreich, Vienna/Baden 1803, pp. 190–192.
12 Cf. M. J. Mayer: Das neuerbaute Frauen- und Carolinenbad in Baden in Niederösterreich, Vienna 1821, pp. 8 and 53–57. – 1 Gulden CM (1821) = 60 Kreuzer = 20.68 Euro (2021), cf. currency calculator of the Oesterreichische Nationalbank (https://www.eurologisch.at).
13 Cf. Schembor 2009, op. cit. 7, p. 43.
14 Cf. Schenk 1803, op. cit. 11, pp. 266, 277 and 289.
15 Cf. Henriette Povse: Das Kochbuch der Familie Schratt. Kulinarische Geschichten aus Baden, Erfurt 2012, pp. 47–49.
16 Cf. Wolfgang Kaiser: Straßenbahn in Österreich, Munich 2004, pp. 202–203.
17 Cf. Matthias Boeckl: Zur Baugeschichte des Frauenbades in Baden, in: Boeckl (ed.): Das Frauenbad in Baden. Architektur des Klassizismus in Österreich, Baden 2009, pp. 10–47, here p. 42.
18 On the subject of taking a walk in the spa, see Wolfgang Kos: Zwischen Amüsement und Therapie. Der Kurort als soziales Ensemble, in: Herbert Lachmayer/Sylvia Mattl-Wurm/Christian Gargerle (eds.): Das Bad. Eine Geschichte der Badekultur im 19. und 20. Jahrhundert, Salzburg/Vienna 1991, pp. 220–236, esp. p. 232.
19 Cf. Hildegard Hnatek: Liebste Adele. Frauen in Baden 1848–1914, Vienna 2003, p. 54.
20 Cf. ibid., p. 168.
21 Cf. Viktor Wallner/Franz Hubmann: Baden bei Wien. Plauderei über eine Stadt, St. Pölten 1980, pp. 112–114.
22 Cf. Baden bei Wien, Vöslau und Umgebung (Beckmann Reiseführer), Leipzig/Vienna 1930, p. 25, pp. 44–45 and pp. 117–122.
23 Quoted in Moritz Gottlieb Saphir: Humoristische Vorlesung. Bademantelgedanken in verschiedenen Wärmegraden, in: Saphir (ed.): Der Humorist, 1. 1. 1842, pp. 1–2. Translator's note: there is a laboured but clever wordplay in the German quote which is somewhat lost in my translation.
24 Cf. Rudolf Maurer: "… so ist mein Faust dein Tod!" Die Konversion Friedrich Augusts von Sachsen und die polnische Glocke (Katalogblätter des Rollettmuseums Baden 26), Baden 2000, pp. 5–11.
25 Cf. Gerhard Tötschinger/Herbert Hochhofer/Reinhard Tötschinger: Baden persönlich. Ein Spaziergang durch Baden und seine nähere Umgebung mit zufälligen Stationen – Mayerling, Gutenstein, Gumpoldskirchen …, Baden n.d., p. 127.
26 Quote from the website of the Beethovenhaus Baden, https://www.beethovenhaus-baden.at (accessed 17. 7. 2021).
27 Cf. Gerhard J. Hickel: Zur Kur im alten Österreich, Vienna 1996, p. 77.
28 Cf. ibid., p. 74.
29 Cf. Wasser – Leben – Weltkurort. Baden und die Badener, Teil 1: 1900–1914 (Exhibition-Cat. Kunsthaus Frauenbad, Baden, 25. 1. 2003–27. 4. 2003), Baden 2003, pp. 15–17.
30 Cf. Hnatek 2003, op. cit. 19, p. 196.
31 Cf. ibid., pp. 75–80.
32 Cf. Povse 2012, op. cit. 15, p. 43 – Österreichisches Biographisches Lexikon 1815–1950, vol. 11, Vienna/Graz/Cologne 1999, p. 179.
33 Cf. Rudolf Maurer: Baden, schröpfen, amputieren. Die Geschichte der Bader in Baden bei Wien, Vienna 2004, pp. 125–129.
34 Cf. Hnatek 2003, op. cit. 19, p. 184.
35 Quote from ibid, pp. 50–51.
36 Cf. ibid., p. 49.
37 Information from Dr. Lintner, granddaughter of the bathing attendant Katharina Miedler.
38 Conversation with Erika Ruttner on 23. 3. 2021.
39 Conversation with Friedrich Koprax on 7. 5. 2021.
40 Notes by Marianne Sauer, 2021.
41 Conversation with Wilfried Frankmann on 7. 5. 2021.
42 Cf. Badener Zeitung, 16. 11. 1973, p. 1.

Kurort
Baden bei Wien
WINTER-SAISON
Herzogs-, Antons- und Frauenbad während des ganzen Winters geöffnet
Ruhegelegenheit für die Badenden ohne Preiserhöhung
Bäderpreise:
Herzogs- und Antonsbad . K 14.000
Frauenbad . . . . „ 18.000
„Peregrin“, heilkräftiges alkalisches Kur- und Tafelwasser vom reinsten Geschmack, aus den Heilquellen der Stadt Baden
Auskünfte: Kurkommission Baden bei Wien, Telephon 243
Stadtvorstand Baden bei Wien
Druck von Rudolf M. Rohrer, Baden bei Wien.

„Edle Einfalt, stille Größe“

Architektur des Klassizismus in Österreich von der Aufklärung bis zur Romantik

Markus Kristan

Als „Klassizismus“ wird eine Strömung in der Architektur bezeichnet, die sich streng an der Kunst des klassischen Altertums, und hier vor allem an jener der griechischen Antike, als Vorbild orientiert. Demnach findet hier also kein allmähliches „natürliches“ Heranwachsen eines neuen Stiles statt, sondern es wird ein bewusster Rückgriff auf einen früheren Stil unternommen. Maßgeblich verantwortlich für dieses neue, etwa in der Mitte des 18. Jahrhunderts einsetzende historische Interesse, das in seiner rigiden Ausprägung auf keiner Tradition beruhte, waren die im Sinn der Aufklärung verfassten Schriften des deutschen Archäologen und Schriftstellers Johann Joachim Winckelmann (1717–1768), in denen er als einer der Ersten die Kunst des Altertums mit kunsthistorischen Methoden untersuchte. Er stellte seine Ästhetikformel „edle Einfalt, stille Größe“[1] dem Überladenen und Allegorischen des Barock entgegen. Winckelmann sprach damit die scheinbare Einfachheit der behandelten Stoffe bei gleichzeitiger großer Geisteshaltung an.

Edle Einfalt und stille Größe klassizistischer Architektur in Österreich

In Österreich lassen sich die stilistischen Entwicklungsstufen klassizistischer Architektur an Werken der bekanntesten Architekten dieser Epoche deutlich festmachen. Die Grenzen zwischen Spätbarock und Frühklassizismus sind hingegen fließend. Einige Bauten, die dem Spätbarock zugezählt werden, zeigen partiell Elemente des Frühklassizismus (in Wien zum Beispiel Winterreitschule in der Hofburg, Joseph Emanuel Fischer von Erlach, 1729–1735; Aula der Alten Universität, Jean Nicolas Jadot, 1753–1755; Gardekirche am Rennweg, Nikolaus [auch Nicolò] Pacassi, 1755–1763; Flügelbauten der Hofbibliothek am Josefsplatz, Nikolaus Pacassi, 1767–1773). Die wesentlichsten Bauelemente des Klassizismus, die immer wieder in den unterschiedlichsten Kombinationen zusammengefügt werden, sind klare geometrische Körper (Quader, Pyramide, Kugel und Zylinder). Im Verlauf der stilistischen Entwicklung werden nach und nach dekorative Elemente reduziert. Die glatten, nicht dekorierten Flächen nehmen hingegen immer mehr Platz ein und beginnen die Bauwerke zu dominieren. Diese Entwicklung, die sich an den „französischen Revolutionsklassizismus“[2] anlehnt, erreicht in Österreich einen Höhepunkt in der Zeit um 1780. Prägendes historisches Ereignis in diesem Zusammenhang ist der Beginn der alleinigen Regentschaft von Joseph II., dessen „Revolution von oben“ schon früh Ideen der Französischen Revolution von 1789 vorwegnimmt. Diese Tendenz hält vor allem in Wien bis etwa zur Zeit des Wiener Kongresses (1815) an. Das darauf folgende Zeitalter der Reaktion unter der Regentschaft von Kaiser Franz II./I. und seinem Staatskanzler Metternich bewirken einen inneren Umbruch. Die Baugeschichte dieser Epoche verläuft doppelgleisig zwischen Staatsarchitektur, die von dem allgewaltigen Hofbaurat diktiert wird, und bürgerlichem Wohnbau. Allmählich verbreiten sich nun im Zeitalter des Vormärz romantische Ideen. Die frei stehende Säule, die bis dahin wohl das wichtigste formale Element klassizistischer Bauten war, rückt immer

Unbekannter Zeichner, Karousel in der k. k. Winterreitschule in der Wiener Hofburg, 1814, Stich
© & Foto: ÖNB/Wien, Inv.-Nr. LW 72.588-C

August Stauda, Narrenturm im Allgemeinen Krankenhaus in Wien-Alsergrund, um 1904, Fotografie
© & Foto: Wien Museum, Inv.-Nr. 29492/1

S. 157, Carl Schütz und Johann Ziegler, Das Lusthaus im Wiener Prater, 1779/98, kolorierter Stich
© & Foto: Wienbibliothek im Rathaus, Inv.-Nr. D-86770_0073

S. 157, Carl Schütz und Johann Ziegler, Die Gloriette im Park von Schloß Schönbrunn, 1778/98, kolorierter Stich
© & Foto: Wienbibliothek im Rathaus, Inv.-Nr. D-86770_0084

näher an die Wandfläche, bildet immer kleiner werdende Räume vor den Bauten, „versinkt" bei einigen Bauwerken bis zur Hälfte in der Mauerfläche, womit sie ihre tragende Funktion verliert und sich immer stärker zum rein dekorativen Element entwickelt. Andere Stilrichtungen wie Gotik und Renaissance werden als Vorbilder wichtig, es werden Stilelemente der Klassik und anderer Epochen miteinander vermischt, Eklektizismus setzt ein, die Natur gewinnt als Element baulicher Anlagen an Bedeutung. Teilweise wird gewissermaßen die rund 2000-jährige stilistische Entwicklung in nur wenigen Jahren, im „Schnelldurchlauf", nochmals wiederholt. Wie schon am Beginn des Klassizismus in Österreich ist auch an seinem Ende, das sich durch das politische Ereignis der Märzrevolution des Jahres 1848 genau datieren lässt, die Abgrenzung unscharf, in diesem Fall zwischen romantischem Klassizismus und Frühhistorismus. Die Residenzstadt Wien zählt in dieser Stilepoche neben Paris, Berlin und Sankt Petersburg zu den Zentren klassizistischer Architektur.

Zwei markante Merkmale österreichischer klassizistischer Architektur sind, dass es – anders als in Deutschland mit Karl Friedrich Schinkel (1781–1841) und Leo von Klenze (1784–1864) – keine dominierenden Architektenpersönlichkeiten gibt und dass viele der bedeutenden Baukünstler aus dem Ausland, meist aus Frankreich, Deutschland oder Italien, kommen oder größere Studienreisen in Mitteleuropa unternommen haben.

Architekten und Bauten

Bereits in einigen Werken von Joseph Emanuel Fischer von Erlach (1693–1742), dem Sohn des bedeutenden österreichischen Barockarchitekten Johann Bernhard Fischer von Erlach (1656–1723), vollzieht sich nach seinen Reisen nach England und in die Niederlande der Wandel vom Barock zum Frühklassizismus, wobei er die ausufernde Dekorationsfreudigkeit des Rokoko gleichsam überspringt. Der Saal der Winterreitschule der Wiener Hofburg, der durch einen Säulenkranz dominiert wird, kann beispielsweise als eines der ersten Werke des Frühklassizismus in Österreich verstanden werden. Fischer von Erlach stellte den Bau von 1729 bis 1735 nach den Plänen seines Vaters fertig.

Die wohl bedeutendsten Architekten, die in Österreich nach klassizistischer Baugesinnung tätig waren, sind der Franzose Isidore Ganneval[3] (1730–1786), der Deutschösterreicher Johann Ferdinand Hetzendorf von Hohenberg (1733–1816), der Belgier Louis Montoyer (1749–1811), der Franzose Charles de Moreau (1760–1840), der Deutsche Johann Aman (1765–1834), der italienische Schweizer Peter von Nobile (1774–1854), der Wiener Joseph Kornhäusel (1782–1860), der Italiener Alois Pichl (1782–1856) und der Schlesier Paul Sprenger (1798–1854). Stellt man das Geburtsjahr des ältesten Architekten dieser Gruppe (Ganneval, 1730) dem des jüngsten (Sprenger, 1798) gegenüber, erkennt man, dass es mehr als zwei Generationen von Architekten waren, die sich klassizistischer Architektur verschrieben.

Ganneval gilt neben Moreau als der wichtigste Vertreter des „Revolutionsklassizismus". So bezeichnet man seit 1933 gigantomanische Projekte einiger französischer Architekten der Zeit um den Sturm auf die Bastille (1789), die nahezu zur Gänze auf Dekoration verzichten und ihre Wirkung allein aus ihren klaren geometrischen Formen beziehen. Im schlichten Zylinder des „Narrenturms"[4] des Allgemeinen Krankenhauses, erbaut 1783/84, eines von Gannevals Hauptwerken in Wien, dessen ursprünglicher Entwurf möglicherweise sogar auf Kaiser Joseph II. selbst zurückgeht,[5] treten diese Merkmale deutlich hervor. In seiner klaren Nüchternheit kommt das josephinische Baudenken zum Ausdruck. Der schlichte Zylinder mit rundem Innenhof und den trapezförmigen Zellen ist in seiner Funktion genau durchdacht. Der „Narrenturm" ist Teil des zur selben Zeit gleichfalls nach Plänen Gannevals errichteten militärischen Spitalskomplexes, der aus dem Garnisonsspital und dem „Josephinum", der medizinisch-chirurgischen Militärakademie, einer Ausbildungsstätte für Militärärzte, besteht. Da bereits

Carl Schütz und Johann Ziegler, Das Josephinum in Wien-Alsergrund, 1779/98, kolorierter Stich
© & Foto: Wienbibliothek im Rathaus, Inv.-Nr. D-86770_0050

Unbekannter Fotograf, Fotoserie zur Café-Restauration Niebauer im Augarten, 1897
© & Foto: Wien Museum, Inv.-Nr. 166545/1

Joseph und Eduard Gurk, Das Palais Fries am Josephsplatz in Wien, 1823, kolorierter Stich
© & Foto: Wienbibliothek im Rathaus, Inv.-Nr. C-169676_0013

Pläne für dieses Gebäude von dem italienischen Architekten Giuseppe Piermarini (1734–1808) vorlagen, wurden sie von Ganneval im Wesentlichen hinsichtlich der Gestaltung der Innenräume überarbeitet und neu konzipiert. Bereits zuvor hatte Ganneval frühklassizistische Bauten in Ungarn (Dom und Triumphbogen in Waitzen, heute Vác, 1762–1777) und in Wien (zum Beispiel das Eingangsportal des Augartens, 1775, mit seiner radikalen Einfachheit und martialischen Wirkung) geschaffen. Auch das Lusthaus im Prater (1781–1784) und zahlreiche weitere Gebäude in Ungarn, Tschechien und Österreich gehen auf seine Entwürfe zurück.

In Hohenbergs Bauten vollzieht sich der Durchbruch vom Spätbarock zum Klassizismus und – schon sehr früh – zur Romantik, wie seine frühromantische Gloriette im Park von Schönbrunn (1772–1775) belegt. Bei diesem kulissenartigen Bau weist der festgefügte Baublock durch den dreiteiligen Säulengang eine „Durchbrechung“ auf. In Wien geboren, studierte dieser bedeutende Architekt an der Akademie der bildenden Künste und erwarb sich durch Studienreisen nach Italien und Deutschland einen weiten Horizont. 1772 wurde er zum Direktor der Akademie in Wien und 1775 zum Hofarchitekten ernannt. Der Bankier Johann Graf von Fries erwarb 1761 Schloss Vöslau in Niederösterreich, eine ursprünglich aus dem 12. Jahrhundert stammende Burg. Für die 1774 in Angriff genommenen Umbauarbeiten engagierte er den Hofarchitekten Hetzendorf von Hohenberg.[6] Die Neugestaltungen Hohenbergs betrafen vor allem das Stiegenhaus mit seinen Vorräumen und dessen Gartenfassade sowie die Errichtung des Festsaales und des Entrees im zweiten Stock. Hohenberg war es auch, der 1777 den Park im englischen Stil mit Statuen, Nischen und einer Grotte anlegte. Der Vöslauer Garten wartete mit zahlreichen Attraktionen von theatralischer Wirkung auf, deren bemerkenswerteste der in Kaskaden umspülte Grottenberg war. Jahre später, 1783/84, entstand mit dem Palais Fries-Pallavicini am Josefsplatz in der Wiener Innenstadt gegenüber der Hofburg ein weiteres Hauptwerk Hohenbergs. Ganz im Gegensatz zur Gloriette ist dieser Bau mit seiner kubischen Baumasse und seiner nahezu als „antibarock“ zu bezeichnenden Haltung von revolutionärer Wirkung. Es ist in diesem Zusammenhang wichtig, darauf hinzuweisen, dass das dem Palais vorgelagerte Portal mit den vier Karyatiden von dem aus Tirol stammenden Bildhauer Franz Anton Zauner (1745–1822) erst etwas später, 1786, hinzugefügt wurde, da die ursprüngliche Fassade mit ihrem strengen Charakter – noch dazu, wo sie gegenüber der Hofburg lag – dem Geschmack der Zeitgenossen nicht entsprach. Nicht zu vergessen sind die von Hohenberg 1784 begonnenen und 1786 abgeschlossenen Umbauten und Neugestaltungen der Augustiner- und der Minoritenkirche in Wien. Mit der „Regotisierung“ dieser beiden Kirchen schuf er zwei kühle Saalräume, wobei jedoch einige der Gotik zuwiderlaufende Details Hohenberg nicht als „Neogotiker“, sondern als „Klassizisten“ zeigen. Das letzte wichtige Werk Hohenbergs ist das 1801 in Laxenburg in Niederösterreich entstandene kuriose „Haus der Laune“.[7]

Montoyer brachte den französischen Empireklassizismus nach Österreich. Seine Auftraggeber waren Kaiser Franz I. (bis 1804 Kaiser Franz II.) und die Hocharistokratie. Mit der noblen Erweiterung und Neugestaltung der Albertina für Herzog Albert von Sachsen-Teschen (1801–1804), dem prunkvollen Zeremoniensaal in der Wiener Hofburg für den österreichischen Kaiser (1804–1807) und dem wuchtigen Palais Rasumofsky für den russischen Botschafter Andreas Fürst Rasumofsky in Wien-Erdberg (1805–1811) schuf er Hauptwerke des österreichischen Klassizismus. Montoyer war durch den als Generalgouverneur der österreichischen Niederlande, des heutigen Belgien, agierenden Herzog Albert von Sachsen-Teschen nach Österreich gekommen, wo er neben anderen Architekten ein weiteres Bindeglied zwischen dem Westen Europas und Österreich darstellte. Bei seiner Tätigkeit in Löwen (Leuven) und Brüssel (Bruxelles) war er noch unter dem Einfluss des Barockklassizismus gestanden (zum Beispiel Collège du pape, Löwen, 1776–1778; königliches Schloss Laeken, Brüssel, 1782–1784) und hatte als Baudirektor die dort herrschende Stilrichtung vertreten.

Moreau brachte wie Ganneval französischen (Revolutions-)Klassizismus nach Österreich. Im Unterschied zu ihm jedoch suchte er den Ausgleich zwischen Repräsentation und Rationalität.[8]

Aman, der als Architekt am Wiener Hof tätig war, konnte seine ganze Kraft mit dem „k. k. Thierarzney-Institut"[9], (1821–1823) am Wiener Neustädter Kanal in Wien als eigenständigem Bau entfalten. Die betonte Nüchternheit wird oft als Ausdruck staatlicher Sparsamkeit gesehen und gilt daher als Musterbeispiel der „Beamtenarchitektur". Aman, der sich in Rom an der Antike geschult hatte, sich jedoch mehr dem Detail als der Bauform verpflichtet zeigte, war 1796 nach Wien gelangt. Ab 1803 war er für den Hof tätig, dessen erster Architekt er 1812 wurde. Aman arbeitete jedoch nicht ausschließlich für das Kaiserhaus: Die beiden einander gegenüberliegenden, ein Ensemble bildenden Zinshäuser in der (schmalen) Plankengasse Nr. 6 und 7 errichtete er von 1803 bis 1807 im Auftrag des Stiftes Klosterneuburg.

Nobile zählt zu den führenden Architekten des Spätklassizismus (Empirestil). Da er die kaiserlichen Vorstellungen offensichtlich am besten umzusetzen verstand, wurde er als Leiter der Architekturabteilung der Wiener Akademie eingesetzt, wodurch er zum Hüter klassizistischer Tradition wurde. Seine beiden Wiener Hauptwerke, das Äußere Burgtor, (antikisierendes Festungstor), das er von 1821 bis 1824 auf den von Luigi Cagnola (1762–1833) gelegten Fundamenten durch Soldaten der österreichischen Armee ausführen ließ, und der Theseustempel (griechischer Tempel)[10], errichtet von 1819 bis 1823, weisen durch ihre Vorbilder eine historisierende Note auf. Gleichfalls im Wiener Volksgarten, zwischen Burgtor und Theseustempel, entstand 1820 nach seinen Plänen das Cortische Kaffeehaus, das damals einen Hauptanziehungspunkt der eleganten Welt bildete. Nobile war nicht nur in Wien, sondern auch in der damals österreichischen Hafenstadt Triest tätig. Dort errichtete er 1817 den Palazzo Costanzi und 1842 die für Triest städtebaulich höchst bedeutsame Kirche Sant'Antonio nach dem Vorbild des antiken Pantheons in Rom an der Stirnseite des Canal Grande im sogenannten Borgo Teresiano, einem Stadtviertel im Zentrum Triests, das Kaiserin Maria Theresia in der Mitte des 18. Jahrhunderts erbauen hatte lassen.

Kornhäusel ist Österreichs bedeutendster Repräsentant des romantischen Klassizismus und des Biedermeier. Obwohl er adelige Palais (Weilburg im Helenental bei Baden, 1820–1823, und Albertina in Wien, 1825–1836, für Erzherzog Carl; Eisgrub und Feldsberg in Mähren für Fürst Liechtenstein) und sakrale Bauten (Stift Klosterneuburg, 1834–1842; Schottenstift, 1826–1832; Synagoge Seitenstettengasse, 1825/26) errichtete, gilt er vor allem als der Hauptvertreter der bürgerlichen Wohnhausarchitektur mit bewusstem Verzicht auf äußerliche Repräsentation (zum Beispiel Seitenstettengasse). Für sich selbst erbaute er von 1825 bis 1827 in unmittelbarer Nähe des Stephansdomes einen skurrilen, 35 Meter hohen Wohnturm mit vollkommen undekorierten glatten Fassaden, dessen hoch gelegenes Eingangstor man nur über eine hochziehbare eiserne Leiter erreichen konnte. Der Legende nach versuchte Kornhäusel sich dadurch vor seiner eifersüchtigen Frau in Sicherheit zu bringen. Zum Zeitpunkt seiner Errichtung war das Gebäude das höchste profane Wohnhaus der Stadt. Für die Stadt Baden ist Kornhäusel von ganz besonderer Bedeutung. Er errichtete hier – teilweise auch bereits vor dem für die Stadt verheerenden Feuer – zahlreiche klassizistische beziehungsweise biedermeierliche Villen: so zum Beispiel das Stadttheater (1811), das Engelsbad (1821/22) und das Hotel Sauerhof (1820–1822), die bis heute das Stadtbild prägen.[11]

Pichl[12] ist neben Kornhäusel ein weiterer Vertreter der Romantik. Sein Hauptwerk ist der Umbau des Niederösterreichischen Landhauses in der Herrengasse (1837–1848), bei dem durch Einbeziehung der alten Bausubstanz auch denkmalpflegerische Aspekte eine bedeutsame Rolle spielten. In der Herrengasse, einer Art „Klassizismus-Meile" in Wien,[13] hatte er bereits zuvor, von 1811 bis 1814, das Projekt des italienischen Architekten Giacomo Quarenghi (1744–1817) für das Palais Modena adaptiert und dessen Bauausführung übernommen.[14] Am Graben in Wien

Joseph und Eduard Gurk, Das Palais Rasumofsky in Wien-Erdberg, 1823, kolorierter Stich
© & Foto: Wienbibliothek im Rathaus, Inv.-Nr. C-169676_0044

August Strada, Tierärztliche Hochschule, 1908, Fotografie
© & Foto: ÖNB/Wien, Inv.-Nr. ST 2806-F

S. 160, Joseph und Eduard Gurk, Das Burgtor in Wien, 1823, kolorierter Stich
© & Foto: Wienbibliothek im Rathaus, Inv.-Nr. C-169676_0063

S. 160, Jakob von Alt, Schloß Weilburg bey Baden, 1822, kolorierte Radierung (Artaria, Verleger)
© & Foto: Rollettmuseum

S. 161, Johann Rupp, Franzensburg in Laxenburg, 1825, kolorierte Lithografie, Detail
© & Foto: ÖNB/Wien, Inv.-Nr. FKB-Vues Österreich-Ungarn, Niederösterreich H-La, Laxenburg 25

wurde 1834/35 nach seinen Plänen das Gebäude der „Ersten österreichischen Spar-Casse“ errichtet. Zeitlich parallel dazu entstand nach seinen Plänen außerhalb von Wien, im heutigen Stadtbezirk Döbling, für den Fabrikanten und Kunstsammler Rudolf von Arthaber ein Landhaus, das später, nach dem Tod Arthabers im Jahr 1867, von Leopold und Josephine von Wertheimstein erworben wurde, die hier mit dem von ihnen geführten Salon einen Treffpunkt der liberalen Persönlichkeiten Wiens schufen. Inmitten einer weitläufigen englischen Parklandschaft gelegen, zeigt dieses Sommerhaus mit seiner Fassade eine gediegene, aber nicht aufdringliche Repräsentation nach außen, da die klassizistische Monumentalität hier einer ruhigen Gliederung gewichen ist.

Der Nobile-Schüler Sprenger ist der bedeutendste Vertreter der „Beamtenarchitektur“. Als Leiter des allmächtigen Hofbauamtes dominierte er das Wiener Architekturgeschehen zwischen 1835 und 1848. Durch diesen übergroßen Einfluss auf die Wiener Bautätigkeit sorgte er dafür, dass die aus den Kronländern eindringende romantisch-historistische Strömung in Wien erst später Wurzeln fassen konnte. Seine Kunst reichte vom Spätklassizismus über die Romantik bis zum Historismus. Die monoton-trockene Fassadengliederung seiner Niederösterreichischen Statthalterei zwischen Herrengasse und Minoritenplatz (1846–1848) führte zur Bezeichnung „k. k. Statthaltereistil“ für die offizielle staatliche Architekturrichtung dieser Zeit. Weitere öffentliche Bauten Sprengers in Wien, die diesem sachlich-kühlen Stil zuzurechnen sind, sind das Hauptmünzamt Am Heumarkt (1835–1837), das nach 1945 abgerissene Hauptzollamt in der Hinteren Zollamtsstraße (1840) und die Finanzlandesdirektion in der Vorderen Zollamtsstraße (1841–1847).

Eine Reihe von Architekten, die in Österreich und speziell in Wien tätig waren, deren Bauten aber oft nicht jene Selbstständigkeit erlangten wie die Arbeiten der oben genannten Baukünstler, sollte ebenfalls nicht ungenannt bleiben: Andreas Zach (1736–1797, Prioratshaus, sogenanntes Schubladkastenhaus, des Schottenstiftes auf der Freyung in Wien, 1773/74), Franz Jäger d. Ä. (1743–1809, Theater an der Wien, 1797–1800, Gottlieb Nigelli (1746–1812, reformierte evangelische Kirche in der Wiener Dorotheergasse, 1783/84), Johann Georg Hagenauer (1748–1835, Schloss Böckstein in Zwischenwässern in Kärnten, 1778–1782), Joseph Schemerl von Leytenbach (1752–1844, k. k. Polytechnisches Institut, heute Technische Universität Wien, 1815–1818), Joseph Hardtmuth (1758–1816, Umgestaltung und Erweiterung des Palais Liechtenstein in der Herrengasse in Wien, 1789–1791), Johann Fischer (1772–1849, „Criminalgerichtsgebäude“, heute Landesgerichtsgebäude, in der Wiener Josefstadt, 1832–1839), Heinrich Koch (1781–1861, Palais Dietrichstein, heute Clam-Gallas, in der Währinger Straße in Wien, 1834/35), Franz Jäger d. J. (1781–1839, Franzensburg in Laxenburg, 1801–1836, nach Plänen von Johann Ferdinand Hetzendorf von Hohenberg) und Karl Schleps (1802–1840, Palais Coburg, auf der Coburgbastei in Wien,[15] 1839/40).

Es waren vier habsburgisch-lothringische Regenten (Joseph II., Leopold II., Franz I./II., Ferdinand I.), während deren Regierungsperioden in Österreich im klassizistischen Stil gebaut wurde. Die jeweiligen Wechsel auf dem Kaiserthron (1765[16], 1780[17], 1790[18], 1792[19], 1835[20], 1848[21]) wie auch eine Reihe historischer Ereignisse (Französische Revolution 1789, Wiener Kongress 1815, Märzrevolution 1848) bildeten epochemachende Trennungslinien, die bei der Errichtung vieler Gebäude zu stilistischen Änderungen führten. Trotz all der dadurch bedingten Unterschiede erscheint uns heute diese Epoche gerade in Bezug auf die Architektur als geschlossenes Ganzes.

S. 162, Joseph und Eduard Gurk, Das Polytechnische Institut am Karlsplatz in Wien, 1823, kolorierter Stich
© & Foto: Wienbibliothek im Rathaus, Inv.-Nr. C-169676-0011

S. 162, Joseph und Eduard Gurk, Das Theater an der Wien, 1823, kolorierter Stich
© & Foto: Wienbibliothek im Rathaus, Inv.-Nr. C-169676_0021

Rudolf von Alt, Das Niederösterreichische Landhaus in der Herrengasse in Wien, um 1850, Aquarell und Gouache über Bleistift auf Papier
© & Foto: Landessammlungen Niederösterreich

Johann Rupp, Franzensburg in Laxenburg, 1825, kolorierte Lithografie
© & Foto: ÖNB/Wien, Inv.-Nr. FKB-Vues Österreich-Ungarn, Niederösterreich H-La, Laxenburg 25

Carl Winkler, Palais Coburg in Wien-Innere Stadt, 1930, Fotografie
© & Foto: ÖNB/Wien, Inv.-Nr. 503224-C

Carl Winkler, Palais Coburg in Wien-Innere Stadt, 1930, Fotografie
© & Foto: ÖNB/Wien, Inv.-Nr. 503224-C

1 Johann Joachim Winckelmann: Gedanken über die Nachahmung der griechischen Werke in der Malerei und Bildhauerkunst, Dresden 1754/55.

2 Der aus Wien stammende Kunst- und Architekturhistoriker Emil Kaufmann prägte den Begriff „Revolutionsklassizismus" in seinem 1933 in Wien erschienenen Buch „Von Ledoux bis Le Corbusier. Ursprung und Entwicklung der Autonomen Architektur".

3 Der französische Name „Ganneval" wurde von den Wienern „italianisiert" und wandelte sich zu „Canevale". Dieser Irrtum wurde in der neueren Literatur korrigiert, z. B. in Walter Krause: Baukunst, in: Gerbert Frodl (Hg.): Geschichte der bildenden Kunst in Österreich, Bd. 5: 19. Jahrhundert, München/Berlin/London/New York 2002, S. 181–184.

4 Auch als „Tollhaus" oder spöttisch „Kaiser Josephs Gugelhupf" bezeichnet.

5 Vgl. Markus P. Swittalek: Das Josephinum. Aufklärung. Klassizismus. Zentrum der Medizin (Schriftenreihe der Landesverteidigungsakademie 7), Wien 2014.

6 Vgl. Renate Hayden: Das Schloß Vöslau und Johann Ferdinand Hetzendorf von Hohenberg, in: Stadtgemeinde Bad Vöslau/Otmar Rychlik (Hg.): Die großen Architekten der Ringstraßenzeit, ihre Vorläufer und Nachfahren auf dem Lande, Bad Vöslau 1986, S. 8–15.

7 Die jüngste Literatur hiezu: Anna Mader-Kratky: Der Wiener Hofarchitekt Johann Ferdinand Hetzendorf von Hohenberg (1733–1816), phil. Diss. Universität Wien, 2017. – Dies.: Der Wiener Hofarchitekt Johann Ferdinand Hetzendorf von Hohenberg (1733–1816), in: Mitteilungen der Residenzen-Kommission der Akademie der Wissenschaften zu Göttingen, NF (Stadt und Hof) 6, 2017, S. 125–135.

8 In diesem Buch ist seinem Leben und seinem Werk ein eigener Beitrag gewidmet.

9 Später Tierärztliche Hochschule, derzeit Universität für Musik und darstellende Kunst.

10 Der Theseustempel im Wiener Volksgarten ist eine verkleinerte Nachbildung des antiken Theseions in Athen und diente der Aufstellung der von Antonio Canova (1757–1822) geschaffenen Skulptur „Theseus besiegt den Kentaur", die heute im Stiegenhaus des Kunsthistorischen Museums zu sehen ist.

11 Vgl. Bettina Nezval: Villen der Kaiserzeit. Sommerresidenzen in Baden, Horn 1993. – Dies.: Joseph Kornhäusel. Lustschlösser und Theater, Horn 2010. – Dies.: Schloss Weilburg in Baden. Symbol einer Liebe, Berndorf 2015.

12 Der Vorname des 1782 im damals zu Österreich gehörenden Mailand geborenen Alois Pichl wurde später in Wien durch die irrtümliche Ableitung über „Lois" zu „Louis" und weiter zu „Ludwig" und letztendlich italianisiert zu „Luigi", wie er gelegentlich fälschlich in der Literatur genannt wird.

13 Ursprünglich auf beiden Straßenseiten, heute – vor allem nach dem Abriss des Palais Liechtenstein im Jahr 1913 – nur mehr an der stadtauswärts gelegenen Seite.

14 Vgl. Markus Kristan: Das Palais Modena in der Herrengasse. Ein Meisterwerk klassizistischer Baukunst in Wien, in: Bundesministerium für Inneres (Hg.): Das Palais Modena. Einblicke aus dem Inneren, Wien 2017, S. 27–43.

15 Das Palais wurde im Volksmund aufgrund der dünnen Säulen des Portikus „Spargelburg" genannt.

16 Beginn der Mitregentschaft Josephs II. mit seiner Mutter Maria Theresia nach dem Tod seines Vaters Franz Stephan I.

17 Beginn der alleinigen Regentschaft Josephs II. nach dem Tod seiner Mutter Maria Theresia.

18 Tod Josephs II., Beginn der Regentschaft seines Bruders Leopold II.

19 Tod Leopolds II., Beginn der Regentschaft seines Sohnes Franz II. (als Römischer Kaiser, ab 1804 als Franz I. als österreichischer Kaiser).

20 Tod Franz' II./I., Beginn der Regentschaft seines Sohnes Ferdinand I.

21 Rücktritt Ferdinands I., Beginn der Regentschaft seines Neffen Franz Joseph I.

AUSGANG

"Noble simplicity, calm grandeur"

The Architecture of Neoclassicism in Austria from the Enlightenment to Romanticism

Markus Kristan

"Neoclassicism" is the term used to describe a movement in architecture that is strictly oriented towards the art of classical antiquity as a model, and here, above all, towards that of Greek antiquity. Consequently, we are not talking about a gradual and "natural" development of a new style taking place here, but rather a deliberate recourse to an earlier style. The writings of the German archaeologist and writer Johann Joachim Winckelmann (1717–1768), written in the spirit of the Enlightenment and in which he was one of the first to examine the art of antiquity using art-historical methods, were unquestioningly responsible for this new historical interest, which began around the middle of the 18th century and, in its rigid form, was not based on any tradition. His response to the overly pompous and allegorical character of the Baroque Era was his aesthetic formula of "noble simplicity, calm grandeur" [1]. In this way, Winckelmann intended to emphasise the apparent simplicity of the materials he was employing whilst at the same time preserving a generosity of spirit.

The noble simplicity and calm grandeur of neoclassical architecture in Austria

In Austria, the stages of the stylistic development of neoclassical architecture can be clearly identified in the works of the best-known architects of the period. The boundaries between Late Baroque and Early Neoclassicism, on the other hand, are fluid. Some buildings that belong to the Late Baroque show partial elements of Early Neoclassicism (in Vienna, for example, the Winterreitschule (Winter Riding School), in the Hofburg, Joseph Emanuel Fischer von Erlach, 1729–1735; the Aula (large assembly hall) of the Old University, Jean Nicolas Jadot, 1753–1755; the Gardekirche (Guards' Church) on Rennweg, Nikolaus (also Nicolò) Pacassi, 1755–1763; the wings of the Hofbibliothek (Court Library) on Josefsplatz, Nikolaus Pacassi, 1767–1773). Simple geometric forms (cubes, pyramids, spheres and cylinders), repeatedly combined in ever varying ways, form the principal building elements of neoclassicism, while the merely decorative elements are gradually reduced over the course of this stylistic development. The smooth, undecorated surfaces, on the other hand, take up increasing amounts of space and begin to dominate the buildings. This development, which is modelled on "French Revolutionary Classicism"[2], reaches its peak in Austria in the period around 1780. The formative historical event in this context is the beginning of the sole regency of Joseph II, whose "revolution from above" anticipates at an early stage ideas from the French Revolution of 1789. This tendency continues, especially in Vienna, until around the time of the Congress of Vienna (1815). The subsequent age of reaction under the reign of Emperor Franz I and his chancellor Metternich brought about some internal upheaval. The history of architecture in this epoch follows a double track with state architecture, dictated by the all-powerful Hofbaurat (Court Architect) on the one hand, and bourgeois residential buildings on the other. Romantic ideas gradually spread in the age of the Vormärz ("pre-March"), the period leading up to the 1848 March Revolution in Germany. The free-standing column, which until then had probably been the most important formal element of neoclassical buildings, moved steadily closer to the surface of the wall, forming ever smaller spaces in front of the buildings, and in some buildings "sank" halfway into the surface of the wall, thus losing its load-bearing function and becoming an increasingly purely decorative element. Other styles such as Gothic and Renaissance gained in importance as models and while stylistic elements of the neoclassical period and other epochs were fused together, eclecticism set in, and the natural environment acquired prominence as an element of architectural structures. To some extent, a 2000-year stylistic development had been reprised in just a few years, in a "fast forward motion". As had been the case at the beginning of neoclassicism in Austria, the distinction between Romantic Classicism and early Historicism was just as blurred at its end, which can be precisely dated to the political event of the March Revolution of 1848. In this stylistic period, the city of Vienna, as a royal residence, was one of the centres of neoclassical architecture, along with Paris, Berlin and St. Petersburg.
Two striking features of Austrian neoclassical architecture are that – unlike in Germany with Karl Friedrich Schinkel (1781–1841) and Leo von Klenze (1784–1864) – there are no dominant architectural personalities and that many of the renowned architects had either come from abroad, mostly from France, Germany or Italy, or had embarked on lengthy study tours themselves in Central Europe.

Architects and buildings

We can already see evidence of the change from Baroque to Early Neoclassicism in some of the works of Joseph Emanuel Fischer von Erlach (1693–1742), the son of the eminent Austrian Baroque architect Johann Bernhard Fischer von Erlach (1656–1723), following his journeys to England and the Netherlands, whereby he leaves out, as it were, the excessive decorative joyfulness of the Rococo. The hall of the Winter Riding School of the Vienna Hofburg, for example, which is dominated by a circle of columns, can be understood as one of the first works of Early Neoclassicism in Austria. Fischer von Erlach completed the building between 1729 and 1735 using his father's plans.

Probably the most influential architects who worked in Austria using the neoclassical architectural style are the Frenchman Isidore Ganneval[3] (1730–1786), the German-Austrian Johann Ferdinand Hetzendorf von Hohenberg (1733–1816), the Belgian Louis Montoyer (1749–1811), the Frenchman Charles de Moreau (1760–1840), the German Johann Aman (1765–1834), the Italian Swiss Peter von Nobile (1774–1854), the Viennese Joseph Kornhäusel (1782–1860), the Italian Alois Pichl (1782–1856) and the Silesian Paul Sprenger (1798–1854). If we compare the year of birth of the oldest architect in this group (Ganneval, 1730) with that of the youngest (Sprenger, 1798), we see that the group span more than two generations of architects who devoted themselves to neoclassical architecture.

Along with Moreau, Ganneval is considered the leading representative of "Revolutionary Classicism". Since 1933, this has been the term used to describe the gargantuan projects of some French architects of the time around the storming of the Bastille (1789), which manage almost entirely without decoration and derive their effect solely from their clear geometric forms. These characteristics are clearly evident in the simple cylinder of the "Narrenturm"[4] (Asylum) of the General Hospital built in 1783/84, one of Ganneval's main works in Vienna, the original design of which may even go back to Emperor Joseph II himself.[5] The clear sobriety of the building expresses Josephinian architectural thinking.
The plain cylinder with its round inner courtyard and trapezoidal cells is well thought out

in terms of its function. The "Asylum" is part of the military hospital complex, which was also built at the same time according to Ganneval's plans and consists of the Garrison Hospital and the "Josephinum", the medical-surgical military academy, a training centre for military doctors. As the plans for this building had already been drawn up by the Italian architect Giuseppe Piermarini (1734–1808), they were now substantially revised and redesigned by Ganneval with regard to the layout of the interiors. Ganneval had already been responsible for early neoclassical buildings in Hungary (the cathedral and the triumphal arch in Waitzen, now Vác, 1762–1777) and in Vienna (for example the entrance portal to the Augarten, 1775, with its radical simplicity and martial appearance). The Lusthaus in the Prater (1781–1784) and numerous other buildings in Hungary, Bohemia as well as Austria can also be traced back to his designs.

Hohenberg's buildings mark the breakthrough from Late Baroque to Neoclassicism and – very early on – to Romanticism, as his Early Romantic Gloriette in the park of Schloss Schönbrunn (1772–1775) attests. In this building resembling a stage-set, the solidly constructed block has a "break" through the three-part colonnade. Born in Vienna, this renowned architect studied at the Academy of Fine Arts and acquired a broader horizon through study tours to Italy and Germany. In 1772 he was appointed Director of the Academy in Vienna and in 1775 Court Architect. In 1761, the banker Johann Graf von Fries acquired Schloss Vöslau in Lower Austria, a castle originally dating from the 12th century. He hired the court architect Hetzendorf von Hohenberg for the renovation work that began in 1774. [6]
Hohenberg's redesigns mainly concerned the staircase with its lobbies and its garden façade as well as the construction of the banqueting hall and the entrance on the second floor. It was also Hohenberg who laid out the park in 1777 in the English style with statues, niches and a grotto. The Vöslau garden featured numerous attractions with theatrical impact, the most notable of which was the Grottenberg with its cascades. Years later, in 1783/84, another of Hohenberg's major works was built, the Palais Fries-Pallavicini on Josefsplatz in the centre of Vienna opposite the Hofburg. In complete contrast to the Gloriette, this building, with its cuboid building structure and with an outward manifestation that can almost be described as "anti-baroque", evokes a revolutionary effect. It is important to note in this context that the portal in front of the palace with the four caryatids was added somewhat later, in 1786, by the Tyrolean sculptor Franz Anton Zauner (1745–1822), as the original façade with its austere character – even more so where it faced the Hofburg – did not echo contemporary taste. Not to be forgotten are the alterations and redesigns of the Augustinian and Minorite churches in Vienna, begun by Hohenberg in 1784 and completed in 1786. With his neo-Gothic reconstruction of these two churches, he created two coolish naves, although some details that run counter to the Gothic show Hohenberg to be a "neoclassicist" rather than a "neo-Gothicist". Hohenberg's last significant work is the curious "Haus der Laune" (House of Fancy), created in 1801 in Laxenburg in Lower Austria. [7]

Montoyer brought the French Empire Style to Austria. His clients were Emperor Franz I (until 1804 Emperor Franz II) and the high nobility. With the magnificent extension and redesign of the Albertina for Duke Albert of Saxe-Teschen (1801–1804), the magnificent Ceremonial Hall in the Vienna Hofburg for the Austrian Emperor (1804–1807) and the massive Palais Rasumofsky for the Russian ambassador Prince Andrey Razumovsky in Vienna-Erdberg (1805–1811), he created major works of Austrian Neoclassicism. Montoyer had come to Austria through Duke Albert of Saxe-Teschen, who acted as Governor-General of the Austrian Netherlands, now Belgium, where he was another link between Western Europe and Austria, along with other architects. When he worked in Leuven and Brussels, he was still under the influence of Baroque Classicism (e.g. Collège du pape, Leuven, 1776–1778; Royal Laeken Palace, Brussels, 1782–1784) and, as director of public works, represented the prevailing style there.
Like Ganneval, Moreau brought French (revolutionary) neoclassicism to Austria. Unlike the former, however, he sought to achieve a balance between display and rationality. [8]

Aman, who worked as an architect at the Viennese court, was able to allow his full potential to flourish with the "k. k. Thierarzney-Institut"[9], (1821–1823) on the Wiener Neustädter Kanal (in Vienna) by making it an architectural entity in its own right. Its emphasis on sobriety is often seen as an expression of state thrift and is therefore regarded as a prime example of "civil servant architecture". Aman, who had trained in Antiquity in Rome but was more committed to detail than to architectural form, had arrived in Vienna in 1796. From 1803 he worked for the court, for which he became its first architect in 1812. However, Aman did not work exclusively for the imperial dynasty: from 1803 to 1807 he constructed two apartment buildings opposite each other, forming an ensemble in the (narrow) Plankengasse No. 6 and 7, on behalf of the Klosterneuburg Abbey.

Nobile belongs to the group of leading architects of late classicism (Empire style). As he was evidently best able to implement the Emperor's ideas, he was appointed head of the Architecture Department of the Vienna Academy, and thus became the guardian of classicist tradition. His two main Viennese works, the mock antique Äusseres Burgtor (Outer Castle Gate), which he had built by soldiers of the Austrian army from 1821 to 1824 on foundations laid by Luigi Cagnola (1762–1833), and the Theseus Temple (Greek temple) [10], erected between 1819 and 1823, display a historicising quality by virtue of their original models. Also in Vienna's Volksgarten, between the Burgtor and the Theseus Temple, the Cortisches Kaffeehaus was built in 1820 according to his plans and was a centre of attraction for elegant society at that time. Nobile was not only active in Vienna, but also in the then Austrian port city of Trieste. There he built the Palazzo Costanzi in 1817 and in 1842 the church of Sant'Antonio, modelled on the ancient Pantheon in Rome, which was highly emblematic of Trieste's urban planning with its magnificent location facing the Canal Grande in the so-called Borgo Teresiano, a district in the centre of Trieste that Empress Maria Theresa had built in the middle of the 18th century.

Kornhäusel is Austria's most important representative of Romantic Classicism and Biedermeier. Although he built aristocratic palaces (Weilburg in the Helenental near Baden, 1820–1823, and Albertina in Vienna, 1825–1836, for Archduke Carl; Eisgrub and Feldsberg in Moravia for Prince Liechtenstein) and religious buildings (Klosterneuburg Abbey, 1834–1842; Schottenstift, 1826–1832; Seitenstettengasse Synagogue, 1825/26), he is regarded above all as the main representative of bourgeois domestic architecture with a conscious renunciation of outward display (for example Seitenstettengasse). For himself, from 1825 to 1827, he built a bizarre, 35-metre-high residential tower with completely undecorated smooth façades in the immediate vicinity of the Stephansdom (St. Stephen's Cathedral), whose high entrance gate could only be reached via a pull-up iron ladder. According to legend, Kornhäusel tried to use it to escape from his jealous wife. At the time of its construction, the building was the highest secular residential building in the city. Kornhäusel is of special significance for the town of Baden. He built numerous neoclassical and Biedermeier villas here – some of them even before the devastating fire – such as the Municipal Theatre (1811), the Engelsbad (1821/22) and the Hotel Sauerhof (1820–1822), which are still a feature of the townscape today.[11]

Alongside Kornhäusel, Pichl[12] is another exponent of Romanticism. His main work is the conversion of the Lower Austrian Landhaus in the Herrengasse (1837–1848), in which aspects of the preservation of historical monuments also played a significant role by incorporating the fabric of the old building. In the Herrengasse, a kind of "classicist mile" in Vienna, [13] he had already previously, from 1811 to 1814, adapted the project of the Italian architect Giacomo Quarenghi (1744–1817) for the Palais Modena and taken on its construction.[14] On the Graben in Vienna, the building of the "Erste österreichische Spar-Casse" (First Austrian Savings Bank) was erected in 1834/35 according to his plans. At the same time, a country house was built according to his plans outside Vienna, in today's Döbling district, for the factory owner and art collector Rudolf von Arthaber. Later, after Arthaber's death in 1867, it was acquired by Leopold and Josephine von Wertheimstein, who created a meeting place for Vienna's liberal celebrities with the salon they ran here. Situated in the middle of a spacious English-style park, this summer house with its façade presents a dignified, but not obtrusive, display to the outside world, as neoclassical monumentality has given way here to calmer structures.

One of Nobile's pupils, Sprenger, is the most important representative of "civil servant architecture". As head of the omnipotent Hofbauamt (Court Building Department), he dominated Vienna's architectural scene between 1835 and 1848. Through this excessive influence on Viennese building activity, he ensured that the Romantic-Historicist trend arising in the Crown Lands would not take root in Vienna until sometime later. His architecture ranged from Late Classicism to Romanticism and Historicism. The plain dry façade design of his Lower Austrian Statthalterei (Governor's Office) between Herrengasse and Minoritenplatz (1846–1848) led to the designation "k. k. Statthaltereistil" (Royal and Imperial Governor's Office Style) for the official state architectural style of the time. Other public buildings by Sprenger in Vienna that can be attributed to this objective and sober style are the Hauptmünzamt (Imperial Mint) on the Heumarkt (1835–1837), the Hauptzollamt (Main Customs Office) in the Hintere Zollamtsstrasse (1840), which was demolished after 1945, and the Finanzlandesdirektion (Financial Directorate) in the Vordere Zollamtsstrasse (1841–1847).

A number of architects who were active in Austria and especially in Vienna, but whose buildings often did not attain the independence of the works of the above-mentioned architects, should also not go unmentioned: Andreas Zach (1736–1797, Prioratshaus (Priory House), the so-called Schubladkastenhaus or "Chest of Drawers House", of the Schottenstift (Scottish Abbey) on the Freyung in Vienna, 1773/74), Franz Jäger the Elder. (1743–1809, Theater an der Wien, 1797–1800), Gottlieb Nigelli (1746–1812, Reformed Protestant Church in Vienna's Dorotheergasse, 1783/84), Johann Georg Hagenauer (1748–1835, Böckstein Castle in Zwischenwässern in Carinthia, 1778–1782), Joseph Schemerl von Leytenbach (1752–1844, k. k. Polytechnisches Institut, Imperial and Royal Technical Institute, today Vienna University of Technology, 1815–1818), Joseph Hardtmuth (1758–1816, remodelling and extension of Palais Liechtenstein in Herrengasse in Vienna, 1789–1791), Johann Fischer (1772–1849, "Criminal Courts Building", today Provincial Courts Building, in Josefstadt in Vienna, 1832–1839), Heinrich Koch (1781–1861, Palais Dietrichstein, today Clam-Gallas, in Währinger Strasse in Vienna, 1834/35), Franz Jäger the Younger (1781–1839, Franzensburg in Laxenburg, 1801–1836, according to plans by Johann Ferdinand Hetzendorf von Hohenberg) and Karl Schleps (1802–1840, Palais Coburg, on the Coburgbastei in Vienna[15], 1839/40).

There were four Habsburg-Lorraine regents (Joseph II, Leopold II, Franz II/I, Ferdinand I) over the course of whose reigns there were buildings constructed in Austria in the neoclassical style. The respective changes on the imperial throne (1765[16], 1780[17], 1790[18], 1792[19], 1835[20], 1848[21]) as well as a series of historical events (the French Revolution in 1789, the Congress of Vienna in 1815, the March Revolution in 1848) formed epoch-making fault lines that each led to stylistic changes in the design of many buildings. Despite all the resulting differences, this period appears to us today as a coherent whole, particularly in terms of architecture.

1 Johann Joachim Winckelmann: Gedanken über die Nachahmung der griechischen Werke in der Malerei und Bildhauerkunst (Thoughts on the Imitation of Greek Works in Painting and Sculpture) Dresden 1754/55.

2 The Vienna-born art and architecture historian Emil Kaufmann coined the term "Revolutionary Classicism" in his book "Von Ledoux bis Le Corbusier. Ursprung und Entwicklung der Autonomen Architektur" (From Ledoux to Le Corbusier. The Origin and Development of Autonomous Architecture), published in Vienna in 1933.

3 The French name "Ganneval" was "Italianised" by the Viennese and changed to "Canevale". This error has been corrected in more recent literature, e.g. in Walter Krause: Baukunst (Architecture), in: Gerbert Frodl (ed.): Geschichte der bildenden Kunst in Österreich, vol. 5: 19. Jahrhundert, Munich/Berlin/London/New York 2002, pp. 181–184.

4 Also called "the madhouse" or mockingly "Emperor Joseph's Gugelhupf".

5 Cf. Markus P. Swittalek: Das Josephinum. Aufklärung. Klassizismus. Zentrum der Medizin (The Josephinum. Enlightenment. Classicism. Centre for Medicine) (Schriftenreihe der Landesverteidigungsakademie 7), Vienna 2014.

6 Cf. Renate Hayden: Das Schloß Vöslau und Johann Ferdinand Hetzendorf von Hohenberg (Vöslau Castle and Johann Ferdinand Hetzendorf von Hohenberg), in: Stadtgemeinde Bad Vöslau/Otmar Rychlik (eds.): Die großen Architekten der Ringstraßenzeit, ihre Vorläufer und Nachfahren auf dem Lande (The great architects of the Ringstrasse era, their predecessors and successors in rural areas), Bad Vöslau 1986, pp. 8–15.

7 The most recent literature on this topic: Anna Mader-Kratky: Der Wiener Hofarchitekt Johann Ferdinand Hetzendorf von Hohenberg (The Viennese Court Architect Johann Ferdinand Hetzendorf von Hohenberg) (1733–1816), doctoral thesis, University of Vienna, 2017. – Mader-Kratky: Der Wiener Hofarchitekt Johann Ferdinand Hetzendorf von Hohenberg (1733–1816), in: Mitteilungen der Residenzen-Kommission der Akademie der Wissenschaften zu Göttingen, NF (Stadt und Hof) 6, 2017, pp. 125–135.

8 A separate contribution is dedicated to his life and work in this book.

9 Subsequently, Veterinary College, currently University of Music and Performing Arts.

10 The Theseus Temple in Vienna's Volksgarten is a scaled-down replica of the ancient Theseion in Athens and was used to display the sculpture "Theseus Defeats the Centaur" by Antonio Canova (1757–1822), which can now be seen in the stairwell of the Kunsthistorisches Museum.

11 Cf. Bettina Nezval: Villen der Kaiserzeit. Sommerresidenzen in Baden (Villas in the time of the Kaisers. Summer Residences in Baden), Horn 1993; – Nezval: Joseph Kornhäusel. Lustschlösser und Theater (Joseph's little barn. Pleasure palaces and theatres), Horn 2010. – Nezval.: Schloss Weilburg in Baden. Symbol einer Liebe (Schloss Weilburg in Baden. Symbol of a Love), Berndorf 2015.

12 The first name of Alois Pichl, born in 1782 in Milan, which was then part of Austria, later became "Louis" in Vienna through a mistaken derivation via "Lois" and then "Ludwig" and was finally Italianised to "Luigi", as it is occasionally erroneously cited in the literature.

13 Originally on both sides of the road, today – especially after the demolition of Palais Liechtenstein in 1913 – only on the side facing out of town.

14 Cf. Markus Kristan: Das Palais Modena in der Herrengasse. Ein Meisterwerk klassizistischer Baukunst in Wien (The Palais Modena in the Herrengasse. A masterpiece of neoclassical building in Vienna), in: Bundesministerium für Inneres (ed.): Das Palais Modena. Einblicke aus dem Inneren, Wien 2017, pp. 27–43.

15 The palace was popularly called "Spargelburg" (Asparagus Castle) because of the thin columns of the portico.

16 Beginning of Joseph II's co-regency with his mother Maria Theresa after the death of his father Franz Stephan I.

17 Beginning of the sole regency of Joseph II after the death of his mother Maria Theresa.

18 Death of Joseph II., Beginning of the regency of his brother Leopold II.

19 Death of Leopold II, beginning of the regency of his son Franz II. (as Holy Roman Emperor, from 1804 as Franz I as Emperor of Austria).

20 Death of Franz II/I, beginning of the regency of his son Ferdinand I.

21 Abdication of Ferdinand I, beginning of the regency of his nephew Franz Joseph I.

Joseph Kornhäusel
Pietro Nobile
Louis Montoyer

Ein Resümee zur aktuellen Forschungslage

Katharina Schoeller

Joseph Kornhäusel

Kein anderer Architekt ist so untrennbar mit der baulichen Entwicklung der Kurstadt Baden verbunden wie Joseph Kornhäusel. Er prägte maßgeblich das Stadtbild und war somit der wichtigste Begründer der bis heute so bezeichneten „Biedermeierstadt Baden".

Seit 1916 mit Paul Tausigs Publikation „Joseph Kornhäusel: ein vergessener österreichischer Architekt (1782–1860)" die Kornhäusel-Forschung begann, beschäftigten sich Generationen von Kunsthistorikern mit seinem in Baden entstandenen Œuvre.[1]

Nach der umfangreichen Ausstellung „Im Schatten der Weilburg" 1988/89[2], die erste Forschungsergebnisse zusammenfasste und den Anstoß zu weiteren Recherchen gab, waren es in jüngster Zeit Bettina Nezval, Rudolf Maurer und Peter Prokop, die neue Erkenntnisse zu Kornhäusels Tätigkeit in Baden publizierten.

Ab 1801 lassen sich künstlerische Verbindungen Kornhäusels zu Baden nachweisen, das Hotel des Apollonius Hebenstreit gilt seit jeher als sein erstes Werk in der Kurstadt. Dokumentiert ist dies durch Kornhäusels 1807 eigenhändig verfasstes Bewerbungsgesuch um Aufnahme als Mitglied der Akademie der bildenden Künste in Wien, in dem er seine bisher ausgeführten Bauten angibt: unter anderem „daß Hr. v. Hemstreit sein Hotel in Baden"[3]. Seitdem führt die kunsthistorische Literatur Apollonius Hebenstreit als den Auftraggeber und Hausbesitzer an. Peter Prokop bemerkte aber bei seinen Recherchen, dass weder in Matrikeln noch im Grundbuch ein Bürger Apollonius Hebenstreit für den entsprechenden Zeitraum in Baden nachweisbar ist.[4] Sehr wohl aber existiert eine Apollonia (Apolonia) Hebenstreit (1755–1821), die seit ihrer Scheidung 1805 als Hausbesitzerin aufscheint. Bauherr und Auftraggeber war ihr vormaliger Ehemann, der gräflich Harrach'sche Fabriksbesitzer Jakob Paul Hebenstreit (1750–1822), von dem sie nach der Trennung das Haus erhielt. Sie besaß es bis zu ihrem Tod, was auch dem Erben- und Gläubigeraufruf in der „Wiener Zeitung" zu entnehmen ist.[5] In der „Licitationsanzeige" vom 14. November 1822 werden Haus und Hausrat genau beschrieben beziehungsweise angeführt.[6] Nach mehreren Versteigerungsversuchen fand die Liegenschaft erst im April 1823 ihren neuen Eigentümer, Johann Anton Rudolf Graf Buol-Schauenstein (1763–1834), der sie bis zu seinem Tod besaß. Ihm folgte Staatskanzler Clemens Fürst Metternich-Winneburg und Beilstein als Eigentümer nach, der sie 1840 wieder verkaufte.[7] Ob Pietro Nobile – wie Johann Kräftner vermutet – der Urheber der unter Metternich durchgeführten Adaptierungen ist, lässt sich aufgrund der derzeitigen Quellenlage nicht bestätigen. Der Entstehungszeitraum des Hauses Hebenstreit definiert sich einerseits durch den von Kräftner in die Forschung eingeführten und mit 1801 datierten Grundriss post quem und andererseits durch das Scheidungsdatum des Ehepaares Hebenstreit 1805 ante quem.[8]

Die Informationen zu einem weiteren Bau Kornhäusels, dem 1810 für den Großhändler Anton Jäger (um 1763–1821) entstandenen Haus, das sich neben dem Haus Hebenstreit in der Theresiengasse 8 befindet, werden durch eine detaillierte, von Prokop erstellte Biografie des Auftraggebers ergänzt.[9]

In seinem Essay „Das Palais Esterházy in Baden bei Wien in den Tagebuch-Aufzeichnungen des esterházyschen Sekretärs Joseph Carl Rosenbaum" konnte Prokop ein viel detaillierteres Bild der Erwerbs- und Baugeschichte des ursprünglichen, 1812 beim Stadtbrand völlig zerstörten Palais zeichnen. Denn durch

Haus Hebenstreit, sogenannter Metternichhof,
Ansicht des Innenhofes, Fotografie
© & Foto: Stadtarchiv Baden

S. 173, Ehemaliges Stadttheater,
Ansicht der Fassade
© Rollettmuseum; Foto:
Arnulf Rainer Museum / Robert Zahornicky

S. 173, Pietro Nobile, Villa Hudelist, zeitgenössische Ansicht der Fassade gegen die Straße
© Rollettmuseum; Foto:
Arnulf Rainer Museum / Robert Zahornicky

S. 174–175, Joseph Kornhäusel, Sauerhof,
Ansicht der Straßenseite, zeitgenössische Ansicht
© Rollettmuseum; Foto:
Arnulf Rainer Museum / Robert Zahornicky

die minutiöse Schilderung Joseph Carl Rosenbaums (1770–1829) lassen sich nun Planungsablauf und Kooperation mit dem Architekten darlegen, die am Bau beteiligten Professionisten benennen, ihre Handwerker anführen und die Innenausstattung beschreiben. Ergänzend durch den im Journal befindlichen Plan, der das Ausmaß der Brandschäden dokumentiert, stellt sich der Errichtungsablauf dieses verloren gegangenen Vorgängerbaues nun klar wie folgt dar.[10]
Karl Graf Esterházy trug sich bereits 1807 mit dem Gedanken, einen Sommersitz in Baden zu errichten. 1808 wurde daraus ein konkretes Vorhaben, dessen Umsetzung aber die Kriegsereignisse von 1809 hemmten. 1810 erwarb er ein Grundstück inklusive eines Hauses, das nun nach seinen Vorstellungen adaptiert werden sollte. Bis in den Mai 1810 lassen sich die Geschäftsverbindungen zwischen dem Grafen und dem Architekten zurückverfolgen, im August setzte bereits die Planungsphase ein, wobei Esterházys Sekretär, Joseph Carl Rosenbaum, eng mit Kornhäusel zusammenarbeitete. Rosenbaum war in die administrativen und finanziellen Abläufe eingebunden und überwachte den Planungs- und Baufortschritt. Im August 1811 war die Fassade vollendet und die Innenausstattung partiell ausgeführt, sodass einige Räumlichkeiten bezugsfähig waren. Vollkommen fertiggestellt war das Haus im Juli 1812. Doch wenige Wochen später, am 26. Juli 1812, verwandelte der Stadtbrand das Gebäude in eine Brandruine. Sogleich schritt man an die Konzeption der Instandsetzung, Kornhäusel übernahm die Planung des Wiederaufbaues, unterstützt durch den Wiener Baumeister Jakob Hainz (um 1775–1839). Im Juni 1813 legte Kornhäusel die vollendeten Planungsunterlagen vor, doch der Baubeginn wurde aus nicht bekannten Gründen hinausgeschoben. Im darauffolgenden Jahr entschied sich Graf Esterházy, von der Errichtung eines Sommersitzes in Baden abzusehen, und verkaufte per Vertrag vom 21. September 1814 sein Palais an den Badener Kaufmann Joseph Perger (1775–1846). Dieser hielt sowohl am Architekten Kornhäusel als auch an den Entwürfen seines Vorgängers fest. Im Mai 1815 war das sogenannte Palais Esterházy, für das die Betitelung „Haus Perger" – wie Prokop anmerkt – zutreffender wäre, fertiggestellt.

Für das ehemalige Stadttheater und das Haan'sche Haus am Theaterplatz 2 gibt es in den vergangenen Jahren keine Ergänzungen zur Forschungsgeschichte.
Kornhäusels Projekte für Karl Freiherr von Doblhoff, den Sauerhof und das Engelsbad wurden samt ihrer weit ins Mittelalter zurückführenden Vorgängergeschichte von Rudolf Maurer minutiös erarbeitet und ergänzt.[11]
Im Essay über das Engelsbad schied Maurer das Aquarell „Das Engelsbad an der Weilburgstraße" aus dem Abbildungskanon des Engelsbades aus, da es dem ausgeführten Bauwerk wenig entspricht.[12] Bis dato wurde die Diskrepanz mit dem Charakter einer Vorstudie zum tatsächlichen Werk erklärt, eine These, der sich Maurer nicht anschließt. Außerdem entspricht die landschaftliche Umgebung mehr einer idealisierten als jener der Weilburgstraße. Weiters führt er die Fraglichkeit des Malers Anton Altmann an, wobei die Forschung bisher auf die Unterscheidung zwischen Vater und Sohn verzichtete. Für beide Künstler ist aufgrund ihrer Lebensdaten eine Zuschreibung problematisch.[13] Maurer plädiert daher dafür, das Aquarell aus der Reihe der historischen Ansichten Badens zu streichen.
Im Begleitbuch zur Ausstellung anlässlich des 200-jährigen Hochzeitsjubiläums von Erzherzog Karl und Prinzessin Henriette von Nassau-Weilburg, „Schloss Weilburg in Baden. Symbol einer Liebe", fasst Bettina Nezval ihre Forschungsergebnisse der vergangenen Jahre zusammen und bringt Neues in die Forschung ein.[14] Im Zuge ihrer Recherchen für die Ausstellung konnte die Kuratorin Kornhäusels erstes und bislang einziges städtebauliches Projekt festmachen: die Anlage und Konzeption der Weilburgstraße sowie die Parzellierung des ehemaligen Überschwemmungsgebietes der Herrschaft Weikersdorf.[15]
Mit dem Haus Liebenberg konnte Maurer Kornhäusels Œuvre um ein weiteres Landhaus bereichern.[16] Die Zuschreibung beruht auf einem 1834 in der „Allgemeinen Theaterzeitung" erschienenen Reisebericht: „Zu den großartigsten Verschönerungen Badens, neuester Zeit, gehört vor Allem das neu erbaute Haus des N. Oest. Landstandes und Indigenar des Königreiches Ungarn, Herrn Ritter Leopold von Liebenberg aus Wien, das in kurzer Frist von wenigen Monaten durch den rühmlich

ERNST IST DAS LEBEN
HEITER IST DIE KUNST

S. 177, Joseph Kornhäusel, Villa Jäger, Grundriss
© Stadtarchiv Baden; Foto: Arnulf Rainer Museum / Nadja Buechler

S. 177, Joseph Kornhäusel, Villa Jäger, Ansicht der Fassade
© & Foto: Stadtarchiv Baden

bekannten Wiener Architekten, Hrn. Kornhäusel, gleichsam hervorgezaubert wurde."[17]
Eine fundierte Bauanalyse erfolgte durch Nezval, welche die seit 1810 bestehende Baugeschichte detailliert aufrollte und den oftmals bei Kornhäusel-Bauten beschäftigten Baumeister Anton Hantl als Planverfasser der Nebengebäude der Villa ausfindig machen konnte.[18] Kornhäusels eigenhändige Pläne konnten aber nicht aufgefunden werden. Darüber hinaus verwies Nezval auf die seit 1824 bestehenden künstlerisch-kommerziellen Beziehungen zwischen der Familie von Liebenberg und Kornhäusel: Der Vater des Badener Bauherrn, Ignaz Ritter von Liebenberg, beauftragte Kornhäusel mit der Innenausstattung seines Hauses, die Brüder Emanuel und Leopold von Liebenberg übertrugen ihm 1830 den Bau eines Mietshauses in der Rotenturmstraße 29.[19]
Gemeinhin galt die Villa des Joseph Perger als das letzte Bauwerk, das Kornhäusel in Baden schuf, doch diese Feststellung muss nun durch die endgültige Zuschreibung der Villa Jäger zu Kornhäusels Œuvre revidiert werden.[20] Bei Kräftner wurde die oft als „Miniatur-Weilburg" bezeichnete Villa als der Bau eines unbekannten Baumeisters um die Mitte des vierten Jahrzehnts des 19. Jahrhunderts angeführt, nun schrieb Nezval sie aufgrund typologischer und stilistischer Parallelen zu den Kavaliershäusern der Weilburg Joseph Kornhäusel zu.[21] Nezval stützte ihre These außerdem mit dem Verweis auf eine verwandtschaftliche Beziehung der Bauherrin, Josepha Jäger, zu Kornhäusel, konnte aber die geläufige Beschreibung der Auftraggeberin als „Kornhäusels Tante" nicht konkretisieren.
Das gelang Peter Prokop, der den Stammbaum der Familie Kornhäusel erstellte und Josepha Jäger als die Schwiegermutter Kornhäusels identifizierte.[22] Nun konnte Nezval die Entstehungszeit der Villa bestimmen, nämlich zwischen dem 27. August 1842, dem Datum des Kaufvertrages, und dem 3. Juli 1843, dem letzten Kuraufenthalt Josepha Jägers und ihrer Tochter Eleonora Kornhäusel, der Ehefrau des Architekten, im Sauerhof.[23] Nach Fertigstellung der Villa 1843 bezogen sie über die Sommermonate ihren Sommersitz – zu einem Zeitpunkt, als das Ehepaar Kornhäusel bereits getrennte Wege ging; das Scheidungsdatum wird allgemein in der Literatur, auch bei Prokop, mit „rund um 1845" angegeben.
Bei den Zu- und Abschreibungen der nicht durch Quellen gesicherten Werke gibt es ebenfalls Neues, das Nezval in ihrer vorläufig letzten Publikation über Kornhäusel kurz zusammengefasst hat.[24]
Das Palais des Erzherzogs Anton kann aufgrund einer Tagebucheintragung Rosenbaums nun definitiv aus dem Œuvre gestrichen werden, so wie Maurer trotz intensiver Quellenrecherche im Stadtarchiv keinen Hinweis auf Kornhäusels Autorschaft am Rathaus auffinden konnte. Auch das in der Karlsgasse 6 befindliche Haus streicht die Autorin wegen des zu späten Errichtungsdatums 1856 aus dem Werkkatalog.
Das sogenannte Florastöckel, das Kräftner als Kornhäusels Meisterwerk in Baden bezeichnete, würde Nezval trotz stilistischer Affinitäten aufgrund fehlender Quellen nicht Kornhäusel zuschreiben. Sie schlägt – wie Herzmansky – vielmehr Charles de Moreau vor.

Pietro Nobile

„Ansicht der Sommerwohnung der Frau Staatsräthin von Hudelist [...] Nähere Übersicht dieser Wohnung: Dieses Gebäude wurde im Jahr 1818 in einer kleinen Entfernung von dem allgemeinen Sammelplatze der schönen Welt durch den Architecten Fischer erbaut, und von der Inhaberin im Frühjahre darauf zum Sommeraufenthalte bezogen."[25]
Mit diesen Zeilen wird die Villa Hudelist von Josef Auracher von Aurach (1756–1831) in die Literatur eingeführt – und damit der bis heute bestehende Zweifel an der Urheberschaft Pietro Nobiles (1776–1854) an dem Bauwerk, wird doch in dieser Publikation ein Architekt Fischer als Schöpfer angeführt. Bis zu der 1925 von Emil Kaufmann verfassten Studie „Die Kunst der Stadt Baden" behielt diese Annahme ihre Gültigkeit. In dem 2013 erschienenen Essay Maurers wurde sie erneut aufgegriffen und Nobiles Autorschaft angezweifelt.[26] Es erscheint jedoch

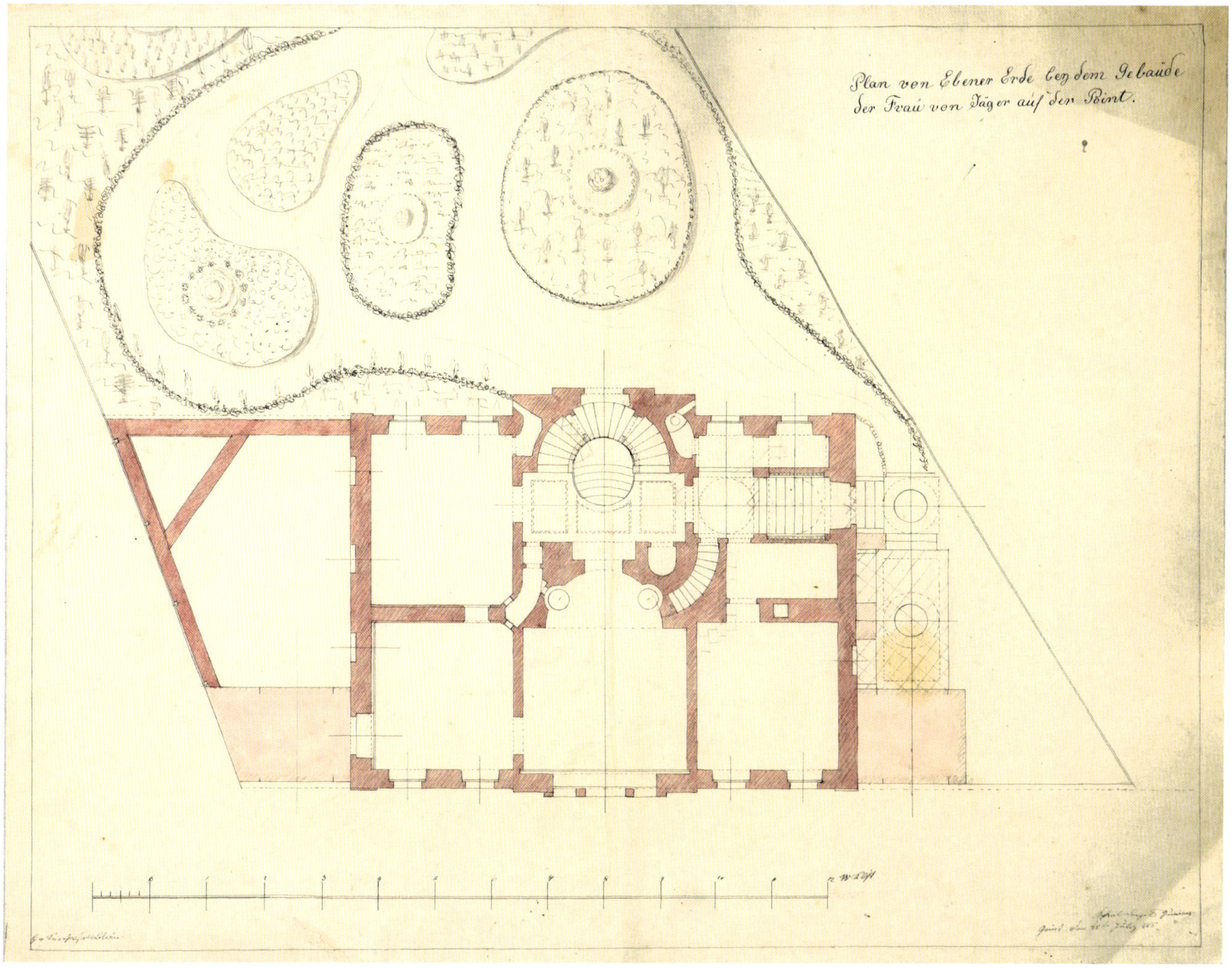
Plan von Ebener Erde bey dem Gebaude
der Frau von Jäger auf der Bint.

Louis Montoyer, Türkischer Pavillon, zeitgenössische Ansicht
© Rollettmuseum; Foto: Arnulf Rainer Museum / Robert Zahornicky

Die Schauspielerin Therese von Hudelist (geb. Zigeuner v. Blumendorf), 1811
© Wien Museum, Inv.-Nr. 46300; Foto: Peter und Birgit Kainz, Wien Museum

Rodrigo Navarro de Andrade (Baron von Vila Seca), o. D.
© Sociedade Martins Sarmento Art Collection

interessant, der Frage im Folgenden nochmals nachzugehen. 1817 erwarb Staatsrat Josef von Hudelist (1767–1818) die bis dahin als Weingarten genutzte Parzelle, deren Existenz sich bis in die Mitte des 14. Jahrhunderts unter dem Riednamen „In Heissen" zurückverfolgen lässt.[27] Er widmete das Grundstück in Bauland um, trug seine Ehefrau Theresia von Hudelist, geb. Zigeuner von Blumendorf (1787–1849), als Eigentümerin ins Grundbuch ein und beauftragte im Sommer 1818 den Architekten Pietro Nobile mit der Errichtung einer Villa für künftige Sommeraufenthalte in der Kurstadt. Die Vollendung der Villa erlebte der Staatsrat nicht mehr, er starb am 21. Oktober 1818 in Wien an einem Nervenschlag. Nach dem feierlichen Requiem für den ranghöchsten Beamten der Staatskanzlei im Wiener Stephansdom wurde sein Leichnam nach Baden überstellt und auf dem dortigen Friedhof beigesetzt. Die Witwe Theresia hielt sowohl am Bauvorhaben als auch am Architekten fest und bezog ihre Villa im Frühsommer 1820. Bald nach dem Ableben ihres ersten Ehemannes, aber vor 1823 ehelichte sie den portugiesischen Diplomaten und Botschafter in Österreich Don Rodrigo Navarro de Andrade, Baron von Vila Seca, der auch der Villa fortan ihren Namen gab.[28]

Für die Autorschaft Pietro Nobiles sprechen einerseits stilistische Übereinstimmungen mit seinem Œuvre, die seit der detaillierten Forschung von Irmgard Köchert als erwiesen gelten und von nachfolgenden Kunsthistorikern bestätigt wurden.[29] Andererseits liefern schriftliche Dokumente, Briefe Nobiles, die Beweise: In einem Brief an seine Mutter vom 18. August 1819 wird über das Bauvorhaben in Baden ebenso berichtet wie in einem Brief an seine Schwester vom 15. Oktober 1818. In diesem Dokument wird auch die Auftraggeberin „una bella Teresa" genannt.[30] Darüber hinaus hat sich im „Fondo Nobile" in Triest eine Vorstudie der Villa Hudelist erhalten.[31]

Die engen persönlichen Verflechtungen der Protagonisten der Villa erhöhen zusätzlich die Plausibilität von Nobiles Urheberschaft. Josef von Hudelist war der engste, ranghöchste und bestbezahlte Mitarbeiter der Staatskanzlei, er überwachte die Korrespondenz des Staatskanzlers und vertrat ihn während seiner zahlreichen Absenzen.[32] Es wird sogar berichtet, Metternich meinte nach Hudelists Ableben, es sei unmöglich, dass jemand anderer seinen Platz ausfüllen könnte.[33]

Nobiles erste persönliche Begegnung mit Kaiser Franz I. lässt sich mit Jänner 1816 belegen, als ihm die Ehre zuteilwurde, den Monarchen auf seiner Reise durch Istrien zu begleiten. Auf Wunsch des Regenten wurde Nobile die wissenschaftliche Leitung der Konservierung der dortigen antiken Denkmäler übertragen.[34] Konsequenterweise erhielt Nobile dann auch ohne Beiziehung des akademischen Rates, aber mittels einer kaiserlichen Vorsanktion, die Leitung der vakanten Stelle des Direktors der Architekturschule der Akademie der bildenden Künste, deren Kurator seit 1811 Staatskanzler Metternich war. So ist es als plausibel anzusehen, dass Hudelist jenen Architekten wählte, der als Protegé von Kaiser Franz I. nach Wien an die Akademie berufen und zum Leiter des Hofbaurates ernannt wurde und in enger Beziehung zum Staatskanzler Metternich stand.[35]

Wie kann es aber sein, dass Auracher, Generalmajor, Militärschriftsteller und Professor für Kriegswissenschaften an der Theresianischen Militärakademie, einen Architekten Fischer statt Nobile nennt?

Diese Frage kann aufgrund der momentanen Forschungslage nicht mit Sicherheit beantwortet werden, äußerst wahrscheinlich ist jedoch, dass ein Baumeister Fischer die Pläne nach Angaben Nobiles fertigte und einreichte. Bei der Durchsicht der Literatur zum umfangreichen grafischen Œuvre Nobiles konnte ich Pläne auffinden – Projekte für Metternich in Königswart und Johannisberg –, die mit „Fischer, Baumeister" bezeichnet sind.[36] Ob diese beiden Baumeister Fischer ident sind, kann noch nicht beantwortet werden.

Maurer führt zwei Architekten mit dem Namen Fischer als infrage kommende Architekten an, wobei ich Andreas Fischer (1754–1819) unter anderem aufgrund seines Todesjahrs 1819 ausschließe. Als zweiten möglichen Urheber bringt er Johann Fischer (1772–1849), den Architekten des Wiener Landesgerichts, in Spiel, von dem aber zu wenig bekannt ist, als dass eine Zuschreibung möglich wäre.[37]

Doch besteht aufgrund des oben Ausgeführten meines Erachtens keinerlei Zweifel an der Autorschaft Nobiles an der Villa

Hudelist. Diese Villa blieb schließlich auch ein singuläres Meisterwerk in der Kurstadt, das in der örtlichen Architektur keine gleichrangige Nachfolge finden sollte.

Louis Montoyer

So vielfältig und intensiv die (kunst)historische Forschung sich mit Joseph Kornhäusel oder auch mit Pietro Nobile beschäftigt, so wenig Neues gibt es über den k. k. Hofbauarchitekten Louis Joseph Montoyer (um 1749–1811). Seine Biografie, sein Œuvre und vor allem seine Tätigkeit beim Hofbaurat harren einer aktuellen, wissenschaftlich fundierten Aufarbeitung. Partiell wurden seine in relativ kurzer Abfolge entstandenen wichtigsten Werke in Wien, die Albertina, das Palais Rasumofsky und der Zeremoniensaal der Wiener Hofburg, erarbeitet.[38]
In Baden lassen sich sehr frühe, in Österreich geschaffene Bauten für Montoyer nachweisen, der sogenannte Türkische Kiosk im Kurpark, das Redoutengebäude und das 1804 neu aufgeführte Josefsbad.[39]
Bei dem 1800 durch eine Gesellschaft von Badegästen dem Badener Publikum zum Vergnügen gestifteten Kiosk handelt es sich um einen auf 72 rot gestrichenen hölzernen Säulen ruhenden Rundbau mit einer zentralen Kuppel. Der Bau war nach allen Seiten hin geöffnet, hatte vier Zugänge und fasste mehrere Hundert Personen, die hier ungeachtet der Witterung wandeln und die Trinkkur absolvieren konnten.[40] Für die Baukosten von 7.886,30 Gulden kam Camillo Graf Lamberti auf.[41] Für den Entwurf zeichnete Hofarchitekt Louis Montoyer verantwortlich.[42] 1819 erfolgte eine gründliche Sanierung des Gebäudes, doch im Winter 1852/53 wurde der Kiosk demoliert und an seiner Stelle das russische Dampfbad errichtet.[43]
Neben dem Türkischen Kiosk war Louis Montoyer für ein weiteres wichtiges Projekt der Frühzeit Badens verantwortlich, nämlich den Redoutensaal.
Der Pächter des angrenzenden Theaters, Johann Georg Wilhelm (1784–1811), hatte das Redoutengebäude mit dem im ersten Stock befindlichen Redoutensaal in Auftrag gegeben, das 1801 nach Plänen Montoyers fertiggestellt und vom Hofdekorationsmaler Andreas Geyling (1763–1819) nach Vorlagen Montoyers dekoriert wurde.[44] Über dem Festsaal befand sich ein zusätzliches Stockwerk mit Mietappartements für Kurgäste.
Als Verwendungszweck des Saales waren festliche Anlässe, Bälle und Diners vorgesehen. Eröffnet wurde das Gebäude am 20. September 1801 mit einem Maskenball.[45]
Der Bau war symptomatisch für den Aufschwung, den das gesellschaftliche Leben in Baden schon Anfang des Jahrhunderts nahm. Der Saal besaß ein mächtiges Muldengewölbe, das von kolossalen, über zwei Stockwerke reichenden Halbsäulen getragen wurde. Diese Säulen waren noch mit der dahinterliegenden, mehrfach gestaffelten Wand verbunden.
Montoyers Verdienst ist es, einen völlig neuen Typus des „Festsaals“ in die österreichische Architektur eingeführt zu haben. Mit dem Badener Redoutensaal kreierte er einen Formenkanon, den er später für andere Säle modifizierte und erneut verwendete. Blieben die Halbsäulen im Badener Saal noch mit der Wand verbunden, so wurden sie in den Wiener Sälen davon gelöst und standen nun frei im Raum. Montoyers Meisterschaft bestand darin, sowohl englische (palladianische) als auch französisch-niederländische Motive aufzunehmen und weiterzuentwickeln.
Aus den Quellen des Stadtarchives Baden lässt sich belegen, dass Montoyer noch 1807 für die Adaptierungs- und Erweiterungsbauten des Frauenbades beigezogen wurde. Langwierige Bauverhandlungen und der baldige Tod Montoyers ließen dieses Projekt allerdings nicht zur Ausführung gelangen.[46]
So bedeutend der Redoutensaal Montoyers in Baden für die klassizistische Architektur in Österreich ist, so wenig Einfluss übte er auf die nachfolgenden Bauten in Baden aus.

Anliegen des vorliegenden Essays war es, die wissenschaftlichen Ergebnisse in Form eines Überblicks darzustellen, wobei der Fokus auf die Protagonisten der Architektur Badens in der ersten Hälfte des 19. Jahrhunderts gelegt wurde.[47]

1 Eine Auswahl: Hedwig Herzmansky: Joseph Kornhäusel. Eine Künstlermonographie, Diss. Universität Wien, 1964. – Georg W. Rizzi: Joseph Kornhäusels Wiener Bauten für den Fürsten Liechtenstein, in: Alte und moderne Kunst, Nr. 152, 1977, S. 23–29. – Ders./Roland L. Schachel: Die Zinshäuser im Spätwerk Josef Kornhäusels (Forschungen und Beiträge zur Wiener Stadtgeschichte 4), Wien 1979. – Renate Wagner-Rieger: Die Wiener Architektur des Klassizismus, in: Alte und moderne Kunst, Nr. 81, 1965. – Dies.: Wiens Architektur im 19. Jahrhundert, Wien 1970. – Dies.: Geschichte der Architektur in Wien. Vom Klassizismus bis zur Secession (Geschichte der bildenden Kunst in Wien 3), Wien 1973. – Die großen Architekten der Ringstraßenzeit, ihre Vorläufer und Nachfahren auf dem Lande (Ausst.-Kat. Stadtgemeinde Bad Vöslau, 21. 6. 1986–30. 9. 1986), Bad Vöslau 1986.

2 Johann Kräftner (Hg.): Im Schatten der Weilburg. Baden im Biedermeier (Ausst.-Kat. Stadtgemeinde Baden, 23. 9. 1988–31. 1. 1989), Baden 1988.

3 Zit. nach Eduard Josch: Peter Nobiles Ernennung zum Direktor der Architekturschule der Akademie der bildenden Künste in Wien und Joseph Kornhäusels Bewerbung um diese Stelle, in: Mitteilungen der Gesellschaft für vergleichende Kunstforschung in Wien, Nr. 1, 1950, S. 69–71, hier 71.

4 Vgl. Peter Prokop: Das Palais Esterházy in Baden bei Wien in den Tagebuch-Aufzeichnungen des esterházyschen Sekretärs Joseph Carl Rosenbaum (Katalogblätter des Rollettmuseums Baden 101), Baden 2017, S. 10, Fn. 36.

5 Wiener Zeitung, 30. 6. 1821, S. 1314: „Hebenstreitscher Erben und Gläubiger: [...] Apolonia Hebenstreit, bürgerl. Hausinhaberin zu Baden, am 26. März 1821 mit Zurücklassung eines Testaments verstorben."

6 Wiener Zeitung, 14. 11. 1822, S. 952: „Licit. großes Haus. [...] Es werde auf Ansuchen der Testamentserben der verstorbenen Apolonia Hebenstreit, bürgerl. Hausinhaberin zu Baden, das Verlassenschaftshaus Nr. 34 in der Theresiengasse, welches aus einem Erdgeschoß und einem ersten Stock besteht, und auf die Gasse 12 geräumige, stuckadorte Zimmer, einen Salon, dann im Hof 30 Zimmer, 8 Küchen, 7 Speisen, 6 Retiraden, 3 Wagenremisen auf 12 Stücke, 6 separirte gewölbte Stallungen auf 24 Pferde, 9 abgetheilte Holzlagen, 1 gewölbten Keller auf 170 Eimer, und einem Perpendikel Brunnen hat, sammt den darin befindlichen in einem besonderen Verzeichnisse beschriebenen Meubeln, Bettgewand und Wäsche, dann auch 2 goldene Ringe mit Rauten [...]."

7 Vgl. Badener Zeitung, 15. 9. 1926, Kurbeilage, S. 3. Das Gebäude wird heute oft als „Metternichhof" bezeichnet.

8 Vgl. Johann Kräftner: Baden – Architektur und Bauen 1800–1850, in: Kräftner 1988, wie Anm. 2, S. 75–103, hier S. 82.

9 Vgl. Prokop 2017, wie Anm. 4, Fn. 34.

10 Vgl. Prokop 2017, wie Anm. 4.

11 Vgl. Rudolf Maurer: „Ein heiterer Tempel". Die Geschichte des Badener Engelsbades (Katalogblätter des Rollettmuseums Baden 51), Baden 2012. – Ders.: Vom Rauberturm zum Sauerhof. 700 Jahre „Turm" und „Thurngasse"/Sauerhofstraße (Katalogblätter des Rollettmuseums Baden 91), Baden 2014. – Die Bezeichnung „Engelsbad" setzte sich erst im Lauf des 19. Jahrhunderts durch, davor sprach man vom „Engelburgbad".

12 Vgl. Maurer 2012, wie Anm. 11, Abb. S. 12 (Rollettmuseum, Inv.-Nr. TSB 615).

13 Anton Altmann sen. (1777–1818) und Anton Altmann jun. (1808–1871).

14 Bettina Nezval: Schloss Weilburg in Baden. Symbol einer Liebe, Berndorf 2015.

15 Vgl. Katharina Schoeller „Badens Architektur während der Regentschaft Kaiser Ferdinands I." in dieser Publikation, S. 189–203.

16 Vgl. Rudolf Maurer: Ein „neuer" Kornhäusel-Bau in Baden!, in: Badener Zuckerln. Aus der Arbeit des Stadtarchivs, Nr. 26, 2003. Heute Marchetstraße Nr. 3–5.

17 Allgemeine Theaterzeitung und Originalblatt für Kunst, Literatur, Musik, Mode und geselliges Leben, 13. 9. 1834, S. 734.

18 Vgl. Bettina Nezval: Joseph Kornhäusel. Lustschlösser und Theater, Horn 2010, S. 56–59.

19 Vgl. Rizzi/Schachel 1979, wie Anm. 1, S. 28.

20 Albrechtgasse 10. Vgl. Kräftner 1988, wie Anm. 2, S. 9.

21 Vgl. Kräftner 1988, wie Anm. 2, S. 206, Nr. 203. – Bettina Nezval: Villen der Kaiserzeit. Sommerresidenzen in Baden, 2., erweiterte Aufl., Horn/Wien 2008, S. 184–185. – Dies. 2010, wie Anm. 18, S. 61.

22 Vgl. Peter Prokop: Stammbaum Kornhäusel, https://www.familia-austria.at/index.php/datensammlungen/oeffentliche-daten/1499-stammbaum-kornhaeusl (abgerufen am 31. 5. 2021).

23 Vgl. Liste der im Jahre 1843 angekommenen Kur- und Badegäste in der L. F. Stadt Baden in Österreich, Nr. 41. Darin werden sie als Nr. 995 und 996 angeführt.

24 Vgl. Nezval 2010, wie Anm. 18, S. 124.

25 Josef Auracher von Aurach: Ausführliche Beschreibung zu den nach der Natur quarreographierten, und auf Stein gezeichneten perspectivischen Ansichten der landesfürstlichen Stadt Baden und derselben Umgebungen, Wien 1822, S. 83, Taf. XXII.

26 Vgl. Emil Kaufmann: Die Kunst der Stadt Baden, Wien 1925, S. 66. – Rudolf Maurer: Von der Villa Hudelist zum Haus der Kunst. Eine Hausgeschichte in Stichworten, in: Badener Zuckerln. Aus der Arbeit des Stadtarchivs, Nr. 38, 2013.

27 Vgl. Rudolf Maurer: Der Badnerberg.

1000 Jahre Weinbaugeschichte Badens (Katalogblätter des Rollettmuseums Baden 64), Baden 2007, S. 60.

28 Vgl. Preßburger Zeitung, 8. März 1839, S. 4. Ihr gemeinsamer Sohn Ludwig wurde 1845 in den erblichen österreichischen Freiherrenstand erhoben und führte den Namen Freiherr von Villa-Secca, Navarro de Andrade.

29 Vgl. Irmgard Köchert: Peter Nobile. Sein Werdegang und seine Entwicklung mit besonderer Berücksichtigung seines Wiener Schaffens, Diss. Universität Wien, 1951, S. 77 ff. – Gino Pavan: Pietro Nobile architetto 1776–1854, Triest 1998, S. 37. – Ders. (Hg.): L'architetto Pietro Nobile (1776–1854) e il suo tempo. Atti del convegno internazionale di studio. Trieste, 7–8 Maggio 1999 (Archeografo triestino LIX, Nr. 2), Triest 1999. – Taťána Petrasová: Pietro Nobile's and Clemens Wenzel Lothar Metternich's Idea of the Summer Residence Königswart (1827–1840). Modern Villa and an Experiment, in: Umění/Art, Nr. 5, 2019, S. 417–439, hier S. 423.

30 Vgl. G. Fraschina: Biographia di Pietro Nobile, Bellinzona 1872, S. 31. – Pavan 1998, wie Anm. 29, Fn. 120. – Gino Pavan: Lettere da Vienna di Pietro Nobile (dal 1816 al 1854), Triest 2002, Bd. 1, S. 49–51: Brief an die Schwester Ursolina vom 15. 10. 1818.

31 Soprintendenza per i beni ambientali architettonici archeologici artistici e storici del Friuli-Venezia, Coll. Nobile, Vol. 18, tav. 18/94, in: Rosella Fabiani: Pagine architettoniche i disegni di Pietro Nobile dopo il restauro, Prato 1997, S. 193.

32 Vgl. Wolfram Siemann: Metternich. Stratege und Visionär. Eine Biografie, München 2017, S. 343 und 797–800.

33 Vgl. Hanns Leo Mikoletzky: Hudelist, Josef von, in: Neue Deutsche Biographie, Bd. 9, 1972, S. 710 (Online-Version), https://www.deutsche-biographie.de/pnd137639449.html#ndbcontent (abgerufen am 31. 5. 2021).

34 Lemberger Zeitung, 3. 1. 1816, o. S.: „[...] in Händen des in Rom geschulten und des in seinem Fache rühmlich bekannten Gelehrten Peter Nobile [...]". – Vgl. Katharina Schoeller: Ludwig Förster (1797–1863). Der Architekt als Pädagoge und Universalunternehmer. Aspekte seines frühen Schaffens und Lebens, Diss. Universität Wien, 2016, S. 43–45.

35 Vgl. Petrasová 2019, wie Anm. 29.

36 Soprintendenza per i beni ambientali architettonici archeologici artistici e storici del Friuli-Venezia, Coll. Nobile, Vol. 17, tav. 17/90, 91, 92, 94e, 96b, in: Fabiani 1997, wie Anm. 31, S. 191.

37 Vgl. Inge Scheidl: Johann Fischer, in: Architektenlexikon, http://www.architektenlexikon.at/de/1057.htm (abgerufen am 29. 5. 2021).

38 Vgl. Richard Bösel: Festsäle bei Louis Montoyer, Oberseminar am Kunsthistorischen Institut Wien, 1969/70. – Rupert Feuchtmüller: Louis Montoyer und sein Palais Rasumofsky in Wien, in: Festschrift für Sas-Zaloziecky, Graz 1956, S. 40–48. – Géza Hajós: Das Palais Rasumofsky in Wien – zur stilistischen Ableitung des Bauwerkes, in: Alte und moderne Kunst Nr. 117, 1971, S. 15–18. – Manfred Leithe-Jasper: Zur Adaptierung des Palais Rasumofsky, in: Burgen und Schlösser in Österreich, Nr. 2, 1966, S. 22 ff. – Katharina Miehlke-Hiess: Das Palais Rasumovsky und sein Architekt Louis de Montoyer, Dipl.-Arb. Universität Wien, 2005. – Martina Beisser: Der Zeremoniensaal der Wiener Hofburg von Louis Joseph Montoyer. Architektur und Ausstattung, Dipl.-Arb. Universität Wien, 2006. – Christian Benedik: Die Albertina, Wien 2008.

39 Vgl. Hermann Rollett: Beiträge zur Chronik der Stadt Baden bei Wien, Bruck a. d. Leitha 2003 (Reprint), S. 134. – Carl Rollett: Baden in Österreich, seine reichlichen Quellen und deren heilende Kräfte, seine vorzüglichen Merkwürdigkeiten und malerischen Umgebungen, Wien 1838, S. 184. – Zum Josefsbad vgl. Matthias Boeckls Beitrag „Das Frauenbad in Baden" in dieser Publikation, S. 15–38.

40 Über jedem der vier Zugänge befand sich – alternierend in Deutsch, Französisch, Italienisch und Türkisch – die Inschrift „Von einer Gesellschaft zum Vergnügen des Publikums gewidmet".

41 Vgl. Charlotte Weiß: Zur Geschichte des Badener Kurparkes, in: Badener Zeitung, 9. 8. 1933, S. 1. Sein vollständiger Titel lautete: k. k. Feldmarschall-Leutnant, Kapitän-Leutnant der ersten k. k. Arcièren-Leibgarde und General-Adjutant des Kaiser Franz II., Camillo Graf von Lamberti.

42 Im Badener Stadtarchiv hat sich auch die Vorzeichnung erhalten (TSB 2631). Vgl. Kräftner 1988, wie Anm. 2, S. 219–220, Nr. 241.

43 Vgl. Wiener Zeitung, 16. 10. 1852, S. 954–955.

44 Der Redoutensaal wurde 1908 demoliert.

45 Vgl. Rollett 2003, wie Anm. 39, S. 138.

46 Vgl. Matthias Boeckls Beitrag „Das Frauenbad in Baden" in dieser Publikation, S. 15–38.

47 Mein besonderer Dank gilt Ulrike Scholda, die mir wertvolle Hinweise zu den – noch unpublizierten – Bildern des Stadtarchivs Baden gab.

Joseph Kornhäusel – Pietro Nobile – Louis Montoyer

A summary of the current research situation

Katharina Schoeller

Joseph Kornhäusel

No other architect is so inextricably linked with the architectural development of the spa town of Baden as Joseph Kornhäusel. He had a decisive influence on the townscape and was thus the most important founder of "Biedermeierstadt Baden", as the town is still called today.
Since research on Kornhäusel began in 1916 with Paul Tausig's publication "Joseph Kornhäusel: ein vergessener österreichischer Architekt (1782–1860)" (Joseph Kornhäusel: a forgotten Austrian architect (1782–1860), generations of art historians have studied his œuvre as exemplified in Baden.[1]
After the major exhibition "Im Schatten der Weilburg" (In the Shadow of the Weilburg) in 1988/89[2], which summarised initial research results and provided the impetus for further studies, it was, more recently, Bettina Nezval, Rudolf Maurer and Peter Prokop who published the latest findings on Kornhäusel's activities in Baden.
Kornhäusel's artistic connections to Baden can be traced back to 1801; Apollonius Hebenstreit's hotel has always been regarded as his first work in the spa town. This is documented by Kornhäusel's application for membership of the Academy of Fine Arts in Vienna, written in his own hand in 1807, in which he lists the buildings he has completed to date: among others, "that Hr. v. Hemstreit his hotel in Baden" [3]. Since then, art-historical literature cites Apollonius Hebenstreit as the client and owner of the building. However, Peter Prokop noticed in his research that neither in the Civil Registries nor in the Land Registry is there any evidence of a citizen Apollonius Hebenstreit for the corresponding period in Baden.[4] However, there certainly is an Apollonia (Apolonia) Hebenstreit (1755–1821), who was listed as the owner of the building following her divorce in 1805. The builder and client was her former husband, the Harrach factory owner Jakob Paul Hebenstreit (1750–1822), from whom she received the house after their separation. She owned it until her death, which can also be seen in the announcement for heirs and creditors in the "Wiener Zeitung". [5] In the "Licitation Notice" (notice of sale by auction) of 14 November 1822, the house and household effects are described and listed in detail.[6] After several attempts to sell it at auction, the property only found its new owner in April 1823, Johann Anton Rudolf Count Buol-Schauenstein (1763–1834), who owned it until his death. He was succeeded as owner by Staatskanzler (State Chancellor) Clemens Prince Metternich-Winneburg and Beilstein, who sold it again in 1840.[7] Whether Pietro Nobile – as Johann Kräftner suspects – is the architect of the adaptations carried out under Metternich cannot be confirmed on the basis of current sources. The time period in which the Hebenstreit house was built is limited on the one hand to sometime after the date on the floor plan (1801) introduced into the research literature by Kräftner, and on the other hand to a time before the divorce date of the Hebenstreit couple in 1805.[8]
Information concerning another of Kornhäusel's buildings, the house built in 1810 for the wholesaler Anton Jäger (c. 1763–1821), which is located next to the Hebenstreit house at Theresiengasse 8, is supplemented by a detailed biography of the client provided by Prokop.[9]
In his essay "Das Palais Esterházy in Baden bei Wien in den Tagebuch-Aufzeichnungen des esterházyschen Sekretärs Joseph Carl Rosenbaum" (The Esterházy Palace in Baden near Vienna as described in the Diary Notes of Joseph Carl Rosenbaum, Esterházy's Secretary), Prokop was able to outline a much more detailed picture of the acquisition and construction history of the original palace, which was completely destroyed in the city fire of 1812. The meticulous descriptions provided by Joseph Carl Rosenbaum (1770–1829) make it possible to detail the planning process and the cooperation with the architect, to name the tradesmen involved in the construction, to list their craftsmen and to give an insight into the interior decoration. In addition to the plan in the journal, which documents the extent of the fire damage, the construction sequence of this lost predecessor building is now clear, as follows.[10]
As early as 1807, Count Karl Esterházy was considering building a summer residence in Baden. In 1808 this became a concrete project, but its realisation was hampered by the events of the war in 1809. In 1810 he acquired a plot of land including a house, which was to be adapted according to his ideas. Business relations between the count and the architect can be traced back to May 1810, and by August the planning phase had already begun, with Esterházy's secretary, Joseph Carl Rosenbaum, working closely with Kornhäusel. Rosenbaum was involved in the administrative and financial processes and supervised the planning and construction progress. In August 1811, the façade was completed and the interiors partially finished, so that some of the rooms were ready for occupation. The building was completely ready in July 1812, but a few weeks later, on 26 July 1812, the town fire turned the building into a ruin. Kornhäusel took over the planning of the reconstruction which was to start immediately, supported by the Viennese master builder Jakob Hainz (c. 1775–1839). In June 1813 Kornhäusel submitted the completed planning documents, but the start of construction was postponed for unknown reasons. The following year Count Esterházy decided against building a summer residence in Baden and sold his palace to the Baden merchant Joseph Perger (1775–1846) as per a contract dated 21st September 1814. Perger retained both the architect Kornhäusel and the designs of his predecessor. In May 1815 the so-called Palais Esterházy, for which the title "Haus Perger" – as Prokop notes – would have been more appropriate, was completed.
Regarding the former municipal theatre and Haan's house at Theaterplatz 2, there have been no additions to the research history in recent years.
Kornhäusel's projects for Karl Freiherr von Doblhoff, the Sauerhof and the Engelsbad, together with their predecessor history going as far back as the Middle Ages, were meticulously elaborated and added to by Rudolf Maurer.[11]
In his essay on the Engelsbad, Maurer ruled out the watercolour "Das Engelsbad an der Weilburgstraße" (The Engelsbad on Weilburgstrasse) from the canon of depictions of the Engelsbad, as it corresponded little to the building that was actually constructed.[12]
To date, this discrepancy has been explained in terms of it being a preliminary study for the actual work, a thesis that Maurer, however, does not subscribe to. Moreover, the landscape setting corresponds more to an idealised setting than to that of the actual Weilburgstrasse. He also mentions that it was questionable as to whether Anton Altman was in fact the painter, although research has so far refrained from distinguishing between father and son. For both artists, an attribution is problematic due to their biographical data.[13] Maurer therefore argues that the watercolour should be excluded from the list of historical views of Baden.
In the book accompanying the exhibition on the occasion of the 200th wedding anniversary of Archduke Karl and Princess Henriette of Nassau-Weilburg, "Schloss Weilburg in Baden. Symbol einer Liebe" (Weilburg Palace

in Baden. A Symbol of Love), Bettina Nezval summarises her research findings of recent years and introduces something new to the discussion.[14] In the course of her investigations for the exhibition, the curator was able to establish that this was Kornhäusel's first and so far only town planning project: the layout and design of Weilburgstrasse and the allocation of building plots on the former floodplain of the Weikersdorf estate.[15]
With Haus Liebenberg, Maurer was able to add another country house to Kornhäusel's œuvre.[16] The attribution is based on a travelogue published in 1834 in the "Allgemeine Theaterzeitung": "One of the most magnificent embellishments of Baden in recent times is the newly built house of Knight Leopold von Liebenberg from Vienna, member of the Lower Austrian nobility and denizen of the Kingdom of Hungary, which was conjured up, as it were, in the short period of a few months by the renowned Viennese architect, Herr Kornhäusel."[17]
A thorough architectural analysis was carried out by Nezval, which uncovered in detail the history of the building from 1810 onwards. She was also able to identify the master builder Anton Hantl, who was often involved with Kornhäusel's buildings, as the author of the plans for the outbuildings of the villa.[18] However, Kornhäusel's own plans could not be found. In addition, Nezval referred to the artistic and commercial relations between the von Liebenberg family and Kornhäusel that had existed since 1824: the father of the Baden builder, Ignaz Ritter von Liebenberg, commissioned Kornhäusel to decorate the interior of his house, and the brothers Emanuel and Leopold von Liebenberg entrusted him with the construction of an apartment building for rental purposes at Rotenturmstrasse 29 in 1830.[19]
Joseph Perger's villa was generally regarded as the last building Kornhäusel executed in Baden, but this statement must now be revised following the definitive attribution of the Villa Jäger to Kornhäusel's œuvre.[20] In Kräftner's catalogue, the villa, often referred to as the "Miniature Weilburg", was listed as the construction of an unknown master builder around the middle of the fourth decade of the 19th century, but now Nezval has attributed it to Joseph Kornhäusel on the basis of its typological and stylistic parallels to the cavalier houses of the Weilburg.[21]
Nezval also supported her thesis by referring to a family relationship between the client, Josepha Jäger, and Kornhäusel, but was unable to substantiate the common description of the client as "Kornhäusel's aunt". This was achieved by Peter Prokop, who drew up the family tree of the Kornhäusel family and identified Josepha Jäger as Kornhäusel's mother-in-law.[22] Now Nezval was able to determine the time of the villa's construction, namely between 27 August 1842, the date of the purchase contract, and 3 July 1843, the last time Josepha Jäger and her daughter Eleonora Kornhäusel, the architect's wife, stayed at the Sauerhof.[23] After completion of the villa in 1843, they moved into their summer residence for the summer months – at a time when the Kornhäusels had already gone their separate ways; the divorce date is generally given in the literature, including in Prokop, as "around 1845".
There are also new developments in the additions and deletions of works not authenticated by sources, which Nezval has briefly summarised in her so far latest publication on Kornhäusel.[24]
The palace of Archduke Anton can now definitely be deleted from the œuvre due to a diary entry by Rosenbaum, in the same way that Maurer was unable to find any reference to Kornhäusel's authorship of the town hall despite an intensive search for sources in the Stadtarchiv (Town Archive). The author has also removed the house at Karlsgasse 6 from the catalogue of works because it was built too late, namely in 1856.
Despite stylistic affinities, Nezval is not prepared to attribute the so-called Florastöckel, which Kräftner described as Kornhäusel's masterpiece in Baden, to Kornhäusel due to a lack of sources. Her preferred candidate – a suggestion shared by Herzmansky – is Charles de Moreau.

Pietro Nobile

"View of the summer residence of Frau Staatsräthin (wife of State Councillor) von Hudelist [...] A more detailed description of this residence: this building was erected in 1818 at a short distance from that place where high society likes to gather, by the architect Fischer, and was occupied by the owner from the spring of the following year as her summer residence."[25]
With these words by Josef Auracher von Aurach (1756–1831), the Villa Hudelist is introduced into the literature – and with it the doubt about Pietro Nobile's (1776–1854) authorship of the building, which still exists to this day, since it is an architect by the name of Fischer who is cited as its creator in this publication. This assumption remained valid until Emil Kaufmann's 1925 study "Die Kunst der Stadt Baden" (The Art of the Town of Baden). In Maurer's essay published in 2013, it was taken up again and doubt was cast once more over Nobile's authorship.[26] However, it would seem interesting to revisit the question in what follows.
In 1817, State Councillor Josef von Hudelist (1767–1818) acquired the plot of land, which had been used as a vineyard until then and whose existence can be traced back to the middle of the 14th century under the field name "In Heissen".[27] He converted the plot into building land, registered his wife Theresia von Hudelist, née Zigeuner von Blumendorf (1787–1849), as the owner in the Land Registry and in the summer of 1818 commissioned the architect Pietro Nobile to build a villa for future summer stays in the spa town. The state councillor did not live to see the completion of the villa; he died of a stroke in Vienna on 21 October 1818. After the solemn requiem for the highest-ranking official of the State Chancellery in the Stephansdom (St. Stephen's Cathedral) in Vienna, his body was transferred to Baden and buried in the cemetery there. The widow Theresa stuck to both the building project and the architect and moved into her villa in the early summer of 1820. Soon after the death of her first husband, but before 1823, she married the Portuguese diplomat and ambassador to Austria Don Rodrigo Navarro de Andrade, Baron of Vila Seca, who also gave the villa its name from then on.[28]
In favour of Pietro Nobile's authorship there are, on the one hand, stylistic similarities with his œuvre, which have been proven since Irmgard Köchert's detailed research and have subsequently been confirmed by other art historians.[29] On the other hand, written documents, such as Nobile's letters, provide the evidence: a letter to his mother dated 18 August 1819 reports on the building project in Baden, as does a letter to his sister dated 15 October 1818, in which the client is also named as "una bella Teresa".[30] In addition, a preliminary study of the Villa Hudelist has been preserved in the "Fondo Nobile" in Trieste.[31]
The close personal ties between the protagonists of the villa further support the plausibility of Nobile's authorship.
Josef von Hudelist was the closest, highest-ranking and best-paid member of the State Chancellery staff, overseeing the Chancellor's correspondence and deputising for him during his numerous absences.[32] It is even reported that Metternich said after Hudelist's death that it was impossible for anyone else to fill his place.[33]
Nobile's first personal encounter with Emperor Franz I can be confirmed as January 1816, when he had the honour of accompanying the monarch on his journey through Istria. At the request of the regent, Nobile was entrusted with the scholarly supervision of the conservation of the ancient monuments there.[34] As a consequence, and without the involvement of the academic council, but by means of imperial privilege, Nobile was granted the vacant post of Director of the School of Architecture at the Academy of Fine Arts, whose curator had been State Chancellor Metternich since 1811.
It is therefore eminently plausible that Hudelist chose the architect who, as a protégé of Emperor Franz I, had been appointed to the Academy in Vienna, became head of the Hofbaurat (Court Architectural Council) and had close relations with the State Chancellor Metternich.[35]

But how did it come about that Auracher, Major General, military writer and professor of war sciences at the Theresan Military Academy, named Fischer as architect instead of Nobile?
Based on the current state of research, this question cannot be answered with any degree of certainty, but it is extremely likely that a certain Baumeister (master builder) Fischer prepared and submitted the plans according to Nobile's specifications. In reviewing the literature on Nobile's extensive graphic œuvre, I was able to find plans – projects for Metternich in Königswart and Johannisberg – that are labelled "Fischer, Baumeister".[36] Whether these two master builders called Fischer are one and the same cannot as yet be answered.
Maurer cites two architects with the name Fischer as possible architects, although I would rule out Andreas Fischer (1754–1819), partly because of the year of his death, 1819. As a second possible author, he brings into play Johann Fischer (1772–1849), the architect of the Vienna Provincial Court, but too little is known about him for an attribution to be feasible.[37]
However, based on the above, there is no doubt in my mind at all, that Nobile was the author of Villa Hudelist. After all, this villa also remained a singular masterpiece in the spa town, which was to find no equal to succeed it in future local architecture.

Louis Montoyer

Despite all the varied and intensive historical and art historical research on Joseph Kornhäusel and Pietro Nobile, there is, by contrast, little new information on the imperial and royal court architect Louis Joseph Montoyer (c. 1749–1811). His biography, his œuvre and, above all, his activities at the Hofbaurat (Court Architectural Council) are still awaiting an up-to-date, scholarly review. Some of his most important works in Vienna, the Albertina, the Palais Rasumofsky and the Ceremonial Hall of the Vienna Hofburg, which were built in relatively short succession, have only been partially researched.[38]
In Baden, there is evidence of some of the buildings Montoyer created early on in his career in Austria, the so-called Turkish Kiosk in the Kurpark, the Redoutengebäude ("Redoubt Building") and the Josefsbad, which was rebuilt in 1804.[39]
The Kiosk, which was donated to the Baden public in 1800 by a Society of Spa Guests, was a round building with a central dome resting on 72 red-painted wooden columns. The building was open on all sides, had four entrances and held several hundred people who could stroll and take the drinking cure here regardless of the weather.[40] Count Camillo Lamberti paid the building costs of 7,886.30 Gulden.[41] Court architect Louis Montoyer was responsible for the design.[42]
In 1819 the building was extensively renovated, but in the winter of 1852/53 the Kiosk was demolished and the Russian Steam Bath was built in its place.[43]
In addition to the Turkish Kiosk, Louis Montoyer was responsible for another important project of Baden's early days, namely the Redoutensaal (ballroom).
The leaseholder of the adjacent theatre, Johann Georg Wilhelm (1784–1811), had commissioned the Redoutengebäude with the Redoutensaal on the first floor, which was completed in 1801 according to Montoyer's plans and decorated by the Hofdekorationsmaler (Court Decoration Painter) Andreas Geyling (1763–1819) according to Montoyer's designs. Above the ballroom was an additional floor with rented apartments for spa guests.
The hall was intended for festive occasions, balls and dinners.[44] The building was opened on 20 September 1801 with a masked ball.[45] The building was symptomatic of the upturn in social life in Baden at the beginning of the century. The hall had an impressive trough vault supported by colossal half-columns extending over two storeys. These columns were still attached to the multi-tiered wall behind them.
It was Montoyer's great achievement to have introduced a completely new type of "ballroom" to Austrian architecture. With the Baden Redoutensaal he created a canon of forms that he later modified and reused for other halls. While the half-columns in the Baden hall remained joined to the wall, they were detached from it in the Viennese halls and now stood freely in the room. Montoyer's mastery consisted in taking up and further developing both English (Palladian) and French-Dutch motifs.
The sources in the Stadtarchiv Baden indicate that Montoyer was still involved in the adaptation and extension of the Frauenbad in 1807. However, protracted construction negotiations and Montoyer's impending death meant that this project was not carried out.[46]
As important as Montoyer's Redoutensaal in Baden is for classicist architecture in Austria, it had, however, little influence on subsequent buildings in Baden.

The aim of this present essay was to describe the research findings in the form of an overview, focusing on the protagonists of Baden's architecture in the first half of the 19th century.[47]

1 A selection: Hedwig Herzmansky: Joseph Kornhäusel. Eine Künstlermonographie, doctoral thesis, University of Vienna, 1964 – Georg W. Rizzi: Joseph Kornhäusels Wiener Bauten für den Fürsten Liechtenstein, in: Alte und moderne Kunst, No. 152, 1977, pp. 23–29, – Rizzi/ Roland L. Schachel: Die Zinshäuser im Spätwerk Josef Kornhäusels (Forschungen und Beiträge zur Wiener Stadtgeschichte 4), Vienna 1979. – Renate Wagner-Rieger: Die Wiener Architektur des Klassizismus, in: Alte und moderne Kunst, No. 81, 1965. – Wagner-Rieger: Wiens Architektur im 19. Jahrhundert, Vienna 1970. – Wagner-Rieger: Geschichte der Architektur in Wien. Vom Klassizismus bis zur Secession (Geschichte der bildenden Kunst in Wien 3), Vienna 1973. – Die großen Architekten der Ringstraßenzeit, ihre Vorläufer und Nachfahren auf dem Lande (exhibition-cat. Municipality of Bad Vöslau, 21. 6. 1986–30. 9. 1986), Bad Vöslau 1986.
2 Johann Kräftner (ed.): Im Schatten der Weilburg. Baden im Biedermeier (exhibition cat. Municipality of Baden, 23. 9. 1988–31. 1. 1989), Baden 1988.
3 As quoted in Eduard Josch: Peter Nobiles Ernennung zum Direktor der Architekturschule der Akademie der bildenden Künste in Wien und Joseph Kornhäusels Bewerbung um diese Stelle, in: Mitteilungen der Gesellschaft für vergleichende Kunstforschung in Wien, No. 1, 1950, pp. 69–71, here p. 71.
4 Cf. Peter Prokop: Das Palais Esterházy in Baden bei Wien in den Tagebuch-Aufzeichnungen des esterházyschen Sekretärs Joseph Carl Rosenbaum (Katalogblätter des Rollettmuseums Baden 101), Baden 2017, p. 10, fn. 36.
5 Wiener Zeitung, 30. 6. 1821, p. 1314: "Hebenstreit's heirs and creditors: [...] Apolonia Hebenstreit, citizen householder in Baden, deceased on 26 March 1821, leaving a will."
6 Wiener Zeitung, 14. 11. 1822, p. 952: "Auction: large house. [...] At the request of the heirs of the will of the deceased Apolonia Hebenstreit, citizen householder in Baden, the deceased's house no. 34 in Theresiengasse, which consists of a ground floor and a first floor, and on the street side 12 spacious, stuccoed rooms, a salon, then in the courtyard 30 rooms, 8 kitchens, 7 dining rooms, 6 toilets, 3 carriage houses for 12 items, 6 separated vaulted stables for 24 horses, 9 divided wood stores, 1 vaulted cellar measuring 170 'Eimer' (roughly 9.6 cubic meters), and a perpendicular well, together with the furniture, bedding and linen described in a special register, then also 2 golden rings with diamond-shaped stones [...]."
7 Cf. Badener Zeitung, 15. 9. 1926, Kurbeilage, p. 3. The building is today often

S. 187, Bäder-Preise der Stadtgemeinde Baden, 1892–1925, Druck
© Stadtarchiv Baden; Foto: Arnulf Rainer Museum / Nadja Buechler

referred to as the "Metternichhof".

8 Cf. Johann Kräftner: Baden – Architektur und Bauen 1800–1850, in: Kräftner 1988, op. cit. 2, pp. 75–103, here p. 82.

9 Cf. Prokop 2017, op. cit. 4, fn. 34.

10 Cf. Prokop 2017, op. cit. 4.

11 Cf. Rudolf Maurer: "Ein heiterer Tempel". Die Geschichte des Badener Engelsbades (Katalogblätter des Rollettmuseums Baden 51), Baden 2012 – Maurer: Vom Rauberturm zum Sauerhof. 700 Jahre "Turm" und "Thurngasse"/Sauerhofstraße (Katalogblätter des Rollettmuseums Baden 91), Baden 2014 – The term "Engelsbad" only became established in the course of the 19th century, before that it was called "Engelburgbad".

12 Cf. Maurer 2012, op. cit. 11, fig. p. 12 (Rollettmuseum, inv. no. TSB 615).

13 Anton Altmann sen. (1777–1818) and Anton Altmann jun. (1808–1871).

14 Bettina Nezval: Schloss Weilburg in Baden. Symbol einer Liebe, Berndorf 2015.

15 Cf. Katharina Schoeller "Baden's architecture during the regency of Emperor Ferdinand I" in this publication, pp. 204–207.

16 Cf. Rudolf Maurer: Ein „neuer" Kornhäusel-Bau in Baden!, in: Badener Zuckerln. Aus der Arbeit des Stadtarchivs, No. 26, 2003. Today Marchetstrasse Nos. 3–5.

17 Allgemeine Theaterzeitung und Originalblatt für Kunst, Literatur, Musik, Mode und geselliges Leben, 13. 9. 1834, p. 734.

18 Cf. Bettina Nezval: Joseph Kornhäusel. Lustschlösser und Theater, Horn 2010, pp. 56–59.

19 Cf. Rizzi/Schachel 1979, op. cit. 1, p. 28.

20 Albrechtgasse 10. Cf. Kräftner 1988, op. cit. 2, p. 9.

21 Cf. Kräftner 1988, op. cit. 2, p. 206, no. 203. – Bettina Nezval: Villen der Kaiserzeit. Sommerresidenzen in Baden, 2nd, expanded ed., Horn/Vienna 2008, pp. 184–185. – Nezval. 2010, op. cit. 18, p. 61.

22 Cf. Peter Prokop: Stammbaum Kornhäusel, https://www.familia-austria.at/index.php/datensammlungen/oeffentliche-daten/1499-stammbaum-kornhaeusl (retrieved on 31. 5. 2021).

23 Cf. Liste der in 1843 ankommenen Kur- und Badegäste in der L. F. Stadt Baden in Österreich, No. 41. In it they are listed as Nos. 995 and 996.

24 Cf. Nezval 2010, op. cit. 18, p. 124.

25 Josef Auracher von Aurach: Ausführliche Beschreibung zu den nach der Natur quarreographierten, und auf Stein gezeichneten perspectivischen Ansichten der landesfürstlichen Stadt Baden und derselben Umgebungen, Vienna 1822, p. 83, pl. XXII.

26 Cf. Emil Kaufmann: Die Kunst der Stadt Baden, Vienna 1925, p. 66. – Rudolf Maurer: Von der Villa Hudelist zum Haus der Kunst. Eine Hausgeschichte in Stichworten, in: Badener Zuckerln. Aus der Arbeit des Stadtarchivs, No. 38, 2013.

27 Cf. Rudolf Maurer: Der Badnerberg. 1000 Jahre Weinbaugeschichte Badens (Katalogblätter des Rollettmuseums Baden 64), Baden 2007, p. 60.

28 Cf. Preßburger Zeitung, 8 March 1839, p. 4. Their joint son Ludwig was raised to the hereditary Austrian baronial rank in 1845 and bore the name Baron von Villa-Secca, Navarro de Andrade.

29 Cf. Irmgard Köchert: Peter Nobile. Sein Werdegang und seine Entwicklung mit besonderer Berücksichtigung seines Wiener Schaffens, doctoral thesis, University of Vienna, 1951, pp. 77 ff. University of Vienna, 1951, p. 77 ff. – Gino Pavan: Pietro Nobile architetto 1776–1854, Trieste 1998, p. 37. – Pavan (ed.): L'architetto Pietro Nobile (1776–1854) e il suo tempo. Atti del convegno internazionale di studio. Trieste, 7–8 Maggio 1999 (Archeografo triestino LIX, no. 2), Trieste 1999. – Taťána Petrasová: Pietro Nobile's and Clemens Wenzel Lothar Metternich's Idea of the Summer Residence Königswart (1827–1840). Modern Villa and an Experiment, in: Umění/Art, no. 5, 2019, pp. 417–439, here p. 423.

30 Cf. G. Fraschina: Biographia di Pietro Nobile, Bellinzona 1872, p. 31. – Pavan 1998, op. cit. 29, fn. 120. – Gino Pavan: Lettere da Vienna di Pietro Nobile (dal 1816 al 1854), Trieste 2002, vol. 1, pp. 49–51: letter to Sister Ursolina of 15. 10. 1818.

31 Soprintendenza per i beni ambientali architettonici archeologici artistici e storici del Friuli-Venezia, Coll. Nobile, Vol. 18, tav. 18/94, in: Rosella Fabiani: Pagine architettoniche i disegni di Pietro Nobile dopo il restauro, Prato 1997, p. 193.

32 Cf. Wolfram Siemann: Metternich. Stratege und Visionär. Eine Biografie, Munich 2017, pp. 343 and 797–800.

33 Cf. Hanns Leo Mikoletzky: Hudelist, Josef von, in: Neue Deutsche Biographie, vol. 9, 1972, p. 710 (online version), https://www.deutsche-biographie.de/pnd137639449.html#ndbcontent (accessed 31. 5. 2021).

34 Lemberger Zeitung, 3. 1. 1816, n.p.: "[...] in the hands of the scholar Peter Nobile, who was trained in Rome and is renowned in his field [...]". – Cf. Katharina Schoeller: Ludwig Förster (1797–1863). Der Architekt als Pädagoge und Universalunternehmer. Aspekte seines frühen Schaffens und Lebens, doctoral thesis, University of Vienna, 2016, pp. 43–45.

35 Cf. Petrasová 2019, op. cit. 29.

36 Soprintendenza per i beni ambientali architettonici archeologici artistici e storici del Friuli-Venezia, Coll. Nobile, Vol. 17, tav. 17/90, 91, 92, 94e, 96b, in: Fabiani 1997, op. cit. 31, p. 191.

37 Cf. Inge Scheidl: Johann Fischer, in: Architektenlexikon, http://www.architektenlexikon.at/de/1057.htm (retrieved 29. 5. 2021).

38 Cf. Richard Bösel: Festsäle bei Louis Montoyer, Oberseminar am Kunsthistorischen Institut Wien, 1969/70. – Rupert Feuchtmüller: Louis Montoyer und sein Palais Rasumofsky in Wien, in: Festschrift für Sas-Zaloziecky, Graz 1956, pp. 40–48. – Géza Hajós: Das Palais Rasumofsky in Wien – zur stilistischen Ableitung des Bauwerkes, in: Alte und moderne Kunst No. 117, 1971, pp. 15–18. 117, 1971, pp. 15–18 – Manfred Leithe-Jasper: Zur Adaptierung des Palais Rasumofsky, in: Burgen und Schlösser in Österreich, No. 2, 1966, pp. 22 ff. – Katharina Miehlke-Hiess: Das Palais Rasumovsky und sein Architekt Louis de Montoyer, Dipl.– Martina Beisser: Der Zeremoniensaal der Wiener Hofburg von Louis Joseph Montoyer. Architektur und Ausstattung, dissertation, University of Vienna, 2006 – Christian Benedik: Die Albertina, Vienna 2008.

39 Cf. Hermann Rollett: Beiträge zur Chronik der Stadt Baden bei Wien, Bruck a. d. Leitha 2003 (reprint), p. 134. – Carl Rollett: Baden in Österreich, seine reichlichen Quellen und deren heilende Kräfte, seine vorzüglichen Merkwürdigkeiten und malerischen Umgebungen, Vienna 1838, p. 184. – On the Josefsbad, cf. Matthias Boeckl's contribution "The Frauenbad in Baden" in this publication, pp. 39–47.

40 Above each of the four entrances was the inscription – alternating in German, French, Italian and Turkish – "Dedicated by a Society for the Pleasure of the Public".

41 Cf. Charlotte Weiss: Zur Geschichte des Badener Kurparkes, in: Badener Zeitung, 9. 8. 1933, p. 1. His full title was: k. k. Feldmarschall-Leutnant, Kapitän-Leutnant der ersten k. k. Arcièren-Leibgarde und General-Adjutant des Kaiser Franz II, Camillo Graf von Lamberti.

42 The preliminary drawing has also been preserved in the Stadtarchiv Baden (TSB 2631). Cf. Kräftner 1988, op. cit. 2, pp. 219–220, no. 241.

43 Cf. Wiener Zeitung, 16. 10. 1852, pp. 954–955.

44 The Redoutensaal was demolished in 1908.

45 Cf. Rollett 2003, op. cit. 39, p. 138.

46 Cf. Matthias Boeckl's contribution "The Frauenbad in Baden" in this publication, pp. 39–47.

47 My special thanks go to Ulrike Scholda, who gave me some invaluable suggestions about the – as yet unpublished – pictures in the Stadtarchiv Baden.

Bäder-Preise der Stadtgemeinde Baden.

VOLL-BÄDER.

ANTONSBAD (HERRENBAD).

34·3° C.

	K
Badekarte inklusive Wäsche	1.50
Kinderkarte inklusive Wäsche	—.80

BADESTUNDEN während der Sommersaison, d. i. im Monat April von 6 Uhr morgens, in den Monaten Mai, September, Oktober von 5 Uhr morgens, in den Monaten Juni, Juli, August von 4 Uhr morgens bis 12 Uhr mittags und von 2 Uhr nachm. bis 6 Uhr abends; während der Wintersaison, d. i. in den Monaten November, Dezember, Jänner, Februar, März von 7 Uhr morgens bis 2 Uhr nachmittags.

Kassaschluß: Vormittags 11 Uhr, nachmittags 5 Uhr.

KAROLINEN- und FRAUENBAD.

34·7° C. 35·6° C.

	K
Badekarte inklusive Wäsche	1.80
Kinderkarte inklusive Wäsche	—.90

NB. Das Karolinenbad ist ausschließl. für Damen bestimmt

BADESTUNDEN während der Sommersaison, d. i. im Monat April von 6 Uhr morgens, in den Monaten Mai, September, Oktober von 5 Uhr morgens, in den Monaten Juni, Juli, August von 4 Uhr morgens bis 5 Uhr abends, während der Wintersaison, d. i. in den Monaten November, Dezember, Jänner, Februar, März von 8 Uhr morgens bis 2 Uhr nachmittags.

Kassaschluß: 4 Uhr nachmittags.

HERZOGSBAD (DAMENBAD).

34·3° C.

	K
Badekarte inklusive Wäsche	1.50
Kinderkarte inklusive Wäsche	—.80

Vollkommen separiertes Bad für Kinder.

BADESTUNDEN in den Monaten April von 6 Uhr morgens, Mai, September, Oktober von 5 Uhr morgens, in den Monaten Juni, Juli, August von 4 Uhr morgens bis 12 Uhr mittags und von 2 Uhr nachm. bis 6 Uhr abends.

Kassaschluß: Vormittags 11 Uhr, nachmittags 5 Uhr.

JOSEFSBAD.

35·1° C.

	K
Badekarte inklusive Wäsche	1.50
Kinderkarte inklusive Wäsche	—.80

BADESTUNDEN in den Monaten April von 6 Uhr morgens, Mai, September, Oktober von 5 Uhr morgens, in den Monaten Juni, Juli, August von 4 Uhr morgens bis ½12 Uhr mittags und von ½2 Uhr nachm. bis 6 Uhr abends.

Kassaschluß: Vormittags ½11 Uhr, nachmittags 5 Uhr.

LEOPOLDSBAD.

Bassin A, 32·5° C.

	K
Badekarte inklusive Wäsche	1.—
Kinderkarte inklusive Wäsche	—.60

BADESTUNDEN in den Monaten April von 6 Uhr morgens, Mai, September, Oktober von 5 Uhr morgens, in den Monaten Juni, Juli, August von 4 Uhr morgens bis 12 Uhr mittags und von 2 Uhr nachm. bis 6 Uhr abends.

Kassaschluß: Vormittags 11 Uhr, nachmittags 5 Uhr.

LEOPOLDSBAD.

Bassin B, 32·5° C.

	K
Badekarte vorm. inklusive Wäsche	—.60
Badekarte nachm. inklusive Wäsche	—.30

Das Bassin B ist den p. t. zahlenden Badegästen geöffnet von 5, resp. 4 Uhr bis 7 Uhr morgens und von 1 Uhr nachmittags bis 6 Uhr abends.

BADESTUNDEN in den Monaten April von 6 Uhr morgens, Mai, September, Oktober von 5 Uhr morgens, in den Monaten Juni, Juli, August von 4 Uhr morgens bis 7 Uhr früh und von 1 Uhr nachm. bis 6 Uhr abends.

Kassaschluß: Früh 7 Uhr, nachmittags 5 Uhr.

FRANZENSBAD.

32·8° C.

	K
Badekarte inklusive Wäsche (früh bis 9 Uhr)	1.—
Badekarte inklusive Wäsche (nachm. von 2 Uhr an)	—.45

NB. Dieses Bad ist den zahlenden Badegästen geöffnet von 5, resp. 4 Uhr bis 9 Uhr morgens und von 2 Uhr nachmittags bis 5 Uhr abends.

BADESTUNDEN während der Sommersaison, d. i. im Monat April von 6 Uhr morgens bis 12 Uhr mitt., in den Monaten Mai, September, Oktober von 5 Uhr morgens bis 12 Uhr mitt., in den Monaten Juni, Juli, August von 4 Uhr morgens bis 12 Uhr mitt. und von 2 bis 5 Uhr nachm.; während der Wintersaison, d. i. in den Monaten November, Dezember, Jänner, Februar, März von 7 Uhr früh bis 12 Uhr mitt. und von 1 Uhr bis 4 Uhr nachm.

Kassaschluß 1 Stunde vor Schluß des Bades.

SEPARAT-BÄDER.

THERESIENBAD.

32·6° C.

		K
Badekarte vormittags	inkl. Wäsche	3.20
Abonnementskarten vorm., 10 Stück	„ „	28.—
Teilnehmerkarte vormittags	„ „	4.80
Badekarte nachmittags von 1 Uhr an	„ „	2.50
Abonnementskarten nachm., 10 Stück	„ „	22.—
Teilnehmerkarte für 2 Personen	„ „	3.60
Sitz-, Hand- und Fußbäder (mit stets zu- und abfließendem Thermalwasser) eine Karte auf ein solches Bad		—.80
Abonnement auf 10 solche Bäder		7.—

BADESTUNDEN in den Monaten April, Mai und September von 5 Uhr morgens, in den Monaten Juni, Juli und August von 4 Uhr morgens bis 5 Uhr abends.

Kassaschluß: 4 Uhr nachmittags.

KAROLINEN- und FRAUENBAD.

34·75° C.

Vormittags bis 1 Uhr:

		K
Badekarte	inkl. Wäsche	3.20
Abonnementskarten 10 Stück	„ „	28.—
Teilnehmerkarte für 2 Personen	„ „	5.—

Nachmittags von 1 Uhr an:

		K
Badekarte	inkl. Wäsche	2.60
Abonnementskarten 10 Stück	„ „	22.—
Teilnehmerkarte für 2 Personen	„ „	3.60

BADESTUNDEN in den Monaten April, Mai, September, Oktober von 5 Uhr morgens, in den Monaten Juni, Juli, August von 4 Uhr morgens bis 5 Uhr abends.

Kassaschluß: Nachmittags 4 Uhr.

INHALATIONEN an der URSPRUNGSQUELLE.

	K
Eine Inhalation	1.—
Abonnement auf 10 Inhalationen	9.—

Kassaschluß: Nachmittags 4 Uhr.

THERMAL-DUSCH- und THERMAL-WANNENBAD im städt. THERESIENBAD

	K
Eine Anweisung auf eine Thermal-Dusche	1.60
Ein Abonnement auf 10 Thermal-Duschen	14.—
Eine Anweisung auf ein Thermal-Wannenbad	2.—
Eine Anweisung auf 10 Thermal-Wannenbäder	18.—
Eine Anweisung auf eine Thermal-Dusche mit Wannenbad	3.—
Ein Abonnement auf 10 Thermal-Duschen mit Wannenbad	26.—

An Sonn- und Feiertagen sind sämtliche Bäder mit Ausnahme der Mineral-Schwimm- u. Bade-Anstalt von 1 Uhr nachmittags an geschlossen.

MINERAL-BADE- und SCHWIMM-ANSTALT.

22·6° C.

	K
Herren-Badekarte	—.80
„ Abonnement 10 Stück	7.—
Damen-Badekarte	—.90
„ Abonnement 10 Stück	8.—
Kinder-Badekarte	—.44
„ Abonnement 10 Stück	3.60
Schwimmlektions-Karte für Erwachsene	1.40
„ Abonnement 10 Stück	12.—
„ für Kinder	1.20
„ Abonnement 10 Stück	10.—

Die Mineral-Schwimmschule ist geöffnet von 6 Uhr morgens bis zum Eintritt der Dunkelheit.

Der Eintritt in die Baderäume der Mineral-Bade- und Schwimm-Anstalt ist Nichtbadenden nur gegen eine an der Kasse zu lösende Eintrittskarte à 20 h gestattet. Ausgenommen hievon ist eine zur Begleitung kleinerer badender Kinder notwendige Person. — Den p. t. Besuchern der Mineral-Bade- und Schwimm-Anstalt wird Folgendes zur Kenntnis gebracht: Die Stadtgemeinde Baden übernimmt keinerlei Haftung für irgendwelchen Schaden, welcher den Badegästen durch Verlust oder Beschädigung von Geld, Wertpapieren, Pretiosen und ähnlichen Wertgegenständen erwachsen sollte, die sie in die Baderäumlichkeiten, insbesondere in die Kabinen mitnehmen. Derlei Werte sind von den Badegästen in dem bestehenden Aufbewahrungsraume unter Beobachtung der hiefür aufgestellten Vorschriften zu hinterlegen.

QUELLEN-PRODUKTE.

	K
Schwefelwasser 1 Liter	—.04
„ 10 „	—.30
1 Liter Badeschlamm	—.48

Badens Architektur während der Regentschaft Kaiser Ferdinands I.

Katharina Schoeller

„In allen bisherigen flüchtigen Ansätzen, eine Übersicht über die bauliche Entwicklung unseres Kurortes zu bieten, zeigt sich bei den Übergangsjahrzehnten von 1840 bis 1860 eine klaffende Lücke, nicht unähnlich dem ‚weißen Fleck' in allen Karten Afrikas bis in die zweite Hälfte des 19. Jahrhunderts."[1]

Mit diesen Worten leitete der Schriftsteller und Lokalhistoriker Paul Tausig 1914 seinen Aufsatz über die Villa Traun von Ludwig von Förster und Theophil von Hansen ein. Auch über 100 Jahre später haben diese Zeilen noch ihre Richtigkeit. Die wissenschaftliche Bearbeitung der Architekturgeschichte Badens während der Regentschaft Kaiser Ferdinands I. blieb ein kunsthistorisches Desiderat. Mit Ausnahme der sehr verdienstvollen Studie Bettina Nezvals zum Villenbau im Baden der Gründerzeit kamen keine neuen Erkenntnisse hinzu.[2] Das wird auch erkennbar, wenn Tausig fortfährt: „Ludwig Förster, aber auch kleinere Baumeister wie Friedrich, Schaden u. a. waren hier tätig […] Ludwig Förster und seine Schule nahmen gleichfalls regen Anteil an der baulichen Entwicklung unserer Stadt." Spätestens dann fragen sich selbst architekturhistorisch versierte Kenner Badens: Wer war Baumeister Friedrich? Was hat Architekt Schaden in Baden erbaut?
Dem Zitat Tausigs folgend – er übernahm die Zeilen inhaltlich einem Artikel Ludwig Försters[3] – begibt sich die Autorin in diesem Essay auf Spurensuche.

Nach dem Ableben von Kaiser Franz I. und Erzherzog Anton Viktor im Frühjahr 1835 nährte ein Gerücht die Hoffnung auf Fortbestand der wirtschaftlichen Prosperität Badens – eine Eisenbahnlinie sollte Baden mit der Residenzhauptstadt verbinden. Ein knapper Vermerk im „Österreichischen Morgenblatt" vom 23. April 1836 streute die Fama, dass Georg Simon Freiherr von Sina entschlossen sei, eine Eisenbahn über Baden nach Wiener Neustadt zu führen, ein Gerücht, das bereits im August 1836 durch einen entsprechenden Beschluss Kaiser Ferdinands I. Realität wurde.[4]

Durch die Errichtung der Eisenbahn zog es bald eine neue Klientel nach Baden. Dank der Fertigstellung der Gloggnitzer Bahn im Frühsommer 1841 war Baden nun in einer Stunde von Wien aus erreichbar und wurde zum Lieblingskurort der Wiener Gesellschaft. Es war „in", den Sommer in Baden zu verbringen. Persönlichkeiten aus Kunst und Kultur, der Adel, das wohlhabende Bürgertum und auch Mitglieder des Erzhauses errichteten hier ihre Villen, ja sogar weitere Kuranlagen entstanden durch private Investitionen. Die Gemeinde ihrerseits baute Infrastruktur und Vergnügungsstätten aus, erneuerte laufend die Kuranlagen und vergrößerte ihre Parks mithilfe der Erlöse aus der 1842 eingeführten Kurtaxe.
Ehe aber der erste Zug in Baden einfahren sollte, machten sich findige Unternehmer daran, ihre Betriebe für den zu erwartenden Besucheransturm zu rüsten. Als einer der ersten adaptierte der Cafetier Friedrich Scheiner sein gleichnamiges Kaffeehaus, das pittoresk am Beginn der Weilburgstraße, am rechten Schwechatufer, gelegen war.
Seit seiner Errichtung 1803 war das traditionelle Café wiederholt um- und ausgebaut worden – zuletzt 1837, als der Innen- und Außenbereich renoviert und die Terrasse vergrößert wurde. Dieser der Straße zugewandte Außenbereich glich einer Bühne: „Sehen und gesehen werden" war hier das Motto. Schließlich galt das Scheiner als der gesellschaftliche Hotspot Badens. Ein Zeitgenosse vermerkte 1837 über das Café: „[…] so findest du einen Whisttisch und Billards in dem imposant und glänzend renovierten und verschönerten Kaffehhause Scheiner's, ohne das sich Baden für den Städter kaum denken läßt […]."[5] Auch der steten Nachfrage nach Tischen entsprach der Gastwirt und

Café Scheiner, Detail aus dem Stadtplan von Vasquez, 1830/35
© Stadtarchiv Baden; Foto: Arnulf Rainer Museum / Nadja Buechler

S. 191, Gabriel Zimmermann, Entwurf zu einer Trinkhalle, Grundrisse, 1843
© Stadtarchiv Baden; Foto: Arnulf Rainer Museum / Nadja Buechler

erweiterte im Frühjahr 1841 – rechtzeitig zur Eröffnung der Bahnlinie – sein Café um einen Salon, für den er keinen Geringeren als den Architekten Ludwig Förster gewinnen konnte. Für die Innenausstattung wurden bekannte Künstler und Manufakturen aus der k. k. Residenzstadt Wien herangezogen. Der akademische Maler Carl Taege – bekannt durch seine in Grisaille gefertigten Fresken in der Kapelle des Niederösterreichischen Landhauses – stattete den Salon mit Wandmalereien aus, die Bestuhlung lieferte die Manufaktur Lamarche, die ein Patent auf die Herstellung von Stühlen aus gefärbtem Stroh hatte. Die Tische bezog Scheiner vom Tischler Grunert, dessen Firma auch auf die Fertigung von Billardtischen spezialisiert war.[6] Die Bauzeit des Salons lässt sich mit Frühjahr 1841 belegen, da der Maler Taege mit seiner Gattin im Juni 1841 in den Kurlisten der Stadt Baden aufscheint, womit die Bauzeit davor anzusetzen ist.[7] Wie sehr der neue Salon den Geschmack des Publikums traf, gibt ein euphorischer Artikel vom 30. Juli 1841 wieder, der zugleich den einzigen Hinweis auf die Autorschaft Försters bildet:
„Nur kurz will ich vor der Hand des neuen Schmuckes erwähnen, welchen die Lokalitäten des schon rühmlich bekannten Kaffeehaus-Inhabers, Herrn Scheiner, zur Schau stellen. Es wurde nämlich ein neuer Salon dazu gebaut, so elegant und schön, daß ich es Jedem, der ihn noch nicht gesehen hat, rathe, ihn ja nicht außer Acht zu lassen, denn es ist eine der schönsten Zierden Badens. Das Verdienst Scheiners bei Seite gesetzt, der dem Publikum diese Ueberraschung mit nicht geringen Kosten bereitete, gebührt das größte Lob vorerst dem geschickten Architekten L. Fürster [sic] (Leopoldstadt am Tabor), dann dem Maler Karl Taege (Josephstadt Nr. 36), welche beide einen seltenen Geschmack und wahre Kunstfertigkeit bewiesen. Zur inneren Zierde des Salons selbst tragen auch Sesseln aus der Fabrik des ausgezeichneten Lamache [sic] und die Tischlerarbeiten des bürgerlichen Tischlermeisters, Herrn Grunert (Wieden, beim Ganserl) sehr viel bei.“[8]

Wenige Jahre später, im August 1844, verkaufte Friedrich Scheiner sein Kaffeehaus um den Betrag von 40.000 fl. C. M. an Johann Schimmer. Fortan firmierte es unter dem Namen Café Schimmer, was seiner Beliebtheit aber keinen Abbruch tat.[9] Gleichzeitig mit der Erweiterung des Cafés Scheiner ergriff auch der Pächter des Badener Theaters, Franz Pokorny (1797–1850), die Initiative und errichtete ein „Tagstheater“, die sogenannte Arena, im Kurpark hinter (nördlich) der Ursprungsquelle. Für die Errichtung des hölzernen Baues konnte Pokorny den bekannten Architekten Florian Schaden (1799–1866) gewinnen.[10] Ferdinand Großkopf, k. k. Hauptzollamts-Beamter, beschreibt die Arena als ein Theater, dessen Parterre um einige Meter breiter sei als das des Theaters an der Wien, mit einer großen Zahl von Logen und zwei Galerien. Schließlich fasste das Theater bis zu 3000 Personen. Es wurde gänzlich aus Holz, bunt gefasst und ohne Bedeckung gefertigt. Die Kurtine zeigte eine perspektivische Darstellung der Weilburg. Wenn sich der Vorhang zu Vorstellungsbeginn öffnete, bot der Park eine eindrucksvolle Kulisse. Bei Einbruch der Dämmerung beziehungsweise bei Nacht erleuchteten Lampen die Szenerie.[11] Was so manchen Besucher störte, war der geringe Komfort: Strohsessel, harte, ungepolsterte Bänke, nur eingestampfter Sand im Parterre, der sich nach Regenfällen in einen schlammigen Untergrund verwandelte. Als positiv wurden allerdings die großen schattenspendenden Bäume des Parks hervorgehoben. Zur Eröffnung, der Erzherzog Carl beiwohnte, wurde das Stück „Blumenfest, Maskenfest, Hochzeitsfeste“ von Franz Xaver Told gegeben, doch wäre die Premiere beinahe ins Wasser gefallen: Ein Regenguss während der Vorstellung zwang das Publikum, ins Theater zu übersiedeln, wo die Vorstellung ihr Ende fand. Der Pachtzins für die Arena war enorm, sodass sich Pokorny 1843 entschied, seine Tätigkeit in Baden aufzugeben. Anton Roll übernahm seine Funktion. Die Arena entwickelte sich zu einem Publikumsmagneten. Für die Arena von Schaden fiel der letzte Vorhang 1864, ihr folgten 1865 jene des Architekten Ferdinand Fellner d. Ä. und später noch andere. Die ursprüngliche Autorschaft Schadens ist zweifelsfrei durch sein Bewerbungsschreiben für die vakante Professorenstelle an der Architekturschule der Wiener Akademie der bildenden Künste von 1842 zu belegen, in dem der Architekt seine bisherigen Bauten inklusive der Arena anführte.[12] Schaden unterlag bei dieser Postenbestellung dem bereits erwähnten Ludwig Förster. Bis

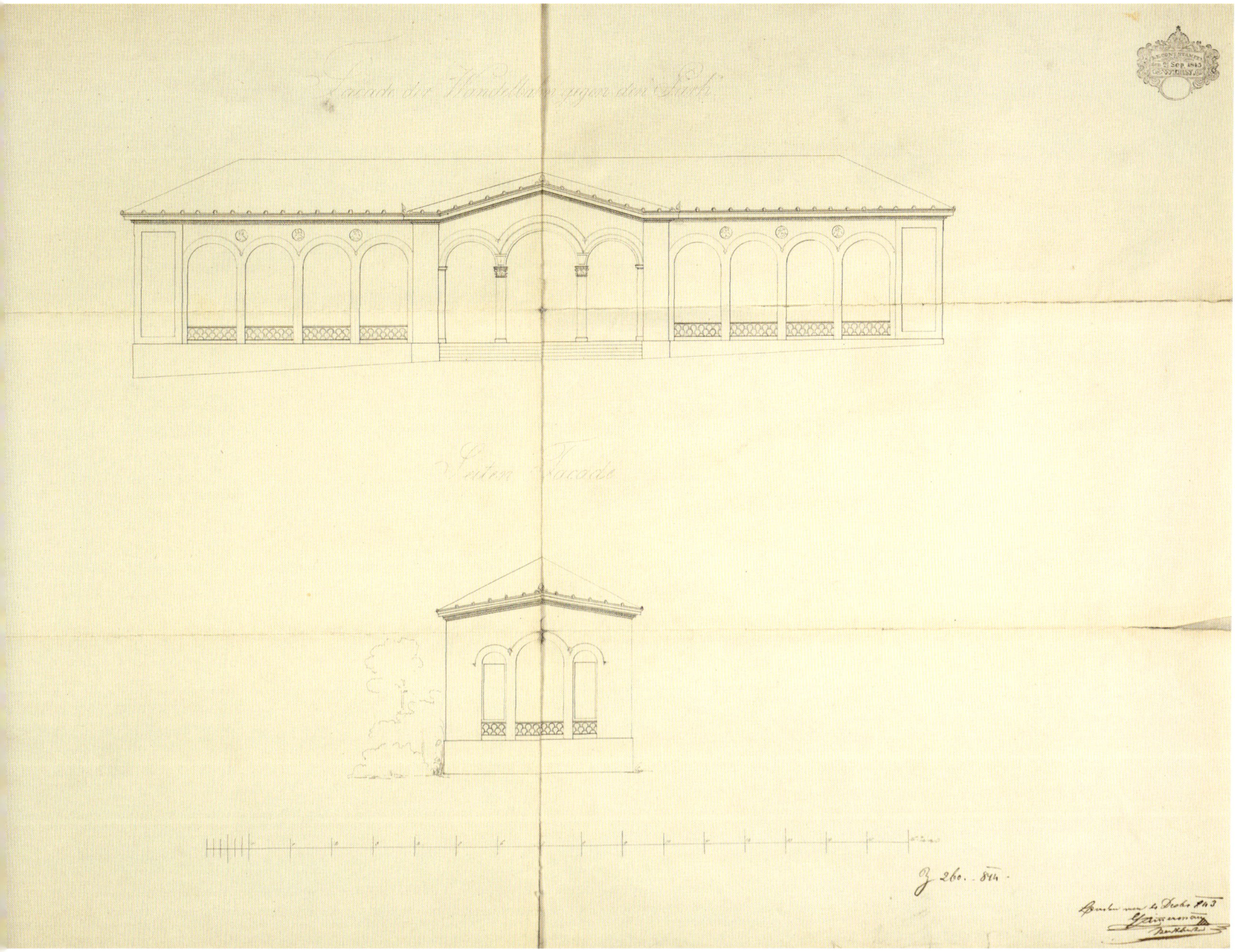
Facade der Wandelbahn gegen den Bach
Seiten Facade

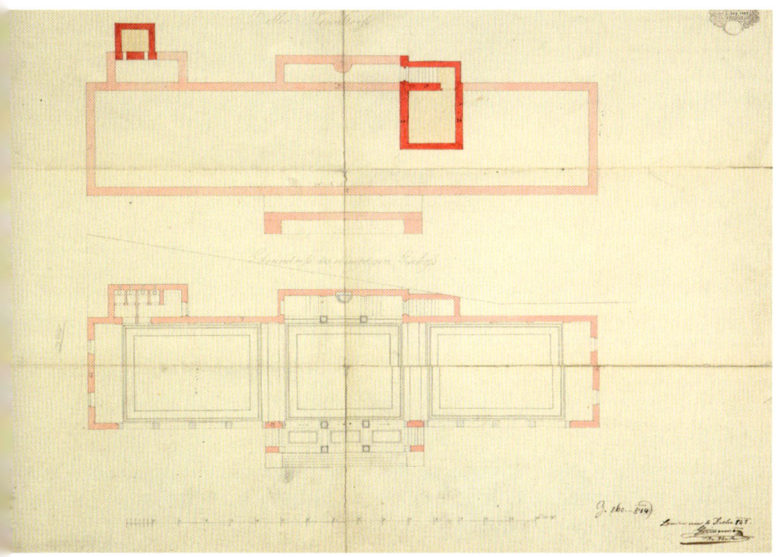

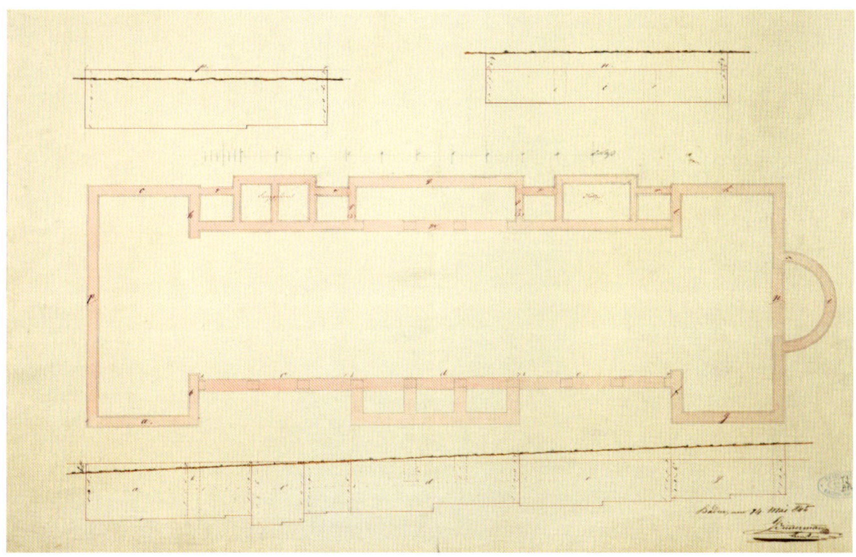

Vinzenz Reim, Der Trinksalon in Baden, 1840, Radierung, koloriert
© & Foto: Rollettmuseum

dato konnten keine Abbildungen oder Pläne dieser ersten Arena eruiert werden.

Wenige Jahre später wurde der Kurpark um eine weitere Attraktion bereichert, für deren Herstellung die Gemeinde verantwortlich war. Auf allgemeinen Wunsch wurde eine Trinkhalle errichtet, um bei ungünstiger Witterung die Trinkkur geschützt vor Wetterkapriolen fortsetzen zu können.
Die Ursprünge der Trinkhalle werfen einige Fragen auf; Konsens besteht über die Urheberschaft Ludwig Försters, der angibt, selbst den Plan dazu geliefert zu haben. Einig ist sich die Forschung auch, dass der dazu erforderliche Grund bereits 1840 von der Stadt um 7000 fl. C. M. aus Privatbesitz angekauft wurde.[13] Bereits in der ersten Auflistung zur Verwendung der Erlöse der (1842 eingeführten) Kurtaxe aus der abgeschlossenen Saison taucht das Vorhaben auf, eine Trinkhalle zu errichten: „[...] mit den übrigen 2000 fl CM soll ein Salon beim Ursprung erbaut werden [...].“[14]
Dissens allerdings herrscht über ihr Entstehungsdatum. Theodor Gettinger, Hermann Rollett und zahlreiche Forscher späterer Jahre gaben 1843/44 als Entstehungsdatum an, einzig Dagobert Frey plädierte für 1845/46.[15] Gettinger, der als Erster das Entstehungsdatum von 1843 in die Forschung einführte, beschreibt die Trinkhalle als einen 20 ½ Klafter langen und 4 ½ Klafter breiten Saal[16], der an seiner nach Westen gekehrten Rückseite und an den beiden Schmalseiten geschlossen ist. Nur die Vorderseite öffne sich „gegen Osten in einer Bogenreihe im neuesten Geschmacke“. Das Innere war mit Asphaltplatten ausgelegt.

Im Stadtarchiv Baden haben sich hierzu drei Pläne zweier divergierender Projekte erhalten, die Schlüsse zur Datierung der Trinkhalle zulassen. Bei dem einen Projekt handelt es sich um eine Ansicht der Haupt- und Seitenfassade sowie den Grundriss des Erdgeschoßes samt Kellergeschoß. Beide Blätter sind mit „G[abriel] Zimmermann, Baumeister“ signiert, mit „Baden, am 4. Dezember [1]843“ datiert und mit „[1]844“ vidiert. Das andere Projekt, nur durch einen Grundriss des Fundaments dokumentiert, ist vom selben Künstler, trägt allerdings das Datum „14. Mai 1845“.
Die Bauausführung der Trinkhalle entspricht dem Grundriss des Plans von 1845. Bei dem Projekt von 1843 dürfte es sich daher um einen verworfenen Entwurf handeln. Der These eines aus Holz gefertigten Vorgängerbaues kann ich mich nicht anschließen, denn es ließ sich kein einziger zeitgenössischer Bericht über eine 1843 erbaute Trinkhalle finden, ganz im Gegensatz zu jener, die Förster 1845 errichtet hat.

Der Schriftsteller Moritz Gottlieb Saphir (1795–1858), ein großer Freund Badens und verlässlicher Berichterstatter über das dortige Geschehen, hielt am 31. August 1845 in Baden einen Vortrag mit dem Titel „Gedanken auf der eben im Bau begriffenen Badner Wandelbahn [...]“[17], was eher für einen Baubeginn im Sommer 1845 spricht. Im April des Folgejahres werden in der „Wiener Zeitung“ Annoncen mit der Ankündigung geschaltet, dass die „nach dem hochlandesstellig genehmigten Plane erbaute Wandelbahn im Parke am 1. Mai vollendet sein wird“[18]. Während die „Wiener Zeitung“ am 9. Mai über die Fertigstellung der Trinkhalle schreibt,[19] weiß „Der Humorist“ vom 29. Juni von einer Bauverzögerung zu berichten: „Die schon im Monat Mai fertige neue ‚Wandelbahn‘ ist richtig schon noch nicht fertig! Eile mit Weile! Es nimmt's uns keiner weg! Wahrscheinlich ist der Maler an der Verzögerung schuld, denn von hier aus wurde Alles auf's Eifrigste betrieben, es ist auch alles fertig bis auf die Malerei.“[20] Wie diese Zeitungsausschnitte beweisen – exemplarisch für die zahlreichen anderen zur Eröffnung der Trinkhalle erschienenen – wurde die Trinkhalle Ludwig Försters zweifelsfrei zwischen Herbst 1845 und Frühjahr 1846 errichtet.

Fast gleichzeitig mit der Konzeption der Trinkhalle befasste sich 1844 eine Personengruppe um den Arzt Dr. Benedikt Obersteiner mit dem Gedanken der Errichtung einer Mineralschwimmschule. Bis dahin hatte der Badener Kurgast zum Schwimmen die Schwimmschule im Doblhoff'schen Schlosspark aufsuchen oder in das nicht weit entfernte Thermalbad von Bad Vöslau ausweichen müssen. Über die Realisierung der Mine-

ralschwimmschule berichtet der Badener Arzt Dr. Franz Habel, dass das Vorhaben von den Kurgästen und den Bewohnern Badens begeistert aufgenommen wurde und man rasch erste Planungsschritte einleitete: Es wurden Überlegungen zum Standort angestellt, Wasserproben aus allen Badener Quellen gezogen und Analysen durch den Arzt und Chemiker Dr. Josef Carl Kainzbauer (1812–1888) in Wien durchgeführt. Das Resultat ergab, dass sich die Peregrinus- und die Mariazellerquelle für das Vorhaben am besten eignen würden. Sogleich bildete sich ein Badkomitee, dem Dr. Benedikt Obersteiner und Michael Kiopeka (1788–1858) vorstanden. Sie gründeten einen Aktienverein zur Finanzierung des Baues. Gleichzeitig wurde bei der Behörde um die Überlassung der Peregrinusquelle angesucht, denn Messungen über deren Wasserreichtum machten sie zum favorisierten Wasserlieferanten. 1846 konnte mit der Planung der umfangreichen Kuranlage begonnen werden, im Frühjahr 1847 erfolgte der Spatenstich. Noch im Herbst desselben Jahres wurde die Mineralschwimmschule fertiggestellt, geflutet und für die ersten Kurgäste geöffnet. Die feierliche Einweihung erfolgte aber erst im Frühjahr 1848. Die Schwimmschule wurde auf der sogenannten Mariazellerwiese an der Berggasse erbaut. Als Architekten konnte das Komitee Eduard van der Nüll und August Sicard von Sicardsburg gewinnen, die soeben mit ihrem neu eröffneten Sophienbad in Wien Furore machten. Wieder überwachte der Badener Baumeister Gabriel Zimmermann die Bauarbeiten vor Ort. Zeitzeuge Habel beschreibt die Schwimmschule wie folgt:
„Zugänge sind deren zwei, einer von der Berggasse, der andere von der Adlergasse durch den heil. Kreuzerhof. Umgeben von Gartenanlagen liegt das Gebäude, welches im freundlich gemischten Style erbaut, gegen Norden einige Säle zu Turn- und Fechtübungen, und die Wohnungen des Hauspersonales, gegen Osten drei Versammlungssäle, welche zum Theile zu einem Lesesaale und einem Kaffeehause geeignet wären, gegen Westen einen Saal mit Ankleidekämmerchen enthält. Gegen Süden liegt das Schwimmbassin unter freiem Himmel, es kann jedoch gegen die Sonnenstrahlen durch ein zeltartiges Dach geschützt werden. Es ist 32 Klafter lang, 8 Klafter breit und faßt 37,520 Kubikschuhe oder circa 20,937 1/7 Wiener Eimer Wasser. In der Mitte durch hölzerne Thore, welche niedergelassen werden können, getheilt, kann es zu gleicher Zeit von beiden Geschlechtern, getrennt benützt werden. In der Nordseite des Bassins ist ein eigener Raum von geringer Tiefe zur Benutzung für kleine Kinder. Die Tiefe des Bassins ist verschieden von 9–5 Fuß und daher für Schwimmer vollkommen geeignet. Von drei Seiten umgeben es hundert Ankleidekämmerchen, und für jede Abtheilung ist ein eigenes Douchezimmer bestimmt. Bei kälterem Wasser benützt man die im Saale gegen Westen befindliche Ankleidekabinete."[21]

Auf einer Anhöhe der Lang'schen Anlagen am Fuß des Kalvarienberges befand sich bis 1938 die Moritz-Ruh, ein zu Ehren des Schriftstellers Moritz Gottlieb Saphir errichtetes Salettl. Gefertigt wurde es 1852 nach Entwürfen der Architekten van der Nüll und Sicardsburg durch den bürgerlichen Zimmermeister Jakob Fellner (1809–1871). Dabei handelte es sich um einen Holzpavillon, der sich nur durch eine Doppelflügeltür an der Front nach außen öffnete.
Sitzbänke an den Innenwänden boten Gelegenheit zur Rast. Carlo Brioschi (1826–1895) zeichnete für die Freskierung der Innenwände verantwortlich. Ein weit vorragendes, mit reichem Laubsägedekor versehenes Dach bot Schutz vor Regen. Stilistisch reiht sich die Moritz-Ruh in die um die Jahrhundertmitte aufkommende Mode der Landhäuser im Schweizer Stil ein, wie sie in der „Allgemeinen Bauzeitung" ab 1842 publiziert wurden und reichlich Nachahmung fanden.

Das städtebaulich und stilistisch bemerkenswerte Villenensemble am rechten Schwechatufer, entlang der heutigen Weilburgstraße und Helenenstraße, wirft trotz des intensiven Quellenstudiums von Bettina Nezval[22] noch immer einige Fragen auf, die durch neueste Forschungserkenntnisse beantwortet werden können.
Die Voraussetzung zu dieser Gebäudegruppe schuf Anton Freiherr von Doblhoff-Dier (1800–1872), der das zu seiner Herrschaft Weikersdorf gehörige ehemalige Überschwemmungsareal in

Moritz-Ruh', 1906, Farbdruck (nach einer Fotografie) © & Foto: Stadtarchiv Baden

S. 194–195, Plan der Stadt Baden mit den nächst angränzenden Ortschaften. Wien, Verlag der k.k. landesb. Lith. Anstalt von Eduard Sieger, 1858, © Stadtarchiv Baden; Foto: Arnulf Rainer Museum / Nadja Buechler

S. 196, Eduard van der Nüll & August Sicard von Sicardsburg, (Gabriel Zimmermann), Entwurf einer Mineralschwimmschule, Aufriss © Stadtarchiv Baden; Foto: Arnulf Rainer Museum / Nadja Buechler

S. 196, Eduard van der Nüll & August Sicard von Sicardsburg, (Gabriel Zimmermann), Entwurf einer Mineralschwimmschule, Grundriss © Stadtarchiv Baden; Foto: Arnulf Rainer Museum / Nadja Buechler

S. 197, Gustav Schwartz von Mohrenstern, Villa Forster, Detail © & Foto: Rollettmuseum

Weikersdorf
Doblhof Garten
Schwechat oder Au-Bach
W.H.
Dörfl
Helena
Mafs-Stab
Ein Zoll = 80 W. Klafter
in Schritte
50 100 150 200
80
160
240
320
Baden
Gutenbrunn
Alland
Weikersdorf
St. Helena
Dörfl
Thurngasse

Calvarien Berg
Schiess-Stätte
Weichselröhren-Pflanzung
Park
Franzens Strasse
Baden
Alland
Schwechat oder Au-Bach
Eisenbahn-Stat. Platz
PLAN
DER
STADT
BADEN
mit den nächst angränzenden Ortschaften. 1858.
Verlag der k.k. landesb. Lith. Anstalt von Eduard Sieger, Wien.

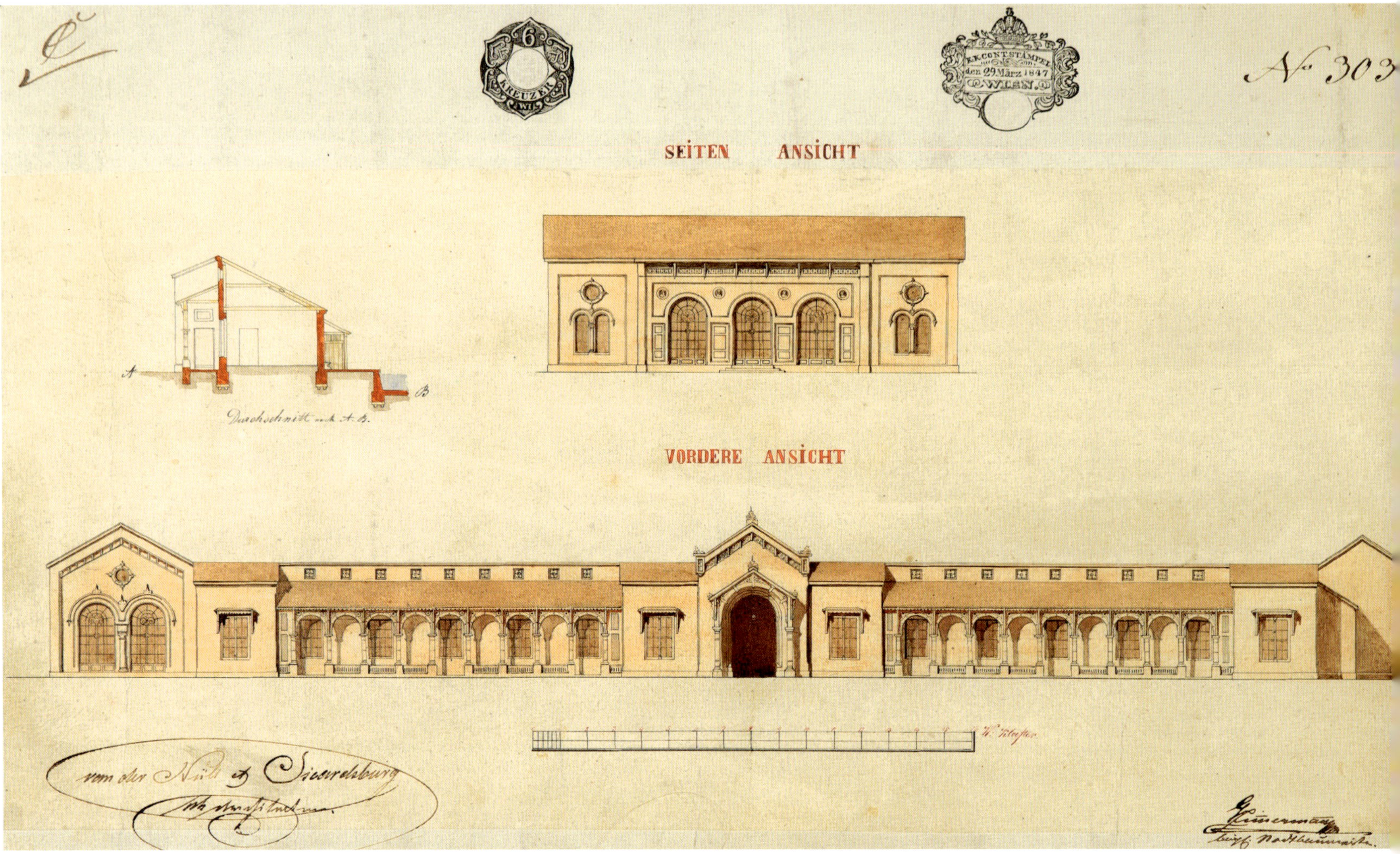

No 303
SEITEN ANSICHT
VORDERE ANSICHT
Durchschnitt nach A-B.

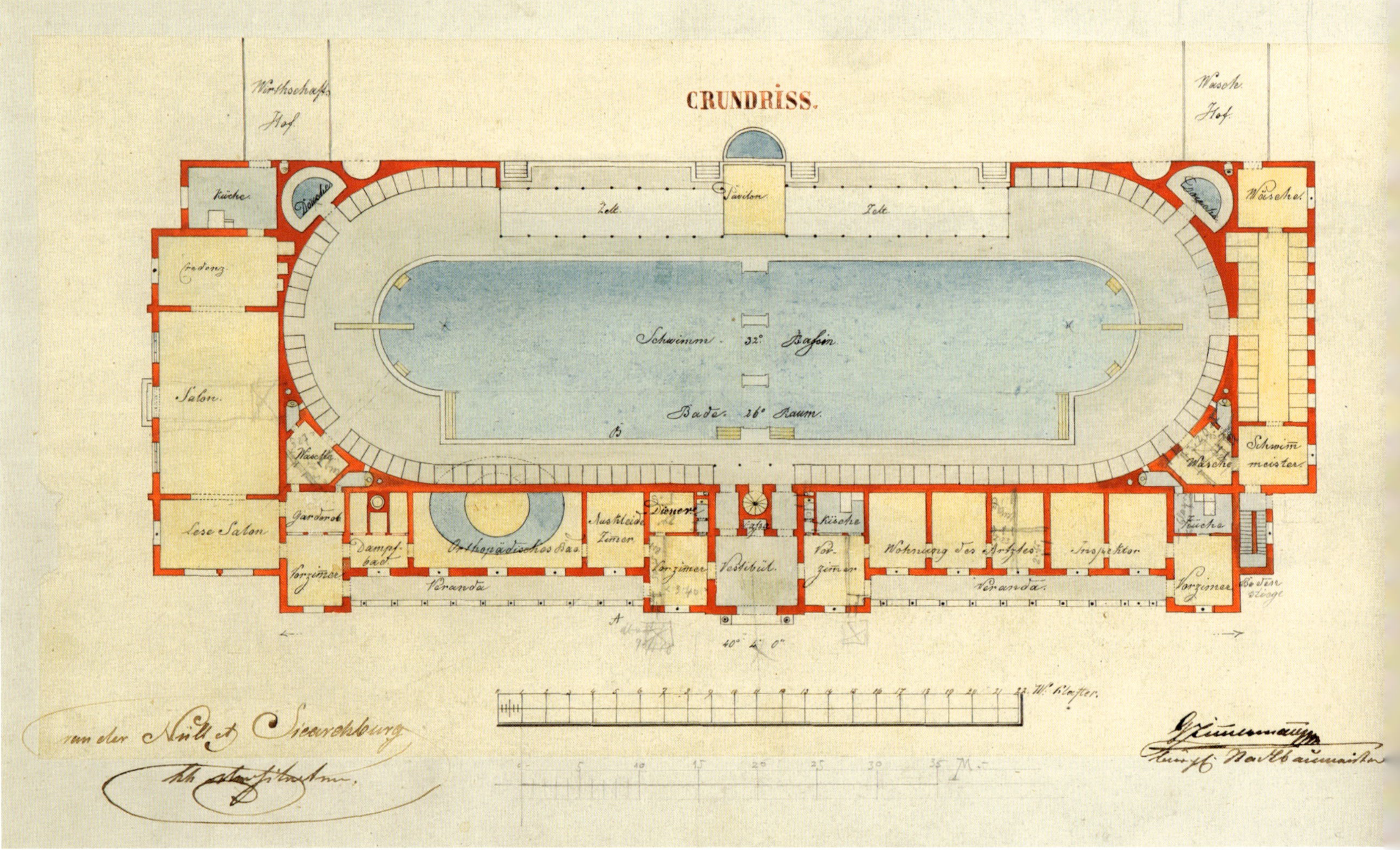

GRUNDRISS.
Wirthschafts Hof
Wasch Hof
Küche
Zelt
Pavillon
Zelt
Schwimm 32° Bassin
Bade 26° Raum
Salon
Lese Salon
Garderob
Vorzimmer
Dampfbad
Orthopädisches Bad
Veranda
Vestibül
Vorzimmer
Wohnung des Arztes
Inspektor
Veranda
Vorzimmer
Schwimmeister
Wäsche

Gustav Schwartz von Mohrenstern, Villa Forster
© & Foto: Rollettmuseum

S. 199, Wilhelm Mayer, Villa Hauser, Lithografie
© & Foto: Rollettmuseum

S. 199, Gustav Schwartz von Mohrenstern, Villa Mayr
© & Foto: Rollettmuseum

Bauland umwidmete. Förster erwähnt, dass Doblhoff die Bauparzellen teils verschenkte oder günstig verkaufte, und führt seine an der Bebauung beteiligten Kollegen, die in nur drei Jahren das Ensemble schufen, an: „[...] die meisten und schönsten dieser Häuser sind vom Architekten Fellner und mehrere von den Architekten Friedrich, Schaden und Anderen.“[23]
Aufgrund des Eintrages im Satz- und Grundbuch konnte Nezval nachweisen, dass der Architekt Joseph Kornhäusel im Auftrag Doblhoffs die Anlage der Weilburgstraße definierte und im Gegenzug mit der Parzelle Thurngasse Nr. 23 entlohnt wurde.[24] Womit die Weilburgstraße das erste und bislang einzige bekannte städtebauliche Projekt des Architekten darstellt.
Die benachbarten Grundstücke Thurngasse Nr. 19, 20 und 21 erwarben 1843 die Schwäger Jakob Fellner und Franz Hauser (1809–1858), k. k. Steinmetzmeister, gemeinsam von Doblhoff, wobei das Grundstück Nr. 20 schon 1844 an den k. k. Hofbaumeister Leopold Mayr (1808–1866) weiterverkauft wurde.[25]
Zügig wurde mit der Errichtung zweier Villen begonnen, die 1844 als die Villen Fellner und Mayr im Feuilleton ob des guten Geschmackes der Bauherren hymnisch gelobt wurden:
„Von den Bauten in und um der Stadt Baden machen sich zwei Häuser besonders bemerkbar, sowohl durch die Eleganz, als durch den auserlesenen Geschmack ihrer Bauart; es sind die beiden Häuser des Hrn. Hofzimmermeisters Fellner und des Hrn. Baumeisters Mayer. Diese zwei Häuser, wovon besonders das erste Fellner'sche ganz allerliebst und herzig ist, [...] sind eine wahre Zierde dieser Umgebung. Die Erbauer verdienen viel Dank, daß sie einmal Geschmack, Phantasie in ein Landhaus bringen. In diesen Häusern ist Romantik, so ist es recht, auf dem Lande, für ländliche Gäste, für Sommervögel muß man mit Comfort, mit lustigem Sinn und nicht bloß mit engem, dumpfem Zins-Sinn bauen.“[26]
Ungeklärt bleibt bis dato für beide Häuser die Frage nach der Autorschaft. Als sehr wahrscheinlich gilt, dass Jakob Fellners Bruder Ferdinand Fellner d. Ä. (1815–1871) das Haus Nr. 19 errichtet hat. Ob er auch für Nr. 20 verantwortlich war oder Baumeister Mayer es selbst nach seinen Vorstellungen gefertigt hat, kann ebenso wenig beantwortet werden.[27] Das Kornhäusel gehörende Grundstück Nr. 23 erwarb per Kaufvertrag vom 24. Juni 1845 Ferdinand Fellner, der es 1847 seiner Schwester Anna Hauser und ihrem Mann Franz weiterverkaufte. Sie errichteten hier noch im selben Jahr eine Villa. Nezval sieht Kornhäusel aufgrund der stilistischen Ähnlichkeit mit der von ihm 1846 errichteten Villa Hofmann in Mödling als Urheber des Gebäudes – eine These, der ich mich nicht anschließen kann, da ich vielmehr Ferdinand Fellner selbst für den Schöpfer dieser Villa halte.[28]
Die sieben anderen Bauparzellen Doblhoffs befinden sich in seiner zu Weikersdorf gehörigen Ortschaft Dörfl und haben dort die fortlaufenden Hausnummern 59 bis 65. Die Gebäude sind mit Ausnahme von Nr. 64 zwischen 1844 und 1847 errichtet worden, wie Förster selbst schriftlich vermerkt und Nezval nachweislich bestätigen konnte.[29]
Bis auf die in der Literatur hinlänglich dokumentierte Villa Traun der Architekten Förster und Hansen blieben die Architekten der restlichen Bauten lange Zeit unbekannt.[30] Nun ließen sich aufgrund der Forschung von Christoph Hölz die Häuser Dörfl Nr. 60 und 61 dem bayerischen Architekten Franz Jakob Kreuter (1813–1889) zuschreiben, der bislang nur vereinzelt in Zusammenhang mit der Architektur Badens genannt wurde.[31]

Diese beiden Bauten Kreuters, auf deren Genese hier nicht weiter eingegangen werden kann, repräsentieren das Modernste im Bereich des europäischen Villenbaues um 1840, wobei in der gleichen Zeit geschaffene Bauten der Schinkel-Schule – im Speziellen von Ludwig Persius in Potsdam und Umgebung – als Vorbild dienten. Durch Kreuters Korrespondenz ist sein reger künstlerischer Austausch mit der Schinkel-Schule belegbar, auch sind erste Aufenthalte in Berlin während der 1830er-Jahre dokumentiert. Kreuter knüpfte außerdem früh Kontakte mit dem Architekten Ludwig Förster in Wien, der der wichtigste Mittler der Schinkel-Schule für die Wiener Architekturlandschaft war.

In Försters Atelier und in der Redaktion der „Allgemeinen Bauzeitung“ waren zahlreiche Berliner Eleven tätig. Förster betrieb sogar im Kollektiv mit dem Berliner Moritz Geiß in der Leopold-

Gustav Schwartz von Mohrenstern,
Kiosk von Anton Hefft im Weilburgpark
© & Foto: Rollettmuseum

S. 201, Gustav Schwartz von Mohrenstern, Kiosk von Anton Hefft im Weilburgpark, Detail
© & Foto: Rollettmuseum

stadt eine Zinkgussfabrik, die erste außerhalb Berlins.[32] Förster fand in dem jüngeren Architekten Kreuter sein Alter Ego, sowohl in künstlerischer und publizistischer als auch in unternehmerischer Hinsicht. Ihre vielfältigen gemeinsamen Interessen teilten sie mit Anton Freiherr von Doblhoff-Dier. Als Beispiel dafür sei die von Doblhoff geführte Wagramer Tonwarenfabrik, die ursprünglich Drainagerohre herstellte, angeführt. In der Folge spezialisierte sich dieses Unternehmen auf die Herstellung von qualitativen Sichtziegeln, speziell glasierten farbigen Dachziegeln oder künstlerischen Bauterrakotten. In dem an der Berliner Bauakademie ausgebildeten Architekten Viktor Brausewetter fand Doblhoff einen tatkräftigen Mitarbeiter, der den Betrieb später übernehmen sollte. Der Vertrieb der Doblhoff'schen Produkte erfolgte im Kontor von Försters „Allgemeiner Bauzeitung" auf der Wollzeile in Wien, wo sie ausgestellt waren. Kreuters erstes in Österreich nachweisbares Gebäude errichtete er 1843 für Doblhoff in der Umgebung von Laxenburg.[33]

Weiterhin anonym, harren die Villen Dörfl Nr. 59 und 63 der Entdeckung ihres künstlerischen Schöpfers – sie nur aufgrund der Zitierung Försters den Architekten Schaden oder Friedrich zuzuschreiben wäre doch zu kühn. Der Architekt Thomas Friedrich (1822–1866), ein Absolvent der Nobile-Schule, ist als namhafter Pädagoge am Wiener Polytechnikum und als Autor von Fachliteratur über Ornamente bekannt, als schöpferischer Architekt allerdings bis dato noch nicht nachgewiesen.[34]
Die komplette Erschließung des rechten Schwechatufers und die Verbindung zum Doblhoff'schen Schlosspark durch eine zusätzliche Brücke im Jahr 1846 fanden unter Zeitgenossen nicht mehr uneingeschränkte Zustimmung, auch kritische Stimmen wurden laut: „Baden wird immer mehr Stadt, statt Land. Es werden so viele Häuser gebaut, und Alles à la Schweiz! Dach, Dach, viel Dach, nichts als Dach und Giebel, und als Ausrede für's Dach ein Stückchen Haus! Die ganze Straße von Scheiner bis zur Weilburg haben sie schon verhausschnitzelt!"[35]

In der ersten Hälfte des 19. Jahrhunderts spielten Sakralbauten keine Rolle im Architekturgeschehen Badens. Dies änderte sich mit der von 1856 bis 1858 im neugotischen Stil erbauten Schlosskapelle der Weilburg, die der Architekt Anton Hefft im Auftrag von Erzherzog Albrecht (1817–1895) schuf. Hefft, mit zahlreichen Schulpreisen ausgezeichneter Eleve der Architekturschule Nobiles, kehrte 1853 von einem schaffensreichen Aufenthalt in der Walachei nach Wien zurück. In der Walachei hatte er unter anderem das Theater von Bukarest und zahlreiche Landhäuser erbaut.[36] In Erzherzog Albrecht fand er seinen bedeutendsten Auftraggeber.[37] Neben der im Sommer 1858 geweihten Kapelle der Weilburg errichtete Hefft 1856 auch den auf einer Anhöhe im Weilburgpark situierten Kiosk, dessen Urheber bis dato unbekannt war. Ein Zeitungsartikel weist ihn als Schöpfer dieses bei den Badenern so beliebten Ausflugszieles aus.[38] Stilistisch vergleichbar mit der fast gleichzeitig entstandenen Moritz-Ruh, reiht sich der Kiosk in den Typus der damals so beliebten Schweizerhäuser ein.
Auch der sogenannte Albrechtsturm auf dem Gipfel des Eisernen T(h)ores, eine von Georg Simon Freiherr von Sina 1856 erstellte und 1857 der Gemeinde Baden vermachte Aussichtswarte, kann nun aufgrund der Zitierung im oben erwähnten Zeitungsartikel dem Œuvre Heffts hinzugefügt werden. Der im Zuge meiner Recherchearbeit aufgefundene Schenkungsvertrag untermauert diese Zuschreibung.[39] Abschließend sei noch erwähnt, dass Hefft auch Urheber der im Auftrag von Erzherzog Rainer 1875 erbauten Kapelle im Garten der Villa Epstein (Rainer) ist.

Wenn Paul Tausig Ludwig Förster als den Promotor der baulichen Entwicklung Badens in den 1840er-Jahren anführt, so trifft das nur bedingt zu. Neben ihm und dem liberalen und fortschrittlichen Anton Freiherr von Doblhoff-Dier bestimmten Vertreter der älteren Nobile-Schule wie etwa Florian Schaden, aber vor allem die jüngere Generation dieser Schule wie van der Nüll, Sicardsburg, Zimmermann, Fellner d. Ä. und Hefft maßgeblich das Architekturgeschehen Badens im angeführten Zeitraum, der für die Architekturforschung noch viele Möglichkeiten bietet. Dieser kurze Essay über die Architektur Badens während der Regentschaft Ferdinands I. bleibt somit eine Spurensuche, ein Impuls für weitere Forschungsansätze.[40]

S. 202, Franz Jakob Kreuter, Entwurf zu einer pompejanischen Villa bei Laxenburg für Baron Doblhoff-Dier, 1843
© & Foto: Christian Mitko / Auktionshaus Neumeister

1 Paul Tausig: Ein Architekturjuwel Försters und Hansens, in: Badener Zeitung, 4. 7. 1914, S. 2.
2 Bettina Nezval: Villen der Kaiserzeit. Sommerresidenzen in Baden, Horn/Wien 1993 (2., erweiterte Aufl. 2008).
3 Ludwig Förster: Landhaus in Baden bei Wien, in: Allgemeine Bauzeitung, Nr. 12, 1847, S. 213–215.
4 Vgl. Österreichisches Morgenblatt, 23. 4. 1836, S. 7.
5 Der österreichische Zuschauer, 21. 7. 1837, S. 878.
6 Carl Taege (1812–1847), Sohn des preußischen Malers Johann Carl Taege, studierte an der Wiener Akademie Malerei.
7 Vgl. Liste der im Jahre 1841 angekommenen Kur- und Badegäste in der L. F. Stadt Baden in Österreich, Nr. 19: „NR. 446: Herr Carl Taege, Maler, sammt Gattinn, aus Wien, wohnt in Gutenbrunn Nr. 43, 6. Juny, 2 Personen".
8 Der Adler, 30. 7. 1841, S. 1142.
9 Vgl. Der Sammler. Ein Unterhaltungsblatt für alle Stände, 8. 8. 1844, S. 516.
10 Vgl. Katharina Schoeller: Pietro Nobile. Direttore dell'Accademia di Architettura di Vienna (1818–1849), Triest 2008, S. 394–395.
11 Vgl. Ferdinand Großkopf: Offenes Schreiben aus Baden, in: Der Sammler. Ein Unterhaltungsblatt für alle Stände, 19. 8. 1841, S. 540.
12 Universitätsarchiv der Akademie der bildenden Künste Wien, Rathsprotokolle, 10. 11. 1842, Punkt b.
13 Vgl. Förster 1847, wie Anm. 3, S. 213. – Hermann Rollett: Beiträge zur Chronik der Stadt Baden bei Wien, Bruck a. d. Leitha 2003 (Reprint), S. 179.
14 Sonntagsblätter, 25. 9. 1842, S. 693.
15 Vgl. Theodor Gettinger: Baden und seine Umgebung, Wien 1851, S. 34–35. – Rollett 2003, wie Anm. 13. – Johann Kräftner (Hg.): Im Schatten der Weilburg. Baden im Biedermeier, Baden 1988, S. 52. – Dagobert Frey: Österreichische Kunsttopographie, Bd. XVIII, Wien 1924, S. 175.
16 Umgerechnet 38,88 mal 8,54 Meter.
17 Moritz Gottlieb Saphir: Gedanken auf der eben im Bau begriffenen Badner Wandelbahn, oder Einige humoristische und philanthropische Bemerkungen über die Reunions in Baden mit ihren tanzenden Bevölkerungen und wie die traurige Lage dieser arbeitenden Classe zu verbessern ist, in: ders.: Ausgewählte Schriften, zweite Serie, Bd. 1, Brünn 1871, S. 267–286.
18 Wiener Zeitung, 6. 4. 1846, S. 536.
19 Vgl. Wiener Zeitung, 9. 5. 1846, S. 1040.
20 Der Humorist, 29. 6. 1846, S. 618.
21 Der Humorist, 29. 4. 1848, S. 418–419.
22 Nezval 2008, wie Anm. 2.
23 Förster 1847, wie Anm. 3, S. 213–214.
24 Vgl. Bettina Nezval: Schloss Weilburg in Baden. Symbol einer Liebe, Berndorf 2015, S. 51–56.
25 Vgl. Nezval 2008, wie Anm. 2, S. 98.
26 Der Humorist, 29. 6. 1844, S. 622–623.
27 Das Baujahr ist aufgrund der Quellen statt mit 1845, wie bei Nezval, nun mit 1844 anzugeben. Vgl. Nezval 2008, wie Anm. 2, S. 114.
28 Vgl. Nezval 2015, wie Anm. 24, S. 56.
29 Heute Weilburgstraße 12–28. Vgl. Nezval 2008, wie Anm. 2.
30 Vgl. Förster 1847, wie Anm. 3. – Mario Schwarz: Entwicklungstendenzen in der Villenarchitektur der Gründerzeit in Niederösterreich, in: Landhaus und Villa in Niederösterreich 1840–1914, Wien/Köln/Weimar 1982, S. 74–76. – Renate Wagner-Rieger/Mara Reissberger: Theophil von Hansen (Die Wiener Ringstraße VIII/4), Wiesbaden 1980, S. 117.
31 Vgl. Christoph Hölz: Der Civil-Ingenieur Franz Jakob Kreuter. Tradition und Moderne 1813–1889, München/Berlin 2003, S. 161–165. – Katharina Schoeller: Architektur des Klassizismus in Baden, in: Matthias Boeckl (Hg.): Das Frauenbad in Baden. Architektur des Klassizismus in Österreich, Baden 2009, S. 48–65, hier S. 65.
32 Vgl. Katharina Schoeller: Ludwig Förster (1797–1863). Der Architekt als Pädagoge und Universalunternehmer. Aspekte seines frühen Schaffens und Lebens, Diss. Universität Wien, 2016, S. 190–225.
33 Vgl. Hölz 2003, wie Anm. 31, S. 159–161, Abb. S. 160.
34 Thomas Friedrich: Ornamentale Fragmente für Gewerbe-, Real- und Bürgerschulen, Wien 1857. – Friedrich erhielt 1847 die Lehrkanzel für vorbereitenden Zeichnungsunterricht an der neu errichteten Gewerbszeichenschule des Wiener Polytechnikums. Vgl. Schoeller 2008, wie Anm. 10, S. 290.
35 Der Humorist, 29. 6. 1846, S. 618.
36 Vgl. Schoeller 2008, wie Anm. 10, S. 308–309.
37 Hefft erbaute für Erzherzog Albrecht das Kanzleigebäude, den sog. Hanuschhof in der Goethegasse/Hanuschgasse in Wien. Vgl. Matthias Boeckl: Ästhetisierte Räume der Mobilität, https://www.architektur-aktuell.at/news/aesthetisierte-raeume-der-mobilitaet (abgerufen am 17. 6. 2021).
38 Vgl. Pesth-Ofner Localblatt, 2. 9. 1856, S. 3.
39 Stadtarchiv Baden, GB 465.
40 Mein besonderer Dank gilt Ulrike Scholda, die mir wertvolle Hinweise zu den – noch unpublizierten – Bildern des Stadtarchivs Baden gab.

Baden's architecture during the regency of Emperor Ferdinand I

Katharina Schoeller

"In all previous cursory attempts to provide an overview of the structural development of our spa, the transitional decades from 1840 to 1860 reveal a gaping hole, not unlike the 'white blank' on all maps of Africa until right up to the second half of the 19th century." [1] With these words the writer and local historian Paul Tausig began his 1914 essay on the Villa Traun by Ludwig von Förster and Theophil von Hansen. And more than 100 years later, the words still hold true. The scholarly treatment of the architectural history of Baden during the reign of Emperor Ferdinand I remained a desideratum in art history. With the exception of Bettina Nezval's very commendable study of villa construction in Baden during the Gründerzeit, the period of economic boom in Germany and Austria before the stock market crash of 1873, there have been no new insights.[2] This also becomes apparent when Tausig continues: "Ludwig Förster, but also lesser master builders such as Friedrich, Schaden and others were active here [...] Ludwig Förster and his school also took a keen interest in the architectural development of our town." By this point if not before, even those who are very familiar with Baden's architectural history will be asking themselves: who was this master builder Friedrich? What did the architect Schaden actually build in Baden?

Following Tausig's quotation – he took the content of those lines from an article by Ludwig Förster[3] – the author of this essay will now set out on a search for clues.

After the demise of Emperor Franz I and Archduke Anton Viktor in the spring of 1835, a rumour nourished hopes for the continuation of Baden's economic prosperity – a railway line was to connect Baden with the royal capital. A brief note in the "Österreichisches Morgenblatt" of 23 April 1836 spread the rumour that Georg Simon Freiherr von Sina was set on building a railway via Baden to Wiener Neustadt, a rumour that became reality as early as August 1836 when Emperor Ferdinand I passed a resolution to this effect.[4]

The construction of the railway soon attracted a new type of clientele to Baden. Thanks to the completion of the Gloggnitz Railway in the early summer of 1841, it now took only an hour to reach Baden from Vienna and it became the favourite spa resort of Viennese society. It was "fashionable" to spend the summer in Baden. Personalities from the world of art and culture, the nobility, the wealthy bourgeoisie and also members of the archducal family built their villas here, and additional spa facilities even came about as a result of private investment. The municipality, for its part, expanded the infrastructure and entertainment establishments, continuously improved the spa facilities and enlarged its parks with the help of the proceeds from the Kurtaxe (spa tax) introduced in 1842.

But before the first train was to arrive in Baden, resourceful entrepreneurs set about preparing their businesses for the expected rush of visitors. One of the first to do so was the coffee shop proprietor Friedrich Scheiner, who adapted his coffee house of the same name, which was picturesquely situated at the top end of Weilburgstrasse, on the right bank of the Schwechat.

Since its establishment in 1803, this traditional café had been repeatedly remodelled and extended – most recently in 1837, when the interior and exterior were renovated and the terrace enlarged. This outdoor area facing the road resembled a theatre stage: "see and be seen" was the motto here. After all, the 'Scheiner' was considered the social hotspot of Baden. A contemporary noted about the café in 1837: "[...] you will find a whist table and billiards in Scheiner's imposing and brilliantly renovated and embellished coffee house, which has established itself as an essential part of Baden in the minds of its townspeople [...]."[5] The café proprietor was also able to respond to the incessant demand for tables and in the spring of 1841 – just in time for the opening of the railway line – he extended his café with a salon, for the design of which he was able to win over none other than the architect Ludwig Förster. Well-known artists and manufacturers from the imperial and royal capital Vienna were called in for the interior decoration. The academic painter Carl Taege – famed for his grisaille frescoes in the chapel of the Niederösterreichisches Landhaus (Estates House of Lower Austria) – furnished the salon with murals, while the seating was supplied by the Lamarche factory, which held a patent for the production of chairs featuring dyed straw. Scheiner purchased the tables from the cabinetmaker Grunert, whose company also specialised in the manufacture of billiard tables.[6] The construction of the salon can be dated to spring 1841, as the painter Taege and his wife appear in the spa lists of the town of Baden in June 1841.[7] The extent to which the new salon was in line with the public's taste is reflected in a euphoric article of 30 July 1841, which is also the only reference to Förster as the creator of the new salon:

"Now I should just like to make a brief mention of the new décor that the premises of the already famous coffee house proprietor, Herr Scheiner, are displaying. A new salon has been built, so elegant and beautiful that I would advise anyone who has not yet seen it to make absolutely sure that they do, for it is one of the most beautiful adornments of Baden. Leaving aside the merits of Scheiner himself, who provided the public with this surprise at no small cost, the greatest praise is due firstly to the skilful architect L. Fürster [sic] (Leopoldstadt am Tabor), then to the painter Karl Taege (Josephstadt No. 36), both of whom demonstrated a rare taste and true artistry. Chairs from the factory of the excellent Lamache [sic] and the carpentry work carried out by the local master carpenter, Herr Grunert (Wieden, near Ganserl) also contribute a great deal to the interior adornment of the salon itself."[8]

A few years later, in August 1844, Friedrich Scheiner sold his coffee house for 40,000 fl. C. M. to Johann Schimmer. From then on it traded under the name Café Schimmer, but this made no difference to its popularity.[9]
At the same time as the expansion of the Café Scheiner, the leaseholder of the Baden Theatre, Franz Pokorny (1797–1850), also took the initiative to build a "daylight theatre", the so-called Arena, in the Kurpark (Spa Park) behind (north of) the Ursprungsquelle, the source of the original spring. Pokorny was able to secure the services of the well-known architect Florian Schaden (1799–1866) for the erection of this wooden structure.[10] Ferdinand Grosskopf, k. k. Hauptzollamts-Beamter (Imperial and Royal Chief Customs Official), described the Arena as a theatre whose 'Parterre' was several metres wider than that of the Theater an der Wien, with a large number of boxes and two galleries. In the end, the theatre reached a capacity of up to 3,000 people. It was made entirely of wood, colourfully painted and without any overhead covering. The safety curtain showed a perspective representation of Weilburg Palace. When the curtain went up at the beginning of the performance, the park provided an impressive backdrop. At dusk or at night, lamps illuminated the scenery.[11] What bothered some visitors was the low level of comfort: straw-bottomed chairs, hard, unpadded benches, only tamped sand on the 'Parterre', which turned into a muddy surface after rainfall. However, the park's large shady trees were highlighted

as a positive feature. For the grand opening, which was attended by Archduke Carl, the play "Blumenfest, Hochzeitsfest, Maskenfest" (Flower Festival, Wedding Festival, Masked Festival) by Franz Xaver Told was staged, but the premiere was almost a washout: a downpour during the performance forced the audience to move to the adjacent theatre, where the performance was concluded. The rent for the Arena was enormous, forcing Pokorny to give up his activities in Baden in 1843. Anton Roll took over his responsibilities. The Arena developed into a crowd puller. The final curtain fell on Schaden's Arena in 1864, followed in 1865 by another Arena by the architect Ferdinand Fellner the Elder and later still by yet others. That Schaden was the creator of the original Arena can be established beyond doubt by his letter of application for the vacant professorship at the School of Architecture at the Vienna Academy of Fine Arts in 1842, in which the architect listed his previous buildings, including the Arena.[12] Schaden lost out to the aforementioned Ludwig Förster in this appointment. To date, no illustrations or plans of this first Arena have been found.

A few years later, the Kurpark was enhanced by a further attraction, for whose installation the municipality was responsible. Following popular demand, a "Trinkhalle" (Pump Room) was erected so that guests could continue to take the waters protected from the elements in the event of inclement weather.

The origins of the Trinkhalle raise a number of questions; there is consensus about Ludwig Förster being its creator, as he states that he himself provided the plan for it. Researchers also agree that the necessary land was purchased as early as 1840 by the town from private property for 7,000 fl. C. M.[13] The plan to build a pump room appears as early as in the first list of proposals for the use of the proceeds of the spa tax (introduced in 1842) from the season that had ended: "[...] with the remaining 2000 fl CM, a Salon is to be built close to the Ursprung [...]."[14]

There is, however, disagreement about the date of its creation. Theodor Gettinger, Hermann Rollett and numerous researchers of later years gave 1843/44 as the date of construction, only Dagobert Frey argued for 1845/46.[15] Gettinger, who was the first to introduce the date of 1843 into the research, describes the Trinkhalle as a hall 20 ½ Klafter (fathoms) long and 4 ½ Klafter wide,[16] which is closed at its west-facing rear and on both narrow sides. Only the front was open "towards the east in a row of arches in the latest fashion." The interior was laid out with asphalt tiles.
Three plans of two diverging projects have been preserved in the Stadtarchiv Baden, which allow conclusions to be drawn about the dating of the Trinkhalle. One project is a view of the main and side façades as well as the ground plan of the ground floor including the basement. Both sheets are signed "G[abriel] Zimmermann, Baumeister" (master builder), dated "Baden, on 4 December [1]843" and authenticated "[1]844". The other project, documented only by a ground plan of the foundation, is by the same artist, but bears the date "14th May 1845".
The actual construction of the Trinkhalle corresponds to the ground plan of the 1845 plan. The project of 1843 is therefore probably a rejected design. I cannot agree with the theory of a wooden predecessor building, because not a single contemporary report of a pump room built in 1843 could be found, in contrast to the one built by Förster in 1845.

The writer Moritz Gottlieb Saphir (1795–1858), a great friend of Baden and a reliable reporter of events there, gave a lecture in Baden on 31 August 1845 entitled "Gedanken auf der eben im Bau begriffenen Badner Wandelbahn [...]"[17] (Thoughts about the Wandelbahn – covered promenade – which is under construction in Baden at the present moment), which suggests that construction began in the summer of 1845. In April of the following year, advertisements were placed in the "Wiener Zeitung" announcing that the "Wandelbahn in the park, built according to the plan approved by the highest authorities in the land, will be completed on 1 May."[18] While the "Wiener Zeitung" wrote on 9 May about the completion of the Trinkhalle,[19] "Der Humorist" reported on 29 June about a delay in construction: "The new 'Wandelbahn', which was already finished in May, is really not finished yet! More haste, less speed! No one will take it away from us! Probably the painter is to blame for the delay, because as far as we can see, everything has been done very diligently, and everything is finished except for the painting."[20] As these newspaper extracts prove – representative of the many others published on the occasion of the opening of the Trinkhalle – Ludwig Förster's Trinkhalle was undoubtedly built between autumn 1845 and spring 1846.

In 1844, almost at the same time as the idea of building the Trinkhalle was taking root, a group of people led by the physician Dr. Benedikt Obersteiner considered the idea of establishing a mineral swimming school. Until then, spa guests in Baden had had to go to the swimming school in Doblhoff's Schlosspark, or to the thermal baths in Bad Vöslau, which were not far away. Dr. Franz Habel, a physician from Baden, reports that the project was enthusiastically received by the spa guests and residents of Baden and that the first planning steps were quickly initiated: various possibilities were considered in terms of its location, water samples were taken from all of Baden's springs and analyses were carried out by the physician and chemist Dr. Josef Carl Kainzbauer (1812–1888) in Vienna. The results of these investigations showed that the Peregrinusquelle and Mariazellerquelle (springs) were found to be best suited for the project. A spa committee was formed without delay, headed by Dr. Benedikt Obersteiner and Michael Kiopeka (1788–1858). They founded a shareholder association to finance the construction. At the same time, they applied to the authorities for the transfer of ownership of the Peregrinusquelle, as measurements of its abundance made it the favoured supplier of spring water for the project. In 1846, the planning of the extensive spa facilities could begin, and in the spring of 1847, the Groundbreaking Ceremony took place. In the autumn of the same year, the mineral swimming school was completed, filled with water and opened to the first spa guests. The ceremonial inauguration, however, did not take place until the spring of 1848. The swimming school was built on the so-called Mariazellerwiese (meadow) on Berggasse. The committee was able to enlist the services of Eduard van der Nüll and August Sicard von Sicardsburg as architects, who had just caused a sensation in Vienna with their newly opened Sophienbad. Again, the Baden master builder Gabriel Zimmermann supervised the construction work on site. Contemporary witness Habel describes the swimming school as follows:

"There are two entrances, one from the Berggasse, the other from the Adlergasse through the Heiligenkreuzerhof. The building complex is surrounded by gardens and is built in a friendly, mixed style. To the north are several halls for gymnastics and fencing practice as well as accommodation for the staff, to the east are three assembly rooms, some of which would be suitable for a reading room and a coffee house, and to the west is a hall with a dressing cubicle. Towards the south, the swimming pool is in the open air, but it can be protected from the sun's rays by a tent-like roof. It is 32 Klafter (fathoms) long, 8 Klafter wide and holds 37,520 Kubikschuhe (cubic feet) or about 20,937 1/7 Wiener Eimer ('Viennese pails' – a Wiener Eimer was roughly 56.6 litres) of water. Divided in the middle by wooden barriers, which can be lowered, it can be used, separately, by both sexes at the same time. In the north side of the pool is a separate area of shallow depth for use by small children. The depth of the pool varies from 9–5 feet and is therefore thoroughly suitable for swimmers. A hundred dressing cubicles surround it on three sides, and each section has its own shower room. When the water is colder, the dressing room in the hall to the west is used."[21]

Until 1938, the Moritz-Ruh, a gazebo built in honour of the writer Moritz Gottlieb Saphir, was located on a hill in the Lang'sche Anlagen (Lang's Gardens) at the foot of the Kalvarienberg (Calvary Hill). It was built in 1852 by the local master carpenter Jakob Fellner (1809–1871) according to designs by the architects van der Nüll and Sicardsburg. It was a wooden pavilion that only opened to the outside through a double-wing door at the front.
Benches on the inner walls invited the public to take a rest. Carlo Brioschi (1826–1895) was responsible for the frescos on the interior walls. A projecting roof, richly decorated with fretwork, provided shelter from the rain. Stylistically, the Moritz-Ruh fits into the fashion for Swiss-style country houses that emerged around the middle of the century, such as were published in the "Allgemeine Bauzeitung" (General Building Journal) from 1842 onwards and which were widely imitated.

Despite Bettina Nezval's intensive study of the sources,[22] the ensemble of villas on the right bank of the Schwechat, along today's Weilburgstrasse and Helenenstrasse, which is remarkable in terms of urban planning and style, still raises some questions that can now answered by the latest research findings.
The conditions enabling this group of buildings to be erected were created by Anton Freiherr von Doblhoff-Dier (1800–1872), who converted the former flooded area belonging to his Weikersdorf estate into building land. Förster mentions that Doblhoff either gave away the building plots or sold them cheaply, and cites his colleagues involved in the development who created the ensemble in only three years: "[...] most of these houses, including the most beautiful ones, are by the architect Fellner and several by the architects Friedrich, Schaden and others."[23]

Based on the entry in the Land Registry, Nezval was able to prove that the architect Joseph Kornhäusel was commissioned by Doblhoff to define the layout of the building plots on Weilburgstrasse and was paid in return with the parcel of land at No. 23 Thurngasse.[24] This makes Weilburgstrasse the architect's first and so far only known urban planning project.
The neighbouring properties at Nos. 19, 20 and 21 Thurngasse were jointly acquired from Doblhoff in 1843 by the brothers-in-law Jakob Fellner and Franz Hauser (1809–1858), imperial and royal master stonemasons, although property No. 20 was sold on to the imperial and royal court architect Leopold Mayr (1808–1866) as early as 1844.[25] The construction of two villas began quickly and which, as the Villa Fellner and Villa Mayr, were praised in the Feuilleton in 1844 on account of the good taste of the builders: "Of the buildings in and around the town of Baden, two houses stand out in particular, both for their elegance and for the exquisite taste of their construction; they are the two houses of Hofzimmermeister (court master carpenter) Fellner and Baumeister (master builder) Mayer. These two houses, of which especially the first one by Herr Fellner is quite charming and delightful, [...] are a true adornment of this neighbourhood. The builders are owed a huge debt of gratitude for endowing a country house with taste and imagination. There is a romantic feel to these houses, as is right, because in the countryside, for rural guests, for summer birds, one should think of comfort when building, not forgetting a sense of fun and not merely considering a narrow, dull sense of profit."[26]

The question as to who created both these houses remains, as of yet, unanswered. It is very likely that Jakob Fellner's brother Ferdinand Fellner the Elder (1815–1871) built house No. 19. Whether he was also responsible for No. 20 or whether Baumeister Mayer himself built it following to his own ideas cannot be decided either.[27] The property belonging to Kornhäusel, No. 23, was acquired by Ferdinand Fellner according to a contract of sale dated 24 June 1845, who sold it on to his sister Anna Hauser and her husband Franz in 1847. They built a villa here in the same year. Nezval sees Kornhäusel as the originator of the building because of the stylistic similarity to the Villa Hofmann in Mödling, which he built in 1846 – a theory which I cannot endorse, as I rather favour Ferdinand Fellner himself to be the architect of this villa.[28]

Doblhoff's seven other building plots are located in his village of Dörfl, which belongs to Weikersdorf, and are numbered consecutively 59 to 65. With the exception of No. 64, the buildings were erected between 1844 and 1847, as noted in writing by Förster himself and which Nezval could verifiably confirm.[29]
Apart from the Villa Traun by the architects Förster and Hansen, which is sufficiently documented in the literature, the architects of the remaining buildings remained unknown for some time.[30] Now, based on the research of Christoph Hölz, the Dörfl houses No. 60 and No. 61 could be attributed to the Bavarian architect Franz Jakob Kreuter (1813–1889), who had previously only been referred to occasionally in connection with the architecture of Baden.[31]
These two buildings by Kreuter, whose genesis we have no space here to discuss further, represent the state of the art in the field of European villa construction around 1840, whereby buildings of the Schinkel School – especially those by Ludwig Persius in Potsdam and the surrounding area – served as models during the same period. Kreuter's correspondence provides evidence of his lively artistic exchange with the Schinkel School, and his first stays in Berlin during the 1830s are also documented. In addition, Kreuter established early contacts with the architect Ludwig Förster in Vienna, who was the most important ambassador of the Schinkel School for the Viennese architectural landscape.
Numerous students from Berlin worked in Förster's studio and on the editorial staff of the "Allgemeine Bauzeitung". Förster even ran a zinc casting factory in Leopoldstadt, the first outside Berlin, in collaboration with the Berliner Moritz Geiss.[32] Förster found his alter ego in the younger architect Kreuter, both in artistic and publishing terms as well as in a business sense. They shared their many common interests with Anton Freiherr von Doblhoff-Dier. An example of this is the earthenware factory run by Doblhoff in Wagram, which originally produced drainage pipes. Subsequently, this company specialised in the production of high-quality facing bricks, specially glazed coloured roof tiles or decorative architectural tiles. Doblhoff found an energetic employee in the architect Viktor Brausewetter, who had been educated at the Berlin Bauakademie (Building Academy), and who was later to take over the company. Doblhoff's products were sold in the office of Förster's "Allgemeiner Bauzeitung" on the Wollzeile in Vienna, where they were on display. Kreuter's first documented building in Austria was erected for Doblhoff in 1843, in the Laxenburg area.[33]

Still anonymous, the Dörfl villas No. 59 and No. 63 await the discovery of their artistic creator – to attribute them to the architects Schaden or Friedrich solely on the basis of Förster's citation would be too bold. The architect Thomas Friedrich (1822–1866), a graduate of the Nobile School, is known as a distinguished teacher at the Viennese Polytechnic and as an author of specialist literature on ornamentation, but as yet there is no evidence of him as a creative architect.[34]

The complete development of the right bank of the Schwechat and the connection to Doblhoff's Schlosspark by means of an additional bridge in 1846 did not meet with unqualified approval among contemporaries; critical voices were also raised: "Baden is becoming more and more town and less and less country. So many houses are being built, and everything à la Suisse! Roofs, roofs, lots of roofs, nothing but roofs and gables, and as an excuse for the roof – a tiny scrap of a house! The whole road from Scheiner to Weilburg has already been chopped up for housing!"[35]

In the first half of the 19th century, religious buildings played no role in Baden's architec-

tural life. This all changed with the Schlosskapelle (Palace Chapel) of the Weilburg, built in the neo-Gothic style from 1856 to 1858 by the architect Anton Hefft on a commission from Archduke Albrecht (1817–1895). Hefft, a pupil of Nobile's School of Architecture and winner of numerous school prizes, returned to Vienna in 1853 from a creative stay in Wallachia. In Wallachia he had built, amongst others, the theatre in Bucharest and numerous country houses.[36] In Archduke Albrecht he found his most important patron.[37] In addition to the Weilburg Chapel, which was consecrated in the summer of 1858, Hefft also built the 'Kiosk' on a hill in Weilburg Park in 1856 whose creator had up to that point not been known. A newspaper article identifies him as being responsible for this popular destination for the people of Baden.[38] Stylistically comparable to the Moritz-Ruh, which was built at almost the same time, the Kiosk belongs to the type of Swiss buildings that were so popular at the time.
The so-called Albrechtsturm on the summit of the Eisernes Tor (or Thor), a lookout tower built by Georg Simon Freiherr von Sina in 1856 and bequeathed to the municipality of Baden in 1857, can now also be added to Hefft's œuvre on the basis of the citation in the above-mentioned newspaper article. The donation agreement found in the course of my research supports this attribution.[39] Finally, it should not be forgotten that Hefft is also the creator of the chapel in the garden of Villa Epstein (Rainer), which was commissioned by Archduke Rainer in 1875.

When Paul Tausig cites Ludwig Förster as the promoter of the architectural development of Baden in the 1840s, this is only partly true. In addition to him and the liberal and progressive Anton Freiherr von Doblhoff-Dier, representatives of the older Nobile school, such as Florian Schaden, but above all the younger generation of this school, such as van der Nüll, Sicardsburg, Zimmermann, Fellner the Elder and Hefft, had an indisputable influence on the architectural development of Baden in the specified period, which still offers many opportunities for architectural research. This short essay on the architecture of Baden during the reign of Ferdinand I thus represents both a search for clues and an impulse for further research.[40]

1 Paul Tausig: Ein Architekturjuwel Försters und Hansens, in: Badener Zeitung, 4. 7. 1914, p. 2.
2 Bettina Nezval: Villen der Kaiserzeit. Sommerresidenzen in Baden, Horn/Vienna 1993 (2nd, expanded edition 2008).
3 Ludwig Förster: Landhaus in Baden bei Wien, in: Allgemeine Bauzeitung, No. 12, 1847, pp. 213–215.
4 Cf. Österreichisches Morgenblatt, 23. 4. 1836, p. 7.
5 Der österreichische Zuschauer, 21. 7. 1837, p. 878
6 Carl Taege (1812–1847), son of the Prussian painter Johann Carl Taege, studied painting at the Vienna Academy.
7 Cf. list of spa and bathing guests arriving in 1841 in the sovereign town of Baden in Austria, No. 19: "No. 446: Mr. Carl Taege, painter, together with his wife, from Vienna, lives in Gutenbrunn No. 43, 6 June, 2 persons."
8 Der Adler, 30. 7. 1841, p. 1142.
9 Cf. Der Sammler. Ein Unterhaltungsblatt für alle Stände, 8. 8. 1844, p. 516.
10 Cf. Katharina Schoeller: Pietro Nobile. Direttore dell'Accademia di Architettura di Vienna (1818–1849), Trieste 2008, p. 394–395.
11 Cf. Ferdinand Grosskopf: Offenes Schreiben aus Baden, in: Der Sammler. Ein Unterhaltungsblatt für alle Stände, 19. 8. 1841, p. 540.
12 Universitätsarchiv der Akademie der bildenden Künste Wien, Rathsprotokolle, 10. 11. 1842, point b.
13 Cf. Förster 1847, op. cit. 3, p. 213. – Hermann Rollett: Beiträge zur Chronik der Stadt Baden bei Wien, Bruck a. d. Leitha 2003 (Reprint), p. 179.
14 Sonntagsblätter, 25. 9. 1842, p. 693.
15 Cf. Theodor Gettinger: Baden und seine Umgebung, Vienna 1851, pp. 34–35. – Rollett 2003, op. cit. 13. – Johann Kräftner (ed.): Im Schatten der Weilburg. Baden im Biedermeier, Baden 1988, p. 52. – Dagobert Frey: Österreichische Kunsttopographie, vol. XVIII, Vienna 1924, p. 175.
16 Converts to 38.88 by 8.54 metres.
17 Moritz Gottlieb Saphir: Gedanken auf der eben im Bau begriffenen Badner Wandelbahn, oder Einige humoristische und philanthropische Bemerkungen über die Reunions in Baden mit ihren danzenden Bevölkerungen und wie die traurige Lage dieser arbeitenden Classe zu verbessern ist, in: Saphir: Ausgewählte Schriften, second series, vol. 1, Brno 1871, pp. 267–286.
18 Wiener Zeitung, 6. 4. 1846, p. 536.
19 Cf. Wiener Zeitung, 9. 5. 1846, p. 1040.
20 Der Humorist, 29. 6. 1846, p. 618.
21 Der Humorist, 29. 4. 1848, pp. 418–419.
22 Nezval 2008, op. cit. note 2.
23 Förster 1847, op. cit. 3, pp. 213–214.
24 Cf. Bettina Nezval: Schloss Weilburg in Baden. Symbol einer Liebe, Berndorf 2015, pp. 51–56.
25 Cf. Nezval 2008, op. cit. 2, p. 98.
26 Der Humorist, 29. 6. 1844, pp. 622–623.
27 The year of construction is now given as 1844 instead of 1845, as in Nezval. Cf. Nezval 2008, op. cit. 2, p. 114.
28 Cf. Nezval 2015, op. cit. 24, p. 56.
29 Today Weilburgstrasse 12–28. Cf. Nezval 2008, op. cit. 2.
30 Cf. Förster 1847, op. cit. 3 – Mario Schwarz: Entwicklungstendenzen in der Villenarchitektur der Gründerzeit in Niederösterreich, in: Landhaus und Villa in Niederösterreich 1840–1914, Vienna/Cologne/Weimar 1982, pp. 74–76– Renate Wagner-Rieger/Mara Reissberger: Theophil von Hansen (Die Wiener Ringstraße VIII/4), Wiesbaden 1980, p. 117.
31 Cf. Christoph Hölz: Der Civil-Ingenieur Franz Jakob Kreuter. Tradition und Moderne 1813–1889, Munich/Berlin 2003, pp. 161–165. – Katharina Schoeller: Architektur des Klassizismus in Baden, in: Matthias Boeckl (ed.): Das Frauenbad in Baden. Architektur des Klassizismus in Österreich, Baden 2009, pp. 46–63, here p. 63.
32 Cf. Katharina Schoeller: Ludwig Förster (1797–1863). Der Architekt als Pädagoge und Universalunternehmer. Aspekte seines frühen Schaffens und Lebens, doctoral thesis. University of Vienna, 2016, pp. 190–225.
33 Cf. Hölz 2003, op. cit. 31, pp. 159–161, fig. p. 160.
34 Thomas Friedrich: Ornamentale Fragmente für Gewerbe-, Real- und Bürgerschulen, Vienna 1857 – Friedrich was given the chair for preparatory drawing lessons at the newly established Vocational School of Drawing at the Vienna Polytechnic in 1847. Cf. Schoeller 2008, op. cit. 10, p. 290.
35 Der Humorist, 29. 6. 1846, p. 618.
36 Cf. Schoeller 2008, op. cit. 10, pp. 308–309.
37 Hefft built the chancellery building for Archduke Albrecht, the so-called Hanuschhof in Goethegasse/Hanuschgasse in Vienna. Cf. Matthias Boeckl: Ästhetisierte Räume der Mobilität, https://www.architektur-aktuell.at/news/aesthetisierte-raeume-der-mobilitaet (accessed 17. 6. 2021).
38 Cf. Pesth-Ofner Localblatt, 2. 9. 1856, p. 3.
39 Stadtarchiv Baden, GB 465.
40 My special thanks go to Ulrike Scholda, who gave me some invaluable suggestions about the – as yet unpublished – pictures in the Stadtarchiv Baden.

Autorenbiografien

Matthias Boeckl
Geboren 1962 in Wien, Studium der Kunstgeschichte, Promotion 1988 an der Universität Wien, Habilitation 1999 an der Universität Innsbruck. Professor für Architekturgeschichte an der Universität für angewandte Kunst Wien. Chefredakteur der in Wien zweisprachig erscheinenden internationalen Fachzeitschrift „architektur.aktuell". Autor zahlreicher Aufsätze und Bücher sowie Kurator vieler Ausstellungen über Themen der modernen und zeitgenössischen Kunst und Architektur.

Christine Humpl-Mazegger
Geboren 1971 in Schruns (Vorarlberg), Studium der Internationalen Wirtschaftswissenschaften an der Universität Innsbruck und der University of New Orleans sowie der Kunstgeschichte an der Universität Innsbruck und der School of the Art Institute of Chicago. Von 2000 bis 2009 Kuratorin im Essl Museum, Klosterneuburg bei Wien. Seit 2010 freischaffend kuratorisch und publizistisch tätig. Ab 2016 freie Mitarbeiterin im Arnulf Rainer Museum, Baden bei Wien, seit 2019 wissenschaftliche Mitarbeiterin und Leiterin der Kunstvermittlung.

Markus Kristan
Geboren 1957 in Wien, Studium der Kunstgeschichte, Archäologie und Geschichte an der Universität Wien, Promotion 1997. 1987/88 Mitarbeit am österreichischen Denkmalkurzinventar (Dehio) im Bundesdenkmalamt, anschließend Unterrichtstätigkeit an der Graphischen Lehr- und Versuchsanstalt in Wien, seit 1993 in der Architektursammlung der Albertina in Wien tätig. Autor zahlreicher Aufsätze und Bücher sowie Ausstellungskurator zu Themen der Architektur.

Petra Leban
Geboren 1967 in Wien, Studium der Geschichte, Politikwissenschaft und Volkskunde an der Universität Wien. Seit 1990 als Erwachsenenbildnerin, Kulturvermittlerin und Historikerin tätig. Seit 2006 ehrenamtliche Leiterin des Bezirksmuseums Wien-Simmering, 2012 Bundes-Ehrenzeichen für Museumsarbeit. Seit 2019 Shopleitung im Arnulf Rainer Museum, Baden bei Wien.

Katharina Schoeller
Geboren 1967 in Wien, Studium der Kunstgeschichte und Romanistik in Wien, Promotion 2016. Shopmanagerin der Buchhandlung Prachner, der Albertina und des Belvedere in Wien. Projektmitarbeiterin im MAK – Österreichisches Museum für angewandte Kunst/Gegenwartskunst, Wien. Tätigkeit im Kunsthandel als Expertin für Kunst und Kunsthandwerk des 19. Jahrhunderts und des Jugendstils. Aktuell Leitung von Ticketing und Shopmanagement im Museum Niederösterreich, Sankt Pölten, im Egon Schiele Museum, Tulln, und im Museum Gugging, Klosterneuburg bei Wien. Zahlreiche Publikationen zur Architektur und Kunst des 19. und 20. Jahrhunderts.

Ulrike Scholda
Geboren 1964 in Wien, Studium der Kunstgeschichte, Publizistik und Romanistik (Italienisch) an der Universität Salzburg, Promotion 1991. Tätig im Rahmen von Projekten und Ausstellungen u. a. im MAK – Österreichisches Museum für angewandte Kunst/Gegenwartskunst, in den MMD – Museen des Mobiliendepots, im Wagner:Werk Museum Postsparkasse (alle in Wien) und im Wien Museum sowie im Kunsthandel und in der Vermittlung. Forschung und Publikationen zur Kulturgeschichte des 19. und 20. Jahrhunderts. Seit 2016 Leitung der Abteilung Museen und Stadtarchiv der Gemeinde Baden bei Wien.

Authors' biographies

Matthias Boeckl
Born in Vienna in 1962, studied art history, gaining his doctorate at the University of Vienna in 1988, and habilitation at the University of Innsbruck in 1999. Professor of architectural history at the University of Applied Arts Vienna. Editor-in-chief of the Vienna-based bilingual international journal "architektur.aktuell". Author of numerous essays and books as well as curator of many exhibitions on topics of modern and contemporary art and architecture.

Christine Humpl-Mazegger
Born in Schruns (Vorarlberg) in 1971, studied International Economics at the University of Innsbruck and the University of New Orleans as well as Art History at the University of Innsbruck and the School of the Art Institute of Chicago. From 2000 to 2009 curator at the Essl Museum, Klosterneuburg near Vienna. Since 2010 freelance curator and writer. From 2016 freelancer at the Arnulf Rainer Museum, Baden near Vienna, since 2019 research associate and head of art education.

Markus Kristan
Born in Vienna in 1957, studied art history, archaeology and history at the University of Vienna, gaining his doctorate in 1997. In 1987/88 he worked on the Austrian Inventory of Monuments (Dehio) at the Federal Monuments Office, then taught at the Federal Institution for Graphic Education and Research in Vienna, and since 1993 has worked in the architecture collection of the Albertina in Vienna. Author of numerous essays and books as well as exhibition curator on architectural topics.

Petra Leban
Born in Vienna in 1967, studied history, political science and ethnology at the University of Vienna. Since 1990 active as adult educator, cultural facilitator and historian. Since 2006 Honorary Director of the Vienna-Simmering District Museum, 2012 Federal Decoration of Honour for Museum Work. Since 2019, shop management at the Arnulf Rainer Museum, Baden near Vienna.

Katharina Schoeller
Born in Vienna in 1967, studied art history and Romance studies in Vienna, gaining her doctorate in 2016. Shop manager at the Prachner Bookstore, the Albertina and the Belvedere in Vienna. Project assistant at the MAK – Austrian Museum of Applied Arts/Contemporary Art, Vienna. Active in the art trade as an expert in 19th century and Art Nouveau art and craftwork. Currently head of ticketing and shop management at the Lower Austria Museum, Sankt Pölten, the Egon Schiele Museum, Tulln, and the Gugging Museum, Klosterneuburg near Vienna. Numerous publications on the art and architecture of the 19th and 20th centuries.

Ulrike Scholda
Born in Vienna in 1964, studied art history, journalism and Romance studies (Italian) at the University of Salzburg, gaining her doctorate in 1991. Active in the field of projects and exhibitions at the MAK – Austrian Museum of Applied Arts/Contemporary Art, at the MMD – Museums of the Mobiliendepot, at the Wagner:Werk Museum Postsparkasse (all in Vienna) and at the Wien Museum, among others, as well as in the art trade and in outreach work. Research and publications on the cultural history of the 19th and 20th centuries. Since 2016, head of the Museums and Municipal Archives Department of the Municipality of Baden near Vienna.

Impressum Imprint

Diese Publikation erscheint anlässlich des 200-jährigen Jubiläums des 1821 errichteten Frauen- und Carolinenbades in der Kurstadt Baden bei Wien. / This book is published on the occasion of the 200th anniversary of the Frauen- and Carolinenbad, which was built in 1821 in the spa town of Baden:

200 Jahre Frauenbad: Baukultur und Kunstbetrieb in der Kurstadt Baden bei Wien / 200 Years of the Frauenbad: Building Culture and the Art industry in the Spa Town of Baden near Vienna

Zum Jubiläum wurde eine Ausstellung (Kurator: Matthias Boeckl, wissenschaftliche Beratung: Markus Kristan) veranstaltet. / On the same occasion an exhibition (curator: Matthias Boeckl, academic advisor: Markus Kristan) took place:

Quellen der Erinnerung. 200 Jahre Frauenbad in Baden / Sources of Remembrance. 200 Years of the Frauenbad in Baden
Arnulf Rainer Museum, Baden
21. 9. 2021–13. 2. 2022

Herausgeber / Editor
Arnulf Rainer Museum, Baden

Redaktion / Editorial staff
Matthias Boeckl, Christine Humpl-Mazegger, Julia Wagentristl

Autorinnen & Autoren / Authors
Matthias Boeckl, Christine Humpl-Mazegger, Markus Kristan, Petra Leban, Katharina Schoeller, Ulrike Scholda

Gestaltung / Design
Metaphor, Wien

Übersetzung / Tanslation
Maria & Francis Howlett (D-E)

Korrektorat / Proofreading
Maria & Francis Howlett (E), Birgit Trinker (D)

Bildbearbeitung / Digital imaging
pixelstorm, Wien

Druck / Printing
Print Alliance HAV Produktions GmbH, Bad Vöslau

Verlag & Vertrieb / Publisher & Distribution
Deutscher Kunstverlag GmbH Berlin München
Lützowstraße 33
10785 Berlin
www.deutscherkunstverlag.de
Ein Unternehmen der Walter de Gruyter GmbH Berlin Boston / Part of Walter de Gruyter GmbH Berlin Boston
www.degruyter.com

Die Deutsche Nationalbibliothek verzeichnet diese Publikation in der Deutschen Nationalbibliografie; detaillierte bibliografische Daten sind im Internet über http://dnb.dnb.de abrufbar. / The Deutsche Nationalbibliothek lists this publication in the Deutsche Nationalbibliografie; detailed bibliographic data are available on the Internet at http://dnb.dnb.de.

Cover: Joseph Tabaczynski, "Le bain de Charlotte" (Frauenbad), um 1830, Federzeichnung, koloriert, Detail
© & Foto: Rollettmuseum

© Texte bei den Autoren / Texts with the authors

© 2021 Arnulf Rainer Museum, Baden & Deutscher Kunstverlag GmbH Berlin München

Kein Teil dieser Publikation darf in irgendeiner Form ohne vorherige Genehmigung des Herausgebers reproduziert oder unter Verwendung elektronischer oder mechanischer Systeme verarbeitet, vervielfältigt oder verbreitet werden. / No part of this publication may be reproduced, stored in a retrieval system or transmitted in any form or by any means, electronic, mechanical, photocopying, recording or otherwise, without the prior permission of the publisher.

Alle Rechte vorbehalten / All rights reserved

ISBN 978-3-422-98806-4

Arnulf Rainer Museum
Badener KulturbetriebsgesmbH
Josefsplatz 5
A-2500 Baden
Österreich / Austria
www.arnulf-rainer-museum.at

ARNULF RAINER MUSEUM

Member of LOWER AUSTRIA CONTEMPORARY

Wir danken unseren Fördergebern und Sponsoren / We thank our patrons and sponsors

KULTUR NIEDERÖSTERREICH

Baden bei Wien

S. 212–213, Josef Löwy, Frauenbad, um 1867,
Albuminpapier auf Untersatzkarton
© Albertina, Wien, Dauerleihgabe der Höheren
Graphischen Bundes-Lehr- und Versuchs-
anstalt, Inv.-Nr. FotoGLV2000/5411

S. 214, Frauenbad, o. D., Farbfotografie, Detail
© & Foto: Stadtarchiv Baden

S. 215, Außenansicht Ausstellungszentrum/
Kunsthaus Frauenbad, 1999,
Farbfotografie, Detail
Foto: Courtesy Kurt-Michael Westermann

S. 216–217, Außenansicht Ausstellungszentrum/
Kunsthaus Frauenbad, 1999, Farbfotografie
Foto: Courtesy Kurt-Michael Westermann

S. 218–219, Lottersberger-Messner-Dumpelnik,
Umbau des Frauenbades zum
Arnulf Rainerm Museum, 2006–09, Farbfotografie
Ansicht vom Josefsplatz
© Foto: Arnulf Rainer Museum / Rainer Mirau

S. 220, Lottersberger-Messner-Dumpelnik,
Umbau des Frauenbades zum
Arnulf Rainer Museum, 2006–09,
Ansicht vom Josefsplatz, Farbfotografie, Detail
© Foto: Arnulf Rainer Museum / Wolfgang Thaler

FRAUEN-BA

KAROLINEN=BAD

CAFE JOSEFSPLATZ
JOSEFS-BAD

SEMPER

ARNULF RAINER MUSEUM

RAINER
KOSMOS

ARNULF RAINER MUSEUM